社交网络中的消费者：
自我、社群与互动

龚艳萍　编著

科学出版社

北　京

内 容 简 介

本书从社交网络的各种现象出发，从不同角度洞察社交网络环境中的消费者行为，深入探讨社交网络对个体和群体及其消费行为的影响和其背后的深层次原因，并提炼出具有普适性价值的理论。全书涵盖了社交网络中消费者的自我展示、线上–线下自我差异、消费者的目标公开与目标实现、线上–线下心理联结、消费者主动社交网站的使用、社交网络中的拍照分享与顾客体验、社交网络环境中的"人以群分"、虚拟社群成员的社群意识与消费者自我–品牌联系、微博集群中的群体目标与个体参与动机、网络社群结构与消费者融入、网络群体依存关系与消费者卷入、沟通网络类型、网络社群中的陌生人信任、群体效能感与群体消费行为、企业社交媒体信息互动策略、社交网络中的品牌事件、传统国货在社交媒体环境中的价值传承与创新等重要内容。

本书适合高等院校的市场营销、电子商务和工商管理相关专业的本科生和研究生学习，也可为企业的网络营销实践提供理论指导。

图书在版编目(CIP)数据

社交网络中的消费者：自我、社群与互动/龚艳萍编著. —北京：科学出版社，2024.8

ISBN 978-7-03-073187-6

I. ① 社… II. ① 龚… III. ① 消费者行为论–研究 IV. ① F713.55

中国版本图书馆 CIP 数据核字（2022）第 175341 号

责任编辑：徐 倩／责任校对：王晓茜
责任印制：赵 博／封面设计：有道设计

科 学 出 版 社 出版
北京东黄城根北街 16 号
邮政编码：100717
http://www.sciencep.com
北京厚诚则铭印刷科技有限公司印刷
科学出版社发行 各地新华书店经销

*

2024 年 8 月第 一 版 开本：720 × 1000 1/16
2025 年 1 月第二次印刷 印张：19 3/4
字数：396 000
定价：218.00 元
（如有印装质量问题，我社负责调换）

作者简介

  龚艳萍，管理科学与工程博士，中南大学商学院教授、博士生导师。全国工商管理专业学位研究生教育指导委员会委员，中国高等院校市场学研究会副会长，湖南制造强省建设专家咨询委员会委员，曾任中南大学商学院院长（2017 年 6 月至 2023 年 9 月）。主要从事市场营销的研究与教学工作，主要研究方向为网络营销、商业模式创新等。主持国家自然科学基金项目 3 项、国家软科学研究计划项目 1 项，获得湖南省社会科学优秀成果奖二等奖、湖南省高等教育教学成果奖一等奖。

前 言
PREFACE

移动互联时代，社交网络影响着每一个人的工作和生活方式，重塑着社会关系，消费者行为也因此被深深打上了社交网络的烙印。

➤ 人们借助各式各样的社交媒体所提供的专门工具，自由而随意地重构自身的基本信息，隐匿部分性格特征，建立一个甚至多个虚拟自我，以展示多方面、多层次的自我，线上的"所见"并非"所得"。

➤ 与传统的市场细分不同，以趣结缘、身份认同或纽带依恋、智能化推荐等促成了社交网络环境中的人群聚集和"人以群分"，网络社群方兴未艾。

➤ 在社交网络中，人们不仅仅是营销信息的接收者，越来越多的人开始使用数字媒体来表达和传播有关产品服务的知识、经验和观点，彰显了数字营销"人传人"的特征。

➤ 互动是人类最基本的社会需求，我们在与他人的互动、与群体的互动中看见我们自己。但新生代消费者更喜欢在网络社群中畅所欲言、交流兴趣爱好、分享生活日常，以满足内心的社会临场感与归属感。

➤ 陌生人的概念在中国这个熟人社会中是一个不怎么起眼的概念，但陌生人社交经济却应运而生。人们之所以比过去任何时候都相信陌生人是因为移动互联网打破了空间和时间的限制，弱关系的人们会在一个网络社群中相遇并彼此影响。

➤ 早年间被轻视的国货品牌借助社交媒体引发了新一轮的关注和推崇，在青年群体中掀起了一股"新国潮"。新生代的消费者似乎不那么"崇洋媚外"，而是更愿意将产品作为与他人进行社会互动、承载他们"情感、光荣与梦想"的社交货币。

➤ ……

党的二十大报告提出"加快发展数字经济，促进数字经济和实体经济深度融合，打造具有国际竞争力的数字产业集群"①。截至 2021 年 12 月，中国互联网上网人数已达 10.32 亿人，互联网的迅猛发展催生了社交网络，加快了社交网络普及与功能丰富化的进程，社交网络已成为我国发展数字经济的一个重要基础。因此，从消费者个体和群体的角度深入探究社交网络环境下人们生活行为改变的潜在机制，并为个人和企业带来启发性价值则是本书写作的缘由和初衷。

什么是社交网络？为什么要研究社交网络？

社交网络泛指 SNS（social network service，社交网络服务）平台，具有高度的互联性，每个人都可以在平台上面阅读、发布和分享信息。成立于 2002 年的 Friendster 网站在推出之后悄然走红，一直被 SNS 业界称为全球首家社交网站，此后大批的模仿者破茧而出，在全球范围内掀起了 SNS 网站热潮。2003 年 9 月 Myspace（我的空间）成立，2004 年 Facebook 建立，2006 年 Twitter 发布，接着 2007 年 Tumblr 创立，2011 年 Google 推出社交网络平台 Google+等。2011 年 1 月，腾讯公司正式发布微信，2014 年新浪微博在美国纳斯达克挂牌上市。与此同时，日本的 MIXI、韩国的 Cyworld 和荷兰的 Hyves 等也都受到了用户的热捧。除此之外，也出现了聚焦于小众需求的社交网络社群，如聚焦于商业化网络的 LinkedIn、Xing 和 Biznik 等。随着移动互联网技术的飞速发展，社交网络已经融入人们的日常生活中，不断改变着消费者传播信息、获取信息以及社会交往的方式，成为消费者输出个人观点，消费者与其他消费者、企业或者虚拟群体之间进行互动的重要平台。目前，国外具有代表性的社交网络平台有 Facebook、Twitter 等。国内具有代表性的社交网络平台有 QQ、微信、微博，以及新型的短视频平台，如抖音、快手、哔哩哔哩等。这一系列社交网络平台的出现，印证了当今社交网络对人们的重要性。例如，我们可能会在人潮拥挤的早班地铁中打开微博，看看这个世界在我们沉睡的过程中又发生了什么大事；我们可能会在工作或学习开始前，打开电子邮箱或聊天软件，看看自己还有哪些事情需要进一步对接；我们可能在临睡之前，打开微信朋友圈，看看好友发表了什么观点，而该观点下又有哪些人进行了点赞与评论……

那么，究竟是哪些原因导致社交网络应用范围如此之广，影响程度如此之深呢？或许我们可以从其特性方面作出一些探讨。首先，社交网络一定程度上的虚拟匿名性使个体能够在互联网上共享自我的不同方面而不用担心会付出昂贵的代价或面临被识破的风险。社交网络赋予了个体前所未有的自主性，人们不再受制

---

① 求是网. 习近平：高举中国特色社会主义伟大旗帜 为全面建设社会主义现代化国家而团结奋斗——在中国共产党第二十次全国代表大会上的报告[EB/OL]. （2022-10-25）[2024-04-02]. http://www.qstheory.cn/yaowen/2022-10/25/c_1129079926.htm.

于本我，而是可以根据所想所愿将自身塑造成一个完全崭新的形象。人们既可以选择卸下现实的伪装去展现内在真实的自我，也可以选择去建构一个与真实自我完全不同的虚拟自我。其次，社交网络解除时间和空间束缚，为人们的沟通交流提供了更为广阔的空间。对于患有"社交恐惧症"的"社恐"来说，社交网络平台可以帮助其打造自身的虚拟社交空间，实现"自我轴心"式成长，而对于擅长社交的人来说，微信的"扫一扫"功能可以简单地将陌生人转变成自己的好友，大大降低了与他人进行社会连接的成本，也有助于个体积累社会资本。最后，社交网络实现了从一对一的简单交流到多对多的复杂交流。这种去中心化的交流方式使得信息的扩散速度和影响程度远超工业化时代。当然，上述内容还只是使得社交网络在人们生活中扮演如此重要的角色的一小部分原因，更多的理由还有待读者在本书中进一步去探索与挖掘。

任何事物的发展都具有两面性，社交网络也同样如此。社交网络的发展给人们带来巨大便利的同时，也确实显露出了一定的弊端。目前，社会上涌现出了两种对立的声音来争辩社交网络对人们的影响。一部分人认为社交网络为人们的生活提供了极大的便利，促进了个体间的沟通交流，降低了信息不对称所附加的额外成本。另一部分人则认为社交网络早已异化，变成了统治与控制人们的工具，大众受制其中，却又无可奈何。例如，社交网络打破了传统的工作与家庭间的壁垒，扩大了工作与家庭之间的冲突；社交网络放大了社会比较，间接促使现代人长期处于自卑与抑郁的消极情绪中。甲之蜜糖，乙之砒霜。上述两种截然不同的观点都以社会现象为论据，存在一定的合理性。然而，如果我们仅凭社会现象就去判断某一事物的优劣实在失之偏颇，也缺乏实质性的指导意义。本书将从现象出发，从社交网络对个体和群体影响的角度去深入阐述各类现象发生背后的深层次原因，并在其中表达笔者关于社交网络及其对消费者行为影响的理论和观点。

为什么要从消费者的角度来研究社交网络对大众的影响？

消费作为现代人一种基本而又普遍的生活方式，极大地满足了人们对于物质世界和精神世界的追求。随着社交网络的发展，人们的消费途径逐渐从线下转移到了线上，消费模式和消费理念都产生了巨大的改变。在这种新的环境下，消费者将置身于更为广阔与便利的消费空间之中，社交网络为消费者带来了传统消费所不能提供的新型消费体验。例如，在购买某产品前，我们可能会在某个社交平台搜索某个产品的信息，查看其他消费者对该产品的评价。此外，我们也会在社交网络上寻求亲朋好友或者权威人士的意见。当然，由于关系强度的差异，这些群体对我们购物决策的影响程度是不尽相同的。

与此同时，消费与我们的日常生活息息相关，在企业将营销阵地转移到社交媒体的背景下，每一个生活在社交网络环境下的个体都属于消费者。我们既会消费现实的实体产品，也会消费虚拟的信息类产品。因此，将消费者作为研究的聚焦点，也有助于我们更身临其境地去感受和理解社交网络究竟对我们产生了什么影响，以及背后的心理机制有哪些。

为提升本书的易读性和趣味性，本书每一章的开头都会阐述一些现实现象来引发大家对相关问题的思考，然后再从理论出发来探讨现象背后的深层原因，最后利用一个整体性的框架去概括社交网络对消费者的自我概念建构、网络社群、人际互动及消费行为的影响。本书所涵盖的主要内容可以参考"关于本书"部分的内容。

关 于 本 书

本书整合了龚艳萍教授团队在社交网络营销前沿领域的研究成果，从自我、社群、互动三个视角出发，将社交网络与消费者行为相关的多个研究通过不同章节组合在了一起。参与本书研究与撰写工作的有博士研究生范鹏、许焕、唐秀媛、谭宇轩、陈卓、黄荣，硕士研究生王寰、刘兵良、李龙、邱玉玲、董艳惠、苏中跃、马艳玲、符靖杰、曹玉、欧阳清、陈鹏飞、张季菲、王素莹、金樱、林丽、唐丹妮、钟萍、余志成。本书的研究工作与出版得到了国家自然科学基金项目"线上的我如何影响线下的我：社交网络用户的自我重构及其对消费行为的影响"（71672195）的资助。

本书第一部分讨论的是社交网络中消费者自我概念与消费行为的关系。自我概念是个体对自身一切的知觉、了解和感受的总和，是对"我是谁"这类出发点式的问题的回答。在社交网络深度融入人们日常生活的时代背景下，消费者的自我认知已经不能简单地用 20 世纪弗洛伊德关于"自我、本我、超我"的精神分析理论来高度概括。结合当下情境，本书第 1 章分析了社交网络环境对人们在社交网络上的自我展示策略的影响。社交网络的特点决定了在很多维度上线上自我和线下自我都是不同的，存在一定的差异性，称之为"线上-线下"自我差异。第 2 章讨论了线上-线下自我差异的内涵和结构及其对消费行为的影响。由于互联网环境下的虚拟自我具有匿名性、视觉线索的缺失等特点，因此用户可以轻易地尝试各种自我身份的建构。第 3 章探讨了消费者在社交网络上的目标公开动机与目标实现问题——人们公开目标本身的动机究竟是什么？动机的不同对后续目标实现会造成什么影响？在社交媒体上，人们可以是一段评论、一张照片和一则视频，人们可以按照自己的喜好来设置线上环境中的自我，这个过程既是个体表达自我的过程，也是对"线上自我"形成认同的过程。那么，人们在多大程度上把"线上的我"看成"线下的我"？第 4 章研究了消费者线上-线下心理联结及其对数字产品购买的影响。社交网络使用方式也会影响人们的自我觉知和印象管理动机，进而影响线上的消费行为，第 5 章分析了主动社交网络使用对绿色消费行为影响的作用机制。

本书第二部分讨论网络社群中的消费者及其消费行为。第 6 章聚焦于一项越来越普遍的日常生活习惯——拍照分享行为，分析了社交网络中的消费者拍照分享行为背后的动机，以及拍照分享行为将会对消费者满意度产生怎样的影响。社交网络中的"人以群分"与传统的市场细分有着根本的不同，第 7 章探讨了社交网络"人以群分"的数字化、移动化、社交化、小众化与智能化特征。第 8 章探究虚拟社群意识唤醒与消费者自我–品牌联系机制，发现虚拟社群间的冲突可以唤醒虚拟社群成员的社群意识，并对社群成员的自我–品牌联系产生正向影响。社交网络环境下，弱关系集群变得如此简单，第 9 章从国内典型社交平台微博切入，解释微博集群下的群体目标与个体参与动机。基于不同社交网络平台的特性，网络社群有不同的结构，成员有不同的依存关系和沟通网络类型。第 10 章分析了跨越型网络社群结构、紧密型社群结构与消费者融入之间的关系。第 11 章将网络群体依存关系分为任务依存和结果依存两类，分别阐述不同依存关系下的消费者卷入情况。第 12 章着重关注网络社群中成员的沟通网络类型，发现全通道式沟通与轮式沟通中消费者感知到的信息效能和信息效率存在显著差异，从而影响了其对社群团购的参与。社交网络中，人们为什么相信陌生人？第 13 章讨论了网络社群中的陌生人影响机制，结合身份认同和纽带依恋两大社会心理学理论探讨了陌生人信任问题。随后，我们将关注点转向个体在网络社群中的社群意识唤醒、群体效能感及其对成员消费行为的影响。第 14 章引入群体效能感分析网络社群成员的群体消费行为，研究表明群体认同、人际交互、任务依存性和发起人特征对网络社群成员群体效能感均具有积极的影响。

本书第三部分讨论社交网络中的企业与消费者、消费者与消费者之间的互动问题。人们在个体与个体、个体与群体的互动中看见"自己"，因此互动是人类社会最基本的需要，这也为社交网络营销创造了巨大的机会。第 15 章从企业利用社交媒体与消费者互动这一视角，探讨不同的信息互动策略对消费者决策风格和产品评价有何影响。如果企业采用单向信息互动的社交媒体信息互动策略，消费者将体验到更多的人机交互，而不是人际交互，除了企业与消费者之间的互动，企业也希望消费者之间互动以传播更多产品信息。第 16 章聚焦于社交网络平台上的事件营销现象，分析了事件营销的"造势"或"借势"策略，并给出了知名度不同的品牌方应如何提升微博事件营销效果的建议。如果拉长时间跨度，可以看到在社交平台网络上国货品牌的热点事件营销已经促成国货回潮的趋势，许多沉寂已久的经典国货又重归时尚。第 17 章描述的就是在这一大背景下传统国货在社交媒体中的价值营销问题。传统国货可以从品牌价值出发，通过价值传承、价值再创、价值沟通三大步骤实现价值营销闭环，并最终形成消费者对传统国货的价值认同，完成以价值营销为核心的良性循环。

这里我们简短地概述了本书如何从不同角度对社交网络环境下的消费者行为进行洞察，希望能引起读者阅读本书的兴趣。在各个章节的结尾，都附上了所涉及的主要参考文献，便于进一步拓展阅读。

目　　录
CONTENTS

第 1 章
社交网络中的自我展示

■ 导论

想象一下，你正准备去参加一个招聘会。因为自己是应届毕业生，正在积极寻找合适自己的工作，因此你很期望自己在这次招聘会上有精彩的表现，给自己心仪的公司招聘人员留下深刻的印象。那么，你会花多少心思来选择穿什么衣服？你会怎样打扮自己？莎士比亚曾经说过，全世界是一个舞台，所有的男男女女不过是一些演员。在日常生活中，人们常常希望能够在某些情境下通过自我展示影响他人对自己的看法，从而对自己进行积极的印象管理。

人类是社会的产物，人离不开社会中存在的社会关系，与他人进行社交就是在建立和维护各类社会关系的过程，而在这种过程中人们总是存在各种各样的社会需求，如社交的需求、好奇心的需求等。随着互联网技术的发展、社交网络的出现和发展，人们关于这些方面的需求得到了更大程度的满足，并且可以更加方便地得以实现，如利用社交网络与他人进行沟通交流、进行自我展示等。

社交网络从互联网中诞生，自诞生以来给人们的生活带来了巨大的变化，不管是日常的沟通交流，还是别具一格的花式展示，社交网络都可以轻松实现人们的需求。目前国外比较火爆的社交网络平台有 Facebook、Twitter 等，而国内市面上亦出现了各类社交网络平台，从最先"出道"的腾讯系 QQ，到目前火爆的微信、微博，再到新型的短视频平台，抖音、快手、哔哩哔哩等，这一系列社交网络平台的出现，正好说明当今社会社交网络对人们的重要性，其不仅可以满足人们的日常沟通需求，同时能够通过进行个人展示，满足自身各类心理需求。例如，在微信上与亲朋好友进行沟通与交流，满足了人们进行社交的需求；在微博上查阅各类新鲜事物，满足了人们对于社会的好奇；而在抖音上自己创建音乐或者沿用音乐拍摄各类有意思的小视频并添加背景音乐，满足了自我展示的需求。

有一个微博热搜话题为"年轻人的礼貌，不问微博 ID"，从字面上来看，是指社交网络上的人们，尤其是年轻人，不希望朋友之间相互关注微博，也希望对方不知晓自己的微博 ID，甚至为了避免尴尬，希望他人不要询问，也就体现了年轻人在微博上进行的自我展示和在其他的社交网络环境中的自我展示可能不一致。这一微博热搜话题充分体现了社交网络用户在不同的社交网络环境中可能会展示不同的内容、进行不同的自我展示行为。举例而言，可能因为处在没有熟人存在的社交网络环境中，用户更有可能展示真实的自我，甚至是消极方面的自我。

毫无疑问，社交网络有更大的自由度来进行印象管理。用户会仔细权衡在不同的环境中、不同的平台上所展示出的内容是否合适、是否能够达到自己的目的等，而关注自己在社交网络中的社会形象，就像是人们在现实生活中会穿着打扮注意自己的形象一样常见。由于对形象的关注，用户在社交网络的使用上会有一定的战略性，在进行自我展示时有可能会根据目的等的不同从而采用不同的策略。现代科学技术的发展以及社交网络用户倍数级增长对这种社会性的自我展示行为产生了重大的影响。

一般而言，人们在日常生活中接触到的或者使用的社交网络平台不止一个，就目前国内市面上各类 APP 的下载次数数据分析，几大"火热"的社交网络平台的下载量总和远远大于人口总数，可推断出，目前的社交网络用户所使用的社交网络平台的数量一般为多个，由不同的社交网络平台所营造出的社交网络环境是不一致的，那么人们所进行展示的策略应当也是不一样的。

每个社交媒体平台因为具备其独特的特点，会呈现出截然不同的社会背景环境，故本章以实际生活的现象作为出发点，从原因入手，主要聚焦于用户的自我展示行为是否以及如何受到不同的社交网络平台环境的影响。

1.1 社交网络的环境特征

Waterloo 等（2018）研究社交媒体的情绪表达规范时所采用的社交媒体的三大类特征，即关系特征、隐私设置特征以及呈现方式特征。一般情况下，人们在人际交往过程中若隐私知悉度较高，则人们的关系较强。Westin（1967）提出的关于隐私的四个基本原理中包括亲密性这一点，Hildebrandt（2006）认为隐私也是关系性的，使用者与他人所处的社交环境之间的关系决定了其隐私暴露的程度，由此可见，隐私特征与关系特征之间存在一定的关系。此外，Boyd 和 Ellison（2007）的研究指出，社交网络平台环境的特征中关系特征是普适性的特征并且是较重要的。自我决定论表明，人类作为一种社会动物，其具备很强烈的关系属性，关系需要是人类三大基本的内在心理需要之一。因此，本章从社交网络环境特征中选取较为重要的两个特征加以研究，即关系特征和呈现方式特征。

1.1.1　关系特征

平台环境的关系特征分为强关系和弱关系，强关系包括亲密的朋友、稳定的朋友和家庭，而弱关系包括熟人和偶然接触的人。

关系强度是用来衡量个体之间亲密程度的一个指标。Granovetter（1973）首次提出了关系强度的概念，并且指出，其是多个因素的组合，并且可能是线性关系的组合，其代表性的因素主要是个体之间交往的时间、个体之间的情感强度、个体之间的亲密程度或者互帮互助等。他认为用户间联系交往亲切，彼此之间信任度高，并且互动较为频繁，是强关系的特征，如家人、好朋友等，而弱关系的特征则是在社交网络上较低频率地进行联系的对象，相互之间互动并不多，相互之间亲密程度比较低，如微博中关注的名人、比较陌生的网友等。

从信息传播方面来讲，冯娇和姚忠（2015）的研究表明，强弱关系与接收信息质量之间存在正相关关系，即相比于弱关系来说，强关系对提高用户接收信息质量存在正向影响，进而更能够激发用户的购买意愿，强关系也能够获取他人信任的信息，而用户之间的信任更利于信息的传播。赖胜强（2015）认为，从人际关系传播角度来看，强关系由于关系紧密且稳定，能够深入沟通交流，可能更易于趋同，而弱关系更有可能传播人们相互之间比较新颖的观点、想法甚至是理论，有利于异质性。张敏等（2019）的研究表明，强关系社交媒体（vs. 弱关系社交媒体）在社会交往、印象管理、人际交互等方面所产生的内部心理变化比较复杂。

关于关系特征与自我展示的研究，Rui 和 Stefanone（2013）的研究表明，在社交网站中，对于自我展示的观察者有着不同的分类，主要包含家人、朋友、同事和陌生人等，根据不同的观察者对个体印象的期望不同，自我展示的内容也可以进行一定的选择和调整。网络结构，即社交网络的规模和密度与心理需求有关，在不同的规模、不同的密度环境下存在着不同的心理需求，进而导致了不同的情绪呈现模式。人际关系密度也会影响用户展示行为，Rau 等（2008）发现在社交网络中，与他人关系亲密度较低的用户倾向于潜伏而不是更多地自我表露，而那些有密切社会联系的人会积极地与他人分享他们的经验，以进一步加强他们之间的联系。Attrill 和 Jalil（2011）的研究认为，在社交网络上，双方的亲密程度越高，用户就会展示出越多并且越深层次的信息，当社交网络上双方亲密度较低的时候，社交网络的匿名性会在一定程度上促进用户的自我展示。由于社交网络环境是虚拟的环境，具备太多的不确定性，用户在面对不同的关系强度的"好友"时，会产生一些信任问题。相比于弱关系来说，人们会更加倾向于信任与自己有着强关系的个体，以此来降低潜在的感知风险，从而引起个体可能展示不同的自我。

1.1.2 呈现方式特征

社交网络呈现方式是用户表达内容的形式，包括图片、文字、视频等。人们可以通过多种呈现方式，如文字、图片、视频等，再通过多类社交网络平台程序在社交网络上即时地发布动态，可表达情绪、公布自己的出行游玩状态，也可以主动将有趣的文章或者自己浏览到的有趣的消息或事件等分享给大家，这些都给人们进行自我展示奠定了良好的基础。在社交网络的情境下，建构用户个人形象的方式变得更加多样化、多元化。

由于视频是融合了图像、声音、文字以及各类环境等各方面因素的方式，属于综合的动态呈现方式，因此本章选取文字和图片两种静态的呈现方式作为主要研究对象，两种表达方式存在显著的不同，对不同的自我呈现方式具备不同的意义。Bevan 等（2015）研究社交网络用户展示积极内容和消极内容时发现，当他们在网络中展示生活中积极的内容时，用户倾向于使用图片进行展示；而当展示生活中消极的内容时，倾向于通过文字状态进行更新展示；在关于印象管理的研究中，Bansal 和 Clelland（2004）在研究组织类的社交网络展示时发现，说明性的印象管理策略强调利用图片旨在创造期望的组织形象，即图片一般会用来展示符合期望、更积极的内容。此外，Pittman 和 Reich（2016）的研究表明，使用以图片为主的社交网络对减轻孤独感、提高幸福感和生活满意度存在显著的正向影响。

1.2 自我展示动机

动机是人们在社交网络中表现的行为的内在驱力，在很大程度上，社交网络行为包括自我展示行为都与人们的动机息息相关。用于自我展示动机的现有的推测框架为：一些人的动机是他们用一个积极的、社会理想的方式进行自我展示，这一动机便是自我增强动机（Sedikides，1993）；而另外一个动机是用证实自己的积极和消极的观点来进行自我展示，这便是自我验证动机（Kwang and Swann，2010）。Ferris 等（2015）提出，自我验证是人们在向他人进行展示或表达时，会将自己的真实的一面表达出来，如感情、观点或者态度等，以便他人能够真实了解自己，但自我增强是人们仅仅表达可以得到他人赏识或者认可的一面，并非真实的一面。自我验证存在积极和消极两个方面，并且积极的自我验证和自我增强在网络行为方面的表达是相似的，所以相比于自我增强，自我验证存在偏向于消极的方面。

1.2.1 自我增强动机

自我增强理论提出个体有一种提高个人价值观或增强自尊的动机，即自我增强动机。Grubb 和 Grathwohl（1967）对自我增强作出了详尽的描述。自我增强理论认为，自我概念对个体具有以下价值：个体的行为一般是趋向于维护和增强自我概念；个体对于商品的购买、展示和使用可以向个体或者其他人传递一定的象征意义；个体的消费行为一般趋向于通过消费具有一定的象征意义的商品来增强自我概念。现代的自我增强理论家断言，人们会增加自我观点的积极性或者减少他们自我观点的负面影响，自我增强是人们推动自身增强的一种方式，并且自我增强是与自我展示相关的一个重要的心理学原理。自我增强也可以翻译为自我提升或者自我提高，它既具有自我提高的功能，同时还拥有自我保护的功能，自我增强不仅可以影响人们的心理、生理，还可以影响人们的行为，另外它会受到个体、环境等因素的影响，甚至这些因素对其的影响存在交互作用（刘肖岑等，2006）。

自我增强动机是一种较为基础的动机，目前文献表示自我增强动机在补偿性消费中存在一定的研究成果，如 Brannon（2019）发现消费者的自我增强动机在受到自我威胁后会寻求一般意义上的积极性并且会仅仅为了获得更好的自我感觉而选择消费某种产品，尽管某种产品并不能解决自我差异问题。在口碑方面的研究中，消费者的自我增强动机为口碑产生的重要前因，如其可以使得消费者获得正面的消费体验（de Angelis et al.，2012），并且在网络口碑方面同样如此，自我增强代表人们倾向于向他人展示自我的正面形象（崔金红和汪凌韵，2012）。在信息化领域，自我增强动机同样有所研究，用户的分享动机不同，则其对于信息的内容关注点自然不同，自我增强动机较强的用户一般会注重自己的信息共享给自己带来积极的形象影响，而较弱的人则会更关注维护关系（de Angelis et al.，2012）。在虚拟社区当中，自我增强动机较强的人为了获得更好的积极形象，其对信息的判断力以及专业能力等方面更强，这在一定程度上激发其分享信息的意愿（常亚平和董学兵，2014）。

1.2.2　自我验证动机

自我验证理论认为个体会通过寻求与自我评价一致的反馈来保存或者增强他们固有的自我概念，从而让他们觉得这个世界是可预测、可控制的。自我验证理论假设人们有一种强烈的欲望去确认和稳定他们坚定的自我观点（Kwang and Swann，2010）。自我验证动机是指人们不管自我的形象是积极的还是消极的，都希望他人看待自己像自己看待自己一样，有自我验证动机的人会寻求自我验证的反馈，即使反馈是不利的，而且当别人以他们看待自己的方式看待自己时，他们会感到更加舒服（Polzer et al.，2002）。

在社会心理学领域中，研究表明关系与自我验证存在一定的关系。岳艳明（2013）研究中国人在关系水平上的自我验证，其结果表明，关系的亲密程度对关系中的自我验证动机有着直接的作用。人际关系存在很多种，如夫妻之间的关系、异性之间的关系或者同伴之间的关系，Burke 和 Stets（1999）发现当夫与妻两者之间的看法与自己对自己的看法一致的时候，他们相互之间的信任度会增加，并且两者的积极情感会得到更多的表达；在与朋友、室友的关系中，Swann 和 Pelham（2002）指出自我概念比较强的朋友更愿意与可以帮助他们进行自我验证的朋友或者室友交往；在群体关系的研究中，辜美惜（2004）指出若自己可以在某一个群体中得到其他成员对自己的验证，那么个体会增强自己的群体认同感并且更愿意与其他人分享"新颖却有风险"的想法。关于自我验证在消费领域的研究中，Brannon（2019）曾探究自我验证动机如何影响消费者对于补偿性策略的偏好，其研究表明，有自我验证动机的参与者在受到自我威胁之后，会对与威胁领域相关的补偿性产品表现出更强的偏好。最后，对于自我验证动机本身的研究中，Bucholtz 和 Hall（2004）指出，影响自我验证动机的主要因素为个体的自我意识水平，即人们理解自己长处和短处以及自己可能成为什么人的程度。

自我验证动机驱使人们去寻求对自己已有的自我概念的肯定，其中包括积极和消极的方面。Bareket-Bojmel 等（2016）研究 Facebook 上用户的自我展示策略时表明，自我验证理论假设人们有一种强烈的愿望去确认和稳定他们坚定的关于自我的观点，更多的是验证关于自我的积极方面。

1.3 自我展示策略

自我展示策略与印象管理相关。关于印象管理的研究，一般分为两个层面，针对个体层面和针对组织层面，Schlenker（1985）指出，印象管理可以被视为人们会有意识地或者无意识地在与他人的社会交往过程中将产生的印象加以尝试性地控制的过程；Arkin（1981）将其表示为，人们在与他人的社会交往中，为了向他人展示自己的良好形象的过程中采取的一系列方式。印象管理并不一定只会展示关于自己积极的一面，在某些特定的时刻也会为了达成某些目的把劣势、弱点表现出来，如为了获取一定的保护或者帮助等。

自我展示（self-presentation）的含义是个体向他人用来进行自我展示的方式，以及在与他人沟通交往过程中向他人展示自身个人信息的行为。在与他人的社会交往过程中，从最开始的时间点到最终的时间点，人们都会尽自己最大的努力，去创建、维持、完善甚至是修缮自己在他人心中形成的印象，这些行为都是自我展示，人们会通过言语和行为表达展示符合他人标准的形象，换而言之，自我展示就是一种有目的的过程，在此过程中人们会对关于自己的信息加以控制，以此自己在他人心中的印象便可受到一定的影响。Gosnell 等（2011）认为态度、言论、表情等都可以被视为个体的不同形式的自我展示，自我展示主要是用来考查个体自我表现行为所产生的社会效用、心理效用的一个心理学概念，个体通过一定的自我展示，可以拥有更好的社会交往的机会，甚至个体的自尊可以得以提高。而在社交网络上，个体在社交网络平台上发布和自己有关的内容时，有时候会有意识地优化内容，展示自己较为优秀的一面，个体想以此消除现实中留下的不好印象（Lee et al.，1999）。

对自我展示的系统的研究开始于 Goffman（1959），该学者从戏剧表演的角度去分析人们的行为，并且指出，在社会生活中，由于社会的特征是高度结构化的，因此，每一个个体都在不同的环境中"扮演"着不一样的角色，从这一角度出发，"舞台表演"便是人们的日常行为，当人们所处的社会环境不同时，人们会有意识地甚至是无意识地考虑自己的行为是否合适，也会将该如何展示自己所期待的印象考虑其中，如一个女生在面对父母时，会"扮演""乖乖女"的形象，而在孩子面前，则需要"扮演""女超人"的形象。

自我展示策略被定义为一系列旨在建构特定印象或身份的行为和策略，自我展示策略可能是一种以取悦受众的方式建构自我的方式。Jones 和 Pittman 早在 1982 年便对人们主要使用的特殊的自我表现的策略加以总结，认为主要是五种，即逢迎型、恫吓型、能力型、显示型、恳求型，并且认为这五种策略在目前的社交网络环境中"风采依旧"。但是由于社交网络环境不断更新换代，加上科学技术的推陈出新，这五种策略也发生了一些变化和发展，且由于研究内容不同，大家对于线上自我展示策略的分类存在不同的做法。例如，Bareket-Bojmel 等（2016）将自我展示策略分为获得型自我展示策略和保护型自我展示策略两类。Lee 等（1999）将 12 种自我展示策略分为两大类——防御型自我展示和自信型自我展示，并开发了测量的量表。Kim 等（2012）也将其归为两大类，分别为积极的自我展示和诚实的自我展示策略，并且其研究结果表明，那些希望从他人处获得一定的社会支持的用户一般倾向于在社交网络上使用积极或诚实的自我展示策略。Roth 等（1986）按照对于自身的描述是积极的形象还是消极的形象将自我展示策略分为归属型自我展示和否认型自我展示，前者是指个体习惯性地将个人积极方面的特质归属于自己，而后者则是指个体对于自身消极方面的特质予以否认，并且会否认与自己期待不同的印象。在对策略进行具体的划分的研究中，Rosenberg 和 Egbert（2011）以 Facebook 为研究对象，将 Facebook 上的自我展示策略具体分为操纵型、自我推销型、损害控制型和角色塑造型。江爱栋（2013）则在前人的研究基础上进一步将自我展示策略归纳为三种：积极主动策略、消极被动策略以及模糊泛化策略。Bortree（2005）则直接选定能力（competency）型、恳求（supplication）型和逢迎（ingratiation）型三种策略作为自我展示策略。本章借鉴 Bortree（2005）

的研究结果，选定能力型、恳求型和逢迎型三种策略作为本章的自我展示策略。

1.3.1 能力型自我展示策略

能力型自我展示策略的概念是指用户使用该种策略主要是宣传自己的能力、成就和表现，使他人认为自己有技能和资格，研究表明用户运用此策略的目的是让他人知觉自己是有能力、有资格的（Cheng et al., 2019）。这种策略的普遍特点是其表达的话语中通常都是与能力、成就、表现和合格资质等主题有关的（陈浩等，2013）。

关于能力型策略的研究，Jung 等（2007）第一次对社交网络上的自我展示策略进行研究，研究结果表明，在社交网络中社交网络用户最常使用的自我展示策略为能力型自我展示策略，其次是恳求型和逢迎型自我展示策略。而 Dominick（1999）则对前人的研究加以总结和归纳，随后在研究背景为个人主页的社交网站中进行研究发现，能力型和逢迎型两种策略是用户最常使用的，为了更科学地进行研究，Kane（2008）采取了更为严谨、科学的研究方法，其研究结果与 Dominick（1999）的研究结果一致，均是能力型和逢迎型为最常使用的两种策略。Kane（2008）以西方流行的社交网站 Myspace 为研究背景，在研究其自我展示策略时发现，能力型和逢迎型是个体最容易使用的策略。在中国的情境下，Cheng 等（2019）发现在微信朋友圈这一环境下，能力型的使用似乎比较弱，而逢迎型的使用频率要比其他策略明显高出很多，其使用频率的顺序依次为逢迎型、恳求型和能力型，并且没有发现性别对其有影响。

1.3.2 恳求型自我展示策略

恳求型自我展示策略的含义是指用户向他人表现出自己的软弱或无助，以此来获得他人的帮助（Cheng et al., 2019），或者是向他人展示出自己的弱势、展现出自己对他人的依赖性（Lee et al., 1999），用户运用该策略主要是希望得到他人的呵护，或者为了引起他人对自己的同情，然后得到他人的帮助而表现出自己的无助，该种策略的特点主要是用户为了获得帮助，会进行自嘲进而向他人请求帮助（陈浩等，2013）。对于使用恳求型自我展示策略的人而言，其主要目的一般是试图将他人关于社会准则、社会责任方面的想法和规范加以激活，在此基础上，他人便会"伸出援手"帮助他们认为需要得到帮助的人，如帮助展现了无助的自己（Lee et al., 1999）。

Jung 等（2007）对社交网络的自我展示策略进行研究时发现恳求型自我展示策略在社交网络上的使用频率仅次于能力型，许娅（2017）以博客这一类社交网络环境作为研究背景，研究发现，逢迎型、能力型以及恳求型三种策略均常被使用。在针对中国情境的研究中，Cheng 等（2019）以微信朋友圈为研究背景发现，恳求型自我展示策略的使用率低于逢迎型但是高于能力型，并且不存在性别的差异。总而言之，恳求型自我展示策略在日常生活的使用中较为常见。

1.3.3　逢迎型自我展示策略

逢迎型自我展示策略的概念是指用户使用幽默、谦虚和个人陈述来讨得他人的喜爱（Cheng et al.，2019），用户运用此策略的主要目的是希望自己能够被他人喜欢，这种策略普遍的特点是谈论关于他人的积极方面的事物，或者讨论关于自身稍微偏向于消极的事物，并且注意话语中谦虚、亲切、幽默的态度（陈浩等，2013），总体而言，态度还是偏向于积极的。

逢迎是最为常用的自信的自我展示技巧，认同或者赞同他人是该策略的常用方法，可以是对他人进行赞美，也可以是对他人的观点或者想法加以认同，从功能上而言，两种方法都可以支持或者增强他人的自我价值感，进而可以强化自己在他人心中的形象，增加他人对自己的接纳性（Lee et al.，1999）。在社交网络自我展示策略的研究中，Dominick 在 1999 年对自我展示策略这个概念进一步进行界定并且将其运用到早期个人主页网站研究中，研究结果发现无论在面对面的社会互动中还是互联网的互动中，逢迎型均是人们最常用的策略。Dominick（1999）进行了进一步的归纳，发现在线个人主页当中，逢迎型和能力型是用户最为常用的策略，Kane（2008）也发现同样的结果。许娅（2017）发现在社交网络空间中，博客这一类社交网络用户在进行自我展示时，能力型、恳求型以及逢迎型自我展示策略的采用最为常见。而在中国情境下，Cheng 等（2019）的研究发现微信朋友圈的自我展示中，逢迎型的使用明显比其他策略要高，并且不存在明显的男女性别差异。

1.4　社交网络环境如何影响自我展示策略

如此前所述，社交网络关系特征分为强关系和弱关系两个方面，根据印象管理理论，相比于弱关系，在强关系情境下，用户为了保留或加强与线下美好的印象一致的印象甚至是留下好的印象，一般会选择展示自身积极的一面，故一般会使用内容偏向于积极的策略进行自我展示。又根据能力型、逢迎型自我展示策略的概念，即能力型自我展示策略是指宣传自己的能力、成就和表现，使他人认为自己有技能和资格；逢迎型是指使用幽默、谦虚和个人陈述来讨人喜爱；从这两种自我展示策略的概念来看，一般而言，均是内容偏向于积极的策略。Lewis 和 Neighbors（2005）的研究同样表明，能力型、逢迎型自我展示策略的使用都有助于获得积极的自我形象。因此，与弱关系的环境相比，用户在强关系的环境中更倾向于使用能力型和逢迎型自我展示策略。

与强关系社交网络情境不同的是，在弱关系情境下，用户虽然也需要做好印象管理，但是其目标对象并非自己熟悉的人，根据心理距离理论中的社交距离，在人们的心里，亲密的人的社交距离近，如家人或朋友，而陌生的人正好相反，其社交距离远，故用户对陌生的人的心理距离相对而言比较远，所以陌生的人受到的关注比较少，故用户一般可以自由地展示与自己相关的正面和负面的内容。相比于强关系而言，用户可以采用内容偏向于消极的策略进行展示。根据恳求型自我展示策略的概念，恳求型自我展示策略是指表现出自己的软弱或无助，以获得他人的帮助。因此，与强关系的环境相比，用户在弱关系的环境中更有可能使用恳求型自我展示策略。故提出以下假设。

H1-1：社交网络环境的关系特征会影响用户的自我展示策略。

H1-1a：相比于弱关系的环境，用户在强关系的环境中更倾向于选择能力型和逢迎型自我展示策略。

H1-1b：相比于强关系的环境，用户在弱关系的环境中更有可能选择恳求型自我展示策略。

从呈现方式这一特征角度出发，本章将呈现方式分为文字、图片两种形式，内容共享的呈现方式的不同也可以是一种决定性的特征，两种表达方式存在显著的不同。Waterloo 等（2018）的研究表明，文本内容的特点会导致内容主要是消极的，即使内容所涉及的事件是积极的事件，那么相对来说，图片可以让用户在较短的时间内获得大量的信息并且可以拥有直观的理解，再者图片类似于"瀑布流"形式的阅览和阅读模式，让用户可以感知到易用性、简单化以及美观，另外图片被认为是对视觉和美学的一种强调，而这种强调会直接导致用户比较关注分享积极的甚至自我提升的内容（Sheldon and Bryant，2016）。Bevan 等（2015）研究社交网络用户展示积极内容和消极内容时发现，当用户需要在社交网络中展示他们生活中积极的内容时，用户倾向于使用图片进行展示，而展示消极的内容的情况下，用户一般会倾向于通过文字状态更新进行展示。综上，提出如下假设。

H1-2：社交网络环境的呈现方式特征会影响用户的自我展示策略。

H1-2a：相比于图片形式环境，用户在文字形式的环境中更倾向于选择恳求型自我展示策略。

H1-2b：相比于文字形式环境，用户在图片形式的环境中更倾向于选择能力型和逢迎型自我展示策略。

在现实生活中，关系特征与呈现方式特征一般都是同时存在于社交网络平台环境，而两类特征作为社交网络环境较为重要的特征，对用户的自我展示策略存在一定的影响。呈现方式特征是社交网络平台限定的环境，虽然目前较多的社交网络平台均可实现文字、图片、视频三者进行呈现的方式，但是依旧存在呈现方式较为单一的社交网络平台，并且社交网络平台存在不同的展示内容的推荐模式，如微博较为推荐文字，而微信较为推荐图片。而对关系特征而言，平台也进行了一定的设置，如必须要双方互相认可才可以加好友的微信平台，以及不需要互关，单关即可的微博平台。那么，呈现方式特征与关系特征对用户自我展示策略存在怎样的交互影响？

在用户选择自我展示策略的过程中，会由于环境的不同而作出不同的选择。印象管理与自我展示两者的含义中均包含一个非常重要的因素，即"他人"，用户通过一系列行为管理自己在他人心中的形象均是考虑到他人，两者均认为"他人"是发生行为的首要考虑因素。Crawford 等（2019）的研究特意指出，印象管理的定义包含"演员"和"受众"，故与他人的关系是最为直观的、最先考虑到的因素；Hsu 等（2011）研究 Facebook 上的自我展示行为时发现，用户与其展示的受众的关系对于自我展示存在显著的影响，而 Rui 和 Stefanone（2013）的研究同样表明用户会根据不同的观察者对个体印象的期望不同，对自我展示的内容也会相对应地进行调整。因此，关系可被认为是用户在社交网络自我展示中首要考虑的因素。

自我决定论认为关系需求是人类三大基本的内在心理需求之一，认为人类是一种关系属性很强的社会动物；从实际生活的角度考虑两类特征，Hsu 等（2011）认为用户会根据关系的不同而选择隐私程度不同的"工具"进行自我展示，这从侧面表明关系在实际生活中的重要性。

我们认为处于不同的社交网络环境中的用户，会首要考虑到自我展示的对象，进而考虑其他要素。在强关系中，呈现方式的不同可能对用户的自我展示策略的影响不大，而在弱关系中，文字环境则会导致用户更倾向于恳求型自我展示，而图片环境则会导致用户更倾向于能力型以及逢迎型自我展示策略。因此本章提出如下假设。

H1-3：呈现方式特征与关系特征对用户自我展示策略存在交互影响。

H1-3a：对于弱关系而言，与图片形式环境相比，在文字形式环境中用户倾向于采用恳求型自我展示策略。

H1-3b：对于弱关系而言，与文字形式环境相比，在图片形式环境中用户倾向于采用能力型和逢迎型自我展示策略。

H1-3c：对于强关系而言，无论是文字还是图片的呈现形式，用户采用能力型、恳求型、逢迎型自我展示策略的倾向无差异。

1.5 自我展示动机的中介作用

关于社交网络的自我展示动机的研究已有不少，如 Baumeister 等（1989）提出自我展示动机主要存在两种，一种为取悦他人，即取悦自我展示的观众或者受众，另一种为建构理想中的自我，此处的建构可以为创建、保持、修正等。肖崇好（2005）基于 Schlenker（1985）对自我监控的研究，提出自我展示主要有两大动机，即人际关系的和谐化和自我概念的和谐化，自我概念的和谐化则是用户为了证明自我概念的一致性而进行的自我验证。

可见，自我展示现有的推测框架为：一些人的动机是他们用一个积极的、社会理想的方式进行自我展示，这一动机便是自我增强动机；而另外一个动机是用证实自己的积极和消极的观点来进行自我展示，这便是自我验证动机。Ferris 等（2015）提出，自我验证是人们在向他人进行展示或表达时，会将自己真实的一面表达出来，如感情、观点或者态度等，以此他人就能够了解真实的自己，但是自我增强则不是，自我增强是人们仅仅表达可以得到他人赏识或者认可的一面，并非真实的一面。

一方面，环境因素会影响用户的展示动机。从社交网络环境了解的关系特征来讲，从信任的角度出发，人们更有可能将个人信息透露给强关系者，而非弱关系者。基于印象管理，人们更有可能将正面的消息或者积极的情绪表露给强关系者，为了保存自己的良好形象，以避免给他人留下消极的印象，用户在强关系的情境中更倾向于发表积极的内容。而在弱关系的情境中，用户倾向于表达更真实的自己，当然真实的自己包含积极和消极两个方面。例如，辛文娟等（2016）研究大学生群体在朋友圈的自我展示时，结果表明，微信作为一种强关系的社交网络环境，其用户由于想要给他人留下或者保存自身较好的形象的印象管理，在其中的自我展示内容均为积极、健康、向上的内容。在强关系的情境下，用户可能会更多地关注自身积极的、对自身有利的信息，并且倾向于向他人展示自我的正面形象（崔金红和汪凌韵，2012），其自我增强动机得以增强，而在弱关系的情境下，用户则比较注重真实，其自我验证动机得以增强。

从呈现方式特征角度出发，内容共享的呈现方式的不同对用户的自我展示而言同样是一种决定性的特征，如 Twitter 目前的主要业务是短文本消息，这一特征使 Twitter 发展成为一个流行的工具，它可以对实时发生的事件进行简短而及时的评论（Kaplan and Haenlein，2011）。根据对文字和图片这两种呈现方式的研究，结果表明，文字会影响用户展示偏向于消极的内容（Waterloo et al.，2018），并且文字呈现可能会缩短距离感（曾伏娥等，2019），会导致用户的展示更加真实，其自我验证动机得以增强，另外，从信息的角度考虑，相比于图片这一较为简化的呈现方式，文字形式的呈现方式较为复杂（Sheldon and Bryant，2016），其展示内容、展示信息较为混乱，结合自我验证理论强调降低信息的一致性、降低混乱程度（Elbedweihy et al.，2016），故文字形式的呈现方式使用户的自我验证动机得以增强。而图片相比于文字则是会影响用户进行积极内容的展示，并且图片被认为会导致用户更关注积极和自我提升的内容（Sheldon and Bryant，2016），其自我增强动机得以增强。

另一方面，社交网络环境特征（关系特征与呈现方式特征）会对用户的自我展示动机产生影响。具有自我增强动机的人会选择性地关注和推广对自己有利的信息，而避免那些对自己不利的信息。有研究表明，能力型、逢迎型自我展示策略的使用都有助于获得积极的自我形象（Lewis and Neighbors，2005）。具体来说，在用户的网络自我展示中，自我增强者可能只提供关于自身正面的一些信息，而消极的信息则被选择过滤掉，用户展示自己的能力、展示自己的技能，则是能力型自我展示策略，或者使用奉承的方式来吸引他人的注意力，也就是逢迎型自我展示策略（Cheng et al.，2019）。而具有自我验证动机的人，对自己感到消极、有消极看法的人会倾向于从那些他们愿意与之分享负面信息的人那里寻求负面反馈，并且具备自我验证动机的人会更追求一致性，还会表现得更加真实，相比于自我增强动机，他们更倾向于使用内容偏向于消极的自我展示策略来表达他们寻求依赖和帮助的愿望，故倾向于采用恳求型自我展示策略（Soenens et al.，2005）。

综上所述，自我展示动机可能在两类环境特征对自我展示策略的交互影响中起到中介作用。在关系特征为强关系的情境下，用户倾向于选择自我增强这一种动机，而自我增强动机会更多地导致用户使用能力型自我展示策略；呈现方式对用户的展示动机存在影响，进而影响用户的自我展示策略，图片形式的呈现方式特征会增强用户的自我增强动机，进而影响用户更倾向于选择能力型自我展示策略。在关系特征为弱关系的情境下，用户倾向于选择自我验证这一种动机，而自我验证动机则较多地应用于恳求型自我展示策略，文字形式的呈现方式特征影响用户更多地考虑其自我验证的动机，进而用户更倾向于选择恳求型自我展示策略。因此，提出如下假设。

H1-4a：自我增强动机在关系特征与呈现方式特征对能力型自我展示策略的交互影响中起中介作用，对强关系而言，与文字形式相比，图片形式的环境会增强用户的自我增强动机，进而用户更倾向于选择能力型自我展示策略；对弱关系而言，与图片形式相比，文字形式的环境会削弱用户的自我增强动机，进而用户会不太倾向于选择能力型自我展示策略。

H1-4b：自我验证动机在关系特征与呈现方式特征对恳求型自我展示策略的交互影响中起中介作用，对弱关系而言，与图片形式相比，文字形式的环境会增强用户的自我验证动机，进而用户更倾向于选择恳求型自我展示策略；对强关系而言，与文字形式相比，图片形式的环境会削弱用户的自我验证动机，进而用户会不太倾向于选择恳求型自我展示策略。

1.6 研究结论

本章以印象管理理论为基础，论述了社交网络环境的关系特征和呈现方式特征是否以及如何影响不同的自我展示策略，即社交网络环境特征（关系特征与呈现方式特征）会对个体的自我展示动机（自我增强动机与自我验证动机）产生影响，从而影响在线的自我展示行为（能力型、恳求型与逢迎型自我展示策略）。

本章采用实证分析法，通过社交网络平台和问卷星的样本服务回收有效问卷 717 份，并且通过 SPSS22.0 软件对收集的数据进行描述性统计、描述性分析、相关性分析、单因素方差分析、回归分析以及中介检验分析，对研究假设进行了验证，H1-1、H1-1b、H1-2、H1-2a、H1-2b、H1-3、H1-3a、H1-3c、H1-4b 得到支持，H1-1a、H1-3b 得到部分支持，H1-4a 被拒绝。最终的理论模型如图 1-1 所示。

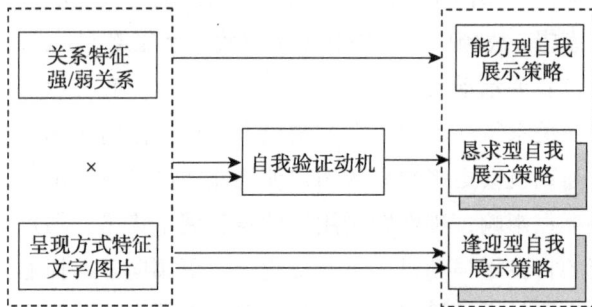

图 1-1 社交网络环境特征对用户自我展示行为的影响

主要研究结论如下。

（1）社交网络环境的关系特征（强关系/弱关系）会影响用户的自我展示策略，相比于强关系的环境，用户在弱关系的环境中更倾向于选择恳求型自我展示策略。

（2）社交网络环境的呈现方式特征（图片/文字）会影响用户的自我展示策略。相比于图片形式的环境，用户在文字形式的环境中更倾向于选择恳求型自我展示策略；相比于文字形式的环境，用户在图片形式的环境中更倾向于选择能力型和逢迎型自我展示策略。

（3）呈现方式特征与关系特征对用户自我展示策略存在交互影响。对于弱关系而言，与图片形式环境相比，在文字形式环境中用户倾向于采用恳求型自我展示策略；对于强关系而言，无论是文字还是图片的呈现形式，用户采用能力型、恳求型、逢迎型自我展示策略的倾向无差异。

（4）自我验证动机在关系特征与呈现方式特征对恳求型自我展示策略的交互影响中起中介作用。对弱关系而言，与图片形式相比，文字形式的环境会增强用户的自我验证动机，进而用户更倾向于选择恳求型自我展示策略；对强关系而言，与文字形式相比，图片形式的环境会削弱用户的自我验证动机，进而用户会不太倾向于选择恳求型自我展示策略。

1.7　管理启示

（1）在当代大数据时代环境下，社交网络是目前最为重要的数据来源之一。一般而言，企业都希望能够分析其客户甚至是潜在的消费者的社交行为数据，洞察消费者需求。但是，社交网络上的"所见"并非"所得"，用户在不同的社交网络环境中选择性地进行自我展示，用户在强关系情境的环境中，会展示自身积极、正面的形象，但是这并不意味着该用户真实的状况，只能证明该用户在该种环境下倾向于展示自身积极的一面。所以，企业应该结合平台环境的多类特征，对多个渠道来源数据进行综合分析，才能制定出精准的营销策略。

（2）从平台运营者的角度出发，平台设计方可以考虑用户需求平台与技术大环境特征，提升用户的使用体验和满意度，促进更多的用户参与行为。例如，强关系环境与图片呈现方式两种特征同时存在的情况下，对用户采用能力型自我展示策略更有利，若企业需要用户展示能力型方面的内容以维持平台的形象，则可以考虑将其设计为强关系和以图片为主的呈现方式的环境。

（3）由于用户在不同的社交网络环境所进行的自我展示不同，企业可以根据不同的社交网络环境设计出不同的营销方案，也可以利用不同的营销内容选择不同的社交网络进行营销。例如，在强关系的环境中，用户更倾向于选择能力型自我展示策略，那么营销者可以在强关系的社交网络平台制定独特的影响方式。此外，自我验证动机在社交网络环境对用户恳求型自我展示策略的影响中起一定的中介作用，营销人员自然也可以考虑如何满足消费者自我验证动机。例如，基于"情绪共振"的情绪营销一般更适合在弱关系群进行，并且呈现的方式是文字而不是图片。

本章小结

- 社交网络环境有不同的特征，其中关系特征（强关系/弱关系）、呈现方式特征（图片/文字）会影响人与他人沟通和展示自己的方式。
- 人们在社交网络上通常有两大自我展示内在动机，即自我增强动机和自我验证动机。
- 人们会采取多种自我展示行为来影响他人对自己的看法，包括能力型、恳求型和逢迎型自我展示策略。
- 相比于强关系的环境，用户在弱关系的环境中更倾向于选择恳求型自我展示策略。
- 相比于图片形式的环境，用户在文字形式的环境中更倾向于选择恳求型自我展示策略；相比于文字形式的环境，用户在图片形式的环境中更倾向于选择能力型和逢迎型自我展示策略。
- 自我验证动机在关系特征与呈现方式特征对恳求型自我展示策略的交互影响中起中介作用。

参考文献

常亚平, 董学兵. 2014. 虚拟社区消费信息内容特性对信息分享行为的影响研究[J]. 情报杂志, 33(1): 200-207.

陈浩, 赖凯声, 董颖红, 等. 2013. 社交网络(SNS)中的自我呈现及其影响因素[J]. 心理学探新, 33(6): 541-553.

崔金红, 汪凌韵. 2012. 在线反馈系统中消费者网络口碑传播动机的实证研究[J]. 现代图书情报技术, (10): 55-60.

冯娇, 姚忠. 2015. 基于强弱关系理论的社会化商务购买意愿影响因素研究[J]. 管理评论, 27(12): 99-109.

辜美惜. 2004. Swann 自我验证理论及实证研究简介[J]. 心理科学进展, 12(3): 6.

江爱栋. 2013. 社交网络中的自我呈现及其策略的影响因素[D]. 南京: 南京大学.

赖胜强. 2015. 影响用户微博信息转发的因素研究[J]. 图书馆工作与研究, (8): 31-37.

刘肖岑, 王立花, 朱新筱. 2006. 自我提升的含义与研究[J]. 山东师范大学学报(人文社会科学版), (3): 145-148.

肖崇好. 2005. 自我监控概念的重构[J]. 心理科学进展, （2）: 186-193.

辛文娟, 赖韩, 陈晓丽. 2016. 大学生社交网络中印象管理的动机和策略: 以微信朋友圈为例[J]. 情报杂志, 35(3): 5.

许娅. 2017. 大学生社交网站使用动机、自我呈现策略与自我同一性的关系研究[D]. 福州: 福建师范大学.

岳艳明. 2013. 中国人关系水平上的自我验证研究[D]. 重庆: 西南大学.

曾伏娥, 顾梅梅, 刘敏. 2019. 社交媒体图文型广告的 "得" 与 "失": 商家形象 vs. 产品态度[J]. 中国工业经济, (10): 175-192.

张敏, 孟蝶, 张艳. 2019. S-O-R 分析框架下的强关系社交媒体用户中辍行为的形成机理:一项基于扎根理论的探索性研究[J]. 情报理论与实践, 42(7): 80-85, 112.

Arkin R M. 1981. Self-presentation styles[M]// Tedeschi J T. Impression Management Theory and Social Psychological Research. New York: Academic Press: 311-333.

Attrill A, Jalil R. 2011. Revealing only the superficial me: exploring categorical self-disclosure online[J]. Computers in Human Behavior, 27(5): 1634-1642.

Bansal P, Clelland I J. 2004. Talking trash: legitimacy, impression management and unsystematic risk in the context of the natural environment[J]. Academy of Management Journal, 47(1): 93-103.

Bareket-Bojmel L, Moran S, Shahar G. 2016. Strategic self-presentation on Facebook: personal motives and audience response to online behavior[J]. Computers in Human Behavior, 55: 788-795.

Baumeister R F, Tice D M, Hutton G. 1989. Self-presentational motivations and pesonality differences in self-esteem[J]. Journal of Personality, 57(3): 547-579.

Bevan J L, Cummings M B, Kubiniec A, et al. 2015. How are important life events disclosed on Facebook? Relationships with likelihood of sharing and privacy[J]. Cyberpsychology, Behavior and Social Networking, 18(1): 8-12.

Bortree D S. 2005. Presentation of self on the web: an ethnographic study of teenage girls' weblogs[J]. Education, Communication and Information, 5: 25-39.

Boyd D M, Ellison N B. 2007. Social network sites: definition, history, and scholarship[J]. Journal of Computer-Mediated Communication, 13(1): 210-230.

Brannon D C. 2019. What makes people choose within-domain versus across-domain compensation following a self-threat? The role of self-verification motives[J]. Journal of Marketing Management, 35(9/10): 940-964.

Bucholtz M, Hall K. 2004. Theorizing identity in language and sexuality research[J]. Language in Society, 33(4): 469-515.

Burke P J, Stets J E. 1999. Trust and commitment through self-verification[J]. Social Psyhology Quarterly, 62(4): 347-366.

Cheng Z C, Pan Y, Ni Y A. 2019. Self-determination affects the use of self-presentation strategies on social networking sites[J]. Social Behavior and Personality, 47(3): 1-11.

Crawford W S, Kacmar K M, Harris K J. 2019. Do you see me as I see me? The effects of impression management incongruence of actors and audiences[J]. Journal of Business and Psychology, 34: 453-469.

de Angelis M, Bonezzi A, Peluso A M, et al. 2012. On braggarts and gossips: a self-enhancement account of word-of-mouth generation and transmission[J]. Journal of Marketing Research, 49(4): 551-563.

Dominick J R. 1999. Who do you think you are? Personal home pages and self-presentation on the World Wide Web[J]. Journalism & Mass Communication Quarterly, 76(4): 646-658.

Elbedweihy A M, Jayawardhena C, Elsharnouby M H, et al. 2016. Customer relationship building: the role of brand attractiveness and consumer-brand identification[J]. Journal of Business Research, 69(8): 2901-2910.

Ferris D L, Lian H W, Brown D J, et al. 2015. Ostracism, self-esteem, and job performance: when do we self-verify and when do we self-enhance?[J]. The Academy of Management

Journal, 58(1): 279-297.

Goffman E. 1959. The Presentation of Self in Everyday Life[M]. New York: Doubleday.

Gosnell C L, Britt T W, Mckibben E S. 2011. Self-presentation in everyday life: effort, closeness, and satisfaction[J]. Self and Identity, 10(1): 18-31.

Granovetter M S. 1973. The strength of weak ties[J]. American Journal of Sociology, 78(6): 1360-1380.

Grubb E L, Grathwohl H L. 1967. Consumer self-concept, symbolism and market behavior: a theoretical approach[J]. Journal of Marketing, 31(4): 22.

Hildebrandt M. 2006. Privacy and identity[M]//Claes E, Duff A, Gutwirthet S. Privacy and the Criminal Law. Oxford: Intersentia: 43-57.

Hsu C W, Wang C C, Tai Y T. 2011. The closer the relationship, the more the interaction on Facebook? Investigating the case of Taiwan users[J]. Cyberpsychology, Behavior, and Social Networking, 14(7/8): 473-476.

Jones E E, Pittman T S. 1982. Toward a general theory of strategic self-presentation[J]. Psychological Perspectives on the Self, 1: 231-262.

Jung T, Youn H, McClung S. 2007. Motivations and self-presentation strategies on Korean-based "Cyworld" weblog format personal homepages[J]. Cyberpsychology & Behavior, 10(1): 24-31.

Kane C M. 2008. I'll see you on Myspace: self-presentation in a social network website[D]. Cleveland: Cleveland State University.

Kaplan A M, Haenlein M. 2011. The early bird catches the news: nine things you should know about micro-blogging[J]. Business Horizons, 54(2): 105-113.

Kim H W, Chan H C, Kankanhalli A. 2012. What motivates people to purchase digital items on virtual community websites? The desire for online self-presentation[J]. Information Systems Research, 23(4): 1232-1245.

Kwang T, Swann W B, Jr. 2010. Do people embrace praise even when they feel unworthy? A review of critical tests of self-enhancement versus self-verification[J]. Personality and Social Psychology Review, 14(3): 263-280.

Lee S J, Quigley B M, Nesler M S, et al. 1999. Development of a self-presentation tactics scale[J]. Personality and Individual Differences, 26(4): 701-722.

Lewis M A, Neighbors C. 2005. Self-determination and the use of self-presentation strategies[J]. The Journal of Social Psychology, 145(4): 469-490.

Liad B B, Simone M, Golan S. 2016. Strategic self-presentation on Facebook: personal motives and audience response to online behavior[J]. Computers in Human Behavior, 55: 788-795.

London M. 2003. Antecedents and consequences of self-verification: implications for individual and group development[J]. Human Resource Development Review, 2(3): 273-293.

Markus H R, Kitayama S. 1991. Culture and the self: implications for cognition, emotion, and motivation[J]. Psychological Review, 98(2): 224-253.

Pittman M, Reich B. 2016. Social media and loneliness: why an Instagram picture may be worth more than a thousand Twitter words[J]. Computers in Human Behavior, 62: 155-167.

Polzer J T, Milton L P, Swarm W B, Jr. 2002. Capitalizing on diversity: interpersonal congruence in small work groups[J]. Administrative Science Quarterly, 47(2): 296-324.

Rau P L P, Gao Q, Ding Y N. 2008. Relationship between the level of intimacy and lurking in online social network services[J]. Computers in Human Behavior, 24(6): 2757-2770.

Rosenberg J, Egbert N. 2011. Online impression management: personality traits and concerns for secondary goals as predictors of self-presentation tactics on Facebook[J]. Journal of Computer-Mediated Communication, 17(1): 1-18.

Roth D L, Snyder C R, Pace L M. 1986. Dimensions of favorable self-presentation[J]. Journal of Personality and Social Psychology, 51(4): 867-874.

Rui J R, Stefanone M A. 2013. Strategic image management online: self-presentation, self-esteem and social network perspectives[J]. Information, Communication & Society, 16(8): 1286-1305.

Schlenker B R. 1985. Identity and self-identification[M]//Schlenker B R. The Self and Social Life. New York: McGraw-Hill: 65-100.

Sedikides C. 1993. Assessment, enhancement, and verification determinants of the self-evaluation process[J]. Journal of Personality and Social Psychology, 65(2): 317-338.

Sheldon P, Bryant K. 2016. Instagram: motives for its use and relationship to narcissism and contextual age[J]. Computers in Human Behavior, 58(1): 89-97.

Soenens B, Berzonsky M, Vansteenkiste M, et al. 2005. Identity styles and causality orientations: in search of the motivational underpinnings of the identity exploration process[J]. European Journal of Personality, 19(5): 427-442.

Swann W B, Jr, Pelham B. 2002. Who wants out when the going gets good? Psychological investment and the preference for self-verifying college roommates[J]. Self and Identity, 1(3): 219-233.

Waterloo S F, Baumgartner S E, Peter J, et al. 2018. Norms of online expressions of emotion: comparing Facebook, Twitter, Instagram, and WhatsApp[J]. New Media& Society, 20(5): 1813-1831.

Westin A F. 1967. Privacy and Freedom[M]. New York: Atheneum.

第 2 章

线上-线下自我差异

■ 导论

自我差异理论假定了各种自我状态表征所含的两个认知维度：自我的领域和自我的立场。之前的研究证明每个人都是不同自我的集合，人们可以找到两个或两个以上"真实"自我的描述，如一个人认为他现实生活中是这种人，而另一个人认为他实际上是那样的人。自我包含了不同的身份角色，在特定时间环境下只有部分特定的身份被激活，如一个人在家中的角色是女儿，在学校的角色则是学生。在这些"真实"的自我之外，研究还发现了各种潜在的自我，如将"精神"自我与"社会"自我区分开来，前者包括自我的道德情感，后者则是被社会法律认可的自我。Rogers（1965）区分了他人认为一个人应有的模样（即规范性标准）和一个人认为自身"理想"的模样。

随着互联网科技的快速发展，各类社交媒体如雨后春笋般涌现，中国移动社交的用户规模庞大且逐年增加，艾媒咨询数据显示，2020 年中国移动社交用户规模已然达到 9.24 亿人，2022 年全网用户再迎高增长，用户总规模突破 12 亿大关。社交网络的繁荣不仅改变了社会结构，形成了与现实社会并存的社会存在的新形式，而且改变了人类的活动方式和社交方式，形成了人类的虚拟生活方式。在社交网络的帮助下，人们可以通过转发信息更新他们的状态，与他人保持联系并分享他们生活中的各种时刻，对自己进行自"画像"。因为互联网的虚拟与匿名特征，人们在社交媒体上展示的自我可能与现实生活中存在差异，甚至可能把自己建构为一个与现实中的自我完全不同的虚拟自我，而不用担心被识别和因此受到现实生活中其他人的批评。

本章在自我概念的基础上系统介绍了自我差异的几种类型，结合当前社交网络快速发展衍生出来的线上自我，从空间维度上提出线上-线下自我差异这一新的概念，并探讨了消费者线上-线下自我差异与消费意愿之间的关系，丰富和进一步拓展了自我差异理论的研究。

2.1 自我概念

自我概念是心理学、社会学、行为学、营销学中的重要概念。自我概念指的是"个体把自己作为一个对象时，对自己的整体观念和感觉"，是一个人所有自我表征的集合（Rosenberg，1979）。在自我概念开始被提出时，学者大都将自我概念看作稳定、普遍的概念。到 20 世纪 70 年代，越来越多的学者证明自我概念不是一个一元要素，而是一个空间、一个联盟、一个系统中的排列。自我概念的复杂性主要体现在三个方面：一是自我概念是多层次的，是形象、模式、概念、理论、目标或任务的集合；二是自我概念是多维度的，根据自我表征的特点，可以分为存在性、评价性、时间性三个维度；三是自我概念是个动态发展的过程，在何时何种自我概念被激活，取决于当下所处的社会环境与个体的动机状态（Kihlstrom and Cantor，1984），从自我存在性维度看，可将自我分为真实自我、理想自我、应该自我。真实自我，它代表某人（自身或他人）实际拥有的属性；理想自我，它是某人（自身或他人）理想中拥有的属性（即代表他人对你的希望或愿望）；应该自我，是你认为某人（自身或他人）应该拥有的属性（Higgins，1987）。

2.1.1 自我的单维理论模型

自我概念是个体对自己的总体评价，而自尊是对自己的重要性、能力等方面表现出来的认可或反对自己的态度，实质上自尊是个体对自我价值的一种主观性评价。根据库珀史密斯（Coopersmith）编制的自尊量表（self-esteem inventory，SEI），SEI 总分越高意味着个体的自我评价水平越高。随后 Piers（1994）编制了 Piers-Harris 自我概念量表，该量表同样基于自我概念的单维结构模型，主要用于评价儿童的自我意识态度。Rosenberg（1986）对自我的结构进行了进一步的元分析，根据 Rosenberg 的观点，自我被认为是个体对自我经验、客体情感和思想等多个方面的综合，并且这些方面是有一定的层次和顺序的。Rosenberg 的自我概念结构仍然被认为是一种单维的结构，因为他只是提出了自我概念的多个成分，并没有得到实证支持，也没有对这些成分的具体要素进行准确界定和区分。

2.1.2 自我的多维理论模型

随着自我概念研究的深入发展，学者发现自我概念应该是一个多方面、多维度的结构，不应该被概念化为一个单一的、简单的现象。自我概念应该包括描述性、比较性、评价性和情感性等多个方面，这些方面之间相互联系，但也应该被区别对待，自我概念应该是一个复杂的结构。

1. 詹姆斯（James）和哈蒂（Hattie）的自我

James（1890）将自我区分为主动行动者的我（I）（简称主我）和经验客体的我（me）（简称客我）。主我是指纯粹自我，即自知的我，是思考的主体；客我又包括物质自我、社会自我和精神自我。物质自我是指个体对自己的外貌特征、一言一行以及与自己有关系的人或物（如同事、朋友、车子、房子）的认知与评价。社会自我是指个体对自己在群体中所处的社会地位、拥有的各种社会关系及他人对自己各方面的认知与评价。社会自我可以用数字来计量，它的多少主要通过个体被社会认可的形象数量来衡量。精神自我是指个体的心理自我，包括个体对自己的智力、情感心理状态、价值取向、能力和宗教信仰等的认识与评价。在 James 的研究基础上，Hattie（1992）进一步分析了物质自我、社会自我、纯粹自我和精神自我这四个部分。他认为这四个部分是一个递进的层级结构，其中处在最底层的是物质自我，处在最高层的是精神自我，总体的自我概念就是由这四个层次的自我构成的。

2. 哈特（Harter）的自我

根据 Harter（1999）的观点，普遍和具体领域的自我概念应该属于个体自我概念的两个维度。Harter 的研究主要关注的是儿童这个特殊群体的自我概念水平，他的研究结果显示，儿童有不同的年龄阶段，而处于不同年龄阶段的儿童的自我概念的成分是不太一样的，原因是在不同的年龄阶段，儿童的心理发展是有差别的，儿童的自我概念也会存在年龄上的差异性。所以，儿童的自我概念不能用一套问卷来测量，在测量时应该针对不同年龄的儿童采用不同的自我概念问卷。根据 Harter 的主张，他将儿童按照年龄分成了五个阶段，并分别开发了不同的自我概念问卷，用来测量这五个年龄段儿童的自我概念。Harter 的研究推动了自我概念多维模型的发展。

3. 沙维尔森（Shavelson）和马什（Marsh）的自我

Shavelson 等（1976）推动了自我概念多维模型理论的进一步发展。根据 Shavelson 的观点，自我概念有三个层次，首先是一般自我概念；其次是学业和非学业的自我概念；最后是具体的四个方面的学业自我（数学学业自我、英语学业自我、历史学业自我、科学学业自我）和具体的三个方面的非学业的自我概念（社会的自我概念、情绪的自我概念、生理的自我概念）（Shavelson et al., 1976）。

Shavelson 等（1976）的自我概念多维理论模型极大地促进了之后的自我概念研究，但是他的模型的合理性和有效性还缺乏有力的实证研究支持。随后，Marsh 在 Shavelson 等的自我概念多维模型的基础上修改了自我概念模型，并编制了三种自我描述问卷（Ⅰ型、Ⅱ型、Ⅲ型），用于不同年龄的自我概念测量。

4. 塞迪基德斯（Sedikides）的自我

根据 Sedikides 的观点，自我可以包括个体自我、关系自我和集体自我三个部分（Stephan et al., 2015）。个体自我主要是从自己的角度来分析的，个体和个体之间在性格、态度、行为等属性方面会存在一些差别，这些属性属于自我概念的一部分，可以将个体与他人顺利进行区分。通过这种自我比较，会维持或者改变自己的自我概念（Brewer and Gardner, 1996）。

关系自我主要是从与朋友、家人、合作伙伴等人际关系角度来分析的，因为我们会在生活中同时扮演多种角色，并与他人形成一些特定的关系，比如说教师-学生、医生-病人、父母-孩子等，在不同的角色关系中，我们对自己的认知和评价会存在差别。我们也希望从这些重要他人中得到自己期望的反映和评价，以确定自己在他们心目中的理想角色和位置。通过这种重要他人的反馈，个体会维护或改变自己的自我概念。

集体自我主要是从群体这个角度来分析的，个体对自己在所属群体中的群体规范、与群内成员的合作能力等属性的认知就是集体自我。通过这些属性的比较，可以将群体内部成员与群体外部成员进行区分。个体一般也会有自己想要加入的群体（理想群体）和自己想要远离的群体（规避群体），对于理想群体，个体可能会采用群体内成员的方式进行自我表达，以实现与理想群体的融合，对于规避群体，则会拒绝群体内成员的表达方式，以保持距离。通过这种群体间的相互比较，个体会维持或改变自己的自我概念。

2.2 自我差异

自我差异（self-discrepancy）指自我失衡或自我概念的不一致性，通常指个体几个自我之间的不一致。自我差异的概念源于这样一种观点，即个体有很多个可能的自我，这些不同的自我之间可能会不相容并且会给个体带来负面情绪。

单维的自我概念拓展到多维后，学者就开展了较多的关于自我差异的研究。只是在早期，自我差异只是局限在主我和客我之间，随后发现了较多的关于现实世界中现实自我、理想自我和应该自我的差异（Dickson et al., 2019）。随着学者对自我研究的不断深入，自我理论得到发展，对自我差异进行研究的文献也在不断增加。综合来说，关于自我差异理论的研究主要包括以下几个方面。

2.2.1 主我和客我的差异

自我包括"主我"和"客我"这两个相互影响、相互区别的方面。一个整体概念的自我应该是"主我"和"客我"的统一，这两个"我"相互支持，共同作用。根据 James（1890）的定义，"主我"应该是个体对外界态度的相应反应，"主我"是主动的、理想的我。"客我"却是个体感知到的他人对自己的态度，"客我"是被动的、感受的我。根据别人对自己的态度，个体会构成对应的"客我"，反过来，"客我"又会影响作为主体的"主我"，并且促使"主我"对"客我"进行反应。当个体完全成为"客我"时，个体的态度和行为就会完全受到社会他人的影响，别人的态度、期望会左右个体，促使个体努力成为他人眼中的我。而当个体完全成为"主我"时，个体的态度和行为就主要取决于自己的内在驱动，个体的行为都是自发行为，不会受其他人的影响和干预。但是通常情况下，"主我"和"客我"是并存的。

在前人研究的基础上，Cooley（1902）发现了自我的社会性，他认为自我不仅仅是个人产物，还是整个大环境的产物，社会他人与自己的关系会影响自我的建构，他提出"镜像自我"（looking-glass self）这一新的自我概念，他认为镜像自我是社会他人对个体及个体行为进行评价形成的另外一个自我。与 Mead（1913）的观点类似，Cooley 也认为他人眼中的"自我"可能会与实际的"自我"不一样。Mead 和 Cooley 被认为是符号互动学派的创始人，他们强调了社会互动在个体自我概念形成中的巨大作用。根据 Mead 和 Cooley 的观点，自我不是天生的，而是在社会互动中习得的，一个脱离社会互动，孤独成长的人是无法形成完整的自我的（Mead，1913）。

2.2.2 真实自我与理想自我、应该自我的差异

与 Mead 和 Cooley 的观点一致，Rogers（1965）也赞同自我应该包括"主我"和"客我"两个部分，并且 Rogers 还提出了真实自我和理想自我的概念，他认为真实自我就是个体实际感知到的自我，理想自我是个体理想中想要成为的自我。真实自我是个体在现实世界中获得的真实感觉，理想自我却是个体想要获得的一种理想的状态。因此，真实自我和理想自我之间会存在一些差异，从位置来说，真实自我会低于理想自我，而两者之间的差异则为个体的心理顺应指数。根据 Rogers 的观点，要实现个体人格的顺利成长，应该让真实自我和理想自我实现平衡，因为两者之间如果存在较大的差异或冲突，会让个体的心理失衡，产生心理

疾病。同时 Rogers 相信,真实自我和理想自我这两个概念都应该是可以被测量的。

自我差异理论主要服务于三个目的。该理论的第一个目的是区分具有不相容信念的个体所感受到的不同类型的情绪(如悲伤和沮丧情绪)。第二个目的是预测哪些类型的关于自我的不相容信念会导致哪些负面情绪。最后一个目的是考虑差异的可用性和可及性如何影响情绪和行为。为了实现这些目的,Higgins (1987)拓展了 Rogers 的研究,区分了个人思考的三个自我领域。Higgins 认为个体的自我概念主要是三个方面:理想自我、应该自我和现实自我。

理想自我是指个人希望拥有的属性或他们为自己设定的目标。一个人的理想自我涉及他对自己的希望、梦想和抱负。应该自我是个人认为他应该拥有的属性的表示。应该自我关注的是个人认为他自己的职责和责任。现实自我是个人认为他实际拥有的属性的表示。

理想自我和应该自我之间的区别源于区分愿望信念(如我想成为自由职业者)和价值信念(如我应该有一份稳定的工作以维持家庭支出)的研究。自我差异理论在考虑三个领域时也考虑了对自我的不同观点(Higgins,1987)。每个人都可以思考自己对自己的属性和行为的看法,以及其他人对自己的看法。例如,员工可能对他自己的工作内容有信心,但是他也可以考虑领导或其他同事对他的看法。从更大范围来说,个体可能还会考虑所属群体如何看待他们,甚至整个社会如何看待他们。

自己的想法与他人的想法之间的差异就形成了四种不同类型的自我差异:①自己感知到的现实自我与理想自我的差异;②自己感知到的现实自我与应该自我之间的差异;③现实自我和别人认为的理想自我之间的差异;④现实自我和别人认为的应该自我之间的差异。

2.2.3　希望自我、预期自我和恐惧自我的差异

可能自我包括三个方面:希望自我、预期自我和恐惧自我。希望自我是指人们想要实现的自我,是比较理想的自我状态,如想要成为坚强的自我,想要成为乐观的自我;预期自我是指人们认为按照目前的发展趋势,在不久的未来自己就能够达到、能够实现的自我,如未来会成为自信的自我,会成为有担当的自我;恐惧自我是指人们比较排斥的、不喜欢、不想要的自我,如悲观的自我、懦弱的自我、无能的自我等。现实自我与可能自我之间也可能存在差异,他们的差异主要是指现实自我与希望自我的差异、现实自我与预期自我的差异以及现实自我和恐惧自我之间的差异。不同类型的自我差异与不同的情绪相关,还会通过情绪影响个体的行为。

2.2.4 现在的我、过去的我和将来的我的差异

自我概念还可以从时间维度上来进行考虑，时间自我这一新的概念被提了出来。自我不是一成不变的，它会随着时间发生改变，在不同的阶段，自我概念的内容和表现是不太一样的。时间自我将自我根据时间过程分为现在的我、过去的我和将来的我三个方面。过去的我指的是我们对自己过往的一些属性的认知；现在的我是指我们对自身目前的一些属性的认知；将来的我则指的是我们对将来的自身的认知。时间维度上的自我虽然有连续性，但是也还是存在一些差异。关于时间自我差异性的研究主要包括对于个体时间自我的一些评价、个体满意度的变化等。比如，有研究发现人们会用现在的自我喜欢的方式去对过去和未来的自我进行评价，并且喜欢贬低过去的自我，抬高未来的自我，维护现在积极的自我。

2.3 线上–线下自我差异概念

线下的我指个体在现实生活中所表现出的自我，它是自我现实、社会存在的真实反映。消费者通常通过购买和使用产品和品牌来识别或增强他们的个人形象。20 世纪 80 年代物质与自我概念之间关系的研究指出，消费者将产品视为自我的一部分，用于支持、建构、丰富和完善自我概念。在传统环境中，人们的自我概念建构主要依赖于礼物等物品，消费者想拥有产品的原因是通过这些产品寻找、表达、确认和宣称自己的存在，以此来增强自我意识。

社交网络的繁荣出现在互联网被广泛使用之后，现有研究者对人们为什么使用社交网络进行了大量的研究。总结起来可以概括为两个方面：一是对归属的需求，即通过社交网络与他人取得联系、获得社会接受；二是对个人展示的需求，即为了满足对个人印象的持续管理。个体主要通过在社交媒体上展示自我信息来实现这两个目标。首先，社交网络上与他人保持联系必须伴随自我信息的展示，这是因为网络的视觉线索缺失使得个体主要依靠信息去和对方进行沟通和交流，发展社会关系。因此，自我信息展示是维持社交网络中沟通的必要手段。其次，个人印象的管理本质上就是一种展示自我信息的行为，而网络的匿名性引起个体自我意识的减少及对网络环境认同的增加，降低展示自我信息的成本，进而引起更多形式和更大程度的自我信息展示（Chen H and Chen H T，2022）。

本章线上的我是在社交网络环境中呈现的自我。在社交网络的帮助下，人们可以通过转发信息更新他们的状态，分享他们生活中的各种时刻来进行自我"画像"。互联网环境下的匿名性，为用户尝试各种自我身份的建构提供了无尽可能。人们会表现出他们在现实生活中不会表现出来的一面，甚至把自己建构为一个与现实中的自我完全不同的虚拟自我。可以说，社交媒体的出现，赋予个体在自我

概念的建构上前所未有的自主性，人们不再受制于本我，可以根据所想所愿在虚拟世界中扮演各种自身期望的角色。线上的我源自现实自我，却又是在社交网络虚拟社会中存在并被认可的自我察觉、自我形象或自我感情，是区别于线下自我的一种自我存在方式。社交网络的特点决定了在很多维度上线上自我和线下自我都是不同的，存在一定的差异性，我们称之为"线上–线下"自我差异。

2.4　线上–线下自我差异与消费意愿

消费者通常通过购买和使用产品和品牌来识别或增强他们的个人形象。20 世纪 80 年代关于物质与自我概念之间关系的研究指出，消费者将产品视为自我的一部分，用于支持、建构、丰富和完善自我概念。根据自我感知理论和自我信号理论，消费者的产品选择行为不仅是基于产品功能作出的决策，更是消费者自我表达的重要方式，自我表达是消费者进行消费时重要的决策依据。消费者所消费的产品，如消费者的穿着、汽车等都代表着消费者自己。消费者想拥有产品的原因是通过这些产品寻找、表达、确认和宣称自己的存在，以此来增强自我意识。

随着互联网信息技术的飞速发展，特别是各类社交媒体的出现，人们建构自我概念的手段得到了更新。在社交网络的帮助下，人们可以通过更新他们的状态和转发信息，分享他们生活中的各种时刻来进行自我"画像"。可以说，社交媒体的出现使得自我概念的丰富和发展达到了前所未有的水平。社交网络将消费者从他们的身体中解放出来，并在虚拟世界中扮演各种自身期望的角色，这就形成了不同于真实世界中的线上自我。

当消费者在社交媒体扮演的自我和现实生活中真实的自我一致或者类似时，线上–线下自我差异较小。当消费者在社交媒体扮演的自我和现实生活中真实的自我不一致或者差别较大时，线上–线下自我差异较大。当消费者线上–线下自我差异较大，他们可能会将社交网络上的理想自我与现实生活中的真实自我混淆，导致其自我模糊。自我模糊的消费者，他们会通过购买更多的物质产品，在物质产品中寻找情感安慰（Chang and Arkin，2002），通过产品来定义他们模糊的身份，并寻求产品作为其身份支撑（Reed et al.，2012）。

基于此，提出如下假设。

H2-1：消费者线上–线下自我差异与消费意愿正相关。

2.5　自我重叠的调节作用

自我概念是人们对自己的看法的集合。人们对自我概念的表达不仅在内容上有所不同（"我很聪明""我很笨拙"），而且在结构上也有所不同。人们用多重认知结构或自我方面来解释自我概念知识。这些自我方面可以是社会角色，人际关系，活动或目标的形式。例如，一个人可能会认为自己是政治家（社会角色），祖父（人际关系）和乒乓球运动员（活动），他的目标是掌握多种语言（目标）。反过来，每一个自我方面都会与个人特征、个人记忆、想法和情绪等联系在一起，这些特征描述了这个人在某个生活领域中对自己的看法。

虽然自我表征往往在不同背景下具有内在差异，但个体在认识到这些差异的程度上存在区别。有些人认为他们的自我是独特且独立的，这样他们关于自我的想法和感受在不同自我方面是不同的；部分人认为他们的自我是相互关联的，所以他们关于自我的想法和感受在不同自我方面中存在相似成分。人们认为自己各种自我方面的相互关联程度就是自我重叠，它表明人们将不同环境下的自我视为同一个人的程度。在不同身份或自我方面有更多重叠的人更可能表现出行动的一致性，因为他们认为自己的行为将代表他们是什么类型的人（Touré-Tillery and Light, 2018）。

事实上，与那些自我重叠程度低的人相比，自我重叠程度较高的人，更有可能将自我形成的消极或积极的想法应用到多个自我上，而自我重叠程度较低的消费者，虽然他存在多个自我，但如果他认为不同自我方面是完全独立的（即没有任何重叠），那么他在某个自我形成的想法将只存在于这一个自我中，从而降低了代表性行为的执行力度。

人们对自己所期望的身份表达将引导他们的消费行为（Markus and Kunda, 1986）。与自我重叠程度较低的消费者相比，自我重叠程度较高的消费者更多地认为他们的消费行为是自我诊断，更愿意按照他们重视的身份和目标行事（Touré-Tillery and Light, 2018）。因此，自我重叠程度较高的消费者更重视用产品来体现自己的特征，构建自己的身份，有更强的消费意愿。

基于此，提出如下假设。

H2-2：自我重叠在消费者线上–线下自我差异对消费意愿的正向影响中起调节作用。与自我重叠程度较低的消费者相比，当消费者的自我重叠程度较高时，线上–线下自我差异对消费者消费意愿的正向影响更大。

2.6 决策策略的调节作用

在决策过程中消费者会依赖情感感受或者理性推理来购买产品，基于情感感受的决策策略即消费者根据当时所感受到的情绪和感受作出判断和决定，基于理性推理的决策策略即消费者根据客观条件、自身的认知推理作出判断和决定。

与基于理性的决策策略相比，基于情感感受的决策策略具有不同的特性。例如，基于感觉的决策往往更为快速（Zajonc，1980），在人际关系上更为一致（Gorn et al.，2001），相比不愉快的体验，他们愿意为愉快的体验支付更多，并且对数字更不敏感（Hsee and Rottenstreich，2004）。消费者倾向于认为他们的感受都是对他们关注的目标的反应（Dhar and Wertenbroch，2000），通常不会意识到这些感觉可能是情绪，如晴天的乐观情绪或雨天的悲观情绪导致的（Schwarz and Clore，2007）。与基于情感感受的决策策略相比，基于理性的决策策略往往更客观，其所引发的情感是最少的，消费者会根据自身认知推理进行消费判断。

由于具有不相容信念的个体更能感受到不同类型的情绪，线上-线下自我差异较大的消费者会在产品的购买中寻找情感安慰，相比线上-线下自我差异小的消费者，基于情感作出消费决策更符合线上-线下自我差异较大的消费者的消费情境。相反，线上-线下自我差异较小的消费者较少通过物质购买方式寻找情感安慰，他们会根据自身实际需要选择产品，基于理性作出消费决策更符合他们的购买情境。

基于此，我们提出如下假设。

H2-3：决策策略在消费者线上-线下自我差异对消费意愿的正向影响中起调节作用。与基于理性作出消费决策相比，当基于情感作出消费决策时，线上-线下自我差异对消费者消费意愿的正向影响更大。

2.7　主要结论

本章通过深入研究讨论，在充分借鉴已有研究的基础上，从消费者消费意愿角度，讨论当社交网络用户线上-线下自我存在差异时，对其消费意愿的影响及其作用机制，理论模型如图 2-1 所示。结合本书的实际需要，用实验方法收集了相关数据，将实验对象分成不同的实验组，设计不同的实验情境对研究变量进行操控，以模拟现实生活中的不同情境。本章的假设得到了验证，研究结论如下。

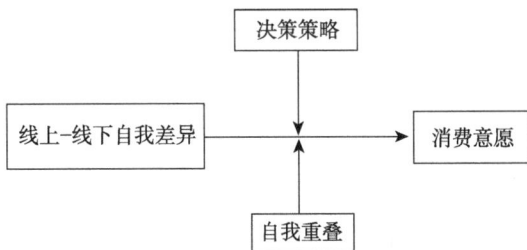

图 2-1　社交网络用户线上-线下自我差异对其消费意愿的影响

（1）消费者线上-线下自我差异与消费意愿正相关。线上-线下自我差异大的消费者，他们会通过购买更多的物质产品，在物质产品中寻找情感安慰并寻求产品作为其身份支撑，因此其消费意愿更强。

（2）自我重叠在消费者线上–线下自我差异对消费意愿的正向影响中起调节作用。与自我重叠程度较低的消费者相比，当消费者的自我重叠程度较高时，线上–线下自我差异对消费者消费意愿的正向影响更大。

（3）决策策略在消费者线上–线下自我差异对消费意愿的正向影响中起调节作用。与基于理性作出消费决策相比，当基于情感感受作出消费决策时，线上–线下自我差异对消费者消费意愿的正向影响更大。

2.8　管理启示

（1）为消费者理性消费提供建议。表达自我概念永远存在于消费者日常生活中，消费者将产品看作自我的一部分，用来支撑、建构自我概念的丰富与完善。当消费者线上–线下存在自我差异时，他们会通过购买更多的物质产品，在物质产品中寻找情感安慰并将产品作为其身份支撑，因此其消费意愿更强。但其所消费的产品可能并非真实需要，更多的是满足自身情感需求。为避免盲目消费，消费者应主动减少线上–线下自我差异来降低非必需品的消费，同时根据产品客观条件、自身的认知推理作出消费决定。

（2）为企业在社交网络环境中制定相关的营销策略提供理论支撑。随着社交网络的发展，人们自我概念的建构从线下延伸到了线上，自我概念的场景更为丰富，身份表达的方式更为多样。因此，在社交网络时代，企业应该为产品和品牌融入更多的情感元素，打造更多的形象价值，赋予产品一定的象征意义，满足消费者的社交和印象管理需要。

本章小结

- 自我概念是一个多层次多维度的认知结构，它会随着环境的变化而改变。
- 自我是通过人际关系建立的，自我不仅是一个个人实体，还是社会的产物。人们通常通过观察自己的行为、推断自己的性格和特征等来了解自己。
- 虽然自我表征往往在不同背景下具有内在差异，但个体在认识到这些差异的程度上存在区别。
- 社交媒体的出现，赋予个体在自我概念的建构上前所未有的自主性，人们不再受制于本我，可以根据所想所愿在虚拟世界中扮演各种自身期望的角色。
- 消费者线上–线下自我差异影响消费意愿，线上–线下自我差异大的消费者消费意愿更强。

- 当消费者的自我重叠程度较高时，线上−线下自我差异对消费者消费意愿的正向影响更大。

- 当基于情感感受作出消费决策时，线上−线下自我差异对消费者消费意愿的正向影响更大。

参考文献

肖崇好. 2005. 自我监控概念的重构[J]. 心理科学进展, (2): 186-193.

郑涌, 黄希庭. 1997. 自我概念的结构: 大学生"我是谁"反应的内容分析[J]. 西南大学学报(社会科学版), (1): 77-82.

Brewer M B, Gardner W. 1996. Who is this "We"? Levels of collective identity and self representations[J]. Journal of Personality and Social Psychology, 71(1): 83-93.

Chang L, Arkin R M. 2002. Materialism as an attempt to cope with uncertainty[J]. Psychology & Marketing, 19(5): 389-406.

Chen H, Chen H T. 2022. Investigating the intention to purchase virtual goods in social networking service games: a self-presentation perspective[J]. Behaviour & Information Technology, 41(6): 1171-1184.

Cooley C H. 1902. Human Nature and the Social Order[M]. New York: Scribner's.

Dhar R, Wertenbroch K. 2000. Consumer choice between hedonic and utilitarian goods[J]. Journal of Marketing Research, 37(1): 60-71.

Dickson J M, Moberly N J, Huntley C D. 2019. Rumination selectively mediates the association between actual-ideal (but not actual-ought) self-discrepancy and anxious and depressive symptoms[J]. Personality and Individual Differences, 149: 94-99.

Gorn G, Tuan P M, Sin L Y. 2001. When arousal influences ad evaluation and valence does not (and vice versa)[J]. Journal of Consumer Psychology, 11(1): 43-55.

Harter S. 1999. Symbolic interactionism revisited: potential liabilities for the self constructed in the crucible of interpersonal relationships[J]. Merrill-Palmer Quarterly, 45: 677-703.

Hattie J. 1992. Measuring the effects of schooling[J]. Australian Journal of Education, 36(1): 5-13.

Higgins E T. 1987. Self-discrepancy: a theory relating self and affect[J]. Psychological Review, 94(3): 319-340.

Higgins E T. 1989. Self-discrepancy theory: what patterns of self-beliefs cause people to suffer?[J]. Advances in Experimental Social Psychology, 22: 93-136.

Hsee C K, Rottenstreich Y. 2004. Music, pandas, and muggers: on the affective psychology of value[J]. Journal of Experimental Psychology General, 133(1): 23-30.

James W.1890. The Principles of Psychology[M]. New York: Henry Holt and Company.

Kihlstrom J F, Cantor N. 1984. Mental representations of the self [J]. Advances in Experimental Social Psychology, 17: 1-47.

Kim H, Jang S. 2020. Do Status discrepancy and socioeconomic immobility really drive compensatory consumption?[J]. International Journal of Hospitality Management, 90: 102615.

Kim S, Gal D. 2014. From compensatory consumption to adaptive consumption: the role of self-acceptance in resolving self-deficits[J]. Journal of Consumer Research, 41(2): 526-542.

Marder B, Archer-Brown C, Colliander J, et al. 2019. Vacation posts on Facebook: a model for incidental vicarious travel consumption[J]. Journal of Travel Research, 58(6): 1014-1033.

Markus H, Kunda Z. 1986. Stability and malleability of the self-concept[J]. Journal of Personality and Social Psychology, 51(4): 858-866.

Marsh H W, Shavelson R. 1985. Self-concept: its multifaceted, hierarchical structure[J]. Educational Psychologist, 20(3): 107-123.

Mead G H. 1913. The social self [J]. The Journal of Philosophy, Psychology and Scientific Methods, 10(14): 374-380.

Mead N L, Baumeister R F, Stillman T F, et al. 2011. Social exclusion causes people to spend and consume strategically in the service of affiliation[J]. Journal of Consumer Research, 37(5): 902-919.

Meany J, Rogers C R, Dorfman E, et al. 1951. Client-centered therapy: its current practice, implications and theory[J]. The American Catholic Sociological Review, 12(2): 127.

Piers E V. 1994. Revised Manual for the Piers-Harris Children's Self-Concept Scale[M]. Los Angeles: Western Psychological Services.

Reed A, Forehand M R, Puntoni S, et al. 2012. Identity-based consumer behavior[J]. International Journal of Research in Marketing, 29(4): 310-321.

Rick S I, Pereira B, Burson K A. 2014. The benefits of retail therapy: making purchase decisions reduces residual sadness[J]. Journal of Consumer Psychology, 24(3): 373-380.

Rogers C R. 1965. The therapeutic relationship: recent theory and research[J]. Australian Journal of Psychology, 17(2): 95-108.

Rosenberg M.1979. Conceiving the Self[M].New York: Basic books.

Rosenberg M. 1986. Self-concept from middle childhood through adolescence[J]. Psychological Perspectives on the Self, 3:107-135.

Rucker D D, Galinsky A D. 2008. Desire to acquire: powerlessness and compensatory consumption[J]. Journal of Consumer Research, 35(2): 257-267.

Schwarz N, Clore G L. 2007. Feelings and phenomenal experiences[M]//Kruglanski A W, Higgins E T. Social Psychology: Handbook of Basic Principles. New York: The Guilford Press: 385-407.

Shavelson R J, Hubner J J,Stanton G C. 1976. Self-concept: validation of construct interpretations[J]. Review of Educational Research, 46(3): 407-441.

Sobol K, Darke P R. 2014. "I'd like to be that attractive, but at least I'm smart": how exposure to ideal advertising models motivates improved decision-making[J]. Journal of Consumer Psychology, 24(4): 533-540.

Stephan E, Sedikides C, Heller D, et al. 2015. My fair future self: the role of temporal distance and self-enhancement in prediction[J]. Social Cognition, 33(2): 149-168.

Touré-Tillery M, Light A E. 2018. No self to spare: how the cognitive structure of the self influences moral behavior[J]. Organizational Behavior and Human Decision Processes, 147: 48-64.

Zajonc R B. 1980. Feeling and thinking: preferences need no inferences[J]. American Psychologist, 35(2): 151-175.

第3章
社交网络上消费者目标公开的动机与目标实现

■ 导论

"先定一个能达到的小目标，比如说我先挣它一个亿"，万达集团创始人王健林此语一出，迅速成为网络流行语。众多网民纷纷效仿，在各种各样的社交媒体上公开晒出自己的 flag[①]，如减肥、学习等目标。随着社交媒体普及率的不断攀升，如 QQ、微信、微博、抖音等的广泛应用，将目标公开在社交媒体上逐渐成为一个普遍的网络现象。如果消费者愿意将自己的消费目标公布在社交平台上，必然会给企业带来许多竞争优势，提升企业营销的效果。事实上，消费目标公开经常被营销人员作为一种重要策略去干预个体的消费行为。例如，通过公开目标，消费者的目标承诺感会增强，并且其幸福感也会得到提升。基于目标公开的现有影响研究成果中，如何引导消费者基于社交媒体公开消费目标，激励其与消费目标一致的消费行为，是营销管理者关注的重要议题。

社交媒体平台的使用越来越频繁，并且在我们的日常生活中扮演着一个十分重要的角色。在此之前，人们设立一个目标可能较少告知他人，或只是身边少数人知道，人们追求目标的过程更多地受自身条件与目标本身属性影响。而现在在社交媒体平台上立下 flag，将自己的目标广而告之这一现象十分常见，在这种情况下，人们公开目标本身的动机究竟是什么？公开目标的动机不同会不会对在社交媒体平台公开目标后的后续目标实现行为产生不同影响？目标公开后公开者收到的反馈是否会对其产生影响？解答这些问题十分有必要。目标的追求可以影响消费者的情绪、行为以及评价，这些与营销实践息息相关。本章将探索该方面的

[①] flag，网络流行词，中文翻译为旗帜、信号旗。在网络上，flag 表示一个振奋人心的决心或行为，但结果往往与期望相反。

理论和研究，主要内容包括个体的需求及动机、社交媒体中的消费者目标公开、目标实现以及目标公开动机等。

3.1 社交网络上的目标公开

目标（goal）一词最早来源于运动，它意味着运动员带球穿过目标线，到达最终地带。它代表一种理想的终极状态。大部分的需要与动机理论认为，个体开始以及持续参与某项活动是因为他们认为这些活动能够指向理想的结果状态或者是达成自己的目标。不同学者对"目标"这一概念作出了不同解释，有学者将目标定义为理想状态的认知表征，认为目标是行为满意结果或者是状态在人们头脑里的表征，该表征中包括了目标、目标追求手段和目标追求情境。目标是人们预期自己的行为所达到的最终结果。

在现有相关研究中，目标公开的定义是指一个人在追求目标的过程中让他人知晓自己的目标状态。公开性是公共部门和企业促进个体良好行为的一种重要策略。例如，环保机构经常赠送带有环保标识的衣服、帽子和杯子等物品给环保志愿者，以鼓励他们持续支持环保行动。目标公开也常常被企业作为营销策略，来促进企业宣传，增强接触效用，驱动消费者目标一致行为。例如，健身机构和健身软件积极鼓励健身者将减肥目标打卡在朋友圈，激励健身者完成减肥目标。目标公开在社交媒体不仅仅只是目标追求本身行为，也是一种社交网络使用与分享行为。人们渐渐习惯在社交媒体平台上"晒"或者"秀"出自己的动态、观点、立场和心情等，其中便有越来越多的人将自己的目标公布在社交媒体平台上。

3.1.1 需求与动机

个体心理需求会激发动机，动机会指向行为。基于动机的视角来看，个体经常使用社交网络可以满足自身多种多样的社会需求，它包含了自我的呈现需要、自我的表达需要以及从属关系的需要。动机是驱使人们采取某种行动的内部力量；是激起、保持个体的行动，并且把该行动指向某个目标，由此满足一个人某种需求的理想、心愿以及念头等；是一种基于需求促使的、实现某一目标追求的行为推动力，并起到了激发、调控、保持以及停止行动的影响。主要的经典需要与动机理论有马斯洛的需要层次论、麦奎尔的心理动机理论、赫茨伯格的双因素理论、奥尔德弗的 ERG[①]理论、麦克利兰的成就需要理论、费斯克的核心社会动机理论、赖斯的 16 种基本欲望理论和自我决定理论等。

---

① ERG 指生存（existence）、关系（relatedness）和成长（growth）。

马斯洛的需要层次论将人类的主要动机分为五个层次：生理需要、安全需要、归属和爱的需要、尊重需要以及自我实现需要。赫茨伯格把没有激励作用的外界因素称作"保健因素"，而"激励因素"才能使人们有更好的工作成绩。奥尔德弗认为人的核心需要是生存需要、关系需要和成长需要，而麦克利兰认为在人的生存需要基本得到满足的前提下，人主要有亲和的需要、权力的需要和成就的需要。

麦奎尔的动机类型说基于两个维度对动机进行分类，一个是内在中心–外在中心维度，另一个是认知取向–情感取向维度，由此将人的动机分为 16 种。费斯克提出人类行为受到 5 种核心社会动机的驱动，这些动机分别是自我强化、寻求归属、安全可信、寻求控制和相互理解。

赖斯于 1998 年提出人们行为的各种动因都可以归纳为 16 种基本欲望和价值观：荣誉、健身、好奇心、社交、复仇、安宁、有序、浪漫、权力、家庭、储备、吃、容忍、身份、理想主义以及独立。自我决定理论提出于 20 世纪的 80 年代，美国的心理学者 Deci（德西）以及 Ryan（瑞安）等提出了一种关于个体自我决定行为的动机过程理论。自我决定的潜能可以指引人们采取自己有兴趣的、有利于发展个体能力的行为，个体对自我决定的需要形成了个体行为的内部动机。自我决定理论的研究者基于提升心理健康以及内部动机的社会环境视角，识别出了 3 种个体最基础的心理上的需要：关系需要、能力需要以及自主需要。

动机（motivation）这一概念来自拉丁文"movere"，其含义是指行动或者移动，它包含了力、能、能力等意思。动机可以被诠释成个体内部具有的、驱动个体进行某项决策或行动的推动力。之后大多数的学者也根据这个本意对"动机"这一概念提出了各自的观点。"动机"这一概念是心理学上的，学者对于它的认知经历了不同的发展阶段。到目前为止，对"动机"这一概念的界定在学术界还没有达成共识。但是到了 20 世纪六七十年代之后，学者对动机的探讨和研究的主流趋势是，从以往关注动机的内部需要、动因、驱动力、本能等以及外部奖励、惩罚、刺激、诱因等逐渐转变为对人们动机的调节、中介因素的探讨与研究中，越来越多的学者开始结合情绪、自我和其他某种认知变量来研究动机，并且更加关注自我调节对人们的动机过程是否存在调节、中介影响。

3.1.2 动机与行为的关系

动机是解释一个人行为或决策的关键出发点。心理学研究者们经常使用"动机"这一视角来说明个体行为强度存在的差异，他们认为较高水平的动机通常会导致较高水平的行为结果。除此之外，学者还借用"动机"这一概念来解释个体行为坚持性的差异，他们指出在高水平的动机作用下，即便个体的行为强度不够，动机也会帮助维持该行为。动机作为内部力量会激发行为，同时会对个体的行为强度以及行为持续性具有影响，然而动机与行为的关系并不简单，现实生活中这两者的关系要远比这更加复杂。马斯洛认为，个体的某些行为具有十分明确的动机，但是某些行为的动机却并不明确，甚至还存在某些压根不具有动机的行为。除了个体动机本身的影响，人们的行为还受到其他多种因素的作用。

张爱卿（1996）基于个体动机进行深入探讨，其研究指出动机和行为之间的关系主要存在以下四种情况：第一，存在动机但不一定采取行为。因为行为的发生还会受到客观环境与客观条件等其他要素的影响；第二，个体具有行为但不存在动机，比如受迫行为；第三，在同一动机下可能出现多种行为结果，如当个体具有成就动机，他可能存在多种行为表现，如锻炼身体、努力学习等；第四，某一种行为受到了多种动机的驱动，如刻苦学习可能受到了获取知识、获取称赞以及获取成就等多种动机的推动。

结合上述需求与动机的理论、动机与行为的关系理论可以推测出：第一，动机作为个体内部驱动力与原因会诱发行为，也将作用于个体的行为强度以及行为持久性，这证实了个体动机和个体行为之间具有一定程度的因果关系；第二，个体某一种行为可能受到多种动机的驱使，所以由个体行为来倒推个体动机是不恰当的。

3.2 目标公开动机

动机因个体需求被激发，并驱动个体的行为。社交媒体的发展也为消费者信息分享提供了极大的便利，社交媒体的强社交属性激发消费者更多的分享行为。然而，在社交平台上公开目标也可能会引发消费者隐私风险感知、自我展示担忧以及社会监督等。面对社交媒体分享的诱惑和潜在威胁，越来越多的消费者踌躇是否将目标分享到社交媒体上。

现有研究大多聚焦于消费者社交媒体分享动机，缺乏对在社交媒体环境中目标公开动机的深入探究。消费者在社交媒体上的分享动机多种多样，主要有自我展示、自我表达、归属、社会认同、获得地位与声誉、娱乐、愉悦、互惠或者利他和社交等动机。基于社交媒体的目标公开行为可能是社交网络分享行为的一种特殊形式，尽管两者有相似之处，但是与分享动机不同，目标公开动机是一种追求目标、关注目标结果的过程性动机和工具性动机。已有相关文献基于社交网络使用者自身的动机以及需要来诠释他们进行社交网络使用行为与信息分享行为的动机：获得社会认同、得到愉悦开心等积极情绪、互惠或者利他、获得归属感以及存在感、自我的呈现与展示以及获得地位与声誉等。

无论你的目标是通过一门课程、健康饮食，还是降落在火星上，你都需要一定程度的动力来坚持并实现它。目标主要具有两方面的动机：实现某个目标的动机（结果焦点维度）和在实现这一目标的过程中"做对的事情"的动机（手段焦点维度）。在以结果为焦点时，目标动机的增加有经典的"目标梯度假设"，即当个体离目标终点越近时，其动机随着距离减小而不断递增。Brown（1948）以及多位学者研究发现当人们或者动物在越来越靠近目标的终点状态时，他们会愿意付出更多的坚持以及努力。

然而，存在以下情况会降低目标动机：第一，降低目标的可达性；第二，增加目标实现相关任务的困难度；第三，进行多个目标的追求。另外，有学者指出当个体将付出的行动看作对目标的承诺或者是进展时，会对其动机有着不同的影响。Fishbein 和 Ajzen（1974）和 Vroom（1964）研究指出当个体将行为表示为承诺时，他们认为这个目标是具有价值的，他们实现该目标的动机增加，采取与目标相一致的行动。个体将行动解释为进展，是在一个目标上前进以及减少目前状态和理想状态之间的差异的感觉。Fishbach 和 Dhar（2005）指出当个体将行动看作进展时，他们通常会降低其动机，因为他们认为自己已经取得了一定程度的进步。

在以实现目标过程中手段为焦点时，个体更加注重要做对的事情，相对于目标最终结果，个体会更关注目标追求过程中的手段。以手段为焦点的目标动机是呈"U"形的，即在目标起点与目标终点时动机最大，中间阶段动机最小。Touré-Tillery 和 Fishbach（2012）的研究表明个体更有可能在追求目标的过程中降低他们的伦理、表现和宗教标准，而不是在开始和结束时，因为开始以及结束时的行动（相对于中间）具有更强的自我信号。Touré-Tillery 和 Fishbach（2018）总结了目标动机的三大来源：获得外部奖励、获得内部奖励和保持积极的自我概念。第一，当人们追求一个目标以获得外部回报（结果焦点）时，他们的动机会随着他们对奖励的重视程度和他们期望获得回报的程度而增加。第二，当人们追求一个目标以获得内部奖励（过程焦点或内在动机）时，某项活动与目标密切相关或者融合的程度越大，他们参与的动机就越强。第三，当人们追求一个目标来保持一个积极的自我概念（自我信号）时，他们的动机主要取决于他们在多大程度上能够对与目标相关的行为作出内在的归因，以及他们对这些行为的期望。

国内外学者对社交媒体用户行为动机的相关研究也有诸多成果。Jung 等（2007）从消遣时间、自我表现、信息、职业提升、社会交流互动、从众以及娱乐这七个动机探讨了韩国的社交网络使用行为，研究表明韩国用户使用 SNS 的五个主要动机是消遣时间、自我表现、与朋友以及家人进行交流互动、娱乐以及职业提升。Kim 等（2011）基于娱乐、获得社会支持、便利、信息以及寻获朋友这五个需要比较分析了韩国和美国的 SNS 用户参与行为的动机，研究发现寻求便利以及获得社会支持这两方面的动机对韩国的 SNS 用户参与行为影响显著，而便利、娱乐以及寻获朋友三方面动机对美国的 SNS 用户的参与行为影响显著。Krisanic（2008）的研究发现用户参与社交网络媒体的动机包括以下九个方面——更新、购物、信息、联系、产品查询、游戏、娱乐、印象管理以及讨论，并且研究指出影响 Facebook 使用者参与行为的主要因素是联系以及娱乐动机。Brandtzag 和 Heim（2009）使用开放式问卷调查了近 1200 位挪威的社交网络使用者，研究发现他们参与社交网络的动机多种多样——阅览他人空间、与他人互动交流、使用免费短信、认识新朋友、消遣时间、与家人保持联系、与旧友保持联系、寻求以及共享信息、娱乐以及讨论等，其中与他人互动交流、与旧友保持联系以及认识新朋友是最主要的参与动机，研究者同时将用户的这些动机划分成社会交流互动、搜索信息、个人空间冲浪和娱乐四个大类。Guo 等（2010）对中国的 SNS 用户进行调查，研究显示查找有价值的信息是他们参与社交网络的重要动机之一。常亚平和朱东红（2011）的研究认为个体使用社交网络的主要动机有从众动机、维旧动机、信息动机、扩新动机以及娱乐动机五个方面。

基于上述讨论，社交媒体的目标公开动机是指个体在追求目标过程中将自己的目标通过社交媒体让他人知晓的心理动力。它具有以下特征：第一，结合有关社交媒体分享动机和目标动机的文献，我们认为基于社交媒体的目标公开动机是一个多维度构念，不同个体公开相同目标可能有不同的动机；第二，它反映了一种特殊心理动机，此动机是在社交媒体情境下追求某种目标所产生的；第三，具有动态性，基于社交媒体的目标公开动机在不同的目标追求阶段和不同情境下是不同的。

3.3　目标追求与目标实现

Gollwitzer 等（1990）提出了目标追求理论，其研究指出目标追求包含四个阶段：首先是前决策阶段，设定目标是其主要任务；其次是前行动阶段，执行目标是其主要任务；再次是行动阶段，实现目标是其主要任务；最后是后行动阶段，评价目标是其主要任务。个体目标追求要经历构想、计划、行动和结束这四个主要的阶段。目标追求过程比较复杂，个体对目标的追求会受到各种各样的因素影响。Fishbach 等（2010）与 Fishbach 和 Choi（2012）指出反馈对于追求目标至关重要，它能够帮助个体调整他们努力的方向，并决定哪些目标可以追求，哪些目标可以放手。当个体推断他们有更大的能力追求目标或将积极的经验与增加的目标价值联系起来时，积极的反馈会增加其目标追求动机。正反馈激励目标追求时，它意味着目标承诺的增加，而负反馈激励目标追求时，它表明目标进展不足。

在 Brunstein（1993）进行的一项纵向研究结果中，个体目标的维度随着目标追求而变化。个体目标的具体维度在不同的阶段对整个目标追求行为和幸福感有着不同影响，他们使用目标承诺、实现可能性和目标进展三个维度，来探讨在目标追求的过程中个体目标维度的转变情况。众多学者认为目标承诺（goal commitment）是影响人们目标追求过程中坚持性的重要因素。目标承诺是个体自觉抑制目标的改变，它指向了个体对于目标的付出努力程度、遇到挫折与困难后的坚持以及坚持的时间长短。目标承诺越高，越利于目标追求。

除了目标追求的机制以外，个体目标的动态系统中还有其他许多影响目标实现的因素。Sheldon 等（2004）的研究提出了目标实现与需求满足的自我和谐，该研究将目标分成了三个阶段：目标自我和谐、持续投入阶段以及目标实现。研究的结果表明，个体对目标的持续性投入在目标自我和谐影响目标实现的过程中有着显著的中介作用。Koo 和 Fishbach（2008）指出目标承诺的增强与进展的缺乏是提升目标动力的两个因素。具体来说，当个体对实现目标的承诺不确定时，通过关注他们至今为止所取得的进展，可以向他们发出提高目标承诺的信号，进而增强他们的动力。相反，当个体致力于实现明确的目标时，通过询问他们的目标进展情况，并关注他们尚未完成的目标，可以向他们传递缺乏进展的信号，从而增强他们的动力。

Huang（2018）的研究表明将一个目标作为旅程隐喻（相对于没有隐喻）来描述目标–娱乐体验会带来更大的意义，这会激发人们实现目标的行为动机。Stamatogiannakis 等（2018）的研究指出维持目标被认为比适度地实现目标更难，尽管后者在客观上更困难。也有研究表明当人们初步实现目标之后，个体会再次了解他们在同一目标上取得成功的能力，这导致对自我效能感的感知增加，从而增强对未来目标实现的动机。

目标的实现过程也会因人而异。对于自我控制能力低的个体来说，向他们强调目标的重要性反而不利于目标实现，强调目标的重要性可能会对长期缺乏自我控制的个人产生适得其反的效果。如今，消费者可以更容易和更丰富地获取关于社会其他人追求类似于自己目标的信息，目标努力过程中的客观社会信息（如他人的绩效数据和进度信息）并不总是受欢迎的，当人们处于目标追求的中间阶段时（与他们刚刚开始或即将完成目标的时候相比），人们会避免关于社会参照物的信息，以规避潜在的负面比较，而这种回避会导致持续的低动机，不利于目标实现。

3.4　目标的公开是否有利于目标的实现

目标的公开是否有利于目标实现？不同视角的研究有不同的见解。人们通常认为，人们将自己的意图公开的时候，他们意图的行为影响将会得到增强，即人们将目标公开之后，他们会存在更强的动力去实现该目标（Staats et al.，2004）。很多人表示当自己把目标公开在社交媒体平台上之后，仿佛受到了平台上其他用户的监督一样，他们认为自己具有责任去完成这个目标，不然会觉得没有面子。还有学者的研究表示公开宣示自己的行为意图，会使个人产生某种对自我的看法（如"我是一个有生产力的人"），然后促使该人与其自我看法保持一致性，对一致性要求较高的个人会表现出更加强烈的公众承诺效应，即当目标公开之后，公开者为了保持自我一致性而对公开的目标有着更强的承诺。也有研究表示公开表达行为意图会促使一个人对目标听众负责，听众与听众相关的各种特征（如能力、权力）和目标公开者特征（如可识别性、必须自我解释的期望）影响公众承诺作用的强度（Lerner and Tetlock，1999）。

有的学者却提出了不一样的看法。Gollwitzer 等（2009）的研究指出当人们将与身份相关的行为意图与目标公开之后，社会认同可能会对该目标的实施与实现产生负面影响，即当一个与身份相关的目标公之于众之后，公开者能感受到目标听众注意到公开者的身份相关的意图，这造成了对身份目标的提前完成即社会实现，将不利于后续目标追求行为。基于自我完成理论，Grewal 等（2019）发现，在社交媒体上晒与身份相关的产品，可以满足消费者释放身份信号的需求，从而减少消费者随后对同类产品的购买意愿。

3.5　社交网络上目标公开的动机构成

理解消费者在社交媒体上公开目标背后的潜在动机对指导营销人员如何引导消费者的公开行为和促进消费者的目标达成至关重要。想要识别消费者目标公开的潜在动机，必须先明晰消费者基于社交媒体的目标公开动机的构成维度，开发有效的测量工具。目前学界尚缺乏对消费者基于社交媒体的目标公开动机概念结构和测量量表的探究，这制约了目标公开动机的相关研究，也阻碍了目标公开动机研究向实证阶段的推进。基于此，我们采用深度访谈法收集在社交网络上目标公开动机的相关资料，借鉴扎根理论方法挖掘和提炼目标公开动机的结构维度，构建目标公开动机的结构模型，为后续的量表开发和影响效应研究奠定基础。

3.5.1　研究方法

目前学术界对社交媒体情境下目标公开动机的结构维度尚不清楚，缺乏有效的测量量表。鉴于此，本章采用深度访谈法收集个体在社交媒体上目标公开动机的相关资料，以更有效地揭露基于社交媒体的目标公开动机的全貌。本章研究之所以选择深度访谈法，是因为该方法既保证开放性，又能聚焦研究问题，可以给受访者充分思考和表达的空间，从而可以深入地理解受访者在社交媒体上目标公开的动因。接下来采用扎根理论的方法以及定性研究软件 NVivo12.0 对访谈资料进行开放编码、主轴编码与选择编码，以此来提取访谈资料中的概念、类属、范畴，并归纳分析范畴之间的关系（Strauss and Corbin，1990；陈向明，2000）。

我们对 20 名受访者进行半结构化访谈，每次访谈持续 40~60 分钟，主要以他们在社交网络情境中公开目标背后的动机为核心展开议题。对访谈语音进行转录和整理，共得 8 万余字的访谈记录。我们随机选择 2/3 的访谈资料进行编码分析，提炼核心维度和主范畴，剩余 1/3 的访谈资料留作理论饱和检验。

3.5.2　编码过程及结果

理论构建的基础是概念，将资料概念化并赋予标签是开放编码的主要目的，随后持续地比较、分析资料和概念，发现概念之间存在的关联，并且围绕核心研究问题梳理概念，形成更加抽象的范畴。根据持续比较的标准，本章研究同步进行了数据资料的收集以及分析。经过数据资料的分析以及开放编码，研究人员最后一共提取出了 61 条初始概念。因为初始概念较多且错综复杂，所以必须进行更深层次的归纳整合，以达到概念范畴化。最终，经过研究人员与团队的多次讨论，最后将这些初始概念归纳聚拢、抽象化得出了 15 个范畴。

主轴编码是为了发现和建立初始范畴之间存在的各种联系，进而对初始范畴采取一步一步地归纳和整合，最后把这些初始范畴归纳成更具概括性的主要范畴，以更加完整地解释表面现象。这些初始范畴之间的关系可以是对等关系、结构关系、情境关系、功能关系、时间先后关系以及因果关系等。通过对开放式编码中能表示不同范畴之间关联的原始语句进行进一步逐步分析，挖掘这些不同的概念范畴之间确实存在着的关联。基于这些概念范畴之间存在的关联，对这些范畴再次进行聚合。对归纳出的 15 个初始范畴再一次进行聚拢，最终形成了 7 个主范畴，并根据主范畴之间的联系将其整合到四个类别中。每一个主范畴表示的内涵以及相应的开放式编码范畴如表 3-1 所示。

表 3-1 主轴编码

类别	主范畴	对应范畴	范畴的内涵
工具性动机	获得监督动机	获得他人监督	他人的督促、提醒，外界压力，相互监督等
		自我监督	自我监督、督促、鞭策，自我反馈等
	获得激励动机	获得他人激励	他人的鼓励、激励、支持、认可等
		自我激励	自我鼓励，表明决心等
		获得物质奖励	获得金钱或其他形式的奖励等
娱乐性动机	信息性动机	获得建议	获得目标相关建议、方法等
		获得其他信息	获得其他更多信息等
	娱乐性动机	娱乐跟风	跟风等
		获得愉悦消遣	觉得好玩，获得开心、愉悦感等
社交性动机	社交互动动机	分享倾诉	分享现状、心情，倾诉表达等
		交流互动	与他人交流、沟通，形成互动等
		获得关注	希望获得点赞、他人关注等
	印象管理动机	展示特定形象	展示自己是什么样的人，向特定的人展示形象等
		展示积极形象	向他人展示积极的状态、形象等
情感性动机	记录性动机	记录	记录目标、生活等

选择编码是在全部已经挖掘出的概念范畴中选取一个具有统筹作用的核心范畴，系统地把它和所有范畴进行联系，验证它们之间的关系，并将还没有完全得到发展的范畴进一步概念化并补充的过程。所选出的核心范畴应该具有以下特征：在所有范畴里占据中心位置，最大程度上与其他范畴相关联；在资料中频繁出现，较为稳定；比其他类属更容易发展成为具有概括性的理论；能够解释大多数研究对象的行为模式。参照以上特征，通过对开放编码、主轴编码所提取的范畴内涵和范畴之间关系的持续比较，根据研究访谈的核心问题，最终采用"目标公开动机"这一核心范畴来统领所有主范畴。对进一步的新增访谈资料进行三级编码的过程中，资料里并没有出现新的范畴以及范畴间的关系。因此，可以判定上述目标公开动机的识别在理论上基本达到了饱和。

因此，通过访谈资料的数据分析与三级编码，最终形成目标公开的动机并进行了分类，具有工具性动机、娱乐性动机、社交性动机和情感性动机四大类别，具体包括以下七种动机。

（1）获得监督动机。这种动机的目标公开者主要是为了获得他人的监督和督促、外界的压力，以及对自己进行监督，以促进自己更好地完成目标。

（2）获得激励动机。这种动机的目标公开者主要是为了获得现金、返现等物质奖励，一般出现在 APP 规定公开目标的情形中。或者是为了得到他人的鼓励、支持和认可等精神激励。

（3）信息性动机。这类人公开目标是为了得到他人提供的建议，目标相关的方法或者其他方面的信息，以帮助完成目标。

（4）娱乐性动机。这种目标公开者更多的是认为立 flag 这个行为可以带来娱乐消遣。其中娱乐跟风在语境中的出发点本身不是为了从众，而是对大家都在立 flag 这一社会现象感兴趣。

（5）社交互动动机。这种动机的目标公开者将目标公开作为一个媒介，以此达成和他人的交流与互动，并形成和他人长久的互动与联系。

（6）印象管理动机。这类人将目标公开在社交媒体平台上，是为了展示自己的积极形象或是告诉他人自己是什么样的人，或者展示某种特定的形象。

（7）记录性动机。这种动机的目标公开者是为了将自己的目标、生活记录下来，或者留待以后回忆纪念。

3.6　社交网络用户目标公开的动机测量

本章通过借鉴相关研究中已有的动机的测量题项，结合访谈结果进行情境迁移与修改，通过访谈结果对无直接测量题项的动机设计题项，得出目标公开动机的初始量表，记录性动机为 3 个题项，其他 6 个动机均为 4 个题项，一共 27 个题项。以此设计了相关问卷在问卷星平台上发放，回收有效问卷 247 份，根据探索性因子分析对量表进行修正，剔除不显著的因子，排除了获得激励动机。验证性因子分析说明 6 因子模型拟合效果较好，最终留下的 6 种动机是获得监督动机、信息性动机、娱乐性动机、社交互动动机、印象管理动机和记录性动机，最终形成的目标公开动机量表如表 3-2 所示。

表 3-2　社交网络用户目标公开的动机量表

一级指标	二级指标	编号与题项	
工具性动机	获得监督动机	SUP1	我想要获得他人的监督
		SUP2	我想要获得外部压力促使我完成目标
		SUP3	我想要他人提醒我完成目标
	信息性动机	INF1	我想要获得对我有价值的信息
		INF2	我想要从他人那获得目标相关建议与方法
		INF3	我想要获得更多对目标有帮助的信息
		INF4	我想要获得更多我不知道的信息
娱乐性动机	娱乐性动机	ENT1	我觉得这是娱乐消遣
		ENT2	我觉得很好玩
		ENT3	我想要得到放松

续表

一级指标	二级指标	编号与题项	
社交性动机	社交互动动机	SOC1	我可以与朋友们进行交流与沟通
		SOC2	我可以与目标相同的人进行交流
		SOC3	我可以与他人有更多的联系
	印象管理动机	IMP1	我想展示自己积极的形象
		IMP2	我想展示自己的正能量
		IMP3	我想向特定的人展示形象
		IMP4	我想展示自己是什么样的人
情感性动机	记录性动机	REC1	我想记录自己的生活
		REC2	我想记录我当时的念头
		REC3	我想留作日后回忆

3.7 目标公开动机与目标实现

综合目标动力、目标追求与目标实现的相关研究可见，人们追求一个目标的动力（动机）多种多样，这些动机影响着目标的实现。除了动机，在目标实现的过程中也受到如反馈、目标承诺、需求满足等多种因素的影响。目标公开对目标追求与目标实现的影响，有文献证实了目标公开因为会增加目标承诺、一致性或责任而对于目标实现有着促进作用，而有的文献却指出目标公开会因为社会实现而对目标的实现有着抑制作用，可见目标公开对目标实现影响的不同的情况会导致不同的结果。本章采用目标完成程度与目标努力程度两个测项来反映目标实现的过程（王国霞，2014），目标完成程度可以检验目标实现达到的终点状态，而考虑到目标实现过程可能存在长期性，个体付出的实际努力程度可以很好地反映个体对实现目标的追求。基于此，我们尝试从上述目标公开的六个不同的动机角度出发，探讨不同的社交网络目标公开动机对目标实现产生的影响。

1. 获得监督动机与目标实现

人们基于获得监督动机而公开目标，希望因公众承诺带来的他人监督、人际外部压力促使自己达成目标。个体公开目标将促使个体感到对公众负有责任，从而增加其目标承诺（Lerner and Tetlock，1999），目标承诺进一步促进个体努力实现目标（Naylor and Ilgen，1984）。外部群体压力同样会促使个体履行自己的责任。因此，我们有理由认为获得监督动机会增强个体的目标承诺以及达成目标的责任意识，从而积极驱动个体努力完成目标。由此，提出如下假设。

H3-1：获得监督动机正向影响目标实现。

2. 信息性动机与目标实现

信息性动机体现个体希望通过目标公开来获取一些有价值的信息，尤其是帮助实现目标的有效建议和方法。由于有限理性限制，个体很难窥探一个事件的全貌。为了更加全面地认识目标和实现目标，个体需要公开自己的目标以向外获取有用的信息和有益的帮助，这对实现目标起到至关重要的作用。研究发现，个体的目标完成离不开他人的建议和帮助，来自外部的信息很有可能影响个体的目标实现（Tu and Fishbach，2015）。基于信息性动机的目标公开本意就是寻求有利于目标实现的信息，获得他人帮助，因此其对实现目标的意愿可能更强。由此，提出如下假设。

H3-2：信息性动机正向影响目标实现。

3. 娱乐性动机与目标实现

人们基于娱乐性动机公开目标的出发点是以此为一种娱乐消遣的方式，而不是未来要实现目标。有学者在研究用户使用 Twitter 的动机时，基于使用与满足理论，提出了"过程满足"，指出参与活动的过程会给使用者带来满足感，而过程满足所相应的使用动机就是为了消遣时间以及获得娱乐。这种满足会削弱个体实现目标的动力（Gollwitzer et al.，2009），因此，本节推测，当人们基于娱乐性动机将目标公开在社交媒体平台上时，其获得娱乐的需求便得到了满足，进而削弱实现目标的意愿。由此，提出如下假设。

H3-3：娱乐性动机负向影响目标实现。

4. 社交互动动机与目标实现

基于社交互动动机的目标公开是个体希望以此为媒介与他人建立更多的联系和交流。社交互动增强目标公开程度，收获了认同感和归属感，有助于个体目标完成。当我们需要完成生活目标和日常任务时，朋友、同事、家人甚至陌生人在我们的脑海中或者实际在场，都将积极影响个体的目标追求（Bond and Titus，1983；Hardin and Higgins，1996）。人们对目标的追求与人际关系有着重要联系，且致力于目标实现的人在人际中会获得更高的评价（Fitzsimons and Shah，2008）。为了获得并维持联系，他们愿意继续追求目标以形成持续的社交互动话题。由此，提出如下假设。

H3-4：社交互动动机正向影响目标实现。

5. 印象管理动机与目标实现

在 Baumeister（1982）的研究中，印象管理是个体出于维护自己的身份以及形象的目的，采用一定的行为在自己与其他人之间传递相应信息，以此来建构、维护或者是改变自己在他人眼中的形象特征。研究表示公开宣示自己的行为意图，会使个体产生某种自我看法（如"我是一个有生产力的人"），然后促使自身行为与其自我看法保持一致，且对一致性要求较高的个人会表现出更加强烈的公众承诺效应，即当目标公开之后，公开者为了保持自我一致性而对公开的目标有着更强的承诺（Cialdini et al.，1999）。具有印象管理动机的人更加注重身份形象的一致性，因此目标公开后，会有更高的目标承诺，也会付出更多的努力致力于实现目标。由此，提出如下假设。

H3-5：印象管理动机正向影响目标实现。

6. 记录性动机与目标实现

记录性动机是为了记录自己的人生经历以及日常感想，保存有价值的知识或者信息。人们基于记录性动机来公开目标，将目标更直观地记录下来，保存目标相关信息。这种记录将有利于加深对目标的记忆，也有助于人们认识到当前状态和期望状态之间的差异，而这一差距的绝对大小决定了后续的努力程度，因而记录性动机为个人提供了检查目标进展的一个机会，并潜在促进个体为达成目标而付诸努力或自我控制。因此，本节推测，记录性动机可以帮助人们保存目标信息，并为其提供参考，从而利于目标实现。由此，提出如下假设。

H3-6：记录性动机正向影响目标实现。

3.8 主要结论

本章研究来源于人们在社交媒体平台上目标公开（立 flag）的火热现象，基于目标公开动机的视角，在社交媒体平台情境下，探讨社交网络用户目标公开动机的构成与操作性测量，及其对目标实现的影响。研究结论如下。

（1）通过对有过在社交媒体平台上目标公开经历的人进行深度访谈，运用扎根理论方法进行三级编码分析和理论饱和检验，对人们在社交媒体平台上目标公开的动机进行识别与分类。识别出社交网络用户目标公开的七种动机是：获得监督动机、获得激励动机、信息性动机、娱乐性动机、社交互动动机、印象管理动机和记录性动机，并将其分为工具性动机、娱乐性动机、社交性动机和情感性动机四个类别。

（2）对这七种动机进行量表编制。编制初始量表，根据量表开发流程，经过探索性因子分析和验证性因子分析，对量表进行修正，剔除不显著的因子，排除获得激励动机，最终围绕获得监督动机、信息性动机、娱乐性动机、社交互动动机、印象管理动机和记录性动机等六种动机，形成社交网络用户目标公开动机量表。

（3）在编制的目标公开动机量表的基础上，探讨其是否有利于目标实现的问题。以六种目标公开动机为自变量，目标实现（目标努力程度和目标完成程度）为因变量，通过实证研究得出研究结果：获得监督动机与印象管理动机正向影响目标实现；信息性动机正向影响目标努力程度，但对目标完成程度影响不显著；娱乐性动机负向影响目标实现；社交互动动机与记录性动机对目标实现的影响均不显著。

3.9　管理启示

（1）从消费者本身而言，每个人设立目标的初衷是希望能够完成该目标。那么消费者是抱着什么样的动机与需求去公开目标变得十分重要，这些问题的解决能够帮助消费者选择是否要在社交媒体平台上公开目标，以及在什么样的情况下有助于目标的实现，以此可以帮助消费者作出相应的决策与行为，从而有利于坚持目标追求直至目标实现。

（2）从企业角度而言，大数据分析者也应当知道"所见非所得"，不是所有目标公开者的目的都是实现目标，可能存在某些目标公开动机或者其他因素影响，使得目标公开者反而不愿意付出努力，不尽力去实现目标。对其进行识别，才能更好地进行精准营销。消费者在实现目标这一过程中，所进行的目标追求相关行动有些将涉及消费，如一个立志于运动减肥目标的人可能会购买跳绳或者跑步鞋，但是并不是所有在社交媒体上公开目标的人都会坚持目标追求，目标公开动机不同的人后续行为也会有所不同。因此，通过本章研究，可以帮助企业识别哪些公开目标的人的目标追求意愿更强，从而能采取针对性广告投放等营销手段。或者通过某些策略激发消费者公开目标的正确动机，或者营造平台环境从而促使消费者追求目标、产生与目标相关的消费行为。

本章小结

- 个体在追求目标的过程中让他人知晓自己的目标状态即为目标公开，社交网络上用户目标公开中个体需求、动机与目标公开后行为存在内在关联。
- 社交网络用户目标公开的七种动机是获得监督动机、获得激励动机、信息性动机、娱乐性动机、社交互动动机、印象管理动机和记录性动机，可将其分为工具性动机、娱乐性动机、社交性动机和情感性动机四个类别。
- 社交网络用户在目标公开背景下的目标实现包括目标努力程度和目标完成程度两个维度。
- 对目标实现有正向影响的目标公开动机有：获得监督动机、印象管理动机、信息性动机。

- 对目标实现有负向影响的目标公开动机有：娱乐性动机。
- 对目标实现的影响不显著的目标公开动机有：社交互动动机、记录性动机。

参考文献

常亚平, 朱东红. 2011. 社交网络用户参与动机的测量[J]. 图书情报工作, 55(14): 32-35.

陈向明. 2000. 质的研究方法与社会科学研究[M]. 北京：教育科学出版社.

陈雪峰, 滕迪晴, 陈晶, 等. 2020. 基础社会动机与社会心理服务体系建设[J]. 心理科学进展, 28(1): 13-21.

王国霞. 2014.心理对照与执行意向对目标追寻影响[D]. 长春：东北师范大学.

张爱卿. 1996.论人类行为的动机：一种新的动机理论构理[J]. 华东师范大学学报(教育科学版),1: 10.

Back M D, Stopfer J M, Vazire S, et al. 2010. Facebook profiles reflect actual personality, not self-idealization[J]. Psychological Science, 21(3): 372-374.

Baumeister R F. 1982. A self-presentational view of social phenomena[J]. Psychological Bulletin, 91: 3-26.

Bond C F, Jr, Titus L J. 1983. Social facilitation: a meta-analysis of 241 studies[J]. Psychological Bulletin, 94(2): 265-292.

Brandtzag P B, Heim J. 2009. Why people use social networking sites[M]//Ozok A A, Zaphiris P. Online Communities and Social Computing. Berlin: Springer: 143-152.

Brown J S. 1948. Gradients of approach and avoidance responses and their relation to level of motivation[J]. Journal of Comparative and Physiological Psychology, 41(6): 450-465.

Brunstein J C. 1993. Personal goals and subjective well-being: a longitudinal study[J]. Journal of Personality and Social Psychology, 65(5): 1061-1070.

Cialdini R B, Wosinska W, Barrett D W, et al. 1999. Compliance with a request in two cultures: the differential influence of social proof and commitment/consistency on collectivists and individualists[J]. Personality and Social Psychology Bulletin, 25(10): 1242-1253.

Deci E L, Ryan R M. 2000. The "what" and "why" of goal pursuits: human needs and the self-determination of behavior[J]. Psychological Inquiry, 11(4): 227-268.

Deci E L, Vallerand R J, Pelletier L G, et al. 1991. Motivation and education: the self-determination perspective[J]. Educational Psychologist, 26: 325.

Fishbach A, Choi J. 2012. When thinking about goals undermines goal pursuit[J]. Organizational Behavior and Human Decision Processes, 118(2): 99-107.

Fishbach A, Dhar R. 2005. Goals as excuses or guides: the liberating effect of perceived goal progress on choice[J]. Journal of Consumer Research, 32(3): 370-377.

Fishbach A, Eyal T, Finkelstein S R. 2010. How positive and negative feedback motivate goal pursuit[J]. Social and Personality Psychology Compass, 4(8): 517-530.

Fishbein M, Ajzen I. 1974. Attitudes towards objects as predictors of single and multiple behavioral criteria[J]. Psychological Review, 81(1): 59-74.

Fitzsimons G M, Shah J Y. 2008. How goal instrumentality shapes relationship evaluations[J]. Journal of Personality and Social Psychology, 95(2): 319-337.

Gollwitzer P M, Heckhausen H, Steller B. 1990. Deliberative and implemental mind-sets: cognitive tuning toward congruous thoughts and information[J]. Journal of Personality and Social Psychology, 59(6): 1119-1127.

Gollwitzer P M, Sheeran P, Michalski V, et al. 2009. When intentions go public[J].

Psychological Science, 20(5): 612-618.

Grewal L, Stephen A T, Coleman N V. 2019. When posting about products on social media backfires: the negative effects of consumer identity signaling on product interest[J]. Journal of Marketing Research, 56(2): 197-210.

Guo C Q, Shim J P, Otondo R. 2010. Social network services in China: an integrated model of centrality, trust, and technology acceptance[J]. Journal of Global Information Technology Management, 13(2): 76-99.

Hardin C D, Higgins E T. 1996.Shared reality: how social verification makes the subjective objective [J]. Handbook of Motivation and Cognition, 3: 28-84.

Hollenbeck J R, Klein H J. 1987. Goal commitment and the goal-setting process: problems, prospects, and proposals for future research[J]. Journal of Applied Psychology, 72(2): 212-220.

Huang S C. 2018. Social information avoidance: when, why, and how it is costly in goal pursuit[J]. Journal of Marketing Research, 55(3): 382-395.

Jung T, Youn H, McClung S. 2007. Motivations and self-presentation strategies on Korean-based "cyworld" weblog format personal homepages[J]. CyberPsychology & Behavior, 10(1): 24-31.

Kim Y, Sohn D, Choi S M. 2011. Cultural difference in motivations for using social network sites: a comparative study of American and Korean college students[J]. Computers in Human Behavior, 27(1): 365-372.

Koo M, Fishbach A. 2008. Dynamics of self-regulation: how(un)accomplished goal actions affect motivation[J]. Journal of Personality and Social Psychology, 94(2): 183-195.

Krisanic K. 2008. Motivations and impression management: predictors of social networking site use and user behavior[D]. Columbia: University of Missouri-Columbia.

Lerner J S, Tetlock P E. 1999. Accounting for the effects of accountability[J]. Psychological Bulletin, 125(2): 255-275.

Naylor J C, Ilgen D R. 1984. Goal setting: a theoretical analysis of a motivational technology [J]. Research in Organizational Behavior, 6(1): 95-140.

Sheldon K M, Elliot A J. 1999. Goal striving, need satisfaction, and longitudinal well-being: the self-concordance model[J]. Journal of Personality and Social Psychology, 76(3): 482-497.

Sheldon K M, Elliot A J, Ryan R M,et al. 2004. Self-concordance and subjective well-being in four cultures[J]. Journal of Cross-Cultural Psychology, 35(2): 209-223.

Staats H, Harland P, Wilke H A M. 2004. Effecting durable change: a team approach to improve environmental behavior in the household[J]. Environment and Behavior, 36(3): 341-367.

Stamatogiannakis A, Chattopadhyay A, Chakravarti D. 2010. Maintenance versus attainment goals: why people think it is harder to maintain their weight than to lose a couple of kilos[J]. Association for Consumer Research, 37: 77-80.

Stamatogiannakis A, Chattopadhyay A, Chakravarti D. 2018. Attainment versus maintenance goals: perceived difficulty and impact on goal choice[J]. Organizational Behavior and Human Decision Processes, 149: 17-34.

Strauss A, Corbin J. 1990. Basics of Qualitative Research: Grounded Theory Procedures Techniques[M]. Thousand Oaks: Sage Publications.

Touré-Tillery M, Fishbach A. 2012. The end justifies the means, but only in the middle[J]. Journal of Experimental Psychology: General, 141(3)：570-583.

Touré-Tillery M, Fishbach A. 2018. Three sources of motivation[J]. Consumer Psychology Review, 1(1): 123-134.

Tu Y, Fishbach A. 2015. Words speak Louder: conforming to preferences more than actions[J]. Journal of Personality and Social Psychology, 109(2): 193-209.

Vroom V H.1964. Work and Motivation[M]. New York: Wiley.

第 4 章

消费者线上-线下心理联结与数字产品购买

■ 导论

电子技术的发展带来了线上社区、社交媒体、网络游戏等数字世界。Belk（1988）指出，延伸自我主要包括我们的身体、内心活动、想法、经历，以及遇到的人、去过的地方和接触到的事物，而数字世界的发展使得自我延伸的边界扩大到更广的范围。数字世界的去物质化使得人们对虚拟物品产生依恋和喜爱，因此构成个体的延伸自我不再是有形产品的"专属权利"。被抽象化的不仅有物品，还有人们自己。就像彼得·斯坦纳（Peter Steiner）的漫画里说的那样，"互联网时代，没有人知道你是一条狗"。网络给予了人们大量塑造身份和自我呈现的工具。在社交媒体上，人们可以是一段评论、一张照片和一则视频；在网络游戏中，人们可以是一个虚拟角色、一件角色皮肤和一排游戏战绩。人们在数字世界可以脱离肉体，将自己重塑为任何自己希望的有形或无形的"虚拟化身"（Yee，2006）。

线上的"虚拟化身"是数字世界的自我呈现。人们可以按照自己的喜好来设置线上环境中的自我，这个过程既是个体表达自我的过程，也是对"线上自我"形成认同的过程。普洛透斯效应（Proteus effect）表明，当个体从"线上自我"的第一视角看数字世界，此时"线上自我"就不再只是一个"化身"，而是个体自己。此时人们的行为会受到"线上自我"的形象的影响。

实践界早已意识到网络环境中的商业活动值得进一步发展，但是营销目标是谁呢？是那些用电话号码注册登录网络的有血有肉的个人，还是他们在网络世界中的虚拟化身？当然，现实世界的人控制着现实世界的钱包。然而，这个线上自我可以说代表了一个截然不同的"影子"消费者，它能够影响其创造者购买现实世界的产品。至少，它可以让我们了解到它的创造者隐藏的品位。

那么，消费者到底在多大程度上将线上的自我看作线下的自我？这对网络环境中的商业活动有何影响？这些问题尚没有答案。

故本章以消费者的线上-线下心理联结现象为出发点，聚焦于消费者的线上-线下心理联结是否以及如何影响消费者对数字产品的购买。最后，提出一系列该领域的实践启示。

4.1　心理联结

4.1.1　心理联结的定义

先前的研究表明，人与人之间可以形成一种同一性或心理联结的感觉（Hornstein，1978）。心理联结是指一个人在多大程度上将另一个人看成自己，"另一个人"可以是社会他人、过去的自己、未来的自己或是线上的自己。心理联结建立在两个身份之间存在的联结上，这些联结可能涉及特征、信仰、记忆、过去的经历、偏好和价值观（Aron et al.，1991；Cialdini et al.，1997；Frederick et al.，2002；Bartels and Urminsky，2011）。大量研究已经证明了联结性感知在决定人们在与他人的社会互动中的行为方面的强大影响（Cialdini et al.，1997）。

消费者的心理联结可以是与他人或与自己的心理联结。与自己的心理联结既包含时间维度上与"过去/未来的自我"的联结，也包含空间维度上与"线上的自己"的联结。

4.1.2　自我与他人的心理联结

与他人的心理联结是指一个人的自我概念与社会他人的自我概念之间的重叠程度（Li and Zhang，2014）。在以往的研究中，与他人的心理联结主要被描述为"社会联结"。Lee 和 Robbins（1998）将社会联结定义为"一种自我的方面，亦指个体与社会他人亲密关系中的主观感受"，是个体对人际关系的一种独特的自我认知结构。实证研究表明，社会排斥、生理需要、眼神接触与社会联结密切相关，社会联结可能影响目标实现、产品支出、食物偏好、利他行为和亲社会行为，甚至造成消费偏好的改变。

社会排斥降低了社会联结感，从而引起社会联结的需要（Mourey et al.，2017）。经历社会排斥的消费者为了寻求社会联结和社交互动，会购买象征团体成员身份的产品，会迎合其他人的消费偏好（Mead et al.，2011）。经历了社会排斥的威胁之后，消费者与拟人化产品的互动能够满足社会联结的需求。不仅如此，在网络空间里为消费者提供更真实的存在和互动模式也能让消费者产生社会联结感。此外，与他人直接的眼神接触会增加对他人的社会联结感（O'leary and Murphy，2019）。提高的生理需求使消费者将注意力转移到自身，因而降低了社会联结感。还有研究表明，怀旧感也会引起社会联结感（Wang et al.，2018）。

社会联结反映了个体的认知结构，是个体的基本需求，其影响着消费者的心理和行为。高心理联结能够促进目标实现，但是过高的社会联结反而会因为信息过载而阻碍目标实现。饥饿等高度生理需求状态会降低心理联结，从而导致为他人分配更少的资源、降低利他行为意愿或亲社会行为意愿（Li and Zhang，2014）。而高度怀旧的消费者通过高社会联结来增加消费者对放纵食物的偏好。网络社会联结对消费者享乐产品支出的影响大于对功能产品支出的影响（Park et al.，2018）。

随着网络技术的发展，消费者的社交活动从线下延伸至线上。但线上的社会关系和社交互动并不完全和线下世界割裂开，反而存在千丝万缕的联系。Grieve等（2013）认为线上的社会联结不同于线下的社会联结。据调查，相比于线下社会联结，线上社会联结与较低的抑郁和焦虑以及对生活的更大满意度相关。用户与线上世界的朋友除非有线下的联系或者是其他方面强大的共同点，否则仅靠线上世界很难维持关系。相反，对于线下世界的社交来说，社会联结和社会关系就很容易维系，此时线上世界（如游戏和聊天软件）甚至可以是加强与线下朋友的社会联结的一种途径（Eklund，2015）。

4.1.3 过去自我与未来自我的心理联结

个体可以看成部分重叠但又部分不同的自我的时间序列（Parfit，1984）。时间维度上的自我联结是指当前自我和未来或过去的自我之间在人格、气质、喜好、信仰、价值观、志向、生活目标、人生理想等方面的重叠（Bartels and Urminsky，2011；Zhang and Aggarwal，2015）。个体对未来或过去自我的感知重叠程度越大，那么个体与未来或过去自我的心理联结程度就越高（Bartels and Urminsky，2015）。目前有关时间维度上与"自我"的心理联结的研究主要包含以下几个方面。

首先，研究表明自我表达多样性、生理需求和复古产品会影响消费者的心理联结。在自我表达中感知更多的变化和多样性导致消费者推断他们的偏好不太稳定，降低了他们认为身份随着时间的推移保持不变的信念，从而破坏了自我联结。增强的生理需求会导致消费者更加关注当前自己的身体方面，从而减少对未来自我的联结感（Li and Zhang，2014）。复古产品与过去有着明显的联系，也包含着联结现在和未来的可能性。因此，复古产品促进了消费者对过去、现在和未来的精神联系（Sarial-abi et al.，2017）。

其次，时间维度上的心理联结对消费者心理与行为的影响主要体现在跨期决策、储蓄和节约、产品偏好、目标评价、不道德行为和亲社会行为等方面。

在跨期决策方面，当消费者感知到与未来自我的心理联结程度越大，未来自我的利益就越像现在自我的利益一样重要，消费者就越愿意将利益留给未来的自我。心理联结高的个人往往会重视他们未来的需要。他们知道现在的动机也将适用于以后的生活。如果心理联结低，个人将把眼前的需求置于未来目标之上，会在眼前利益和未来更大的利益之间选择前者。相比更久但更大的回报，消费者会选择更快但更小的回报。与未来自我更高的联结感会导致个体在跨期选择任务中产生更多的耐心，而生理需要的提升会降低心理联结从而导致跨期决策中的耐心减少（Kim and Zauberman，2013；van den Bergh et al.，2008；Li，2008）。

在储蓄和节约方面，当下的节约需要消费者既能意识到未来又能重视未来。因此，心理联结增强了消费者对未来结果的重视程度，从而激励消费者减少当前支出、为未来储蓄。与未来自我的联结感也有助于储蓄，如果个人觉得与未来自我的身份重叠度高，他们往往会积累更多的金融资产（Bartels and Rips，2010）。

在产品偏好方面，意义框架的威胁刺激了消费者对跨期联系的渴望，而复古产品能促进消费者与过去、现在和未来的精神联结。购买复古产品的怀旧消费减轻了消费者对意义框架的威胁的不良反应，满足了消费者的心理联结需求。因此意义框架受到威胁的消费者（如被提醒自己最终会死亡的人）比没有经历意义框架威胁的人更喜欢复古产品（Sarial-abi et al.，2017）。

在目标评价方面，当消费者与过去或未来自我的心理联结高的时候，会提高消费者对与过去或未来自我相关的目标或事件的评价，反之则会降低评价（Zhang and Aggarwal，2015）。

在不道德行为方面，与未来自我心理联结弱时，人们更有可能支持不道德行为和权宜之计（Hershfield et al.，2012），尤其是当欺骗和作弊行为能产生当下的好处时。与未来自我心理联结高的人，将避免作出因眼前利益而危害长远利益的行为，能够减少不道德行为和犯罪行为。

在亲社会行为方面，目标进展信息和未来自我联结的交互对消费者复购环保产品意愿有积极影响。未来自我与现在自我联结程度较高时，企业采用"to-go"的目标进展信息会比采用"to-date"的目标进展信息对消费者复购环保产品意愿产生更积极的作用（熊小明等，2019）。

最后，Molouki 和 Bartels（2020）对比了人们为未来自我和社会他人做选择是否受到相同的决策过程控制。研究发现，为未来自我或社会他人做决策时，需要度、正当性、喜爱度和相似性这四个特征对金钱分配的影响具有一定的相似性。但是，对未来自我的金钱分配高于对社会他人的分配。这表明，尽管未来的自己在某些方面像其他人一样被对待，但仍然存在重要的差异。

4.1.4 线上我与线下我的心理联结

空间维度上的心理联结是指个体的线上自我与线下自我之间的心理联结程度。由于社交媒体、网络游戏、网络社区等线上环境的开发和优化，个体在线上环境中的生活越来越丰富，甚至线上世界成为部分消费者的"第二人生"。

常有研究将涉及线上线下的研究简单地划分为现实世界和网络环境，然而线上世界和线下世界之间不是简单地一分为二。相反，线上和线下之间的界限并不清晰，如网游世界和真实世界的界限取决于人与人之间的联系。社交软件的流行给予每个个体在线上世界建构自我的机会，有研究表明个体在社交媒体上有表达真实自我或建构理想自我的倾向。基于心理联结的定义，线上–线下心理联结是指一个人在多大程度上将"线上我"看成"线下我"。

相关概念辨析如下。

（1）线上–线下心理联结和线上–线下自我差异。线上–线下心理联结本质上是一种主观感知的内容。线上–线下自我差异是个体在线上和线下情境下各种自我之间的落差，本质上是一种客观存在的差异，反映的是差异性。线上–线下自我差异分为理想自我、现实自我、应该自我之间多重自我的多种差异类型，而线上–线下心理联结只有线上自我和线下自我之间的一种联结。

（2）线上–线下心理联结和自我一致性。线上–线下心理联结是一种主观感知的联结程度，属于一种现象。这种程度可强可弱，因人而异，也可以因环境影响或人为诱导而发生改变。自我一致性是一种心理动机，个体一贯有较强的保持自我一致性的动机，比较稳定。

线上–线下心理联结的前提是自我在空间维度上（即线上情境和线下情境），而自我一致性是广泛适用于各类情境下的普适性动机。

4.2 数字产品

随着技术的发展和人们生活方式的改变，基于互联网的产品和服务应运而生，并且由于信息技术的更新换代而发展得愈加成熟。市场上不断涌现各类数字产品和网络服务，数字货币也成为人们讨论的热点，甚至还出现了如"初音未来"这样使用全息投影技术举办演唱会的数字偶像。数字产品已经润物细无声地潜入了人们的日常生活。只要人们玩游戏、看视频或者充话费，那就离不开数字产品的交易。《2016—2021 年中国虚拟物品（游戏）交易行业市场前瞻与投资战略规划分析报告》显示，中国是全球最大及增长最快的数字商品及服务市场之一，由 2014 年的人民币 6456 亿元增长到 2020 年的 14 177 亿元。数字产品具有时尚新奇的魅力和广阔的市场潜力，不仅让消费者为之感兴趣，还吸引了众多商家的目光。因此，为了提升消费者的消费体验、为商业实践带来帮助，有必要对数字产品的概念和范围进行清晰的界定，并研究影响数字产品购买的影响因素。

4.2.1　数字产品的定义

数字产品（digital products）有广义和狭义之分。狭义的数字产品指能被转换为二进制数字化格式并且独立于物体载体而存在的产品或服务，而广义的数字产品除了包括狭义的数字产品外，还包括基于数字技术的电子产品或将其转化为数字形式通过网络来传播和收发，或者依托于一定的物理载体而存在的产品（Shapiro and Varian，1998）。本书所讨论的是狭义的数字产品，即基于数字化输出，可以在网络空间和传统市场上销售、推广和分销，但是只能在网络空间中被使用，用于满足消费者在网络空间中的特定需求的无形产品，这种数字产品不需要依托物理载体而以虚拟形式存在，数字产品可能因为某些常见物体的启发而被设计和开发出来，但数字产品不是这些常见物体的简单数字化版本（Lehdonvirta，2009）。例如，游戏设计者可能会受到人们穿衣打扮的启发而设计出游戏人物的服装和头像。同时，也有许多数字产品没有任何"实物"的对应物。数字产品仅以数字化形式存在于网络环境中（Guo and Barnes，2009）。

4.2.2　数字产品的类型

理解数字产品的类型是有必要的，因为特定的产品类型和要素特点可能会引起消费者特定的心理，从而导致不同的消费行为。在以往的实物产品研究中，有大量的学者从产品类型特点的角度进行研究，因此，在数字产品的研究中了解数字产品的类型也是有必要的。

Hui 和 Chau（2002）将无形的数字产品分为内容类、工具类和服务类。内容类产品的价值在于信息内容，如电子报纸和期刊、研究报告或数据库、在线娱乐型产品（如音乐、电子杂志和视频）等。工具类产品是帮助用户执行特定功能的软件程序（如杀毒软件），或者是用于实现其他目的的辅助实用程序（如 RealPlayer）。服务类是指能够为用户提供对有用资源的访问的服务，如服务器连接或帮助用户完成特定任务的在线实用程序，如在线翻译程序。

4.2.3　数字产品的特征

Hui 和 Chau（2002）根据交付方式、粒度和可试性三个特性分析了数字产品的基本特征（表 4-1）。第一个特征是交付方式，有些数字产品可以一次性下载、直接交付，有些产品可以分批下载、多次交付。第二个特征是粒度，即数字产品的可分割性。不同数字产品的差异很大，有些产品完全可以分割，也有些产品不能分割。第三个特征是可试性，即试用产品的可能性。有些产品完全可以试用，有些可以分拆试用，但有些完全不可以试用。如今的数字产品种类繁多，可能一个数字产品就包含两种及以上的产品类型，因此其特征也更加复杂。

表 4-1　数字产品的分类

产品类型	交付方式	粒度	可试性	举例
内容类	下载	高	低	电子图书
工具类	下载	低	高	各种软件
服务类	交互	中	中	在线翻译

此外，还有学者提出数字产品具有竞争性、互联性和持久性。

竞争性意味着个人使用某些数字产品时排除了其他人同时使用它的可能，例如，某些网络社区中的一个头像一次只能由一个人使用。

互联性意味着一个数字产品不是孤立存在的，其他用户或系统必然受其影响。例如，当消费者使用花钱买来的游戏装备时，其他玩家的战斗力就相对落后了。然而，由于网络效应，互联性也能增加产品的使用价值，如一个由机器学习算法驱动的产品，当它获得更多的用户数据时，会变得更智能。

持久性是指数字产品能够在消费者的网络活动区域内存在一段时间，不会随着网站关闭或者电脑关机就立刻消失。但是持久性不代表永久性，许多数字产品会随着时间的延长或者使用次数的增多而减退或消失，如微博年度会员满一年就到期。

4.2.4　数字产品的价值

随着技术的不断进步，世界已然进入了数字时代，数字产品成为信息增值下的智能化产物，数字产品不需要实际载体，交付模式与购买体验等也区别于传统产品，企业多样的知识、能力的有机融合成为产品价值的源泉所在。Hui 和 Chau（2002）将数字产品分为三类：①工具和实用程序。这些产品帮助用户完成特定的目标或任务。一般来说，它们是帮助用户执行特定功能的软件程序或者是用于实现其他目的的辅助实用程序。例如，很容易通过互联网下载的商业软件、共享软件或免费软件。②基于内容的数字产品。这些产品的价值在于其信息含量。典型的例子包括电子报纸和期刊，研究报告或数据库，以及在线娱乐产品（音乐、视频等）。③在线服务。包括通过互联网向用户提供资源访问的服务，如在线电话和信息搜索服务。这些数字产品的定义和类别涵盖了在数字网络上销售和分发的大多数产品/服务，包括那些在网络社区和在线游戏中使用的产品/服务，如

Secondlife.com 的虚拟角色和 Facebook.com 的 Farmville 游戏。数字产品的价值除了拥有传统产品的价值外，也增添了在互联网下独有的产品价值。本节对不同学者的观点进行整合，对数字产品的价值归纳如表 4-2 所示。

表 4-2　数字产品价值内容

价值	构成	定义
内在 价值	功能价值	满足与用户目标或需求相关的用户需求
	情感价值	对服务或产品消费的享受或满意程度
	社会价值	一个人的社会形象与社会规范相一致时所感受到的价值
互动 价值	用户–用户互动	用户和用户之间的交互
	内容–用户互动	内容和用户之间的交互
	系统–用户互动	系统和用户之间的交互
商业 价值	产品价值	数字内容的优越性和高品质
	用户价值	用户使用数字内容感受到的快乐
	过程价值	节约成本和时间、通过使用数字内容有效实现目标

4.2.5　影响数字产品购买意愿的因素

数字产品存在于数字网络世界中，因此必然会受到网络平台因素的影响。因为数字产品不具有实物形态，所以绝大多数数字产品不满足任何生存需要或者其他实物需求，数字产品主要满足个人的社会需求和心理需求。因此，数字产品所存在的平台因素、产品因素、社会因素和个人因素都可能会影响消费者的购买意图。相关内容见表 4-3。

表 4-3　数字产品评价和购买意图的影响因素研究

类型	影响因素
平台因素	社交性、交互性、感知易用性、感知有用性、感知游戏性、角色能力、任务环境要求、在线社区系统质量、多样性、神秘性、网络密度、网络稳定性
产品因素	定制化、稀有性、沉浸感、竞争性、美学性、功能性、装饰性、功能价值、情感价值、社会价值、经济价值、项目降级、项目升级、障碍元素
社会因素	社会临场感、社会联系、社会认同、社会规范、感知网络规模、社会影响、关键多数
个人因素	社会认同动机、自我呈现动机、自我满足动机、一致性动机、独特性动机、身份动机、享乐动机、成就动机、情绪（压力情绪、无聊情绪）、用户参与程度、用户卷入程度、用户投入时间、用户互动频率、年龄、感知享受、心流体验、感知价值、性能预期、努力预期

1. 平台因素

数字产品的消费与其平台环境密切相关。影响数字产品购买意图的平台因素主要有：社交性、交互性、感知易用性、感知有用性、感知游戏性、角色能力、任务环境要求、在线社区系统质量、多样性、神秘性、网络密度和网络稳定性等。

平台的社交性和交互性会提升社会临场感和心流体验，从而促进消费者购买数字产品（Wang and Chang，2014）。消费者的社交性还可以提高其对数字产品的满意度，从而提高再购买意向。有学者提出，在社交性强、注重关系和团队合作的网络游戏中，消费者更有可能购买数字产品（Hamari et al.，2017）。

先前的研究还考虑了传统技术因素的影响，如感知易用性、感知有用性、在线社区系统质量以及网络密度和网络稳定性（Animesh et al.，2011）。技术因素的提升有助于提高消费者的使用体验，有助于帮助消费者发展更强大的社交纽带，增强社会临场感和心流体验，进而促进数字产品的消费。

对于游戏这一类独特的数字产品而言，感知游戏性、角色能力和任务环境要求是促进数字产品购买的重要因素（Ho and Wu，2012）。感知游戏性是指游戏用户在游戏中的专注、享受和好奇心，任务环境要求是指游戏用户角色执行游戏任务需要一定的物品。当感知游戏性越强或者任务环境要求用户使用某些需要购买的产品时，游戏玩家购买数字产品的可能性越高。角色能力是指游戏用户的游戏能力，角色能力高意味着游戏挑战度低，这会降低玩家进一步获得更高级数字产品的欲望，因为他的角色的整体能力已经优于其他角色（Guo and Barnes，2009）。

2. 产品因素

影响数字产品购买意图的产品因素主要有：定制化、稀有性、沉浸感、竞争性、美学性、功能性、装饰性、功能价值、情感价值、社会价值、经济价值、项目降级、项目升级和障碍元素等。

有些消费者喜欢定制自己最喜欢的形象或者展示出自己的独特性，因此稀有性和定制化的数字产品很受消费者的喜爱（Lehdonvirta，2009）。感知定制能够提高消费者对数字产品的满意度，从而提高再购买意向（Wang and Chang，2014）。

数字产品的装饰性、美学性、功能性、竞争性会满足消费者不同的需求，从而导致不同的心理和行为后果。数字产品的美学性和装饰性突出了其使用者的个性和独特性，促进了消费者对数字产品的情感评估和心理所有权（Lee and Chen，2011），进而提升对数字产品的购买意愿。有研究表明压力大的人更愿意购买装饰性而非功能性的数字产品，无聊的人更愿意购买功能性的数字产品，尤其是在网络游戏中（Bae et al.，2019）。功能性产品通过增加消费者的特殊技能和核心能力来提升消费者的积极情绪，提升消费者的享乐感觉（Jin et al.，2017；Li et al.，2018），具有竞争性的数字产品能够为消费者带来相对于他人显著领先的优势（Hamari and Keronen，2017）。

影响消费者使用体验的产品因素（如沉浸感、障碍元素、项目升级和降级等）会影响对数字产品的购买意愿。沉浸感越高的人越有可能购买数字产品，数字产品需要让人有足够的沉浸感才会引起购买欲望。障碍元素是在线社区中特意设计的不方便消费者使用的一些元素，消费者不得不通过购买某些数字产品才能获得便利（Hamari and Lehdonvirta，2010）。项目升级是指对现有产品的升级或者改进，项目降级是指数字产品随着时间的流逝或者使用次数的积累而退化或者消失，二者看似相反，但在不同情境下均能够驱动数字产品购买意愿。

数字产品的功能价值、情感价值、社会价值和经济价值会影响购买意愿。功能价值是指满足与用户目标或需求相关的用户需求，情感价值是指对服务或产品消费的享受或满意程度，社会价值是指当一个人的社会形象与他人的期望或社会规范相一致时所感受到的价值，经济价值是指消费服务或产品的成本与消费后的感知效用之间的差异（Kim et al.，2011）。价值的获取是消费者购买产品的最根本原因，数字产品带给消费者的价值越大，则消费者就越有可能购买。

3. 社会因素

由于社交互动是许多在线环境的关键属性，因此社会因素是数字产品购买意图需要考虑的重要因素。

和现实世界类似，在线环境中也存在社会规范和关键多数，它们会对在线环境中的消费者造成一定的社会影响。当一个人的社会形象与他人的期望或社会规范相一致时会提高社会价值（Kim C and Kim J，2017），从而导致数字产品消费。感知关键多数（perceived critical mass）表示一个人相信大多数成员会通过社区交易平台购买数字物品的程度。当感知临界质量高时，消费者购买数字产品的可能性就高。

此外，感知网络规模（Hamari and Keronen，2017）、社会临场感、社会联系（Jin et al.，2017）和社会认同（Bagozzi and Dholakia，2002）也都是数字产品购买的社会方面的预测因素。

4. 个人因素

在产品购买方面，个人因素一直是至关重要的影响因素之一。以往研究从内在动机、情绪体验、用户行为等方面讨论了个人因素对数字产品的产品评价和购买意图的影响。

在内在动机方面，消费者的身份动机、享乐动机和成就动机均会促进数字产品的购买。具体而言，身份动机包括社会认同动机、自我呈现动机、一致性动机和独特性动机（Martin，2008；Shelton，2010）。消费者有自我表达的需求，希望能通过购买头像、挂件等数字产品来表达自我。不过，消费者购买数字产品不仅是为了自我呈现，还有可能是为了缩小真实自我与理想自我之间的差异而购买数字产品来增强自尊。Belk（2013）认为数字产品是消费者的自我延伸，消费者购买数字产品是为了建构与众不同的独特自我，通过数字产品来表达自己的身份。此外，享乐动机高的消费者会购买享乐性产品，成就动机高的消费者会购买功能性产品（Shelton，2010）。

在情绪体验方面，消费者的情绪、感知享受、感知价值和心流体验均会影响数字产品购买意愿。具体而言，压力情绪大的用户更有可能购买装饰性物品，而无聊情绪高的用户更有可能购买功能性物品（Bae et al.，2019）。消费者感知到的价值、享受感和心流体验越高，购买数字产品的可能性就越高（Paavilainen et al.，2013）。

在用户行为方面，用户对网络环境的参与程度越高、对数字产品的卷入程度越大、投入的时间越多、互动的频率越高，那么购买数字产品的可能性就越高。

4.3 消费者线上–线下心理联结与数字产品购买的关系

若消费者的线上我和线下我联结程度高，意味着消费者在很大程度上将线上的我看成线下的我。此时，"线上我"作为消费者数字自我的一部分，已然成为消费者的自我延伸。延伸的自我不仅包括"我"，还包括"我的"。除了网络环境中的"线上我"以外，网络环境本身以及其中的产品也很有可能被消费者纳入延伸自我中。出于自我提升动机，消费者会提升对自我延伸物的评价（Rifkin and Etkin，2019），就像提升了对自我的评价。消费者会对自我延伸物产生依恋感并增加其感知价值（Dommer and Swaminathan，2013）。因此线上–线下心理联结高的消费者很有可能会对网络环境中的"线上我"产生依恋感，从而对网络环境及其产品也产生依恋感并增加其感知价值。对网络环境及其产品的依恋感越强，消费者对网络环境中的数字产品购买意愿则越强烈（Belaid and Behi，2011）。

消费者有自我表达的需求，希望能通过购买头像、挂件等数字产品来表达自我，缩小真实自我与理想自我的差距。诚然，当消费者认为线上的自我与线下的自我差距不大时，可能不再需要数字产品来增强自尊（Li et al.，2019）。但是消费者除了需要用数字产品缩小理想自我与真实自我的差异，还具有独特性动机（Guo and Barnes，2009）和身份动机（Shelton，2010）。当消费者将"线上我"视为自我延伸时，会利用网络环境建构与众不同的独特自我，通过数字产品来表达自己的身份。基于上述分析，提出以下假设。

H4-1：消费者的线上–线下心理联结越强，对数字产品的购买意愿越强。

4.4　心理所有权的中介作用

如前所述，当消费者对"线上我"的心理联结程度高时，网络环境中的"线上我"，会将网络中的环境、产品和自我都视作自我的延伸。当一个人主观地认为一个东西是"我的"时，心理所有权就产生了（Pierce et al.，2003）。人们不会对从不参与的网络环境产生纽带，对网络环境有一定程度的参与和投入是人们对于"线上我"产生心理联结的前提。因此，消费者对"线上我"的心理联结程度高意味着积极参与和使用该网络环境。Pierce 等（2003）提出，在目标上投资是形成心理所有权的重要途径之一。个人对事物的精力、时间、努力和注意力的投入使自我与事物融为一体，并对其产生心理所有权。Rudmin 和 Berry（1987）认为，投资于目标对象的最有效的办法就是亲手创造它。创造包括投入时间、精力，甚至一个人的价值观和身份。人们投入在网络环境中的资源不仅包括时间和精力，还包括在网络环境中的内容创造。通过自己的创造，人们对于自己创造的客体产生依恋感（Durkheim，1957）。在网络环境中，个体参与社区活动、发布内容、点赞和评论其他社区成员的内容，这些活动意味着不同程度的自我投资。当投资得越多，心理所有权就越容易产生（Pierce et al.，2003）。人们对网络环境的积极接触还会导致他们对网络环境中的一切越来越了解。有研究发现，人们获得关于所有权目标的信息越多，对目标的心理所有权就越大（Lee and Suh，2015）。

心理所有权可以被认为是消费者和他们使用的商品和服务之间的一种情感依恋形式（Shu and Peck，2011）。将产品归类于"我的"，使得该产品对于消费者而言从"有可能获得"变成了"有可能失去"，人们普遍的损失厌恶心理所产生的禀赋效应会使消费者更依恋自己拥有的产品（Reb and Connolly，2007）。人们有自我提升的动机，因此通常对与自身相关的物品产生高度评价，与消费者自身相关的特征在消费者的认知里被迁移到产品中，增加了消费者对产品的情感依恋并增强了产品的感知价值（Weiss and Johar，2013）。而许多研究表明，消费者感知价值越高，购买数字产品的可能性就越高。此外，有研究发现当消费者在某个产品或服务中找到个人空间的感觉时，忠诚度很可能会提高。网络环境是消费者的线上个人空间，能够为其带来归属感。当消费者体验到拥有感和相关的满足感时，他们将愿意保留这些满足感的来源，即愿意购买网络环境中的产品或服务。心理所有权还与另一种重要的态度相关联——消费者愿意为产品或服务付费。Asatryan 和 Oh（2008）指出，体验到"我的"服务的消费者愿意为该服务支付更多费用。因此，当数字产品成为自我的一部分时，消费者将更愿意购买该数字产品并且相对没那么重视价格因素。

　　然而，人们对同一产品的数字版本的重视程度低于实物版本。例如，照片、书籍、音乐等，消费者愿意支付更多的钱购买纸质照片、纸质书和音乐光盘，而不是电子照片、电子书和数字专辑。与数字商品相比，实物商品能被人拿在手里抚摸，因此给消费者带来的视觉和触觉冲击远高于数字产品，并且实物本身就更具真实感。实物产品比数字产品更可能让消费者产生心理所有权。这似乎暗示着数字产品不太可能带来心理所有权感，那么消费者是否不会因为与"线上我"有心理联结而想要购买数字产品？

　　事实并非如此。首先，数字产品不同于实物产品。根据前文对数字产品的范围界定，数字产品只在线上世界中被有意义地使用，没有实物版本，因此不存在虚拟版本和实物版本的对比。其次，数字产品存在于网络环境中，其命运与网络环境息息相关。网络环境的种类多样，消费者可以任意选择喜欢的网络环境，数字产品可以通过个性化和定制化来增强控制感，这会产生更高水平的心理所有权（Huang et al.，2009；Morewedge et al.，2010）。再次，数字产品同样能为消费者提供自我表达功能。符号价值不是实物产品的专利，消费者亦可通过数字产品的消费传达自我概念。以往的研究表明，消费者在社交媒体、游戏和其他网络环境中投入大量精力来创建和管理他们的图像、视频、文字内容和联系人（Molesworth et al.，2016）。最后，数字产品是基于数字化的产品，可以利用大数据的优势更有效地投消费者之所好。总之，在网络环境中，消费者可能因为与"线上我"的心理联结程度高而产生心理所有权，从而想要购买数字产品。基于上述分析，提出以下假设。

　　H4-2：心理所有权在线上–线下心理联结对数字产品购买意愿的影响中起到中介作用。

4.5　产品价值类型的调节作用

　　功能性价值强调产品满足消费者在功能性或实用性需求方面的性能，象征性价值强调产品的社会性和享乐性，满足自我表达和威望等象征性需求（Reb and Connolly，2007；Bhat and Reddy，1998）。此前的文献表明，消费者对数字产品的需求一方面基于数字产品可以赋予人们某种功能属性，另一方面基于数字产品提供的装饰性价值。

　　人们购买数字产品是因为他们想看起来独特、从群体中脱颖而出，或者想赶上流行趋势。想把自己和其他人区分开来的人会在数字产品上花更多的钱。象征性产品突出了个性和独特性，这恰好契合了消费者购买数字产品的动机——寻求独特性，企图将自己与其他人区分开来。网络环境的多样性、神秘性、经典视觉美学和表达视觉美学促进了个体的情感评估和自我投资,从而提升心理所有权,进而增加了个体对网络环境的使用意愿(Lee and Chen,2011)。有研究发现,具有美学特征的虚拟化身可以被用于个体自我表露和形成自我认同,这会鼓励消费者为虚拟化身付费(Kim et al.,2011)。功能性产品则是提高了人们的某种能力或竞争优势,满足人们独特性动机的效能远低于象征性产品。基于上述分析,提出以下假设。

H4-3:线上-线下心理联结对数字产品购买意愿的影响受到产品价值类型的正向调节。与功能性的数字产品相比,当产品价值为象征性时,线上-线下心理联结对消费者数字产品购买意愿的正向影响更大。

4.6　主要结论

本章旨在探究消费者线上-线下心理联结对数字产品购买意愿的影响,旨在为消费者线上-线下心理联结对数字产品购买意愿的影响提供因果证据,并探寻消费者线上-线下心理联结影响数字产品购买意愿的心理机制以及可能的边界条件,理论模型如图 4-1 所示。本章研究采取情境实验与问卷调查相结合,通过两个预实验、三个正式实验分别进行了主效应、中介效应和调节效应检验,最后得到了以下主要研究结论。

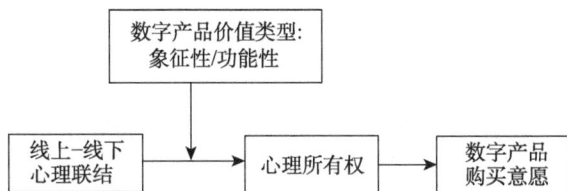

图 4-1　消费者线上-线下心理联结对数字产品购买意愿的影响

(1)当消费者的线上-线下心理联结越强时,对网络环境中的数字产品的购买意愿越高,心理所有权在线上-线下心理联结对数字产品购买意愿的影响中起到中介作用。当消费者对"线上我"的心理联结程度高时,网络环境中的"线上我",会将网络中的环境、产品和自我都视作自我的延伸,从而产生心理所有权,因此对数字产品的购买意愿有所提高。

(2)产品价值类型在线上-线下心理联结对数字产品购买意愿的影响中起到调节作用。与功能性的数字产品相比,当产品价值为象征性时,线上-线下心理联结对消费者数字产品购买意愿的正向影响更大。这与以往的研究相契合,即想把自己和其他人区分开来的人会在数字产品上花更多的钱。象征性产品突出了个性和独特性，这恰好契合了消费者购买数字产品的动机——寻求独特性，企图将自己与其他人区分开来。

4.7 管理启示

（1）为促进数字产品的销售，应尝试创造条件加强消费者的线上–线下心理联结。例如，有研究发现，成就感会满足个体的自信心，而每个人都会将自己与优秀积极的形象联系起来（Mcclelland，1965），因而高成就感会导致个体与线上自我的心理联结程度高，数字产品网站应安排挑战性活动且增加圆满完成任务的可能性来提升用户成就感。还有，高表达性的网络环境给了个体进行自我表达和自我呈现的机会，有助于个体进行印象管理，塑造积极的自我形象（Kowalski and Leary，1990），能增强个体与线上自我的心理联结，因而通过加强网站与用户的互动、用户与用户之间的互动，提供用户表达机会是一个不错的选择。

（2）提升用户对数字产品的心理所有权。实物产品确实比数字产品更可能让消费者产生心理所有权，但数字产品可以通过个性化和定制化来增强消费者控制感，这会产生更高水平的心理所有权（Huang et al.，2009；Morewedge et al.，2010）；数字产品能为消费者提供自我表达功能，同样具备符号价值，消费者亦可通过数字产品的消费传达自我概念，这也能让用户产生心理所有权；还有，网络环境的多样性、神秘性、经典视觉美学和表达视觉美学也能促进个体的情感评估和自我投资，从而提升心理所有权（Lee and Chen，2011），增强个体对数字产品的购买意愿。

（3）数字产品的象征性价值更能促进线上–线下心理联结对消费者数字产品购买意愿的正向影响。象征性价值是为满足内在产生的自我提升、角色定位、群体成员身份或自我认同等需求的产品价值（Park et al.，1986），象征性价值强调产品的社会性和享乐性，满足自我表达和威望等象征性需求。人们购买数字产品是因为他们想看起来独特、从群体中脱颖而出，或者想赶上流行趋势，有研究发现，具有美学特征的虚拟化身可以被用于个体自我表露和形成自我认同，这会鼓励消费者为虚拟化身付费（Kim et al.，2011）。因此，如何让消费者体验积极的情感，并通过数字产品帮助消费者向他人传达其与个人特征、某些社会群体和价值观的联系，值得数字产品经营者进一步思考。

本章小结

● 线上–线下心理联结是指个体的线上自我与线下自我之间的心理联结程度，是指一个人在多大程度上将"线上我"看成"线下我"。

- 由于社交媒体、网络游戏、网络社区等线上环境的开发和优化，个体在线上环境中的生活越来越丰富，甚至线上世界成为部分消费者的"第二人生"。

- 数字产品有广义和狭义之分。狭义的数字产品指能被转换为二进制数字化格式并且独立于物体载体而存在的产品或服务。广义的数字产品除了包括狭义的数字产品外，还包括基于数字技术的电子产品或将其转化为数字形式通过网络来传播和收发，或者依托于一定的物理载体而存在的产品。

- 当消费者的线上–线下心理联结越强时，消费者对网络环境中的数字产品的购买意愿越高，心理所有权在线上–线下心理联结对数字产品购买意愿的影响中起到中介作用。

- 数字产品价值类型可分为功能性价值和象征性价值，功能性价值强调产品满足消费者在功能性或实用性需求方面的性能，象征性价值强调产品的社会性和享乐性，满足自我表达和威望等象征性需求。

- 与功能性的数字产品相比，当产品价值为象征性时，线上–线下心理联结对消费者数字产品购买意愿的正向影响更大。

参考文献

熊小明, 黄静, 林涛. 2019. 目标进展信息与未来自我联结对环保产品重复购买的影响[J]. 管理评论, 31(8): 146-156.

Animesh A, Pinsonneaulta A, Yang S-B, et al. 2011. An odyssey into virtual worlds: exploring the impacts of technological and spatial environments on intention to purchase virtual products [J]. MIS Quarterly, 35(3): 789-810.

Aron A, Aron E N, Smollan D. 1992. Inclusion of other in the self scale and the structure of interpersonal closeness[J]. Journal of Personality and Social Psychology, 63(4): 596-612.

Aron A, Aron E N, Tudor M, et al. 1991. Close relationships as including other in the self[J]. Journal of Personality and Social Psychology, 60(2): 241-253.

Asatryan V S, Oh H. 2008. Psychological ownership theory: an exploratory application in the restaurant industry [J]. Journal of Hospitality & Tourism Research, 32(3): 363-386.

Bae J, Kim S J, Kim K H, et al. 2019. Affective value of game items: a mood management and selective exposure approach [J]. Internet Research, 29(2): 315-328.

Bagozzi R P, Dholakia U M. 2002. Intentional social action in virtual communities[J]. Journal of Interactive Marketing, 16(2): 2-21.

Bartels D M, Rips L J. 2010. Psychological connectedness and intertemporal choice[J]. Journal of Experimental Psychology: General, 139(1): 49-69.

Bartels D M, Urminsky O. 2011. On intertemporal selfishness: how the perceived instability of identity underlies impatient consumption[J]. Journal of Consumer Research, 38(1): 182-198.

Bartels D M, Urminsky O. 2015. To know and to care: how awareness and valuation of the future jointly shape consumer spending [J]. Journal of Consumer Research, 41(6):

1469-1485.

Belaid S, Behi A T. 2011. The role of attachment in building comsumer-brand relationships: an empirical investigation in the utilitarian consumption context[J]. Post-Print,20(1): 37-47.

Belk R W. 1988. Possessions and the extended self[J]. Journal of Consumer Research, 15(2): 139-168.

Belk R W. 2013. Extended self in a digital world[J]. Journal of Consumer Research, 40(3): 477-500.

Bhat S, Reddy S K. 1998. Symbolic and functional positioning of brands [J]. Journal of Consumer Marketing, 15(1): 32-43.

Cialdini R B, Brown S L, Lewis B P, et al. 1997. Reinterpreting the empathy-altruism relationship: when one into one equals oneness [J]. Journal of Personality and Social Psychology, 73(3): 481-494.

Dommer S L, Swaminathan V. 2013. Explaining the endowment effect through ownership: the role of identity, gender, and self-threat [J]. Journal of Consumer Research, 39(5): 1034-1050.

Durkheim E. 1957. Professional Ethics and Civic Morals[M]. London: Routledge & Paul.

Eklund L. 2015. Bridging the online/offline divide: the example of digital gaming[J]. Computers in Human Behavior, 53: 527-535.

Frederick S, Loewenstein G, O'donoghue T. 2002. Time discounting and time preference: a critical review[J]. Journal of Economic Literature, 40(2): 351-401.

Grieve R, Indian M, Witteveen K, et al. 2013. Face-to-face or Facebook: can social connectedness be derived online?[J]. Computers in Human Behavior, 29(3): 604-609.

Guo Y, Barnes S. 2009.Virtual item purchase behavior in virtual worlds: an exploratory investigation [J]. Electronic Commerce Research, 9(1): 77-96.

Hamari J, Alha K, Järvelä S, et al. 2017. Why do players buy in-game content? An empirical study on concrete purchase motivations[J]. Computers in Human Behavior, 68: 538-546.

Hamari J, Keronen L. 2017. Why do people buy virtual goods: a meta-analysis[J]. Computers in Human Behavior, 71: 59-69.

Hamari J, Lehdonvirta V. 2010. Game design as marketing: how game mechanics create demand for virtual goods [J]. International Journal of Business Science & Applied Management, 5(1): 14-29.

Hershfield H E, Cohen T R, Thompson L. 2012. Short horizons and tempting situations: lack of continuity to our future selves leads to unethical decision making and behavior[J]. Organizational Behavior and Human Decision Processes, 117(2): 298-310.

Ho C H, Wu T Y. 2012. Factors affecting intent to purchase virtual goods in online games[J]. International Journal of Electronic Business Management, 10(3): 204-212.

Hornstein H A. 1978. Promotive tension and prosocial behavior:a lewinian analysis[M]//Wisp L. Altruism,Sympathy,and Helping:Psychological and Sociological Principles. New York: Academic Press: 177-207.

Huang Y H, Wang L, Shi J Q. 2009. When do objects become more attractive? The individual and interactive effects of choice and ownership on object evaluation[J]. Personality and Social Psychology Bulletin, 35(6): 713-722.

Hui K L, Chau P Y K. 2002. Classifying digital products[J]. Communications of The ACM, 45(6): 73-79.

Jin W, Sun Y Q, Wang N, et al. 2017. Why users purchase virtual products in MMORPG? An integrative perspective of social presence and user engagement[J]. Internet Res, 27: 408-427.

Kim B K, Zauberman G. 2013. Can Victoria's secret change the future? A subjective time perception account of sexual-cue effects on impatience[J]. Journal of Experimental Psychology: General, 142(2): 328-335.

Kim C, Kim J. 2017. Developing a digital contents valuing model: how users appreciate their values [J]. Journal of International Technology and Information Management, 26(4): 51-82.

Kim H W, Gupta S, Koh J. 2011. Investigating the intention to purchase digital items in social networking communities: a customer value perspective[J]. Information & Management, 48(6): 228-234.

Kowalski R M, Leary M R. 1990. Strategic self-presentation and the avoidance of aversive events: antecedents and consequences of self-enhancement and self-depreciation[J]. Journal of Experimental Social Psychology, 26(4): 322-336.

Lee J M, Suh A. 2015. How do virtual community members develop psychological ownership and what are the effects of psychological ownership in virtual communities?[J]. Computers in Human Behavior, 45: 382-391.

Lee R M, Robbins S B. 1998. The relationship between social connectedness and anxiety, self-esteem, and social identity[J]. Journal of Counseling Psychology, 45(3): 338-345.

Lee Y, Chen A N K. 2011. Usability design and psychological ownership of a virtual world[J]. Journal of Management Information Systems, 28(3): 269-308.

Lehdonvirta V. 2009. Virtual item sales as a revenue model: identifying attributes that drive purchase decisions[J]. Electronic Commerce Research, 9(1): 97-113.

Li K, van Nguyen H, Cheng T C E, et al. 2018. How do avatar characteristics affect avatar friendliness and online gamer loyalty? Perspective of the theory of embodied cognition[J]. Internet Research, 28(3): 1066-2243.

Li S, Phang C W, Ling H. 2019. Self-gratification and self-discrepancy in purchase of digital items [J]. Industrial Management & Data Systems, 119(8): 1608-1624.

Li X P. 2008. The effects of appetitive stimuli on out-of-domain consumption impatience[J]. Journal of Consumer Research, 34(5): 649-656.

Li X P, Zhang M. 2014. The effects of heightened physiological needs on perception of psychological connectedness[J]. Journal of Consumer Research, 41(4): 1078-1088.

Martin J. 2008. Consuming code: use-value, exchange-value, and the role of virtual goods in second life[J]. Journal of Virtual Worlds Research, 1(2): 1-21.

Mcclelland D C. 1965. Toward a theory of motive acquisition[J]. American Psychologist, 20(5): 321-333.

Mead N L, Barumeister R F, Stillman T F, et al. 2011. Social exclusion causes people to spend and consume strategically in the service of affiliation[J]. Journal of Consumer Research, 37(5): 902-919.

Molesworth M, Watkins R, Denegri-Knott J. 2016. Possession work on hosted digital consumption objects as consumer ensnarement[J]. Journal of the Association for Consumer Research, 1(2): 246-261.

Molouki S, Bartels D M. 2020. Are future selves treated like others?Comparing determinants and levels of intrapersonal and interpersonal allocations[J]. Cognition,196: 104-150.

Morewedge C K, Gray K, Wegner D M. 2010. Perish the forethought: premeditation engenders misperceptions of personal control[M]//Hassin R R, Ochsner K N, Trope Y. Self Control in Society, Mind, and Brain. New York: Oxford University Press: 260-278.

Mourey J A, Olson J G, Yoon C. 2017. Products as pals: engaging with anthropomorphic products mitigates the effects of social exclusion[J]. Journal of Consumer Research, 44(2):

414-431.

O'Leary K, Murphy S. 2019. Moving beyond goffman: the performativity of anonymity on SNS[J]. European Journal of Marketing, 53(1): 83-107.

Paavilainen J, Hamari J, Stenros J, et al. 2013. Social network games: players' perspectives [J]. Simulation & Gaming, 44(6): 794-820.

Parfit D. 1984. Reasons and Persons [M]. Oxford: Oxford University Press.

Park C W, Jaworski B J, Maclnnis D J. 1986. Strategic brand concept-image management[J]. Journal of Marketing, 50: 135-145.

Park E, Rishika R, Janakiraman R, et al. 2018. Social dollars in online communities: the effect of product, user and network characteristics[J]. Journal of Marketing, 82(1): 93-114.

Pierce J L, Kostova T, Dirks K T. 2003. The state of psychological ownership: integrating and extending a century of research [J]. Review of General Psychology, 7(1): 84-107.

Reb J, Connolly T. 2007. Possession, feelings of ownership and the endowment effect[J]. Judgment and Decision Making, 2(2): 107-114.

Rifkin J R, Etkin J. 2019. Variety in self-expression undermines self-continuity [J]. Journal of Consumer Research, 46(4): 725-749.

Rudmin F W, Berry J W. 1987. Semantics of ownership: a free-recall study of property [J]. Psychological Record, 37(2): 257-268.

Sarial-abi G, Vohs K D, Hamilton R, et al. 2017. Stitching time: vintage consumption connects the past, present, and future[J]. Journal of Consumer Psychology, 27(2): 182-194.

Shapiro C, Varian H R. 1998. Versioning: the smart way to sell information [J]. Harvard Business Review, 76(6): 106-114.

Shelton A K. 2010. Defining the lines between virtual and real world purchases: Second Life sells, but who's buying?[J]. Computers in Human Behavior, 26(6): 1223-1227.

Shu S B, Peck J. 2011. Psychological ownership and affective reaction: emotional attachment process variables and the endowment effect[J]. Journal of Consumer Psychology, 21(4): 439-452.

van den Bergh B, Dewitte S, Warlop L. 2008. Bikinis instigate generalized impatience in intertemporal choice[J]. Journal of Consumer Research, 35(1): 85-97.

Wang W T, Chang W H. 2014. A study of virtual product consumption from the expectancy disconfirmation and symbolic consumption perspectives[J]. Information Systems Frontiers, 16(5): 887-908.

Wang X H, Keh H T, Chao C H. 2018. Nostalgia and consumer preference for indulgent foods: the role of social connectedness[J]. International Journal of Consumer Studies, 42(3): 316-326.

Weiss L, Johar G V. 2013. Egocentric categorization and product judgment:seeing your traits in what you own(and their opposite in what you don't)[J]. Journal of Consumer Research, 40(1): 185-201.

Yee N. 2006. Motivations for play in online games[J]. CyberPsychology & Behavior, 9(6): 772-775.

Zhang M, Aggarwal P. 2015. Looking ahead or looking back: current evaluations and the effect of psychological connectedness to a temporal self[J].Journal of Consumer Psychology, 25(3): 512-518.

第 5 章
主动社交网络使用与绿色消费

■ 导论

我们常常把生活中发生的事情分享到微信朋友圈，微信朋友圈使得我们可以了解他人的日常生活动态，也可以让他人了解我们的日常生活动态。想象一下，如果我们经常发朋友圈分享自己的生活动态，自己是不是很希望能收到他人更多的点赞和评论？经常在朋友圈展示自我的人因为感受到更多的关注，可能会不由自主地在意别人对自我的看法。随着自己每条朋友圈都越来越受到他人的关注，自己是不是也想发一些正面的朋友圈来展现自己，从而保证他人对自己会有好的评价甚至是优待？绿色消费作为一种亲环境消费行为，已经成为我们想要在他人面前留下好印象的一种行为方式，因此，我们提出疑问，自主频繁地使用社交媒体是否会促使我们参与更多的绿色消费行为呢？

SNS 现在在许多人的生活中扮演着重要的角色。Facebook 和微信等社交网络从根本上改变了人们的沟通和互动方式，并扩大了人们社交的范围。随着社交网络的迅速普及和用户在社交网络上投入的大量时间，使用社交网络对用户消费行为的影响逐渐得到广泛关注。社交网络在促进可持续发展方面发挥着至关重要的作用。例如，Biswas（2016）论证了社交媒体因素对消费者的绿色消费行为的影响。感知易用性或感知有用性或感知感觉水平之间的交互作用积极地影响了社交媒体因素，从而促进了用户最后的绿色消费行为。Bedard 和 Tolmie（2018）的研究表明，社交媒体使用和在线人际影响与美国千禧一代的绿色购买意愿有着显著的正相关关系。同时，与女性气质相比，男性气质被发现对这一关系产生削弱作用。此外，Pop 等（2020）发现社交媒体与对绿色化妆品的态度、主观规范以及消费者利他主义和利己主义价值观的形成呈正相关关系。Zafar 等（2021）发现，社交媒体使用和社交媒体浏览通过影响环境责任驱动显著积极影响了用户的可持续购买态度。同时，社交媒体信任和感知环境有效性显著调节了社交媒体浏览和环境责任驱动的关系。

绿色消费是可持续发展的关键因素，被定义为通过购买和消费行为表达环境保护价值的倾向（Haws et al., 2014）。尽管现有研究调查了 SNS 使用对绿色消费的积极影响，但具体的社交网络使用模式和绿色消费之间的关系，以及这种关联背后的机制尚未被揭示。社交媒体提供了很多功能，而且每个人的使用动机也各不相同。主动社交网络使用是一种特定的 SNS 使用形式，它指的是用户之间的互动，因此主动社交网络使用最显著的特征就是互动（Frison and Eggermont, 2016）。例如，进行对话和分享内容是社交媒体的主要功能，属于主动社交网络使用范畴。

主动社交网络使用作为一种常见的 SNS 使用模式，可能为观察到的一般社交网络使用和绿色消费之间的正相关关系奠定基础（Bedard and Tolmie, 2018；Biswas, 2016；Pop et al., 2020）。然而，较少文章研究主动社交网络使用对消费者行为的影响。以往的研究主要集中在社交网络的整体使用或被动社交网络使用方式，对主动社交网络使用方式的研究尚不充分；尽管有几项研究调查了社交网络的整体使用对绿色消费的影响（Bedard and Tolmie, 2018；Biswas, 2016；Pop et al., 2020），但关于消费者对不同社交网络的使用如何影响绿色消费的机制知之甚少。鉴于此，本章将基于自我觉知理论和印象管理理论，以主动社交网络使用为切入点，探究社交网络使用对绿色消费的影响及其潜在机制。

5.1 自我觉知与印象管理理论

Govern 和 Marsch（2001）提出，人们的注意力不仅可以关注到周围的环境，还可以关注自己。当注意力指向内心并被情境触发时，它被称为（客观的）自我觉知。从注意力焦点的角度来看，自我觉知可以分为公共自我觉知和私人自我觉知。这两种自我觉知可以在不同的环境中受到影响。录像或观众可以提高公共自我觉知，镜子或私人日记可以提高私人自我觉知。Froming 等（1982）提出，当人们意识到观众时，他们的公共自我觉知就会增强。想象中的观众和真实的观众都可以提高公共自我觉知，然后，公共自我觉知较高的人会将自己与社会相关标准进行比较。如果存在差异，人们可能会主动改变自己的行为以更符合社会标准。

印象管理理论假设人们关心并试图控制他人对自己的印象（Leary and Kowalski, 1990）。具体来说，由于人们认为他人对自己的印象会影响他人如何看待、评价和对待他自己，以及他人对自己的看法，因此人们有时会以在他人眼中产生某些印象的方式行事。例如，人们更有动力在老师和上级面前表现得更好，并且更有动力在公共场合管理自己的印象。印象动机和印象建构是印象管理的两个组成部分。当人们有动力管理自己的印象时，他们会关注自己想要传达什么印象以及如何传达这些印象，并且他们可能会采取符合社会规范的行为来建立良好的印象。

以前的研究已经采用了这两种理论，并证实了它们在在线交流环境中的适用性。例如，Zeng 等（2018）基于自我觉知理论，探讨了拟人化和高度敏感的在线营销信息会增强公共自我觉知，进而增加隐私问题。Marder 等（2016）基于印象管理理论，发现当人们认为他们在 Facebook 上可见的团体关系会给他人留下负面印象时，他们可能会感到社交焦虑并降低"喜欢"这个团体的意图。更直接地，Lavertu 等（2020）将印象管理理论和自我觉知理论相结合，探讨了社交媒体对线下行为的"暖心"效应，即在线下接触中，在线受众的显著性（认知）会引发印象管理行为，以追求更理想的在线公众形象。具体到本章节，自我觉知理论和印象管理理论将为我们解释为什么主动社交网络使用可能对绿色消费行为产生积极影响提供一个理论框架。

5.2　主动社交网络使用与绿色消费的关系

SNS 被定义为一种基于网络的服务，它允许个体①在有边界的系统中创建公开或半公开的个人主页；②与其他用户建立联系、共享链接；③浏览和转发原创以及系统中其他用户制作的链接。SNS 提供的功能很多，个人的使用动机一般也不同。作为一种特殊的社交网络使用形式，主动社交网络使用是指在 SNS 上与其他用户直接信息交换的活动，在此期间经常产生新的信息（Verduyn et al.，2017）。主动社交网络使用不仅包括有针对性地一对一聊天（如发送私人消息），还包括非针对性地发布内容（如共享链接和发布状态更新）（Verduyn et al.，2017）。研究表明，主动社交网络使用可能有利于用户建立或维持关系并减少压力、孤独感和抑郁感（Frison and Eggermont，2016）。事实证明，在 SNS 上主动发布照片和信息能够满足用户自我展示和归属感的需求（Nadkarni and Hofmann，2012）。研究进一步表明，在 SNS 上主动发布照片和信息与生活满意度或主观幸福感显著相关（Kim and Lee，2011）。

在过去的几十年里，环保产品和服务的消费已经变得流行起来，并且一直在持续增长。绿色消费是一种典型的亲环境行为，被定义为通过购买和消费行为表达环境保护价值的倾向（Haws et al.，2014）。以往的研究表明，内部和外部因素都会影响绿色消费，个人环境态度、个人的自然取向等内部因素与绿色消费意愿呈正相关；品牌标志形状等外部因素已被证明通过影响自我建构与绿色消费相关。随着社会的发展，Bedard 和 Tolmie（2018）研究发现，伴随互联网和数字通信长大的千禧一代更愿意支付绿色溢价。尽管已发现 SNS 的使用与绿色消费呈正相关，但这种关系的心理机制尚未被揭示。

主动使用 SNS 包括在私人或公共渠道发送消息、更新状态和发布照片（Frison and Eggermont，2016）。积极的社交网络使用增加了人际互动和沟通，并有助于建立和发展关系（Liu et al.，2020）。Pop 等（2020）发现，使用社交媒体会影响消费者的主观规范和态度，进而影响他们使用环保化妆品的意愿。Bedard 和 Tolmie （2018）已发现社交媒体使用和在线人际影响与美国千禧一代的绿色购买意愿呈正相关。理性的社交媒体使用，即利用社交媒体建立新的联系或加强现有的联系可以促进环保消费主义。这些研究表明，主动社交网络使用可能与绿色消费行为呈正相关。

主动社交网络使用的用户之间有着更多的互动，因为对受众的存在感有更高的感知，从而感受到来自他人更多的关注，也会更关注受众对自己的评价。为了减少可能的负面评论并给观众留下良好印象，人们可能会采取利他行为来减少评估恐惧。绿色消费是一种利他行为，受到公众的推崇。因此，基于现有的研究和理论框架，我们提出以下假设。

H5-1：主动社交网络使用可能积极影响绿色消费行为。

5.3　公共自我觉知的中介作用

公共自我觉知可能在主动社交网络使用与绿色消费之间的关系中起中介作用。公共自我觉知是指你关心别人对你的看法的程度（Govern and Marsch，2001）。处于高度公共自我觉知状态的个人经常会感到不适和害怕公众的不良评价。Froming 等（1982）的研究表明，当面对观众时，人们会有更高的公共自我觉知。随着计算机媒介传播的快速发展，公共自我觉知也可以在社交媒体的背景下受到影响。这部分是由于在线观众在社交媒体上的存在意识。由于互动可以增加观众对存在感的感知，因此以互动为特征的主动社交网络使用可能与公共自我觉知呈正相关。

公共自我觉知对绿色消费的影响已经在以往的实证研究中得到验证。具体而言，研究表明，在公共责任感更强的环境中，消费者对其他利益诉求的环境友好型产品和政策的广告反应更积极（Green and Peloza，2014）。根据自我觉知理论，当个人处于高度的公共自我觉知状态时，他们会调整自己的行为以满足公众的期望（Froming et al.，1982；Govern and Marsch，2001）。目前，Griskevicius 等（2010）已发现公共自我觉知与亲社会行为有关，而绿色消费作为一种亲社会行为，常常受到公众的推崇。

综上所述，当人们进行主动社交网络使用时，他们会更加意识到受众的存在，这将提高他们的公共自我觉知。然后，较高的公共自我觉知促使他们调整自己的行为以满足公众期望。绿色消费作为一种较受推崇的消费行为，符合公众的期望。因此，我们提出以下假设。

H5-2：主动社交网络使用可能通过提升公共自我觉知积极影响绿色消费行为。

5.4　印象管理动机的中介作用

印象管理动机可能对主动社交网络使用与绿色消费的关系起到中介作用。印象管理动机涉及控制他人对自己的印象的愿望（Goffman，1959；Leary and Kowalski，1990）。印象管理的研究表明，印象管理动机可以由诸如观众等社会线索自动触发（Hendricks and Brickman，1974；Tyler，2012）。主动社交网络使用涉及用户之间的更多交互（Frison and Eggermont，2016）。Tu 和 McIsaac（2002）的研究指出，在线互动会增强观众对存在感的感知，并为用户提供想象中的观众。Ranzini 和 Hoek（2017）的研究还证实，当人们与他人聊天或更新他们的状态时，他们会意识到受众。更重要的是，状态更新作为一种公开的自我披露形式，总是意味着吸引更广泛用户的更多关注（Deters and Mehl，2013）。因此，主动使用社交网络的用户可能有较强的印象管理动机。

对印象管理的研究表明，人们可能有动力给他人留下积极的印象并表现出强烈的亲社会属性（Leary，1986；Zhang et al.，2019）。同时，绿色消费可以帮助消费者树立关爱社会的道德形象（Griskevicius et al.，2010），从而满足印象管理的需要。例如，Zhang 等（2019）的研究表明，当个人具有强烈的印象管理动机时，不管是高权力感还是低权力感的消费者都会更愿意购买绿色产品。Aagerup 和 Nilsson（2016）的研究还表明，绿色产品可以用于自我提升，这一显著性的预期对绿色消费行为有积极影响。

综上所述，由于主动社交网络使用的用户倾向于为观众表演，他们会有更强的印象管理动机，并希望给观众留下好印象。为了确保他们的形象是有利的，他们会按照社会规范无私地行事，而绿色消费是一种符合社会规范的利他行为。因此，我们提出以下假设。

H5-3：主动社交网络使用可能通过增强印象管理动机积极影响绿色消费行为。

主动社交网络使用可能与公共自我觉知正相关，通过增强印象管理动机，进而促进绿色消费。根据自我觉知理论，公共自我觉知会促使人们检查自己在公共场合的自我形象是否符合大众的标准（Froming et al., 1982；Marder et al., 2016）。当人们开始关注他们的公众自我形象时，印象管理动机就会被激活。White 和 Peloza（2009）的研究表明，公共自我觉知可以增强印象管理动机。具体来说，公共自我觉知等因素可能会引发公众对自我形象的担忧，这被认为可以进一步增强印象管理动机。同时，Lavertu 等（2020）的研究表明，公共自我觉知可以增强利他动机，对线下印象管理意图产生积极影响。此外，Chng 等（2015）的研究表明，面对公共关注下降的领导者，会更加关注印象管理。

将这些发现与我们上述的推理和假设结合起来，我们将公共自我觉知和印象管理动机概念化为主动社交网络使用与绿色消费之间关系的序列中介。具体来说，主动社交网络使用使人们更加意识到受众的存在，而受众的存在与公共自我觉知的提高有关。此外，由于公共自我觉知可以增强印象管理动机，而印象管理动机又与符合社会规范的行为（如绿色消费）呈正相关。因此，我们提出以下假设。

H5-4：主动社交网络使用可能通过公共自我觉知和印象管理动机的序列中介积极影响绿色消费行为。

5.5　主要结论

本章构建了一个序列中介模型（图 5-1），以阐释主动社交网络使用对绿色消费行为的影响。本章采用实证分析法，通过在中国各大商场收集线下有效问卷 208 份以及在中国各大社交媒体平台收集线上有效问卷 392 份，并且通过 SPSS24.0 以及 AMOS24.0 软件对收集的数据进行描述性统计、相关性分析、路径分析以及 Bootstrap 中介效应分析。研究结论如下。①主动社交网络使用积极影响绿色消费行为；②主动社交网络使用通过提升公共自我觉知积极影响绿色消费行为；③主动社交网络使用通过增强印象管理动机积极影响绿色消费行为；④主动社交网络使用通过公共自我觉知和印象管理动机的序列中介积极影响绿色消费行为。

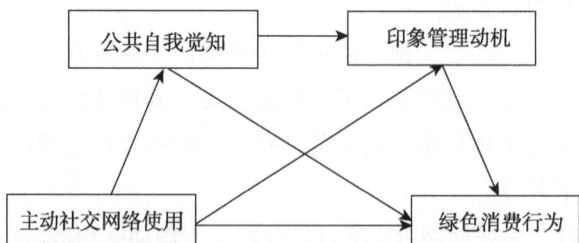

图 5-1　主动社交网络使用对绿色消费行为的影响

5.6　管理启示

（1）本章通过探讨主动社交网络使用与绿色消费行为之间的关系，以及公共自我觉知和印象管理动机的中介作用，为绿色营销中的市场细分提供新思路。本章发现绿色品牌或产品受到经常主动使用社交网络的消费者的青睐。因此，品牌或产品定位为绿色的企业可以采取一些营销手段来瞄准他们的客户。例如，企业可以有效利用不同程度的主动社交网络使用，通过会员信息采集等手段进行市场细分，区分不同兴趣的消费者。此外，在营销过程中可以强调绿色产品的利他属性，为消费者塑造理想的形象，进一步鼓励消费者走向"绿色"。同时，企业还可以利用社交网络中的亲社会信息来增强消费者的印象管理动机，从而引导消费者进行更多的绿色消费（Zhang et al.，2019）。

（2）政策制定者和决策者应了解消费者的主动社交网络使用，以进一步提出可持续的环境措施。政策制定者应更加重视主动社交网络使用对促进绿色消费行为的作用，这有助于保护社会环境和可持续发展（Nyrud et al.，2008；Zhang et al.，2019）。此外，政府组织可以利用这项研究的结果在社交网络中创建和开展绿色宣传活动，以传播信息并塑造绿色消费的理想形象。

本章小结

- 不同方式社交网络使用包括主动社交网络使用和被动社交网络使用。
- 作为一种特殊的社交网络使用形式，主动社交网络使用是指在 SNS 上与其他用户直接信息交换的活动，在此期间经常产生新的信息。
- 自我觉知可以分为公共自我觉知和私人自我觉知。这两种自我觉知可以在不同的环境中受到影响。
- 印象管理理论假设人们关心并试图控制他人对自己的印象，印象动机和印象建构是印象管理的两个组成部分。
- 绿色消费是一种典型的亲环境行为，被定义为通过购买和消费行为表达环境保护价值的倾向。
- 主动社交网络使用可以通过提升公共自我觉知，然后增强印象管理动机，最终促进用户的绿色消费行为。

参考文献

Aagerup U, Nilsson J. 2016. Green consumer behavior: being good or seeming good?[J]. Journal of Product & Brand Management, 25(3): 274-284.

Bedard S A N, Tolmie C R. 2018. Millennials' green consumption behaviour: exploring the role of social media[J]. Corporate Social Responsibility and Environmental Management, 25(6): 1388-1396.

Biswas A. 2016. Impact of social media usage factors on green consumption behavior based on technology acceptance model[J]. Journal of Advanced Management Science, 4(2): 92-97.

Chng D H M, Rodgers M S, Shih E, et al. 2015. Leaders' impression management during organizational decline: the roles of publicity, image concerns, and incentive compensation[J]. The Leadership Quarterly, 26(2): 270-285.

Deters F G, Mehl M R. 2013. Does posting Facebook status updates increase or decrease loneliness? An online social networking experiment[J]. Social Psychological and Personality Science, 4(5): 579-586.

Frison E, Eggermont S. 2016. Exploring the relationships between different types of Facebook use, perceived online social support, and adolescents' depressed mood[J]. Social Science Computer Review, 34(2): 153-171.

Froming W J, Walker G R, Lopyan K J. 1982. Public and private self-awareness: when personal attitudes conflict with societal expectations[J]. Journal of Experimental Social Psychology, 18(5): 476-487.

Goffman E. 1959. The Presentation of Self in Everyday Life[M]. New York: Doubleday.

Govern J M, Marsch L A. 2001. Development and validation of the situational self-awareness scale[J]. Consciousness and Cognition, 10(3): 366-378.

Green T, Peloza J. 2014. Finding the right shade of green: the effect of advertising appeal type on environmentally friendly consumption[J]. Journal of Advertising, 43(2): 128-141.

Griskevicius V, Tybur J M, van den Bergh B. 2010. Going green to be seen: status, reputation, and conspicuous conservation[J]. Journal of Personality and Social Psychology, 98(3): 392-404.

Haws K L, Winterich K P, Naylor R W. 2014. Seeing the world through GREEN-tinted glasses: green consumption values and responses to environmentally friendly products[J]. Journal of Consumer Psychology, 24(3): 336-354.

Hendricks M, Brickman P. 1974. Effects of status and knowledgeability of audience on self-presentation[J]. Sociometry, 37(3): 440-449.

Kim J, Lee J E R. 2011. The Facebook paths to happiness: effects of the number of Facebook friends and self-presentation on subjective well-being[J]. Cyberpsychology, Behavior and Social Networking, 14(6): 359-364.

Lavertu L, Marder B, Erz A, et al. 2020. The extended warming effect of social media: examining whether the cognition of online audiences offline drives prosocial behavior in 'real life'[J]. Computers in Human Behavior, 110: 106389.

Leary M R. 1986. The impact of interactional impediments on social anxiety and self-presentation[J]. Journal of Experimental Social Psychology, 22(2): 122-135.

Leary M R, Kowalski R M. 1990. Impression management: a literature review and two-component model[J]. Psychological Bulletin, 107(1): 34-47.

Liu X D, Min Q F, Wu D Z, et al. 2020. How does social network diversity affect users' lurking intention toward social network services? A role perspective[J]. Information & Management, 57(7): 103258.

Liu Y B, Ni X L, Niu G F. 2020. The influence of active social networking services use and social capital on flourishing in Chinese adolescents[J]. Children and Youth Services Review, 119: 105689.

Marder B, Slade E, Houghton D, et al. 2016. "I like them, but won't 'like' them": an examination of impression management associated with visible political party affiliation on Facebook[J]. Computers in Human Behavior, 61: 280-287.

Nadkarni A, Hofmann S G. 2012. Why do people use Facebook?[J]. Personality and Individual Differences, 52(3): 243-249.

Nyrud A Q, Roos A, Sande J B. 2008. Residential bioenergy heating: a study of consumer perceptions of improved woodstoves[J]. Energy Policy, 36(8): 3169-3176.

Pop R A, Săplăcan Z, Alt M A. 2020. Social media goes green:the impact of social media on green cosmetics purchase motivation and intention[J]. Information, 11(9): 447.

Ranzini G, Hoek E. 2017. To you who (I think) are listening: imaginary audience and impression management on Facebook[J]. Computers in Human Behavior, 75: 228-235.

Splcan Z, Márton B. 2019. Determinants of adopting a zero waste consumer lifestyle[J]. Regional and Business Studies, 11(2): 25-39.

Tu C H, McIsaac M. 2002. The relationship of social presence and interaction in online classes[J]. American Journal of Distance Education, 16(3): 131-150.

Tyler J M. 2012. Triggering self-presentation efforts outside of people's conscious awareness[J]. Personality and Social Psychology Bulletin, 38(5): 619-627.

Verduyn P, Ybarra O, Résibois M, et al. 2017. Do social network sites enhance or undermine subjective well-being? A critical review[J]. Social Issues and Policy Review, 11(1): 274-302.

White K, Peloza J. 2009. Self-benefit versus other-benefit marketing appeals: their effectiveness in generating charitable support[J]. Journal of Marketing, 73(4): 109-124.

Zafar A U, Shen J, Ashfaq M, et al. 2021. Social media and sustainable purchasing attitude: role of trust in social media and environmental effectiveness[J]. Journal of Retailing and Consumer Services, 63: 102751.

Zeng F E, Zou Z, Tao R. 2018. Does personalization marketing trigger privacy concern all the time: based on the moderation of anthropomorphic communication[J]. Nankai Business Review, 21(5): 83-92.

Zhang N, Skoric M. 2018. Media use and environmental engagement: examining differential gains from news media and social media[J]. International Journal of Communication, 12: 24.

Zhang Y, Ao J Y, Deng J Y. 2019. The influence of high-low power on green consumption: the moderating effect of impression management motivation[J]. Sustainability, 11(16): 4287.

第 6 章

社交网络中的拍照分享
对顾客体验的影响

■ 导论

　　想象一下，你正在一家网红餐厅里面吃饭。假设这个网红餐厅装潢很独特，菜品也很丰富。当服务员上菜的时候，看到精致的菜肴，你的第一反应是会拿起筷子品尝菜品还是拿起手机记录这个美好的瞬间呢？

　　如今，拍照分享已成为一种普遍现象，并成为一个流行趋势。截止到 2020 年，在 Instagram 上大约有 3.7 亿条关于食物的帖子，这一数据距离 2018 年 7 月的 2.5 亿增加了 1.8 亿。以旅游为标签的帖子数为 4.8 亿，在这一巨量数字的背后，是用户对拍照分享行为的"狂热"参与。截止到 2024 年 3 月 22 日，在微博搜索功能里，以旅游为标签的帖子有 825 万条，浏览次数达 66.6 亿；以美食为标签的帖子有 9155.7 万条，浏览次数达 1149.2 亿。由此可见，无论国内还是国外，消费者在服务体验过程中的拍照分享行为都普遍存在。

　　进入到后消费主义时代，消费者的满意程度极大地依赖于消费所带来的体验。与此同时，智能移动终端和网络的飞速发展，令以往不可想象的"跨时间维度""跨空间维度"的交流互动、分享与表达自我成为可能，为消费者带来了前所未有的新奇与广泛的体验。然而，拍照分享行为究竟将对顾客关于产品和服务的体验满意度产生何种影响？本章将会具体阐述消费者拍照分享行为对顾客满意度的影响及其背后的潜在机制。

6.1　消费者拍照分享行为

　　回顾朋友圈中发布的内容，发现在动态发布的照片中，有很大的比重都是发生在"出去玩"的情境中。"出去玩"是指与外出就餐、外出旅游等体验型消费相关的情境。在这样的情境中，拍照分享是一种普遍的现象，而且越来越成为消费过程中一个流行的趋势。或是在餐馆，或是在一些新奇的地点旁边，或是在一些标志性的景点，或是在最普通常见的公园里，几乎都能遇到他人在拍照。无论拍摄的主体是"物"还是"人"，我们都会惊奇地发现，当遇到有意思的事情时，人们都会"情不自禁"地拿出手机来拍照。自然而然地，这些照片就成为我们朋友圈中所浏览的内容。人们往往不仅拍，而且还要多拍几张，这样就可以为自己积累丰富的素材。在年轻一代的消费群体中，拍照不仅仅是为了保存消费记忆，更多的是为了发朋友圈"晒"出去。

一图胜千言。当消费者以口头或文字方式来描述服务体验过程中的经历时，信息接收者领会的效果可能因人而异，但通过图片形式来展示服务体验过程中的经历，却具体而明确，让人一目了然。同时，通过图片展示出来的内容，可信度往往更高。在社交媒体上，人们通过发布与体验相关的照片来分享自己的经历，越来越成为整个服务体验过程中重要的一环。消费者的拍照分享行为，为提供服务体验的商家创造了良好的机会，因为这不仅是"免费广告"，也是一种口碑传播。

消费者为什么愿意将与消费相关的内容发布到社交媒体中呢？一般来说，个体可能出于自身利益或社会动机而从事口碑传播行为。在缺乏明确的经济激励的情况下，Toubia 和 Stephen（2013）提出了两种类型的效用：内在效用和与形象相关的效用。几年前有一个词——"安利"，便是对"内在效用"的一个比较准确的解释。例如，你会热情地将你认为好的东西推荐给你的亲戚、朋友们。消费者基于内在效用的分享，更多的是源于对产品本身的满意，从而激发的一种分享行为。另外，与形象相关的效用则认为用户的分享是被他人的看法所激发的分享行为。一般而言，与形象相关的效用与追求地位或声望动机有关。消费者在社交网络中通过对自己个人形象的塑造和管理来获得基于形象的效用。自我展示是社交网络的基本功能，社交网络给自我展示和印象管理提供了很好的平台，消费者通过购买，展示所拥有的产品，通过产品塑造自我形象，管理自己在社交网络中呈现给他人的印象。此外，Bareket-Bojmel 等（2016）认为自我增强和自我验证是个体在社交网络上进行自我展示的动机，即人们可能为获得自我增强和自我验证等与形象相关的效用而进行自我展示。拍照分享行为本身就可以视为自我展示行为或者是分享行为中的一种，这使得这一行为作为上述两大类行为的"子集"，"继承"了上述两类行为的某些内涵。因此，拍照分享行为的动机，也可以分为内在效用和与形象相关的效用两大类。对现有文献的观察分析发现，与形象相关的效用可能是消费者分享行为的主要动力。

随着消费者在服务体验过程中拍照分享的现象越来越普遍，学者也探讨了拍照分享对消费者的影响。例如，Coary 和 Poor（2016）发现拍照增加了消费者对食物的评价，Barasch 等（2017）的研究表明，拍照会导致人们的注意力从听觉转向视觉，增加了对视觉捕捉到的内容的关注。并且，拍照分享行为与单纯的分享行为还具有一定的差别。一方面，拍照分享行为在分享之前存在拍照的动作，消费者将更多地卷入分享行为中；另一方面，拍照分享行为更多地发生在消费体验这样即时性和互动性强烈的情境中。Coary 和 Poor（2016）的研究表明，消费者拍摄的图像会导致消费的主动性与暂时性的延迟，增加与消费愉悦性（即放纵性）食物相关的品味，当关于健康饮食的描述性社会规范变得突出时，CGI（computer generated images，计算机生成图像）也会导致对不那么令人愉快（如清淡健康）的食物产生更有利的结果。Barasch 等（2017）的研究表明，在某次经历中可以自由拍照的参与者会更多关注视觉方面的画面同时减少在听觉方面的警觉性，即导致人们的注意力从听觉转向视觉。朱江（2018）研究发现，在就餐环境中，在社交媒体上进行实时分享，可以提升发布者的就餐体验。Barasch 等（2018）的研究表明，相比于拍照是为了保存记忆，为了与他人分享照片而拍照（如在社交媒体上发布照片）降低了体验的乐趣。之所以会出现这种效果，是因为带着分享的目的拍照会增加对自我表现的关注，这可能会直接减少愉悦感，也可能通过降低体验的参与度来间接减少愉悦感。

如果单从分享的角度来看，分享生活中的积极事件可以给个体带来幸福感和满意度等积极影响，但结合了拍照与分享两个研究主题之后，拍照分享对个体的影响似乎存在两种相反的结论，即拍照分享行为既可能带来积极的感受也可能带来消极的后果。

6.2　顾客的产品体验与社交体验

在当今竞争激烈的时代，提升消费者的顾客体验对于公司的生存与发展起着至关重要的作用。因此，了解顾客体验的相关内容有助于更好地厘清拍照分享与消费者体验之间的关系。目前，顾客体验暂时还未形成统一的定义，各学者在不同的时代背景下提出了自身对于顾客体验的理解，表 6-1 是各学者对于顾客体验的定义。

表 6-1　顾客体验定义

文献	观点
Schmitt（1999）	从多维的角度出发，提出了五种类型的体验：感觉体验、情感体验、认知体验、身体体验和社会身份体验

文献	观点
Verhoef 等（2009）	零售环境中的顾客体验是一个多维结构，顾客体验的结构在本质上是整体的，包括顾客对零售商的认知、情感、情绪、社会和身体反应
Grewal 等（2009）	根据零售组合对顾客体验进行分类，即价格体验、促销体验
de Keyser 等（2015）	由认知、情感、身体、感觉、精神和社会因素组成，标记顾客与其他市场参与者的直接或间接互动

由此可知，顾客体验由多个维度组成，它关注的是顾客在整个购买过程中对公司产品或服务的认知、行为、情感、感知和社会反应。那么哪些因素会影响顾客体验呢？通过对现有研究的总结，主要可以概括为以下三个方面。

（1）态度性因素：态度性因素代表着顾客心理变量，如觉醒、挑战、参与、信任、愉悦等。这些因素代表了可能导致积极或消极的顾客体验的心理状态类型。

（2）公司控制性因素：公司控制性因素是公司可以控制的变量，包括媒体的丰富性、服务的速度、营销组合、服务人员等。这些因素是由公司直接控制的，是衡量企业经营和绩效的指标。

（3）情境性因素：基于情境的因素是不受公司或顾客影响的变量，它们是政治、经济、技术等外部宏观力量以及竞争等微观因素作用的结果。

服务体验则是在服务情境中顾客体验的一种类型。李建州和范秀成（2006）提出了服务体验的“三维度”概念，即产品体验、情感体验、社交体验。在这一概念中，产品体验主要是为了满足服务情境中功能方面的需要；情感体验主要是为了满足消费者情感方面的需要；社交体验主要是满足与他人交流的需要。关于产品体验与情感体验的联系，在 Desmet 和 Hekkert（2007）、邱晔等（2017）的研究中，关于产品体验的表述都将情感体验作为产品体验的重要维度。同时，考虑到社交体验中或多或少存在部分情感体验，我们将主要采用产品体验和社交体验来研究拍照分享这一行为可能对服务体验产生的影响。

1. 产品体验

到目前为止，关于产品体验还没有一个学者普遍认可的概念和定义。在 20 世纪 80 年代之前，产品体验主要指的是产品所带来的功能效用方面的体验。Holbrook 和 Hirschman（1982）将消费类型划分为功能型消费和体验型消费，后续的研究者们陆续注意到产品消费中情感和体验的作用。

邱晔等（2017）认为产品具有两个维度上的属性，即享乐属性和功能属性。前者既可表现为产品感官特征体验，也表现为深层的消费者情感体验，而后者对应着功能特征体验。产品享受体验又细分为感官体验和情感体验。产品感官体验是基于听觉、视觉、触觉等产品感官特征的多感官反应。产品情感体验更强调消费者情绪的内在和深层反应，如个性化体验、快乐情绪、象征意义等。Desmet 和 Hekkert（2007）讨论了产品体验的三个不同的组成部分或层面，包括审美层面、意义层面和情感层面。审美层面涉及一个产品取悦一个或多个感官的能力。意义层面包括我们分配个性或其他表达特征的能力，以及评估产品的个人或象征意义的能力。情感层面包括那些通常在心理学和情感的日常语言中被考虑的体验，如爱和愤怒，这些体验是由产品的关系意义评估得出的。同时，Desmet 和 Hekkert（2007）将产品体验定义为源于人与产品交互的核心影响的变化。比如，与一款刺激的电脑游戏互动会带来兴奋的体验，而与一台运行缓慢的电脑互动则会带来沮丧的体验。可以看出，消费者逐渐重视由所消费产品引起的"情绪"的变化。虽然产品体验没有明确统一的定义，但本章中认为产品体验指的是消费者在使用或消费产品过程中，对产品的功能、感官感受、情感反应等各方面感受的总和。

Hoch（2002）通过产品体验的几个特征，探讨为什么产品体验是迷人的，并认为体验的迷人之处吸引了消费者的注意力，消费者开始感兴趣。Mooy 和 Robben（2002）基于"对产品最好的推销员是产品本身"的思路，研究了直接的产品体验带来的积极后果。研究结果表明，直接体验提高了消费者处理产品相关信息的机会和能力，但没有增强消费者处理信息的动机。动机、机会和能力的诱导水平影响消费者对产品的态度。Guevarra 和 Howell（2015）检验消费者的产品体验对幸福感的影响，Daugherty 等（2008）比较了虚拟产品体验与直接产品体验、间接产品体验对消费者品牌态度的影响程度，结果表明虚拟产品体验更接近于直接产品体验，而非间接产品体验。邱晔等（2017）运用结构方程模型分析发现产品体验对顾客满意度和忠诚度都存在显著的正向影响。

2. 社交体验

不同于产品体验，社交体验是近几年移动互联网兴起以后，才引起了研究者们的关注。目前学术界并未对社交体验作出明确且统一的定义。翟姗姗等（2019）以对网易云音乐的研究为例，对社交体验进行维度上的划分，将网易云音乐上用户的社交体验分为获得体验、沉浸体验、人际体验、思考体验四种类型。刘越（2016）、刘思佳（2017）通过访谈法，提炼出移动音乐、移动游戏应用社交体验的三个维度，分别为内容体验、氛围体验、互动体验。结合上述关于社交体验的研究和本章拍照分享的情境，本章将着重借鉴刘越（2016）、刘思佳（2017）的研究结论，采用三维度（即内容、氛围、互动）方式对社交体验这一概念作出诠释。

从某种程度上说，社交体验可以说是一种"资本化"的过程或结果。Gable

和 Reis（2010）将资本化定义为"积极事件的社会共享"。根据 Gable 和 Reis 的资本化过程模型，一个人分享生活中积极事件的消息会增加主观幸福感并促进亲密关系（Lambert et al.，2013）。资本化尝试为"在一起的"伙伴创造对自我展示进行回应的机会。最初，对资本化的研究主要集中在面对面的互动上。在以往的线下环境中，如和同伴一起就餐、一起购物，这是直接的、共同的体验，收到来自同伴的积极反馈——如赞美，会提升整个服务体验过程的满意度。与不在场的他人描述一次美妙的体验，也能起到类似的效果。例如，在 Facebook 社区的支持下，人们的幸福感会更高（Grieve et al.，2013）。人们在 Facebook 上发布包含正面消息的状态，是希望得到他人的认可，以此寻求支持（Blight et al.，2015）。在 Facebook 上发布更新状态是大规模的个人交流，发布在该平台上的帖子可以被其他用户浏览，而不是被直接或私下传送给某个特定的个体。因此，随着受众范围的扩大，也将带来个体在社交体验强度上的变化——通过与更多人交流，为形成更强的社交体验带来可能。

Gable 和 Reis（2010）认为资本化会增加主观幸福感，部分原因是它使个人事件显得更重要，增加了记忆性，还因为它给了观众展现关怀和支持的机会。该研究关注的受众是个人。Zell 和 Moeller（2018）将这一影响的结果推广到群体受众——在 Facebook 上的情境，当被试收到更多的点赞和评论时，他们会认为自己更积极、更重要，并能更好地回忆自己所经历过的事情。在 Facebook 上与他人互动交流，也会成为资本化的过程。Zell 和 Moeller（2018）还证实了在 Facebook 上，当交流对象（他们的 Facebook 好友）作出积极反应时，人们的主观幸福感会更高。同时，如果一个人的状态更新没有收到任何回复，或者查看别人的个人资料，发现其他人收到了大量回复，他的自尊心就会下降（Tobin et al.，2015；Vogel et al.，2014）。因此，在 Facebook 上收到更多关于个人状态更新的回复，将会带来更大的主观幸福感。

对于点赞和评论，哪一项更可能带来积极的结果？Burke 和 Kraut（2016）发现"合成"的交流（如消息和评论），而不是"一键式"的交流（如点赞），更能产生积极的结果，这可能是因为写评论比点赞需要更多的精力。Zell 和 Moeller（2018）也表明在 Facebook 上，评论相对于点赞来说，与积极的结果更相关。例如，在 Facebook 这样的社交网络中，人们可以选择仅浏览、点赞，或者是给出评论等，如果能收到评论，则评论显得更有价值。

从对上述文献的回顾中我们可以发现，人们常常会对自己生活中的积极事件进行分享并且期待获得来自他人的积极反馈。拍照分享行为可以视为这一类行为中的一个具体实例，它也会影响拍照分享者的自尊、主观幸福感等。

6.3　拍照分享与顾客满意度

服务体验中的拍照分享行为，是非常常见的一种内容产生方式，即用户生产内容。在外出游玩看到美景时或是在餐馆就餐看到美食时，拍照分享行为十分常见。不同于其他的情形，拍照者在服务体验中的大多数情况下，都会及时地将拍好的内容发布到社交网络中（朱江，2018）。

在以往的研究中，绝大多数的研究者关注的是发布者的分享动机，或是其发布内容后，对其社交网络中其他用户的影响，对于分享行为对发布者自身会造成怎样的影响的研究内容并不多。相关研究表明，消费者在社交媒体上的购买发布行为可以增加自身的幸福感（Duan and Dholakia，2017）。此外，Duan 和 Dholakia（2018）还研究了在社交网络中分享有关购物经验的照片时，购买类型与物质主义（高物质主义/低物质主义）之间的关系。高物质主义的消费者往往更喜欢购买功能型产品，而非体验型产品（Fitzmaurice，2008）。Duan 和 Dholakia（2018）的研究表明，由于社交媒体的特殊性，将体验式购买展示为炫耀性消费变得与展示实物购买一样容易。高物质主义的消费者不会以引人注目为目的对功能型购买产生偏好，而低物质主义的消费者更倾向于在社交媒体上发布体验型产品的购买行为。

由于自我展现在本质上是有益的，社交媒体提供的舒适度和灵活性将鼓励人们更多地分享自己的购物经历（Tamir and Mitchell，2012）。社交媒体上超过 70% 的帖子是关于自我的直接体验（Naaman et al.，2010）。移动社交媒体的发展进一步增加了自我表达的即时性，这种即时性让消费者能够快速分享功能型和体验型产品的购买。同时，与功能型购买相比，体验型购买更能代表一个人的真实自我，并提供与他人的社会联系，满足人们的亲缘关系需求（Howell and Hill，2009）。由于低物质主义的消费者更看重与他人的联系而非外界的认可，因此他们仍然会像在线下一样，更喜欢购买体验型产品非功能型产品。对于低物质主义的消费者来说，在社交媒体上发布体验式购物为消费者提供了另一种机会来庆祝他们对购物体验的享受。

总体而言，社交网络上关于自我或个人的体验型消费的内容越来越多，这些内容引起了研究者们的注意。Ryan 和 Xenos（2011）认为在社交网络上进行分享有助于消费者的自我增强。Bhattacharjee 等（2014）、Duan 和 Dholakia（2017）、朱江（2018）从自我展示的角度研究了在社交网络上的分享发布行为，如朱江认为分享食物照片可以提升消费者的就餐体验。Lampel 和 Bhalla（2007）认为在社交媒体上进行分享发布是消费者地位和寻求关注的一种表现。Fitzmaurice（2008）

则认为，在社交媒体上分享自己的消费经历是炫耀型消费的一种形式。除此之外，研究者还关注了分享发布行为对主观幸福感的影响。Kim 和 Lee（2011）发现积极的自我表现对主观幸福感有直接的正向影响，诚实的自我表现通过感知社会支持对主观幸福感有正向显著的间接影响。Jang 等（2018）发现，与低自尊者相比，高自尊者使用一种真实的自我表现风格会带来更强的主观幸福感。相对于高自尊者来说，低自尊者使用策略性自我表现风格会带来更强的主观幸福感。幸福是个体根据自己的标准对其生活质量感到满意时的愉快感觉，满意度与主观幸福感息息相关。大量的关于分享发布行为正向影响主观幸福感的研究表明，分享发布行为可能与服务体验过程中的顾客满意度呈正相关关系。

因此，提出如下假设。

H6-1：消费者在服务体验过程中的拍照分享行为会正向影响其顾客满意度。

6.4　产品体验的中介作用

考虑到服务行业中，产品体验对人们的身份和生活的重要性，理解什么因素能增加或减少积极的产品体验是很重要的。同时，根据服务体验的三维度，产品体验是消费者服务体验的重要组成部分。产品体验是促使消费行为发生最主要的原因。比如去餐馆就餐，餐馆提供的食物体验就是一种产品体验。对于许多积极的体验，如果人们更加积极主动地参与可能会促使他们沉浸在其中（Csikszentmihalyi，1997），同时增加快乐的感觉。

一方面，拍照可能会增加参与感，从而增加乐趣。在传统的双任务情况下，人们将注意力分散并转移到两个或多个不相关的任务上。然而，在服务体验过程中的拍照行为与这种情况不同，因为拍照通常需要将注意力转向想要捕捉的对象。因此，拍照可能不会将注意力从体验的产品上转移开，反而会将注意力集中在体验的产品上。拍照的这种潜在效果可能与驾驶领域的发现相同，在驾驶领域，Mackenzie 和 Harris（2015）的研究表明，作为一名驾驶员（与作为一名乘客相比），会将注意力集中在与当前任务相关的信息领域（如道路中心）。注意力的方向很可能取决于任务的性质。同时，Barasch 等（2017）研究发现，拍照的心理过程导致了更多的参与，拍照会提高注意力，也就是说，拍照会让人更长久、更频繁地注视可能被拍照的物体。在服务体验过程中拍照时，消费者将注意力集中在想要拍照的产品上，导致拍照行为增加了消费者的参与感，这能让拍照者更多地投入体验中。因此，在一定程度上，拍照增加了参与体验，它可以提高乐趣。

另一方面，拍照导致了延迟满足。在就餐情境下，菜肴上桌以后，打算分享的消费者一般不会第一时间吃食物，为了保证食物外观的完整和美观，拍照一般是第一位的。在旅游情境中，欣赏一瞬即逝的美景，如流星、日出破晓的那一刻，拍照的念头往往占据了第一反应。同时，与以往的研究不同的是，拍照分享行为的延迟是短暂的，如几秒钟或一两分钟的延迟。有研究表明，在愉快消费的背景下，对未来的积极价值体验的预期可以对消费的总体评价产生额外的积极影响（Nisan，1973；Loewenstein，1987）。例如，Nowlis 等（2004）的研究表明，强加的延迟增加了愉快产品的消费享受，但减少了不愉快产品的享受。虽然上述研究考察了外部强加的延迟，但之前 Loewenstein（1987）的研究也表明，消费者自己有时也喜欢强加一个等待。Nisan（1973）指出当参与者被要求在两种食物中作出选择，一种是马上就能品尝到的美味，另一种是一周后才能品尝到的，他们不仅更有可能选择较长时间的延迟，而且还认为延迟享用后的食物更加美味，并对食用食物表现出更多的兴奋。Caplin 和 Leahy（2001）认为，这种自我强加的延迟暗示了一种"品味动机"，即个体倾向于在享受体验之前延长预期的时间。Bryant 等（2011）认为品味可以被定义为一种专注当下的状态，在这种状态中，消费者通过关注过去、现在或未来的积极体验或结果来体验快乐。Lyumbomirsky（2008）的研究表明，放纵感官是增强味觉的有效策略之一。我们认为，在如就餐情境的服务体验中，给食物拍照的行为本身就会让消费者在消费之前暂停下来，把注意力集中在完整的感官体验上（食物的视觉吸引力、食物的味道、摆放食物的触感、想象食物的味道）。因此，会令他们更加留心和欣赏即将体验到的快乐。这种预期的品尝的乐趣，可能会继续影响消费者对食物的评价和随后与之相关的消费行为。

基于拍照引起的投入度增加、满足延迟和感官体验的视角，我们认为在服务体验过程中，进行拍照分享会提升产品体验，而产品体验对顾客满意度之间存在显著的正向影响（邱晔等，2017）。

因此，提出如下假设。

H6-2：产品体验在拍照分享行为对顾客满意度的正向影响中起到中介作用。

6.5 社交体验的调节作用

人们都倾向于与他人分享自己的体验和感受，当有共同体验的伙伴时，可以产生实时面对面的互动交流。哪怕当时没有伙伴与自己谈话，人们也往往会和不在场的他人描述曾经的体验。正如之前的研究表明的那样，社交体验满足了用户在体验过程中对社交功能的需要（李建州和范秀成，2006）。相对于不与他人讨论消费经历，进行讨论的消费者往往可以获得对消费活动更大的愉悦感。

在以往关注消费交流互动的研究中，消费者社会化理论（Ward，1974）认为，消费者通过与其他人的互动交流、向他们学习，从而形成与消费相关的态度和行为。Lueg 和 Finney（2007）发现网络上的同伴交流可以非常强烈地影响消费者，甚至会促使其完全采纳他人的建议。因此，零售商可以通过在网站上设置"告诉朋友"功能来鼓励这种交流。de Gregorio 和 Sung（2010）发现，成年消费者的消费态度和行为总是受到朋友圈和熟人圈的影响。Raghunathan 和 Corfman（2006）发现当别人对自己的消费经历提供积极的意见时，快乐感会增强；与之对应的是，当别人提出消极的意见时，快乐感会减弱。同时，收到积极的反馈可以让人产生归属感和被他人接纳的感觉，也会产生一种欣慰的感觉。

这些以往的研究都表明，在社交网络环境下，收到来自他人的积极的反馈，对发布分享者本人来说，存在多种益处。主观幸福感会得到提高，与之相关的另外一个概念——自尊也会得到增强。与获得正面反馈相对应，如果一个人对自己的状态更新没有收到任何回复，而其他人却收到了大量回复，他的自尊心就会下降（Tobin et al.，2015；Vogel et al.，2014）。Madden 等（2013）发现，如果照片收到的点赞太少，青少年有时会删除他们发布的照片。Blease（2015）的研究表明，当用户在 Facebook 上的"朋友"数量很多，但是却收到很少的"赞"时，可能会导致"Facebook 抑郁症"。由此可见，无论在线上还是线下环境中，当分享消费经历的个体收到来自他人正面积极的反馈时，会产生快乐、被别人接纳、欣慰等一系列积极的情绪，从而提升主观幸福感或自尊。与之相对应的，可以获得对消费经历较高的满意度。但是，当收到负面消极的反馈时，会产生失落等消极情绪，并可能降低自尊，这可能导致分享者对消费经历有较低的满意度。

通过对分享行为收到积极反馈后能引发一系列积极情绪的思考，发现分享的内容被人夸赞后自身能产生积极情绪的深层原因是分享的内容在一定程度上代表了自身，夸奖分享的内容就是夸奖分享者本身。分享行为这一"动作"本身对"人"是不会产生影响的，是分享的"对象"作为一个支点对人产生了影响。以餐馆就餐为例，在拍照分享后，人们开始对美味食物进行体验的同时会关注在社交网络上"晒"后的反馈，如果点赞多，就会有更好的社交体验，该社交体验强化了产品体验对顾客满意度的影响。因此，提出如下假设。

H6-3：社交体验调节了产品体验对顾客满意度的正向影响，当社交体验较好时，拍照分享通过产品体验对顾客满意度产生的正向影响更显著。

6.6　自我建构的调节作用

在探讨社交体验对顾客满意度影响的问题时，我们考虑了个人特质间的差异。自我建构类型的不同会导致消费者产生不同的心理动机，作出有差异的行为和选择。独立型自我建构者倾向于采用强调个体对象独立性的分析型思维方式，而关联型自我建构者倾向于采用强调世界是由相互关联的元素组成的整体型思维方式（Monga and John，2007，2008；Nisbett et al.，2001）。这些思维方式影响认知过程，如注意力、因果推理和分类。分析型思维的人的注意力风格是场独立的（主要指向焦点对象本身），而整体型思维的人的注意力是场依存的（关注对象和/或其所在的场之间的关系）。分析型思维的个体在考虑事情时，倾向于将事物的背景与事物本身进行分离，并且基于事物本身的特征和类别的规则进行分析和解释；整体型思维的个体在考虑事情时，倾向于将事物的背景与事物本身联系起来作为整体，并且基于背景与事物之间的联系进行分析和解释（Krishna et al.，2008）。

越来越多的证据表明，这些思维方式的差异对消费者的判断和决策有着重要的影响。例如，Zhu 和 Meyers-Levy（2009）证明了整体型思考者更有可能把一个产品作为一个更大的整体的连续部分，而分析型思考者将产品和显示内容视为单独的数据块，这表明整体型思考者将事物视为更加相互关联的整体。同样，Monga 和 John（2008）的研究表明，功能性品牌（如 Timex）的品牌延伸成功与否取决于消费者的思维方式。因为整体型思维的思考者能够想出不同的方法来将扩展子品牌与母品牌联系起来，他们认为母子品牌间的关联性更强。

我们推测，在服务体验场景下，关联型自我建构的个体在分享发布行为之后，更加容易受到社交体验的影响。因此提出如下假设。

H6-4：对于关联型自我建构的消费者而言，拍照分享后的社交体验更能调节其产品体验对顾客满意度的正向影响。

6.7　主要结论

本章在已有关于拍照分享行为、顾客满意度、产品体验、社交体验、自我建构等相关研究的基础上，构建了研究框架并提出研究假设，理论模型如图 6-1 所示。主要探讨了在服务情境中消费者的拍照分享行为对顾客满意度的影响机制，包括产品体验的中介作用以及社交体验和自我建构的调节作用。在旅游情境下共收集有效问卷 309 份，在就餐情境下共收集有效问卷 320 份，数据分析主要通过 SPSS 22.0 以及基于其的 Process V3.3 插件来完成，运用描述性统计、信效度检验、共同方法偏差分析、回归分析对假设进行了检验。研究结论如下。

（1）在服务体验情境下进行拍照分享，可以提升分享者自身的顾客满意度。拍照分享能给消费者自身带来"益处"，令其更加"乐在其中"。

（2）产品体验在上述拍照分享行为对顾客满意度的正向影响中，起到了部分中介作用。

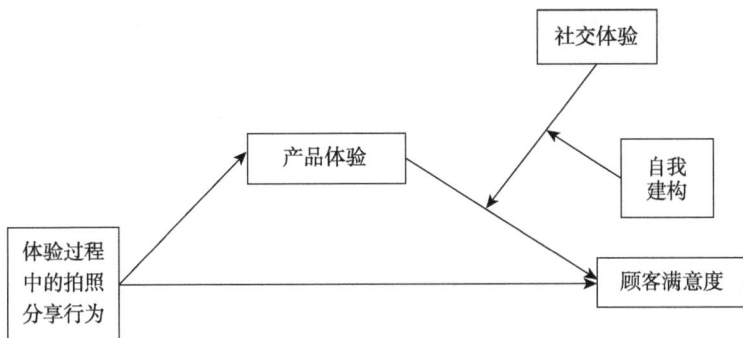

图 6-1　拍照分享对顾客满意度的影响

（3）社交体验调节了产品体验在拍照分享行为对顾客满意度正向影响中的中介作用。这说明，当社交体验较好时，拍照分享行为通过产品体验对顾客满意度形成的正向影响更显著。同时我们发现，当分享者获得较少的社交反馈时，并没有减弱产品体验对顾客满意度的影响，只是没有增加这样的影响。这说明在服务体验情境中，消费者不会因为较低的社交体验而产生和"Facebook 抑郁症"类似的消极心理。

（4）关联型自我建构的消费者，他们的态度更容易建立在与其相关的他人的思想、感情和行为上，所以更会受到社交体验的影响。在服务体验情境下，对于关联型自我建构的消费者而言，拍照分享后的社交体验更能调节其产品体验对顾客满意度的正向影响。

6.8　管理启示

本章的研究有助于商家理解拍照分享行为对顾客满意度的影响。商家可以根据自身特色创造适宜拍照分享的环境氛围，鼓励消费者分享消费经历，从而影响消费者的产品体验和社交体验，并提升顾客满意度。

（1）商家应该想办法创造便于用户分享的环境。比如在游乐园，可以设置可爱的卡通形象吸引消费者去拍照，而在一些游客无法拍照的时刻，如乘坐过山车过程中，设置对肢体语言和面部表情的捕捉，商家可以主动地通过多角度放置摄像头为用户抓拍"精彩瞬间"。对于店铺来说，提供适宜的光线、有特色的标识、吸引眼球的物件等不仅会给消费者留下好的印象，还会提升他们拍照分享的意愿。因此，商家不仅应注重所提供的具体服务，也应注重店面的氛围感。同时，在拍照分享如此盛行的年代，不好的环境氛围可能会被照片客观地记录下来，并且可能收到来自社交方面的负面反馈。

（2）由于社交体验对整个服务体验过程满意度的重要性，商家应该更加关注于如何提升用户的社交体验。如前所述，提供舒适惬意、吸引眼球的环境，能为用户拍照分享之后带来正面形象。此外，商家们可以设法提供具有前瞻性的服务。例如深圳一家餐馆，使用透明玻璃构造建筑，并在屋顶种植蔬菜等绿色食物，健康透明，绿色安全而且还美观，在该餐馆里拍照分享的现象就特别普遍。同时，商家也可以积极关注与自家产品相关的帖子。在一些社交网站（如微博），用户发帖时会带有标签，商家可以对用户帖子进行点赞、评论、转发，产生正向的社交体验。因为转发的是真实用户的消费体验，这让浏览到这些内容的其他用户感受到这些内容更加真实可信。

（3）在意识到自我建构类型是社交体验调节作用的边界条件之后，商家可以通过情境设置，短期内激活用户的关联型自我建构。在大多数情况下，用户都会收到积极的社交体验，因此使用一定的手段来激活用户的关联型自我建构，将提升拍照分享通过产品体验正向影响顾客满意度的效果。

本章小结

- 服务体验情境下进行拍照分享会提升产品体验，进而提升消费者的顾客满意度。因此，拍照分享能给消费者自身带来"益处"，令其更加"乐在其中"。
- 社交体验调节了产品体验对顾客满意度的正向影响，当社交体验较好时，拍照分享通过产品体验所产生的对顾客满意度的正向影响更显著。
- 对于关联型自我建构的消费者而言，拍照分享后的社交体验更能调节其产品体验对顾客满意度的正向影响。

参考文献

李建州, 范秀成. 2006. 三维度服务体验实证研究[J]. 旅游科学, 20(2): 54-59.

刘思佳. 2017. 移动游戏用户社交体验对流失率影响的实证研究[D]. 广州: 暨南大学.

刘越. 2016. 移动音乐应用用户社交体验对购买意愿影响的实证研究:品牌依恋的中介效应[D]. 广州: 暨南大学.

邱晔, 刘保中, 黄群慧. 2017. 功能、感官、情感: 不同产品体验对顾客满意度和忠诚度的影响[J]. 消费经济, 33(4): 59-67.

翟姗姗, 孙雪莹, 李进华. 2019. 基于社交体验的移动 APP 持续使用意愿研究: 以网易云音乐为例[J]. 现代情报, 39(2): 128-135.

朱江. 2018. 社交媒体的实时分享对消费者就餐体验和品牌评价的影响及内在机制研究[D]. 合肥: 中国科学技术大学.

Barasch A, Diehl K, Silverman J, et al. 2017. Photographic memory: the effects of volitional photo taking on memory for visual and auditory aspects of an experience[J]. Psychological Science, 28(8): 1056-1066.

Barasch A, Zauberman G, Diehl K. 2018. How the intention to share can undermine enjoyment: photo-taking goals and evaluation of experiences[J]. Journal of Consumer Research, 44(6): 1220-1237.

Bareket-Bojmel L, Moran S, Shahar G. 2016. Strategic self-presentation on Facebook: personal motives and audience response to online behavior[J]. Computers in Human Behavior, 55: 788-795.

Bhattacharjee A, Berger J, Menon G. 2014. When identity marketing backfires: consumer agency in identity expression[J]. Journal of Consumer Research, 41(2): 294-309.

Blease C R. 2015. Too many 'friends, ' too few 'likes'? Evolutionary psychology and 'Facebook depression'[J]. Review of General Psychology, 19(1): 1-13.

Blight M G, Jagiello K, Ruppel E K. 2015. "Same stuff different day:" a mixed-method study of support seeking on Facebook[J]. Computers in Human Behavior, 53: 366-373.

Bryant F B, Chadwick E D, Kluwe K. 2011. Understanding the processes that regulate positive emotional experience: unsolved problems and future directions for theory and research on savoring[J]. International Journal of Wellbeing, 1(1): 107-126.

Burke M, Kraut R E. 2016. The relationship between Facebook use and well-being depends on communication type and tie strength[J]. Journal of Computer-Mediated Communication, 21(4): 265-281.

Caplin A, Leahy J. 2001. Psychological expected utility theory and anticipatory feelings[J]. The Quarterly Journal of Economics, 116(1): 55-79.

Coary S, Poor M. 2016. How consumer-generated images shape important consumption outcomes in the food domain[J]. Journal of Consumer Marketing, 33(1): 1-8.

Csikszentmihalyi M. 1997. Flow and the Psychology of Discovery and Invention[M]. New York: Harper Collins publishers.

Daugherty T, Li H R, Biocca F. 2008. Consumer learning and the effects of virtual experience relative to indirect and direct product experience[J]. Psychology & Marketing, 25(7): 568-586.

de Gregorio F, Sung Y. 2010. Understanding attitudes toward and behaviors in response to product placement[J]. Journal of Advertising, 39(1): 83-96.

de Keyser A, Schepers J, Konus U. 2015. Multichannel customer segmentation: does the after-sales channel matter? A replication and extension[J]. International Journal of Research in Marketing, 32(4): 453-456.

Desmet P, Hekkert P. 2007. Framework of product experience[J]. International Journal of Design,1(1): 57-66.

Duan J, Dholakia R R. 2017. Posting purchases on social media increases happiness: the mediating roles of purchases' impact on self and interpersonal relationships[J]. Journal of Consumer Marketing, 34(5): 404-413.

Duan J Y, Dholakia R R. 2018. How purchase type influences consumption-related posting behavior on social media: the moderating role of materialism[J]. Journal of Internet Commerce, 17(1): 64-80.

Fitzmaurice J. 2008. Splurge purchases and materialism[J]. Journal of Consumer Marketing, 25(6): 332-338.

Gable S L, Reis H T. 2010. Good news! Capitalizing on positive events in an interpersonal context[M]//Zanna M P. Advances in Experimental Social Psychology. Amsterdam:

Elsevier: 195-257.

Grewal D, Levg M, Kumar V. 2009. Customer experience management in retailing: an organizing framework[J]. Journal of Retailing,85(1):1-14.

Grieve R, Indian M, Witteveen K. et al. 2013. Face-to-face or Facebook: can social connectedness be derived online?[J]. Computers in Human Behavior, 29(3): 604-609.

Guevarra D A, Howell R T. 2015. To have in order to do: exploring the effects of consuming experiential products on well-being[J]. Journal of Consumer Psychology, 25(1): 28-41.

Hirschman E C, Holbrook M B. 1982. Hedonic consumption: emerging concepts, methods and propositions[J]. Journal of Marketing, 46(3): 92-101.

Hoch S J. 2002. Product experience is seductive[J]. Journal of Consumer Research, 29(3): 448-454.

Holbrook M B, Hirschman E C. 1982. The experiential aspects of consumption: consumer fantasies, feelings, and fun[J]. Journal of Consumer Research, 9(2): 132-140.

Holbrook M B. 2006. Consumption experience, customer value, and subjective personal introspection: an illustrative photographic essay[J]. Journal of Business Research, 59(6): 714-725.

Howell R T, Hill G. 2009. The mediators of experiential purchases: determining the impact of psychological needs satisfaction and social comparison[J]. The Journal of Positive Psychology, 4(6): 511-522.

Jang W, Bucy E P, Cho J. 2018. Self-esteem moderates the influence of self-presentation style on Facebook users' sense of subjective well-being[J]. Computers in Human Behavior, 85: 190-199.

Kim J, Lee J E R. 2011. The Facebook paths to happiness: effects of the number of Facebook friends and self-presentation on subjective well-being[J]. Cyberpsychology, Behavior and Social Networking, 14(6): 359-364.

Krishna A, Zhou R R, Zhang S. 2008. The effect of self-construal on spatial judgments[J]. Journal of Consumer Research, 35(2): 337-348.

Lambert N M, Gwinn A M, Baumeister R F, et al. 2013. A boost of positive affect[J]. Journal of Social and Personal Relationships, 30(1): 24-43.

Lampel J, Bhalla A. 2007. The role of status seeking in online communities: giving the gift of experience[J]. Journal of Computer-Mediated Communication, 12(2): 434-455.

Loewenstein G. 1987. Anticipation and the valuation of delayed consumption[J]. The Economic Journal, 97(387): 666-684.

Lueg J E, Finney R Z. 2007. Interpersonal communication in the consumer socialization process: scale development and validation[J]. Journal of Marketing Theory and Practice, 15(1): 25-39.

Lyumbomirsky S. 2008. The How of Happiness: A Scientific Approach to Getting the Life You Want[M]. New York: Penguin Press.

Mackenzie A K, Harris J M. 2015. Eye movements and hazard perception in active and passive driving[J]. Visual Cognition, 23(6): 736-757.

Madden M, Lenhart A, Cortesi S. 2013. Teens, Social Media, and Privacy[Z]. Washington: Athena Information Solutions Pvt Ltd.

Monga A B, John D R. 2007. Cultural differences in brand extension evaluation: the influence of analytic versus holistic thinking[J]. Journal of Consumer Research, 33(4): 529-536.

Monga A B, John D R. 2008. When does negative brand publicity hurt? The moderating influence of analytic versus holistic thinking[J]. Journal of Consumer Psychology, 18(4): 320-332.

Mooy S C, Robben H S J. 2002. Managing consumers' product evaluations through direct product experience[J]. Journal of Product & Brand Management, 11(7): 432-446.

Naaman M, Boase J, Lai C H. 2010. Is it really about me? Message content in social awareness streams[C]//Geiger R S, Ribes D. Proceedings of the 2010 ACM Conference on Computer Supported Cooperative Work. New York: 189-192.

Nisan M. 1973. Evaluation of temporally distant reinforcements[J]. Journal of Personality and Social Psychology, 26(2): 295-300.

Nisbett R E, Peng K P, Choi I, et al. 2001. Culture and systems of thought: holistic versus analytic cognition[J]. Psychological Review, 108(2): 291-310.

Nowlis S M, Mandel N, McCabe D B. 2004. The effect of a delay between choice and consumption on consumption enjoyment[J]. Journal of Consumer Research, 31(3): 502-510.

O'Sullivan P B, Carr C T. 2018. Masspersonal communication: a model bridging the mass-interpersonal divide[J]. New Media & Society, 20(3): 1161-1180.

Raghunathan R, Corfman K. 2006. Is happiness shared doubled and sadness shared halved? Social influence on enjoyment of hedonic experiences[J]. Journal of Marketing Research, 43(3): 386-394.

Ryan T, Xenos S. 2011. Who uses Facebook? An investigation into the relationship between the Big Five, shyness, narcissism, loneliness, and Facebook usage[J]. Computers in Human Behavior, 27(5): 1658-1664.

Schmitt B. 1999. Experiential Marketing :How to Get Customers to Sense, Feel, Think, Act, Relate to Your Company and Brands[M]. New York: Free Press.

Sung Y, Lee J A, Kim E, et al. 2016. Why we post selfies: understanding motivations for posting pictures of oneself[J]. Personality and Individual Differences, 97: 260-265.

Tamir D I, Mitchell J P. 2012. Disclosing information about the self is intrinsically rewarding[J]. Proceedings of the National Academy of Sciences of the United States of America, 109(21): 8038-8043.

Tobin S J, Vanman E J, Verreynne M, et al. 2015. Threats to belonging on Facebook: lurking and ostracism[J]. Social Influence, 10(1): 31-42.

Toubia O, Stephen A T. 2013. Intrinsic vs. image-related utility in social media: why do people contribute content to Twitter?[J]. Marketing Science, 32(3): 368-392.

Verhoef P C, Lemon K N, Parasuraman A, et al. 2009. Customer experience creation: determinants, dynamics and management strategies[J].Journal of Retailing, 85(1): 31-41.

Vogel E A, Rose J P, Roberts L R, et al. 2014. Social comparison, social media, and self-esteem[J]. Psychology of Popular Media Culture, 3(4): 206-222.

Ward S. 1974. Consumer socialization[J]. Journal of Consumer Research, 1(2): 1-14.

Zell A L, Moeller L. 2018. Are you happy for me … on Facebook? The potential importance of "likes" and comments[J]. Computers in Human Behavior, 78: 26-33.

Zhu R J, Meyers-Levy J. 2009. The influence of self-view on context effects: how display fixtures can affect product evaluations[J]. Journal of Marketing Research, 46(1): 37-45.

第 7 章
社交网络环境中的"人以群分"

■ 导论

《周易·系辞上》言："方以类聚，物以群分"，意思是人或事物按其性质分门别类各自聚集，由此引申出成语"人以群分"用以形容人按照其品行、爱好而形成团体，因而能互相区别。从西周时期到现代信息社会，"人以群分"被沿用至今，是人们持续关注的一个主题。在古代至近现代的一段时间里，"人以群分"由于时间、空间的束缚在现实中有清晰可辨的物理界限。特定时间空间对应的人群是"人以群分"最直接的表现形式。然而，自 20 世纪 60 年代互联网问世，人们联系、沟通和发展关系的方式发生了巨大的变化。"人以群分"在形式和方式上也产生了本质变化。互联网突破了时间空间的界限，使得人们可以根据自我意向自由分类，网络的匿名性和便捷性更是使得这样的分类更加繁复且难以被察觉。但纵观商业发展进程，企业根据不同消费者的特征对其用户群体进行划分，消费者按照自我喜好选择品牌或产品，"人以群分"没有变过。技术的发展和进步革新了"人以群分"的方式和形式，却从未改变其商业本质。

互联网发展初期，"人以群分"是由商家主导的。在只读互联网时期，信息由商家单向传播给消费者。但与传统的"人以群分"不同的是，商家不仅能够借助互联网对信息进行分类，以满足不同客户群体的需求，而且能够借助数据挖掘技术对消费者行为进行分析，更有针对性地推荐产品或服务。淘宝网等电子商务网站会利用消费者的购买和浏览数据，借助协同过滤技术，发掘消费者之间的相似性，推荐与消费者兴趣匹配的产品，或将产品推荐给有相似购买偏好和行为的其他消费者（Kozinets et al.，2010）。

随着技术的发展，互联网步入了可读写时代。用户拥有更高的主动权，"人以群分"的主动权也开始向用户倾斜。用户会根据自身兴趣或社会关系等自发形成团体，同一团体中的用户具有相似性，不同团体间的用户具有差异性。SNS 和即时通信（instant message，IM）两大应用实现了用户之间的圈群化传播，也更加凸显了意见领袖的重要作用。消费者能够在群内获得来自群友或意见领袖的产品推荐，这种推荐往往比系统推荐或群外推荐更高效、更有针对性。文本挖掘技术的进一步发展，帮助企业实现对自然语言的处理，能够对社交网络影响力节点进行分析，进而识别对企业更有益的意见领袖及潜在消费群体。

移动互联网技术的发展促进了社会化移动应用的不断下沉，渗透到人们生活的方方面面，"人以群分"也逐渐向全面数据化、移动化和智能化方向转变。消费者使用的历史记录形成了海量的数据，反映着消费者的个性偏好和行为习惯。充分利用消费者产生的网络信息的企业能够获得比竞争对手高 5%~6% 的利润。此外，利用大数据技术，企业能够对消费者进行更加精准的画像，提供个性化的产品或服务。Instagram、今日头条、抖音、小红书、拼多多等爆款产品的成功正是得益于大数据支持下"人以群分"有效性的强有力支持。

随着万物互联时代的到来，虚拟现实（virtual reality，VR）技术、增强现实（augmented reality，AR）技术、人工智能（artificial intelligence，AI）技术以及物联网技术等逐步成熟，使"人以群分"的高度智能化、精准小众化成为可能。AR 技术弥补了消费者在网上购物或进行其他活动时的感官缺失，引导消费者表现更真实的自我。此外，AI 产品，如亚马逊的 Alexa、苹果的 Siri、微软的 Cortana、小米的小爱同学等已经融入日常生活中，并产生了良好的市场效果，为企业提供了更为全面和立体的消费者数据。

人类是群居型和社交型动物，"人以群分"是人类存在的基本形式。在商业社会中，"人以群分"是商业活动的起点和根基。处在相同社会文化背景下的消费者通常具有相似的价值观念和消费习惯，需求的同质性将独立的消费者按照一定的标准聚合成不同的群体，奠定"人以群分"商业本质的客观基础。本章聚焦于社交网络环境中"人以群分"的基本特征，考察了在移动互联网技术不断发展革新的背景下，企业如何适应全球数字化转型的浪潮，更好地把握和应用"人以群分"。在回顾相关文献的基础上，本章分析了企业围绕"人以群分"进行一系列商业活动的营销机理，并提出了相应的理论框架。本章认为，社交网络环境中"人以群分"主要有数字化、移动化、社交化、小众化、智能化 5 大特征。企业有效识别群体可从这 5 个维度展开，企业运营时应注意 13 个问题。

7.1 "人以群分"的数字化

当下 AI、大数据以及 VR 技术等方兴未艾，互联网作为一种"自由的技术"，改变了企业所依存的营销环境，丰富了企业差异化营销的途径和策略，已然成为营销变革的重要推动力。数字化技术的应用为"人以群分"提供了新的工具和手段，使得企业触达、识别和管理消费者群体的方式发生了深刻的变化。

7.1.1　多渠道数据整合

随着互联网"原住民"逐渐成为消费主体，互联网，尤其是移动互联网的使用，几乎渗透进消费者行为的所有环节。数字化能够让企业精确地定义想要的消费者是哪一群人，了解这群消费者身上的标签是什么。互联网信息获取的便利性，打破了原来信息不对称的局面。而在互联网和数字化技术的推动下，企业与消费者之间能够建立起实时的双向互动关系，有助于企业迅速获取消费者的个性化需求（Steenkamp and ter Hofstede，2002）。在互联网环境下，"人以群分"的数字化呈现特征为企业深刻洞察目标消费者的需求提供了更为丰富的信息来源和获取途径。

相对于传统的消费者调研数据，消费者的网络行为数据为企业带来了更多信息价值，成为企业制定营销战略的重要依据（Barnes et al.，2007）。传统营销环境下，企业对消费者需求的获取也只是停留在显性层面，消费者更深层次的隐性需求仍处于黑箱状态（Kozinets，2002）。社交网络技术在满足消费者的社交基本需求的同时也进一步刺激和放大了其社交需求价值。消费者线上自发成群的现象越来越普遍。开放式的在线交互环境促进了消费者隐性诉求的表达，消费者的每一条发布、每一个评论、每一次转发和每一次点赞，都反映了他们的喜好和消费习惯。因此，消费者的社交网络数据将有助于企业识别和捕捉消费者的隐性需求，消费者的网络社会关系将成为企业进行口碑营销或社区营销的重要参考依据（Relling et al.，2016；Thomas and Vinuales，2017）。移动终端技术的快速发展和应用帮助企业实现了消费者线上数据和线下数据的整合，促进了业务数据与用户数据的联通。通过打通线上和线下，权衡业务目标与消费者需求，企业可以更加合理地进行资源配置和业务流程优化（Fink and Markovich，2008）。研究表明消费者在移动终端或平台上的个人信息公开程度要比在整体消费者关系网络中更为明显（Kwon et al.，2017），因此，移动终端技术使得消费者信息的数字化呈现对于企业而言更加"透明"。随着 AI、VR、AR 等技术的逐步成熟和广泛商用，企业能够掌握的消费者数据来源将更加丰富、信息也将更加准确。虚拟助手可理解自然语言并与人类进行无障碍交流。届时，AI 可能完全取代面向客户的服务型员工，能够记录客户线下行为，打通线上线下数据（Ferreira et al.，2019）。

随着信息技术的发展，消费者行为的多渠道化日趋明显，越来越多的交易将跨渠道完成。虽然互联网技术的飞速发展为企业带来了更多洞察消费者的数据来源，但是仅仅使用单一渠道的数据可能无法精准地对目标消费者群体进行识别。

在当前企业数字化升级转型的背景下，整个营销链条中的各个要素都可以通过数据参与来构建与消费者的链接，共同通过场景、互动、链接、体验、定制来洞察消费者需求，实现更为精准的群体识别和需求获取。因此，"人以群分"的数字化实践的一个重要方面是要综合利用多方数据资源，实现数据价值最大化。因此，企业可以整合多渠道的数据资源，形成更加全面精准的消费者洞察，从而支持企业的营销决策。通过数据整合，企业就可以实现"1 加 1 大于 2"的效果。基于此，本节针对消费者群体数据来源提出如下问题：企业识别目标消费群体是否需要对多渠道的数据进行整合？

7.1.2　消费者触点数字化

随着技术的进步和产业形态的变革，营销环节变得更加复杂，企业和消费者的交互方式和渠道也变得越来越丰富。一方面，数字化和通信技术的使用增加了企业与消费者之间的触点，企业与消费者的距离更近，消费者对企业来说更加透明；另一方面，触点的数字化让企业更加了解和贴近目标消费群体，快速响应目标消费群体的痛点及需求。此外，随着信息时代向大数据时代的变革，消费者的需求和行为路径发生了变化，传统营销模式下企业碎片化触达消费者的成本高、效率低，无法及时有效地识别和获取不断变化的目标群体和消费需求。尤其是在普遍使用移动端设备的今天，消费者的购物路径呈现线上线下交融的特点，不同触点间切换更加频繁，倒逼企业部署消费者触点的数字化。

触点数字化是企业实现与消费者高效连接，深度洞察目标群体的基础。随着在线"人以群分"现象的泛化，企业与消费者群体的触点将实现线上线下融合，形成数字化触点网络，共同汇聚成消费者"数字池"。线上触点如构建企业门户网站（Scheepers，2006）、优化搜索引擎（Haans et al.，2013）等。线下的数字化触点可以通过部署智慧门店，使用 AI、物联网技术，通过智能传感器或智能交互设备，捕捉消费者体验相关数据（Ferreira et al.，2019）。企业还可以通过数字化社交触点来采集目标消费者群体的数据。例如，企业可以在拥有海量注册用户的社交媒体网络上发布相关的服务信息和产品资讯，利用社交媒体网络上的粉丝关注效用和社群效应，识别和扩展目标客户群体（Relling et al.，2016）。布局各环节触点的数字化，能够帮助企业进一步得到目标群体数字资产的累积。数据是通向未来商业界的一个通用货币，它可以帮助企业搭建一个可以通往未来消费者的桥梁。触点数字化有助于企业建设全渠道整合和数据获取的能力，让营销的各业务环节各要素均通过数字化参与消费者群体的链接，让高效的链接、感知、洞察、创造满足更多目标消费者需求，进行更高效的供需匹配，真正让"人以群分"的数字化发挥价值。关于多渠道数据整合和消费者触点数字化的相关文献见表 7-1。

基于此，本节针对消费者触点提出以下问题：企业识别群体是否需要实现与消费者各环节触点的数字化？

表 7-1　"人以群分"的数字化研究

维度	主题	相关观点	文献来源
数字化	多渠道数据整合	消费者网络行为数据是企业制定差异化营销策略的重要依据	Barnes 等（2007）
		消费者网购中的感知利益和感知风险、网络使用风格等可以作为客户划分标准	Bhatnagar 和 Ghase（2004）
		消费者的网络社会关系（如关系强度）会影响口碑营销效果	Childers 和 Rao（1992）
		基于消费者的线上点击流数据和网络商店访问数据进行在线消费者细分	Dobrev（2007）；Hill 等（2013）
		提出不同手机设备功能的访问和实际使用可以有效地作为一个细分方法	Goneos-Malka 等（2014）
		消费者在社交平台上会与其他用户进行交互形成交流，企业可以在社交网络、社交媒体等平台上获取用户的隐性知识	Feng 等（2015）；Liang 等（2014）
		AI 可能完全取代面向客户的服务型员工，能够记录客户线下行为，打通线上线下数据	Ferreira 等（2019）
	消费者触点数字化	企业则通过信息门户来聚集目标客户，并建立与目标消费群体的联系	Fink 和 Markovich（2008）
		企业使用搜索引擎，通过优化搜索规则和推广规则，来汇聚和引导目标客户群体	Haans 等（2013）
		在线社区将具有相同兴趣偏好的互联网用户聚集在一起，消费者与企业建立双向互动关系	Relling 等（2016）
		移动端设备的使用使得消费者线上线下触点交叉和切换，使企业实现线上线下数据的整合	Wang 等（2019）
		线下实体店使用拟人化的 AR 技术，获取客户的即时反应	van Esch 等（2019）

7.2　"人以群分"的移动化

在移动互联网时代，移动终端设备的普及和第三方平台的发展是移动化阶段的显著特征。通过移动终端或者双边平台，消费者可以直接进行购买、咨询或者社交，可以脱离传统的消费模式。基于移动化技术的广泛使用，消费者的"人以群分"不再需要满足时间、地理位置及烦琐的程序等条件。此外，按照消费者移动化行为的三个维度（创建内容、与他人联系以及对用户体验的控制），企业可以从"人以群分"的移动化维度研究中获得创造、维持、管理消费者群体的启示（Chung et al.，2016）。

7.2.1 移动化分群的弱条件趋势

互联网移动化社群的社会环境对"人以群分"的显著影响体现在移动化技术的推广和应用，进一步导致线上消费者群体的生命周期逐渐缩短。随着移动化的发展，消费者逐渐向移动终端 APP、PC 端网站及第三方平台聚集。移动化技术和终端设备给广大的消费者群体提供了能够随时随地进行查询、消费、社交、共享等的服务，也以低成本快速、便捷地创造了一个个移动化消费者群体（Watson et al.，2013）。相比以往，移动化时代的"人以群分"呈现出了更快节奏、弱条件要求的分群状态。例如，微信面对面建群、QQ 班级群、淘宝双十一"互助小黑群"、电商团购群等。有研究发现，个体在移动化网络中的自我表露程度会调节个体的消极情感（Matook et al.，2015）。基于"人以群分"商业本质的移动化视角，在移动终端的社交过程中，消费者倾向于自我表露情感和经历，同时由于网络的虚拟性质促使了个体的自我表露程度的增强，相同处境的个体在群体内部的相互倾诉使得其消极情感得到调节，也进一步推动了这类消费者的快速集群。

网络群体的产生必然会使得相应的社群营销策略的萌芽。在营销实践中社群营销也得到了广泛应用，许多学者开始对其进行探讨并取得众多有价值的成果。在社群内部，信息的流动性以及群体成员对信息的信任程度都会比在群体外部要强。例如，消极口碑和积极口碑往往是来源于该品牌的消费者群体内部（Relling et al.，2016），关于产品的详细信息及类似产品的信息也在群体中传播。同时，移动化网络给用户提供了四种社交媒体传播策略——评价、拥抱、支持和解释，四种传播策略都受到了角色叙述、交流论坛、公共规范和营销推广的性质的影响（Kozinets et al.，2010）。由此可见，消费者可以通过移动化平台传播、共享产品或者服务信息，通过影响个别消费者来影响其他消费者个体。此外，消极评价和口碑，如"流氓捆绑下载""系统功能缺陷"以及"变相收费"等，往往可能导致消费者的消极行为，最终加速了群体的消失。

研究发现，信息传播和网络共性是共同影响个人感知隐私侵犯的关系纽带（Choi et al.，2015），在线同质性在封闭的私人社交网络中比在开放的公共社交网络中更明显（Kwon et al.，2017）。移动化平台或者终端的消费者群体其个人信息公开要比在整体消费者关系网络中更为明显（Kwon et al.，2017），群体中消费者之间的相互关系也更脆弱，这也成为加速群体消失的隐患。基于此，本节针对移动化分群的弱条件趋势提出如下问题：移动化"人以群分"是否缩短了消费群体的生命周期？

7.2.2 移动化的用户体验控制

随着移动化"人以群分"的发展，消费者群体习惯在终端设备、企业网站及第三方平台进行咨询、社交、体验或者消费。针对移动端的用户群体，企业可以利用移动媒介、设备或技术与消费者之间进行两种或多种方式的沟通和促销（Shankar and Balasubramanian，2009）。研究发现，通过获得消费者的许可营销、建立相互的信任、给消费者创造一种控制感以及展示有用和有趣的网站内容，可以提高消费者对移动化营销的接受度（Watson et al.，2013）。消费者可以从移动终端设备直接、便捷地获取产品及活动的相关信息，增强了产品与消费者之间的联系。此外，线上的消费者的忠诚度要比线下的消费者群体强（Shankar and Balasubramanian，2009）。因此，企业可以通过数据分析为消费者提供具有针对性的服务、内容、体验，增强消费社群的黏度（Pathak et al.，2014）。企业可以在拥有海量注册用户的社交媒体网络上发布相关的服务信息和产品资讯，利用社交媒体网络上的粉丝关注效用和社群效应，进一步扩展目标客户群体（Relling et al.，2016）。

除此之外，消费者在移动终端自主消费过程中感知的信息会影响该体验的效用价值，而效用价值直接影响产品的退货可能性水平和价格敏感性。例如，移动平台的系统行为极有可能会引起消费者的反感，甚至该平台不流畅的操作及其对个人隐私的保密问题等会降低消费者的忠诚度（Chung and Kwon，2009）。信任和幸福感在成功的个性化网上购物中具有重要的作用，缺少信任和幸福感抑制了消费者的购买意愿（Pappas，2018）。更为便捷和舒适的移动消费体验会增强消费者对所在群体的归属感（Knowles and Gardner，2008），相反，由于恶劣的消费体验，消费者群体的忠诚度和对品牌的评价会呈消极发展趋势（Shankar and Balasubramanian，2009）。基于此，本节针对用户体验控制提出如下问题：企业是否能够通过移动化平台提高群体黏性？

7.2.3 移动化的内容管理

需求的同质性将独立的消费者按照一定的标准聚合成不同的群体，为移动化群体的内容管理提供了先决条件。在移动环境中依赖内容交付的信息服务日益普及，促使了对移动推送服务的需求（Podnar et al.，2002）。移动化平台推送的内容是具有重要价值的消费诱导因素，正如公司网站上的信息质量直接影响顾客对品牌的看法一样，企业对移动化内容的管理将直接影响群体的消费决定（Watson et al.，2013）。此外，消费者对移动平台的内容的好奇心会受到该平台所属群体的影响（Thomas and Vinuales，2017）。群体成员在移动化第三方平台上发表积极的评价内容的举动会激发该群体中其他个体对产品或者服务的好奇，进而产生购买欲望。基于移动化平台的广泛应用，企业可以分析消费者的购物风格、对品牌的信任程度和偏好等，再通过移动设备向消费者及时推送相关和有用的营销内容（Watson et al., 2013）。例如，电子商店可以将电视机优惠折扣券的移动广告直接推送给需要了解电视机促销折扣信息的消费者群体，给消费者提供新的消费选择（Shankar and Balasubramanian, 2009）。除此之外，营销人员发现移动化虚拟社区中的兴趣群体往往会自己创造新内容（Wang et al., 2013）。企业可以利用社会网络理论来针对"用户生产内容"的关键消费者进行说服性沟通，进一步引导群体的消费取向（Shankar et al., 2010）。在实际生活中，微博超话、热搜或者是话题都将许多网络关系弱联结的用户聚集成为一个新的群体，企业可以尝试通过在该群体中推送适当的产品或服务内容从而影响该群体的消费决策。关于移动化用户体验控制和内容管理的相关文献见表7-2。基于此，本节针对移动化的内容管理提出如下问题：低成本创造群体的同时，企业是否可以通过移动化集群的特征进行内容管理以引导客户的消费行为？

表 7-2 "人以群分"的移动化研究

维度	主题	相关观点	文献来源
移动化	移动化分群的弱条件趋势	移动化技术和移动化终端设备使得消费者群体容易形成 在移动化网络中的自我表露程度将调节个体的孤独感 消费者群体内部的口碑传播迅速且更具影响力 移动化网络给用户提供的四种社交媒体传播策略都受到了角色叙述、交流论坛、公共规范和营销推广的性质的影响 信息传播和网络共性共同影响个人感知隐私侵犯的关系纽带 在线同质性在封闭的私人社交网络中比在开放的公共社交网络中更明显	Watson 等（2013） Matook 等（2015） Relling 等(2016) Kozinets 等(2010) Choi 等（2015） Kwon 等（2017）
	移动化的用户体验控制	通过获得消费者的许可营销、建立相互的信任、给消费者创造一种控制感以及展示有用和有趣的网站内容，可以提高消费者对移动化营销的接受度 线上的消费者的忠诚度要比线下的消费者群体强 创建一些对于消费者来说有价值的线上平台，能够增强消费者社群的黏度 感知的信息会影响该体验的效用价值，而效用价值直接影响产品的退货可能性水平和价格敏感性 缺少信任和幸福感抑制了消费者的购买意愿 便捷和舒适的移动消费体验会增强消费者对所在群体的归属感	Watson 等（2013） Shankar 和 Balasubramanian（2009） Pathak 等（2014） Pappas（2018） Knowles 和 Gardner（2008）
	移动化的内容管理	在移动环境中依赖内容交付的信息服务日益普及 移动化平台推送的内容是具有重要价值的消费诱导因素；企业对移动化内容的管理将直接影响群体的消费决定 消费者对移动平台的内容的好奇心会受到该平台所属群体的影响 企业可以分析消费者的购物风格、对品牌信任程度和偏好等通过移动设备向消费者及时推送相关和有用的营销内容 营销人员发现移动化虚拟社区中的兴趣群体往往会自己创造新内容	Podnar 等（2002） Watson 等（2013） Thomas 和 Vinuales（2017） Wang 等（2013）

7.3 "人以群分"的社交化

社交是生活中的重要组成部分，聊天、互动、阅读等都是人与人之间的交往。几乎生活的每一个角落，都遍及社交的身影。早期的互联网，除了百度贴吧、QQ、论坛等，很多产品与服务都没有走向社交化，还保持着比较纯粹的工具性特征。但社交在人们的生活中一直占有相当大的比例，长此以往，人们的天然需求导致商业走向社交化。"人以群分"是人们的天然行为方式，在互联网时代，"人以群分"的社会化特征得到了充分的体现。近年来，除了腾讯这样的社交领域巨头之外，大量的产品也都开始社交化，如百度 APP 做了社交化的"百度动态"、知乎做了社交化的"想法"、得到做了社交化的"知识城邦"以及网易云音乐做了社交化的"朋友"等。

7.3.1 社交网络的弱关系

在社交网络中，弱关系既可以是双向也可以是单向的。由于不需要百分百匹配，各个用户之间连接的可能性较大。弱关系的互动强度弱，用户之间本身不期待其他人的反馈，因而关系维系成本更低，所以弱关系的社交范围很广。企业可以在拥有海量注册用户的社交媒体网络上发布相关的服务信息和产品资讯，利用社交媒体网络上的粉丝关注效用和社群效应，进一步扩展目标客户群体。在线社区将具有相同兴趣偏好的互联网用户聚集在一起，发挥了线上弱关系的社会网络效应，来自社区成员的推荐往往比系统的推荐更具有说服力（Relling et al., 2016）。在社交网络中，存在许多"六度分隔"现象，人人都可以构成弱纽带。社会中普遍存在"弱关系"，人与人之间的距离通过弱关系变得非常"相近"，这在社会关系中发挥着非常强大的作用。SNS 产生的海量数据对于"人以群分"的技术实现具有重要价值。企业可以利用社交网络数据（如在线评论等），依靠自然语言处理技术进行语义分析和情感挖掘，实现对客户的分类和对产品的评估（García-Crespo et al., 2010）。还有研究使用人工神经网络方法，将信任作为效能评估机制，对网络评论者的社会影响力进行评估，能够准确识别出哪些评论者会成为影响力节点（Pathak et al., 2014）。基于此，本节针对社交网络的弱关系提出如下问题：企业是否可以通过社交网络的弱关系挖掘潜在客户？

7.3.2 "人以群分"的基础

随着互联网的发展，社交网络已经成为最大的流量入口，商业、媒体、娱乐都完成了社交化，甚至连支付都完成了社交化，交易必然向移动社交网络迁移。

社交最重要的不是流量和客户"精准度",而是通过社交把影响客户的周期延长,从而提升转化率和客户终身价值。

社交媒体是互联网上基于用户关系的内容生产与交换平台,其主要特点是网站内容大多由用户自愿提供,信息的发布和流通由传统的单向传播变成了双向互动。研究发现,用户参与社交媒体活动能够显著增强消费者的重购行为(Toker-Yildiz et al., 2017)以及互动参与度(Viglia et al., 2018),有利于企业深化客户关系,提高营销绩效。相对于电子商务推荐系统,基于社交网络的个性化推荐具有其独特优势。社会化推荐将社交网络、社交媒体视为信息推荐的主要平台,使用户的隐性知识在社会化推荐过程中与其他用户进行交互形成交流(Feng et al., 2015;Liang et al., 2014;Liao and Chang, 2016)。"人以群分"具有社会化的特征,企业主要借助社交媒体和在线社区,利用情感挖掘、个性化推荐等技术,将网络关系作为重要的细分标准对客户进行分群。口碑营销、团购、众包、推荐系统等基于社交网络技术的商业应用模式,是"人以群分"的社会化特征的具体体现。基于此,本节针对"人以群分"的基础提出如下问题:社交化是否是企业创造"人以群分"的基础?

7.3.3　社交网络的类型划分

社交网络的使用者会根据兴趣、目的、职业等产生不同的类型,并且这种类型的划分会因为社交网络的发展越来越精细化。由于社交网络传播环境更加复杂,因此以往的传播理论也受到了更大的挑战。在生活中,往往在好友越多的地方,消费者就出现得越频繁,这是社交网络赖以存在的基础。消费者不是为了产品本身而活跃,而是为了好友而活跃,因此大量的互联网产品最终都会走向社交化,只有这样才能促进活跃与留存。随着传播过程的持续,即使能够洞见他人对信息的判断和表现,个体对信息的判断也会越来越扭曲。消费者对社交网络中帖子的好奇心受到发帖者所属群体的影响(Thomas and Vinuales, 2017)。消极口碑和积极口碑对品牌社群的影响过程受到社群类型的调节(Relling et al., 2016)。个体的人际关系取向对其孤独感有显著的影响,个体在在线社交网络中的自我表露程度起调节作用 (Matook et al., 2015),信息传播和网络共性共同影响个人感知隐私侵犯的关系纽带(Choi et al., 2015),在线同质性在封闭的私人社交网络中比在开放的公共社交网络中更明显(Kwon et al., 2017),并且个人的成员身份感会导致对社会整体的归属感(Knowles and Gardner, 2008)。关于社交网络的弱关系和类型划分的相关文献见表 7-3。基于此,本节针对"人以群分"的类型划分提出如下问题:社交网络类型的不同是否会影响消费者网络口碑传播的意愿?

表 7-3 "人以群分"的社交化研究

维度	主题	相关观点	文献来源
社交化	社交网络的弱关系	在线社区将具有相同兴趣偏好的互联网用户聚集在一起，发挥了线上弱关系的社会网络效应，来自社区成员的推荐往往比系统的推荐更具有说服力 SNS 产生的海量数据对于"人以群分"的技术实现具有重要价值。企业可以利用社交网络数据（如在线评论等），依靠自然语言处理技术进行语义分析和情感挖掘，实现对客户的分类和对产品的评估 还有研究使用人工神经网络方法，将信任作为效能评估机制，对网络评论者的社会影响力进行评估，能够准确识别出哪些评论者会成为影响力节点	Relling 等（2016） García-Crespo 等（2010） Pathak 等（2014）
	"人以群分"的基础	用户参与社交媒体活动能够显著增强消费者的重购行为以及互动参与度 社会化推荐将社交网络、社交媒体视为信息推荐的主要平台，使用用户的隐性知识在社会化推荐过程中与其他用户进行交互形成交流	Toker-Yildiz 等（2017） Viglia 等（2018） Feng 等（2015） Liang 等（2014） Liao 和 Chang（2016）
	社交网络的类型划分	消费者对社交网络帖子的好奇心受到发帖者所属群体的影响 消极口碑和积极口碑对品牌社群的影响过程受到社群类型的调节 个体的人际关系取向对其孤独感有显著的影响，个体在在线社交网络中的自我表露程度起调节作用 信息传播和网络共性共同影响个人感知隐私侵犯的关系纽带 在线同质性在封闭的私人社交网络中比在开放的公共社交网络中更明显 个人的成员身份感会导致对社会整体的归属感	Thomas 和 Vinuales（2017） Relling 等（2016） Matook 等（2015） Choi 等（2015） Kwon 等（2017） Knowles 和 Gardner（2008）

7.4 "人以群分"的小众化

在网络技术越来越发达的环境下，世界逐渐向小众化趋势发展。小众化和大众化是相对的概念，在大众传播时代，每个人接收的信息一样，反馈的信息也基本相同，但是在网络传播时代，传播渠道立体化，接触的信息变得多样化。尤其随着大数据技术的发展，这种小众化趋势更加明显（Thomas and Vinuales，2017）。关于"人以群分"的小众化研究的相关文献见表 7-4。

表 7-4 "人以群分"的小众化研究

维度	主题	相关观点	文献来源
小众化	文化传播–大众文化	互联网特别是移动互联网的发展使大众文化受到了冲击 提出了一种整合的方法——社交网络分析和网络挖掘技术，学者通过该方法发现虚拟社区中的大众文化传播	Relling 等（2016） Wang 等（2013）
	文化传播–小众文化	社交网络提供了四种社交媒体传播策略：评价、拥抱、支持和解释，每一个都受到角色叙述、交流论坛、公共规范和营销推广的影响	Kozinets 等（2010）

续表

维度	主题	相关观点	文献来源
小众化	市场细分–客户集群	使用 k-means 和 VQ 技术分析客户集群，探索订阅移动服务的客户的行为模式	Bose 和 Chen（2010）
	市场细分–聚类分析		
	市场细分–手机访问和使用	提出不同手机设备功能的访问和实际使用可以有效地作为一个细分方法	Goneos-Malka 等（2014）
	信息传播–社会进步	各种各样的社会问题不断地摆在人们面前，使得政府和整个社会积极地解决矛盾，推动社会的进步	Toker-Yildiz 等（2017）
	信息传播–信息茧房	在大数据技术推动下，信息的个性化推送成为可能，但是这种推送减少了受众对其他信息的获取	Ozcelik 和 Varnali（2019）
	信息传播–信息滞后	受众沉溺于自己的圈子不再愿意接受新思想和接触新领域	Hill 等（2013）

注：k-means（k–均值聚类）算法；VQ（vector quantization，矢量量化）

7.4.1　独特的小众文化

大众文化让人们有了共同的情感基础，爱国主义、社会道德等在大众文化的影响下形成了基本的社会秩序。网络时代的小众化趋势无疑会影响到大众文化的发展。现在的人们不再仅仅相信大众媒介所传播的社会信息，从网络渠道获得其他的相关信息成为人们的一种习惯方式，削弱了大众媒介的文化宣传效果（Wang et al., 2013）。除此之外，外国文化不断地冲击着大众文化，个人自由主义、完全资本主义呼声此起彼伏。但是小众化趋势仍然有很积极的一面，带来了百家争鸣、百花齐放的文化现象，人们各自有自己的文化爱好，不断地纵向发展，推动了文化的多样性（Shen et al., 2016）。豆瓣、知乎等成为一类独特的文化承载平台。在豆瓣中，有成千上万个小组，每个人都可以找到自己的豆友，不断地进行文化输出和输入，形成新的文化现象。小众化趋势可以把原本无人问津的文化现象重新摆出来，让更多的人关注，从而推动小众文化朝着大众文化发展（Matook et al., 2015）。基于此，本节提出如下问题：企业在识别群体时是否应该关注小众文化？

7.4.2　小众化中的精准营销

经济领域中，有一个理论——"长尾理论"，2004 年由克里斯·安德森提出，在亚马逊的图书销售中，那些小众化的书籍每个种类虽然销售得不多，但是在数据统计图中，形成了长长的尾巴的众多小众化书籍总体销量要大于那些畅销书（Qiu et al., 2014）。正如长尾理论一样，小众化趋势下，看似垂直市场的受众数量减少，但是总量却不断地增加。以淘宝为例，淘宝上有无数的小众化的商品，这些众多的小众化市场不断地推动经济消费，从宏观角度来看，推动了国民经济的发展（Lee et al.，2016）。另外，在小众化趋势的影响下，精准营销变得越来越容易。广告可以更加有针对性地投放，也便于众多的受众找到自己消费的东西。精准营销无论是对于卖家还是买家而言，都能够有效地节省资源。但是小众化趋势使得市场进一步分化，对个人或者公司来说，很难再出现一家独大的现象。市场分化使得更多的企业为了迎合各种各样的受众，不断地增加产品的种类和特性，同时也增加了成本（Viglia et al.，2018）。基于此，本节提出如下问题：小众化精准营销的收益是否大于成本？

7.4.3　小众化形成的信息茧房

小众化也就意味着受众地位的提升，在网络社会中，受众的地位发生了很大的变化。大众传播时代，受众被动地接收社会信息，形成一种单向传播的线性模式，但是在网络社会，受众既是信息的接收者也是信息的传播者，各种各样的社会问题不断地摆在人们面前，使得政府和整个社会积极地解决矛盾，推动社会的进步（Toker-Yildiz et al.，2017）。另外，信息茧房的现象越来越严重，在大数据技术推动下，信息的个性化推送成为可能，但是这种推送减少了受众对其他信息的获取（Pathak et al.，2014）。除此之外，在信息茧房的影响下，受众沉溺于自己的圈子不再愿意接受新思想和接触新领域，逐渐出现极端化的现象，网络暴力事件频频出现，一定程度上激化了社会矛盾（Hinz et al.，2011）。小众化趋势随着互联网技术的发展会不断地深入，其带来的消极影响也会逐渐变大，当对一些消极影响处理不当的时候便会发展为重大的社会矛盾。在利用小众化的积极影响的同时，如何防范小众化的消极影响值得商榷（Wattal et al.，2009）。基于此，本节提出如下问题：企业在"人以群分"时是否需要规避信息茧房？

7.5　"人以群分"的智能化

2019年，5G的正式商用，标志着万物互联时代的到来。5G、AI、VR、AR、物联网等技术的逐步成熟和广泛商用为"人以群分"提供了更丰富和精准的数据。万物互联时代，营销更加"以人为本"，力求满足人们多元化、多层次的需求。

7.5.1　群体识别技术

互联网时代，消费者需求呈现多元化和个性化的特点，但集群化的特点依然存在。根据"人以群分"的数字化特征，互联网环境下消费者的"自发分群"现象给企业带来了巨大的机遇（Fink and Markovich，2008）。线上群体成员之间拥有相同的特征和爱好，在社会网络上是同质化的，彼此容易沟通；人际交往的信息成本大量降低、商家触达人群的能力大大加强（Dobrev，2007）。数字化和通信技术的使用增加了企业与消费者之间的触点，企业与消费者的距离更近，消费者对企业来说也更加透明。

企业可以利用互联网工具更好地识别目标客户群体。例如，企业通过建立门户网站为顾客提供个性化服务，在满足不同客户需求的同时降低运营成本（Scheepers，2006）。个性化的门户允许客户定制内容或服务，而专业化的门户直接瞄准并培养目标客户群体。此外，企业还通过搜索引擎技术来汇聚和引导目标客户群体（Haans et al.，2013）。企业还可以利用社交媒体网络上的粉丝效应和社群效应，进一步扩展目标客户群体。数据是通向未来商业界的一个通用"货币"，它可以帮助企业搭建一个可以通往未来消费者的桥梁。通过数据分析，企业可以为消费者提供具有针对性的服务、内容、体验，甚至创建一些对于消费者来说有价值，能够激发兴趣的消费者社群（Pathak et al.，2014）。例如，企业可以在拥有海量注册用户的社交媒体网络上发布相关的服务信息和产品资讯，利用社交媒体网络上的粉丝关注效用和社群效应，进一步扩展目标客户群体（Relling et al.，2016）。企业应该更牢地抓住消费者的价值观和购物时候的决策方式，并以此为细分维度，通过海量的数据分析，找出消费者个人与个人之间的共性，从而重新定义消费者群体。

此外，随着 5G 的发展和应用，AI、VR 等新兴技术正在逐渐向商业领域渗透，商家可基于数据分析实现精准的客户细分和营销。目前，诸如虚拟个人助理（苹果的 Siri、谷歌的 Google Assistant、微软的 Cortana、小米的小爱同学等）、智能汽车（特斯拉、百度、谷歌等企业的自动驾驶技术）、智能家居设备等应用已经将 AI 和 AR 技术融入日常生活，并且在市场测试中也表现良好。随着 AI 的逐步进化，企业能够掌握的消费者数据来源将更加丰富、信息也将更加准确。虚拟助手可理解自然语言并与人类进行无障碍交流。届时，AI 可能完全取代面向客户的服务型员工，能够记录客户线下行为，打通线上线下数据，让数据的获取和使用更加智能。据此，我们提出以下问题：智能化技术是否能够提高企业识别或创造消费群体的效率？

7.5.2 智能化群体识别阈限

在传统的营销观念中，市场细分是进行营销的基础和关键性的一步（Barry and Weinstein，2009）。但在消费者高度个性化的时代，仅依据消费者的某些显性特征进行群体划分已经无法满足营销的需求（Bailey et al.，2009）。企业需要借助数据收集和分析技术，对用户进行更为精准的画像，并在此基础上进行系统推荐、社交推荐、意见挖掘、情绪分析、群体识别和创造等营销行为。例如，Zhou 和 Han

（2019）提出了一种新的基于排序的推荐算法，可以利用用户的显式和隐式反馈进行用户匹配和产品推荐。Song 等（2019）提出的复杂分类效用模型，能够捕捉消费者不同类别的偏好和点击行为，动态推荐产品或内容。Guo 等（2018）开发了整合地理和社会对 POI（point of interest，兴趣点）推荐任务影响的深度学习模型。这些模型提高了对消费者特征的识别程度和推荐精度，消费者之间的异质性也得到更多关注。与此同时，消费者的群体概念被弱化——享有专属客服、接受专属推荐、享受个性化服务。当"千人千面"的营销完全走向实践，企业是否还需要关心消费者之间的共性？"群"的创造和识别是否仍然具有重要意义？据此，我们根据"人以群分"的智能化特征提出以下问题：群体识别和创造是否与消费者服务个性化相矛盾？

表 7-5 "人以群分"的智能化研究

维度	主题	相关观点	文献来源
智能化	群体识别技术	提出了一种整合的方法——社交网络分析和网络挖掘技术，营销人员可以通过该方法发现虚拟社区中的兴趣群体	Wang 等（2013）
		社交网络提供了四种社交媒体传播策略：评价、拥抱、支持和解释，每一个都受到角色叙述、交流论坛、公共规范和营销推广的性质的影响	Kozinets 等（2010）
		使用两步聚类分析探究特色食品零售商的主要特征	Calvo-Porral 和 Levy-Mangin（2018）
		"分类"是消费者接受 AI 个性化预测的体验，复杂的算法考虑了各种各样的信息，包括消费者当前和过去的特征	Puntoni 等（2021）
		提出了一种基于机器学习的新型神经营销框架，通过脑电图信号对消费者在选择产品时的积极和消极情感态度进行分类	Mashrur（2022）
	智能化群体识别阈限	建立了理论模型研究角色冲突如何通过隐私风险和感知控制影响自我披露行为，以及这个过程如何受到高低强度的调节	Liu 等（2019）
		市场营销人员不应只关注市场细分，更应关注消费者的个性化需求	Bailey 等（2009）
		市场细分需要共同考虑地理学和心理学因素	Barry 和 Weinstein（2009）
		在后疫情时代，公司需要考虑消费者的情绪健康、风险感知水平重新评估其市场细分策略	Sawang 等（2023）
		人工智能的人格化对消费者向数字助理披露个人信息的意图产生积极影响，而隐私问题则对消费者信息披露意图产生负面影响	Kronemann 等（2023）

7.6 主要结论

社交网络时代的到来和互联网技术的应用改变了"人以群分"的方式和形式，给企业带来了新的机遇和挑战。本章聚焦于社交网络环境中"人以群分"的基本特征，分析了企业围绕"人以群分"进行一系列商业活动的营销机理。研究结论如下。

（1）社交网络环境中"人以群分"呈现出数字化、移动化、社交化、小众化、智能化五大特征。

"人以群分"的数字化：互联网数字化社会环境对"人以群分"的显著影响体现在消费者信息对于企业而言变得更加"透明"。线上线下数据的打通，多方位数据的融合，以及企业与消费者互动接口的数字化为企业进行差异化营销和客户关系管理提供了极大的便利。具体而言，"人以群分"的数字化特征体现在多渠道数据整合和消费者触点数字化。

"人以群分"的移动化：由于移动技术的发展，消费者可脱离传统的消费模式，通过移动终端或者双边平台进行购买、咨询或者社交。学者多利用来自购物网站、社交媒介、第三方平台等的消费者数据对消费者行为进行分析，"人以群分"在此阶段体现出移动化的特点。具体而言，"人以群分"的移动化特征体现在移动化分群的弱条件趋势，移动化的用户体验控制，以及移动化的内容管理。

"人以群分"的社交化：社交在人们的生活中一直占有相当大的比例，长此以往，人们的天然需求导致商业走向社交化。"人以群分"是人们的天然行为方式，在互联网时代，"人以群分"的社会化特征得到了充分的体现。具体而言，"人以群分"的社交化特征体现在：社交网络中的弱关系能发挥强大作用；社交化是企业创造"人以群分"的基础；社交网络的类型划分能帮助企业进行差异化营销。

"人以群分"的小众化：社交网络时代，信息传播渠道立体化，人们接触的信息变得多样化，人们的兴趣爱好、圈层属性呈现出小众化趋势。尤其随着大数据技术的发展，这种小众化趋势更加明显。具体而言，"人以群分"的小众化特征表现为：小众文化朝着大众文化发展的趋势；小众化能够促成企业进行精准营销；小众化可能导致信息茧房。

"人以群分"的智能化：万物互联，5G 的成熟已经为智能化发展打下了基础。我们在很多领域已经进入了智能化应用时代。在网络、大数据、物联网和 AI 等技术的支持下，营销更加"以人为本"，能满足人们多元化、多层次的需求，"人以群分"呈现智能化趋势。具体而言，"人以群分"的智能化特征包括群体识别技术和智能化群体识别阈限。

（2）以社会领域、营销领域和大数据领域的众多研究成果为理论基础，进行理论推导并系统归纳后，整合得出了一个"人以群分"商业本质的理论讨论框架（如表 7-6 所示）。提出以下两大层面的问题：社交网络时代"人以群分"的商业本质是什么？企业如何利用社交网络环境做好"人以群分"？我们将这两个层面发展成了 5 个维度下的 13 个具体问题。这些具体问题，不仅是"人以群分"商业本质研究的缺口，也是营销领域，尤其是互联网营销、社会化营销和大数据营销的重要内容。

表 7-6 "人以群分"的理论框架

5 个维度	13 个具体问题
数字化	企业识别目标消费群体是否需要对多渠道的数据进行整合
	企业识别群体是否需要实现与消费者各环节触点的数字化
移动化	移动化"人以群分"是否缩短了消费群体的生命周期
	企业是否能够通过移动化平台提高群体黏性
	低成本创造群体的同时，企业是否可以通过移动化集群的特征进行内容管理以引导客户的消费行为
社交化	企业是否可以通过社交网络的弱关系挖掘潜在客户
	社交化是否是企业创造"人以群分"的基础
	社交网络类型的不同是否会影响消费者网络口碑传播的意愿
小众化	企业在识别群体时是否应该关注小众文化
	小众化精准营销的收益是否大于成本
	企业在"人以群分"时是否需要规避信息茧房
智能化	智能化技术是否能够提高企业创造或识别消费群体的效率
	群体识别和创造是否与消费者服务个性化相矛盾

7.7 管理启示

（1）"人以群分"的数字化呈现特征为企业深刻洞察目标消费者的需求提供了更为丰富的信息来源和获取途径。企业可以整合多渠道的数据资源，形成更加全面精准的消费者洞察，从而支持企业的营销决策。此外，企业可以借助触点数字化建设全渠道整合和数据获取的能力，让营销的各业务环节、各要素均通过数字化参与消费者群体的链接，让高效的链接、感知、洞察、创造满足更多目标消费者需求，进行更高效的供需匹配。

（2）随着移动化的发展，消费者逐渐向移动终端 APP、PC 端网站及第三方平台聚集。基于"人以群分"的移动化特征，企业可以通过数据分析为消费者提供具有针对性的服务、内容、体验，能够增强消费者社群的黏度。基于移动化的广泛应用，企业可以分析消费者的风格和偏好等，针对不同群体及时推送营销内容，企业对移动化内容的管理将直接影响群体的消费决定。

（3）"人以群分"的社会化特征在社交网络环境中得到了充分的体现。企业可以在社交媒体网络上发布相关的服务信息和产品资讯，利用社交媒体网络上的粉丝关注效用和社群效应，进一步扩展目标客户群体。此外，企业还可以借助社交媒体和在线社区，利用情感挖掘、个性化推荐等技术，将网络关系作为重要的细分标准对客户进行分群。

（4）在社交网络时代，信息变得多样化，使得小众化趋势更加明显。企业在识别群体时应该关注小众文化，小众化趋势可以把原本无人问津的文化现象重新摆出来，让更多的人关注。同时，企业可以借助小众化特征识别小众群体之后进行精准营销。此外，企业也需要防范小众化带来的消极影响，尤其是防止信息茧房带来的消费者忠诚度受损。

（5）"人以群分"的智能化特征促进了社交网络环境下消费者的"自发分群"现象，给企业带来了巨大的机遇。企业可以利用智能化的应用和平台更好地识别目标客户，利用社交媒体平台来汇聚和引导目标群体，提供具有针对性的服务、内容、体验。但是需要注意智能化群体识别的阈限，当智能化技术赋能个性化营销和精准营销时，过度的个性化和精准化将可能模糊群体界限。

本章小结

- "人以群分"始终贯穿于商业的发展过程中，是互联网时代下不变的商业特点。社交网络环境中"人以群分"呈现出数字化、移动化、社交化、小众化、智能化五大特征。
- "人以群分"的数字化特征体现在多渠道数据整合和消费者触点数字化。"人以群分"的数字化实践的一个重要方面是要综合利用多方数据资源，实现数据价值最大化。触点数字化是企业实现与消费者高效连接，深度洞察目标群体的基础。
- "人以群分"的移动化特征体现在移动化分群的弱条件趋势，移动化的用户体验控制，以及移动化的内容管理。移动化应用使线上消费者群体的生命周期逐渐缩短，移动终端使企业更容易控制用户体验，同时针对不同群体管理推送内容。
- "人以群分"的社交化特征包括：社交网络中的弱关系比强关系更能发挥作用；社交属性是企业在社交网络环境下创造"人以群分"的基础；社交网络的类型划分帮助企业进行差异化营销。
- "人以群分"的小众化特征包括：社交网络环境下小众文化正朝着大众文化发展；小众化趋势能够促成企业进行精准营销；但与此同时，小众化可能导致信息茧房。
- "人以群分"的智能化特征包括群体识别技术和智能化群体识别阈限。智能化技术的应用能够提高企业创造或识别消费群体的效率，与此同时还存在发展不完全、不完善的问题，还未能达到预期实现"千人千面"的智能化水平。

参考文献

Bailey C, Baines P R, Wilson H, et al. 2009. Segmentation and customer insight in contemporary services marketing practice: why grouping customers is no longer enough[J]. Journal of Marketing Management, 25(3/4): 227-252.

Barnes S J, Bauer H H, Neumann M M, et al. 2007. Segmenting cyberspace: a customer typology for the internet[J]. European Journal of Marketing, 41(1/2): 71-93.

Barry J, Weinstein A. 2009. Business psychographics revisited: from segmentation theory to successful marketing practice[J]. Journal of Marketing Management, 25(3/4): 315-340.

Bhatnagar A, Ghase S. 2004. A latent class segmentation   analysis of e-shoppers[J]. Journal of Business Research, 57(7):758-767.

Bose I, Chen X. 2010. Exploring business opportunities from mobile services data of customers: an inter-cluster analysis approach[J]. Electronic commerce research and applications, (3): 197-208.

Calvo-Porral C, Levy-Mangin J P. 2018. From "foodie" to "cherrg-pickers": a clustered-based segmentation of specialty food retail customers[J]. Journal of Retailing and Consumer Services, 43: 278-284.

Childers T L, Rao A R. 1992. Influence of familial and peer-based reference groups on consumer decisions[J]. Journal of Consumer Research,19(2):198-211.

Choi B C F, Jiang Z J, Xiao B, et al. 2015. Embarrassing exposures in online social networks: an integrated perspective of privacy invasion and relationship bonding[J]. Information Systems Research, 26(4): 675-694.

Chung N, Kwon S J. 2009. The effects of customers' mobile experience and technical support on the intention to use mobile banking[J]. Cyberpsychology & Behavior: the Impact of the Internet, Multimedia and Virtual Reality on Behavior and Society, 12(5): 539-543.

Chung T L, Anaza N A, Park J, et al. 2016. Who's behind the screen? Segmenting social venture consumers through social media usage[J]. Journal of Retailing and Consumer Services, 28: 288-295.

de Clerg D, Haq I U, Azeem M U. 2018. The roles of informational unfairness and political climate in the relationship between dispositional envy and job performance in pakistani organizations[J]. Journal of Business research, 82: 117-126.

del Vecchio P, Mele G, Ndou V, et al. 2018. Creating value from social big data: implications for smart tourism destinations[J]. Information Processing & Management, 54(5): 847-860.

Dobrev S D. 2007. Competing in the looking-glass market: imitation, resources, and crowding[J]. Strategic Management Journal, 28(13): 1267-1289.

Feng H Y, Tian J, Wang H J, et al. 2015. Personalized recommendations based on time-weighted overlapping community detection[J]. Information & Management, 52(7): 789-800.

Ferreira P, Telang R, de Matos M G. 2019. Effect of friends' churn on consumer behavior in mobile networks[J]. Journal of Management Information Systems, 36(2): 355-390.

Fink L, Markovich S. 2008. Generic verticalization strategies in enterprise system markets: an exploratory framework[J]. Journal of Information Technology, 23(4): 281-296.

García-Crespo Á, Colomo-Palacios R, Gómez-Berbís J M, et al. 2010. SEMO: a framework for customer social networks analysis based on semantics[J]. Journal of Information Technology, 25(2): 178-188.

Goneos-Malka A, Strasheim A, Grobler A F. 2014. Conventiona lists, connectors, technoisseurs and mobilarti: differential profiles of mobile marketing segments based on phone features and postmodern characteristics of consumers[J]. Journal of Retailing and consumer Services, 21(6): 905-916.

Guo J P, Zhang W X, Fan W G, et al. 2018. Combining geographical and social influences with deep learning for personalized point-of-interest recommendation[J]. Journal of

Management Information Systems, 35(4): 1121-1153.

Haans H, Raassens N, van Hout R. 2013. Search engine advertisements: the impact of advertising statements on click-through and conversion rates[J]. Marketing Letters, 24(2): 151-163.

Hill W W, Beatty S E, Walsh G. 2013. A segmentation of adolescent online users and shoppers[J]. Journal of Services Marketing, 27(5): 347-360.

Hinz O, Eckert J, Skiera B. 2011. Drivers of the long tail phenomenon: an empirical analysis[J]. Journal of Management Information Systems, 27(4): 43-70.

Knowles M L, Gardner W L. 2008. Benefits of membership: the activation and amplification of group identities in response to social rejection[J]. Personality and Social Psychology Bulletin, 34(9): 1200-1213.

Kozinets R V. 2002. The field behind the screen: using netnography for marketing research in online communities[J]. Journal of Marketing Research, 39(1): 61-72.

Kozinets R V, de Valck K, Wojnicki A C, et al. 2010. Networked narratives: understanding word-of-mouth marketing in online communities[J]. Journal of Marketing, 74(2): 71-89.

Kronemann B, Kizgin H, Rana N, et al. 2023. How AI encourages consumers to share their secrets? The role of anthropomorphism, personalisation, and privacy concerns and avenues for future research[J]. Spanish Journal of Marketing-ESIC, 27(1): 3-19.

Kwon H E, Oh W, Kim T. 2017. Platform structures, homing preferences, and homophilous propensities in online social networks[J]. Journal of Management Information Systems, 34(3): 768-802.

Lee G M, Qiu L F, Whinston A B. 2016. A friend like me: modeling network formation in a location-based social network[J]. Journal of Management Information Systems, 33(4): 1008-1033.

Liang T, Lai H, Ku Y. 2014. Personalized content recommendation and user satisfaction: theoretical synthesis and empirical findings[J]. Journal of Management Information Systems, 23(3): 45-70.

Liao S H, Chang H K. 2016. A rough set-based association rule approach for a recommendation system for online consumers[J]. Information Processing & Management, 52(6): 1142-1160.

Liu Z, Wang X, Min Q, et al. 2019. The effect of role conflict on self - disclosure in social network sites: an integrated perspective of boundary regulation and dual process model[J]. Information Systems Journal, 29(2): 279-316.

Mashrur F R, Rahman K M, Miya M T I, et al. 2022. An intelligent neuromarketing system for predicting consumers' future choice from electroencephalography signals[J]. Physiology & Behavior, 253: 113847.

Matook S, Cummings J, Bala H. 2015. Are you feeling lonely? The impact of relationship characteristics and online social network features on loneliness[J]. Journal of Management Information Systems, 31(4): 278-310.

Ozcelik A B, Varnali K. 2019. Effectiveness of online behavioral target:a psychological perspective[J]. Electronic Commerce Research and Applications, 33:100891.

Pappas I O. 2018. User experience in personalized online shopping: a fuzzy-set analysis[J]. European Journal of Marketing, 52(7/8): 1679-1703.

Pathak B, Garfinkel R, Gopal R D, et al. 2014. Empirical analysis of the impact of recommender systems on sales[J]. Journal of Management Information Systems, 27(2): 159-188.

Podnar I, Hauswirth M, Jazayeri M. 2002. Mobile push: delivering content to mobile users[R].Vienna: Institute of Electrical and Electronics Engineers: 563-568.

Puntoni S, Reczek R W, Giesler M, et al. 2021. Consumers and artificial intelligence: an experiential perspective[J]. Journal of Marketing, 85(1): 131-151.

Qiu L F, Rui H X, Whinston A B. 2014. The impact of social network structures on prediction market accuracy in the presence of insider information[J]. Journal of Management Information Systems, 31(1): 145-172.

Relling M, Schnittka O, Sattler H, et al. 2016. Each can help or hurt: negative and positive word of mouth in social network brand communities[J]. International Journal of Research in Marketing, 33(1): 42-58.

Sawang S, Lee C C, Chou C Y, et al. 2023. Understanding post-pandemic market segmentation through perceived risk, behavioural intention, and emotional wellbeing of consumers[J]. Journal of Retailing and Consumer Services, 75: 103482.

Scheepers R. 2006. A conceptual framework for the implementation of enterprise information portals in large organizations[J]. European Journal of Information Systems, 15(6): 635-647.

Shankar V, Balasubramanian S. 2009. Mobile marketing: a synthesis and prognosis[J]. Journal of Interactive Marketing, 23(2): 118-129.

Shankar V, Venkatesh A, Hofacker C, et al. 2010. Mobile marketing in the retailing environment: current insights and future research avenues[J]. Journal of Interactive Marketing, 24(2): 111-120.

Shen G C C, Chiou J S, Hsiao C H, et al. 2016. Effective marketing communication via social networking site: the moderating role of the social tie[J]. Journal of Business Research, 69(6): 2265-2270.

Song Y, Sahoo N, Ofek E. 2019. When and how to diversify:a multicategory utility model for personalized content recommendation[J]. Management Science,65(8): 3737-3757.

Steenkamp J B E M, ter Hofstede F. 2002. International market segmentation: issues and perspectives[J]. International Journal of Research in Marketing, 19(3): 185-213.

Thomas V L, Vinuales G. 2017. Understanding the role of social influence in piquing curiosity and influencing attitudes and behaviors in a social network environment[J]. Psychology & Marketing, 34(9): 884-893.

Toker-Yildiz K, Trivedi M, Choi J, et al. 2017. Social interactions and monetary incentives in driving consumer repeat behavior[J]. Journal of Marketing Research, 54(3): 364-380.

van Esch P, Arli D, Gheshlaghi M H, et al. 2019. Anthropomorphism and augmented reality in the retail environment[J]. Journal of Retailing and Consumer Service, 49: 35-42.

Viglia G, Pera R, Bigné E. 2018. The determinants of stakeholder engagement in digital platforms[J]. Journal of Business Research, 89: 404-410.

Wang K Y, Ting I H, Wu H J. 2013. Discovering interest groups for marketing in virtual communities: an integrated approach[J]. Journal of Business Research, 66(9): 1360-1366.

Wang Y W, Wu C H, Zhu T. 2019. Mobile hailing technology and taxi driving behaviors[J]. Marketing Science, 38(5): 734-755.

Watson C, McCarthy J, Rowley J. 2013. Consumer attitudes towards mobile marketing in the smart phone era[J]. International Journal of Information Management, 33(5): 840-849.

Wattal S, Telang R, Mukhopadhyay T. 2009. Information personalization in a two-dimensional product differentiation model[J]. Journal of Management Information Systems, 26(2): 69-95.

Zhou W, Han W B. 2019. Personalized recommendation via user preference matching[J]. Information Processing & Management, 56(3): 955-968.

第8章

虚拟社群意识唤醒与消费者自我
-品牌联系

■ 导论

虚拟社群是互联网发展的产物，随着互联网迅速发展和普及，网民规模的迅速增大，虚拟社群的营销价值越来越受到人们的关注。在人们的日常生活中，通过虚拟社群来获取商品相关信息似乎已经成为人们购买商品过程中的必要步骤。例如，几乎每个大品牌都有自己的虚拟品牌社群。人们在消费过程中越来越依赖于根据这类虚拟社群提供的信息作出决策，在虚拟社群中人们可以毫无保留地分享自己的购物经验，这些经验在其他成员做决策的过程中起到重要作用。对消费者而言，虚拟社群正逐步改变他们的购物方式，影响他们的购物理念，改变他们的消费行为。当然，不可否认，消费者还从虚拟社群中获得增强社会联系、维持人际交往关系、娱乐等有价值的信息。正因如此，越来越多的企业、商家都已经将眼光转向网络虚拟社群。对企业而言，他们可以根据产品的定位，在相应的目标消费者形成的虚拟社群中进行口碑营销，借此来提高产品销量和知名度，树立品牌形象。

网络技术的发展，使得人们参与线上虚拟社群活动逐渐成为日常社群活动的一部分，且所占比重越来越大。人们对于其经常参与的虚拟社群有着一种归属感，在这一点上，虚拟社群有着和线下真实社群同样的特点。在社会学和心理学研究中，在真实社群中存在着社群意识，这种社群意识会使成员受到群体规范的影响。本章将主要探讨网络环境中虚拟社群意识的唤醒，以及群体间竞争方式的不同对虚拟社群意识唤醒会产生怎样的影响，并研究虚拟社群意识对消费者自我-品牌联系的作用与作用机制。

8.1 虚拟社群

8.1.1 定义

虚拟社群也叫虚拟社区，最早由莱茵戈尔德在 1993 年提出，他指出虚拟社群是社会的集合体，是一种包含人类情感的人际关系网络，这种网络的形成有赖于人们在网络环境中参与持久的公开讨论 。随着互联网技术的不断进步，涌现出了大量的虚拟社群，如全球著名的 Facebook、Myspace 以及 Twitter 等。此外，还有在欧洲有着大量人气的 Tagged 等；在国内，也有大量成功的综合社区和虚拟社群，如人人知晓的百度贴吧、人人网等，新浪微博和微信群成为人们主要的集群方式。随着虚拟社群在人们的日常生活中扮演着越来越重要的角色，越来越多的学者对虚拟社群展开了深入研究。

早在 20 世纪 90 年代，国外学者对虚拟社群的概念就已经有了一定程度的研究，主要有系统说、技术关系说、社会群体关系说这三大类学说。

（1）系统说将虚拟社群定义为一种只存在于互联网环境中的网络共同体，有着共同兴趣和目标的个体在这个共同体中通过电子媒介进行沟通互动。例如，Preece（2000）指出，一个系统中只要有人、共同目标、政策和计算机系统，就可以将这个系统称之为虚拟社群。

（2）技术关系说则是将人们基于技术支持相互沟通、互动而形成的一种社会关系定义为虚拟社群，可以简单理解为在网络技术和软件技术的支持下形成的一种技术现象，这一学说认为虚拟社群之所以能够形成，是因为有了技术支持。技术关系说的代表学者是 Jones 和 Rafaeli（2000）、Delone 和 McLean（2003）。

（3）社会群体关系说认为虚拟社群是网络空间中具有共同目标的群体关系的总和，这种关系的总和是通过人们的相互交流形成的，代表学者为 Balasubramanian 和 Mahajan（2001）等。他们认为只要是在互联网情境下，人们在一定的边界之内由于频繁接触而形成的社会关系就是虚拟社群。

8.1.2 虚拟社群的分类研究

虚拟社群创建目的的不同会导致虚拟社群的主要功能也有所不同，这些不同最终会体现在成员对虚拟社群的利用行为上。对虚拟社群的分类主要有三种划分方式：一是根据社群成员的需求划分，二是根据虚拟社群的经营性质划分，三是根据虚拟社群采用的信息技术划分。

1. 根据社群成员的需求划分

Hagel 和 Armstrong（1997）是持有这类观点的最具有代表性的学者，他们在自己的研究中将虚拟社群分成四类：兴趣型虚拟社群、关系型虚拟社群、幻想型虚拟社群以及交易型虚拟社群。

兴趣型虚拟社群指该社群是因为人们对某一共同话题感兴趣而聚集成的虚拟社群，如沪江英语聚集着大量的英语爱好者，美国职业篮球联赛（National Basketball Association，NBA）论坛聚集着大量的篮球迷。

关系型虚拟社群是指这类社群能形成的关键要素是成员之间的关系，成员通过分享各自的人生经验来维持社群发展，如很多大学生都乐意通过人人网来分享自己的成长故事等。

幻想型虚拟社群主要是一些大型的网络游戏社群，成员在虚拟社群中可以扮演不同的人物、拥有不同的人生，如国内有名的"浩方对战"平台，国外则有著名的"第二人生"。

交易型虚拟社群则表示这类社群成立的主要目的是为商业活动服务的，成员交流互动的目的也主要是实现产品、服务等相关信息的共享，如国内的阿里巴巴、淘宝网，国外的 eBay 等。

然而，互联网技术的不断发展，催生了一批为人们提供网络创造平台的虚拟社群，如国内以新浪微博最具代表性。

2. 根据虚拟社群的经营性质划分

Klang 和 Olsson（1999）是使用这类划分方法的代表人物，具体分类如表 8-1 所示，很多学者在后续研究中都借鉴了这一划分方法。

表 8-1　虚拟社群经营性质划分

公司分类	非营利性	营利性
公司经营	论坛类虚拟社群	商店类虚拟社群
非公司经营	俱乐部类虚拟社群	集市类虚拟社群

3. 根据虚拟社群采用的信息技术划分

Jones 和 Rafaeli（2000）将虚拟社群划分为 BBS、Usenet Group、3D 世界、网络聊天等。Delone 和 McLean（2003）将虚拟社群分为聊天室、多用户网络游戏（multi-user dungeon，MUD）、BBS 或新闻组四种。Papadakis 等（2003）根据信息交流的同步与否进行划分，其中即时聊天类和网络游戏类社群被分为同步社群； BBS、论坛贴吧等则被划分为非同步社群。

8.1.3 虚拟社群成员划分研究

国内外学者对虚拟社群进行研究的另一个重点就是分析虚拟社群中的不同成员的特征。Hagel 和 Armstrong（1997）从成员的参与程度和自身价值出发，把虚拟社群成员划分为浏览者、潜水者、贡献者、购买者四类。浏览者价值最低，因为它代指加入社群时间短、随意浏览内容的成员。潜水者虽然加入社群的时间够长，但又不积极参与社群活动，价值比浏览者稍高，因为可以在其身上收集到浏览的历史记录和个人数据等有价值的信息。贡献者是经过时间考验的浏览者，他们对于社群建设最有热情，会积极地投入社群活动中，在社群中停留的时间也足够长，在社群成员中价值第二高。购买者指社群中积极参与社群活动并购买产品和服务的成员，社群中这类成员价值最高。

Wang 和 Fesenmaier（2004）按照成员对所属虚拟社群的贡献度把虚拟社群成员分为游客、社交者、贡献者和内部者。其中，对社群缺少贡献，并与社群中其他成员没有社会联系的成员被称为游客；偶尔对社群作出贡献，并与社群有着有限程度的社会联系的成员被称为社交者；经常对社群作出贡献，对社群活动拥有巨大热情的同时又与社群有着强社会联系的成员被称为贡献者；内部者就是社群里非常积极的贡献者。

8.2 虚拟社群意识

8.2.1 社群意识的概念

社群意识来源于社会学家对真实社群的群体行为的观察，他们发现社群里的人们表现出一种超越个人的"集体精神"。社群意识的概念最早由 McMillan 和 Chavis（1986）提出，其认为社群意识是一种感觉，它能够使成员对群体有认同感和归属感，使成员认为自己能对其他成员和群体有所帮助，并且令成员之间相互信任。社群意识包含四大要素：成员资格、影响力、需求实现和情感纽带。Bachrach 和 Zautra（1985）指出，强烈的群体意识会促进基于问题的解决行为的产生，这种行为试图直接地转移风险或克服困难，而不会对基于情感策略的解决行为的产生有影响，如从心理上适应当前威胁。

理解真实社群的一个重要概念就是社群意识（McMillan，1996；McMillan and Chavis，1986；Sarason，1974）。社群意识是成员对自己与社群的关系的感受。McMillan 和 Chavis（1986）把社群群体意识看作个体对群体产生的身份感、认同感、归属感和依恋感，其作为一种力量在人类生活中发挥着重要作用。在面对面（face-to-face）型社群中，成员间的互动和互相支持促使成员产生群体意识（Blanchard，2007）。社群意识使成员把自己所属社群的成员与不属于同一个社群的非成员区别开来，产生"我们"的社群意识，把所属社群认为是"我们的"。拥有社群意识的成员会意识到自己对社群有一种责任和承诺（高鉴国，2005）。

社群意识是一种感觉——成员感受到一种归属感，成员之间、成员与群体之间的关系对双方来说都是重要的；成员有着共同的信念，让他们相信他们的需求能够在互相信任的过程中得到满足（McMillan and Chavis，1986）。社群意识主要包括四个维度，以下是四个维度的具体内容。

（1）成员资格。成员资格包括自增强方面的界限（如知道谁属于这个群体）、情感安全（界限能为隐私提供保护）、个人投资（为成为一个重要成员投资）、归属感（与其他社群的区别和常用的象征标示）（Rosenbaum et al.，2005）。

（2）影响力。影响力指成员对社群影响的感知（它使得社群对成员具有吸引力），整个群体的影响超过个体成员的影响（这形成了社群的凝聚力和一致性）（Bess et al.，2002；Chavis et al.，1986；Obst et al.，2002；Royal and Rossi，1996）。

（3）需求实现。这是以某种理念为基础的，这种理念认为奖励或福利对于成为一名社群成员、维持积极的社群意识是必要的（McMillan and Chavis，1986）。社群成员的需求能够通过群内的身份地位、社群的成功和其他成员的专业水平得到满足（Obst et al.，2002）。

（4）情感纽带。这一维度源于共享的社群历史、事件、积极的互动和对社群的认同。互动的人越多，越容易形成亲密的关系，并最终形成强有力的情感纽带（McMillan and Chavis，1986）。

已经有许多学者的研究证实了社群意识是真实社群取得成功的一项重要的促成元素。具体表现在社群意识能够增加成员的参与感和归属感（Felton and Shinn，1992；Hunter and Riger，1986）；能够让成员为整个社群的发展努力（Chavis and Wandersman，1990）；能够增加成员对社群的满意感和信任感（Burroughs and Eby，1998）；增加社群成员卷入度和问题应对行为（McMillan and Chavis，1986）。

8.2.2　虚拟社群意识的测量

理解社群意识对真实社群的互动作用能够帮助我们认识到社群意识这一概念

对网络社群研究的价值。社群意识概念进一步扩展到网络情境中，形成虚拟社群意识这一概念，用以解释网络中虚拟社群中的成员资格等四要素（Blanchard，2008；Blanchard and Markus，2004；Koh et al.，2003；Lin，2007；Welbourne et al.，2009）。这一概念的定义为虚拟社群成员意识到自己的成员身份时，对某一社群具有依恋感、身份认同感和归属感，并且这一社群成员的互动手段主要是电子通信技术（Blanchard，2007）。

然而，在网络环境中，虚拟社群面临着与线下的真实社群不一样的环境，虚拟社群需要克服一些限制条件，如空间凝聚力等需要面对面交流才能达到的状态。虚拟社群需要采用不同的通信方法来打造一个富媒体的、有趣的环境。此外，因为虚拟社群处在网络环境中，所以也具有匿名的特点——大部分社群成员使用昵称或替身，并且当社会准则缺乏时，很容易造成越过道德边界的困扰（Schroeder and Axelsson，2006）。

虽然学者对虚拟社群中社群意识还存在不同的理解，但有一个共同的认识：无论是虚拟社群还是真实社群，他们的这种社群意识都包含成员资格、影响力、需求实现和情感纽带等要素，社群意识对成员都能够产生一定的作用（Blanchard，2008；Blanchard and Markus，2004；Koh et al.，2003；Lin，2007；Welbourne et al.，2009）。

最早对社群意识的测量量表普遍采用的是 Chavis 等（1986）所开发的社群意识量表（scale of community intention，SCI），这一量表也曾被大量学者直接用来测量网络社群意识（Blanchard，2007；Obst et al.，2002）。但是，测量结果显示，由于环境的不同，该量表在没有修正的情况下不能很好地应用到网络情境群体中，现有研究不能确定网络社群意识的四个维度结构。例如，有证据表明，网络社群中有成员感觉到自己对其他成员没有影响力，但是他却比线下现实群体的成员有着更广泛的影响力（Blanchard and Markus，2004）。因此，Chavis 等（2008）为了解决上述问题，对最初开发的量表进行了研究改进，并提出了新的测量量表SCI2。Abfalter 等（2012）在对虚拟网络社群进行研究时发现，虽然 SCI2 在网络虚拟情境中较之 SCI 有了很大的改进，但依然有可以改进的地方，并得出新的量表。

因此，本章采用 Abfalter 等（2012）提出的测量量表进行研究，采用 5 点量表（"1"非常不同意，"5"非常同意）进行测量。采用纸质问卷并以选择题的形式发给被试，具体题项如表 8-2 所示。

表 8-2　社群意识测量量表

维度	编号	测量题项
成员资格	MEM1	我的重要需求得到满足，因为我是这个社群中的一部分
	MEM2	当我遇到问题时，我可以和成员商量
	MEM3	社群中成员有相同的需求和目标
影响力	INFL1	我能够信任社群中的成员
	INFL2	大多数成员知道我
需求实现	IFN1	适应社群对我来说很重要
	IFN2	这个社群对其他社群有一定的影响
	IFN3	我对这个社群有着一定的影响力
	IFN4	当社群遇到问题时，成员们可以将问题解决
	IFN5	社群中有好的领导
情感纽带	SEC1	成为社群的一部分对我来说很重要
	SEC2	我乐意与其他成员在一起
	SEC3	我希望能留在这个社群中
	SEC4	我对这个社群的未来很有希望
	SEC5	社群中成员互相关心

资料来源：Abfalter 等（2012）

8.3　自我-品牌联系

8.3.1　自我-品牌联系的内涵

自我是人们在心理层面对自身各方面形成的一种认知和评价。比如，人们都会在脑海中设想自己会成为什么样的人，或者希望自己成为什么样的人，人们的自我感知会对自己的行为产生影响，如人们会透过特定的言行举止来向外界传达自我形象。这种行为反映到消费领域，就表现为消费者往往会通过选择能产生特殊联想的品牌来建构、表达以及强化自我（Fournier，1998；Richins，1994；Ball and Tasaki，1992）。消费者的这一心理过程通常会涉及"产品表达了什么样的形象"和"我想表达什么样的形象"两种自我感知。消费者在这一阶段的品牌联想包含了典型的品牌使用者形象和自身心理利益（Sutcliffe，1993；Keller，1993）。借助于品牌，消费者可以轻易地联想到一些特定的形象，如地位、身份和职业等，在此过程中，消费者对自我的相似的认知会被激活，然后再将这两种形象进行比较。在比较过程中，消费者会倾向于选择品牌形象与自我形象相匹配的品牌。所以，当某品牌的典型使用者形象与消费者相似或消费者想向外界表达与该品牌的典型使用者形象类似的形象，那么这一品牌就会被消费者纳入自我，进而形成消费者的自我与品牌联系，也就是自我–品牌联系（Escalas and Bettman，2003）。自我–品牌联系的理论基础是消费者与品牌之间可形成类似人际关系的品牌关系（Fournier，1998）。自我–品牌联系代表着自己跟品牌的关系强度。

消费者为了实现自我呈现和社会认同的目的，往往会借助某些品牌来向外界表达自我想象，在该阶段中，消费者通常会在自我认知中纳入品牌联想，如其他使用者的形象、个性等，进而将品牌形象与自己所期望的形象联系起来（Fournier，1998；Richins，1994）。当这种联系变得越紧密，消费者对自我和品牌的联想就会越强烈，而品牌价值的关键就是能否让消费者在脑海中形成独特的品牌联想（Sutcliffe，1993；Keller，1993）。

对于自我–品牌联系的相关研究最早可追溯到1982年，瑟吉（Sirgy）通过研究提出了"自我概念与产品形象一致性理论"，这一理论指出个体消费者往往会将自己感受到的产品形象与自身形象进行联想，如果产品的象征意义或所表达的形象与其对自身形象的认识相匹配，个体对产品持积极的态度，否则持消极的态度。此后，Richins（1994）经过研究进一步表明消费者为了能够得到社会的认同，实现自我形象的呈现，经常会借助于品牌来建构、表达或强化自我形象。Escalas和Bettman（2003）对品牌形象与社群的关系展开研究，将自我–品牌联系定义为消费者通过选择某品牌建构、表达和强化自我，期望得到社会认可的程度。

8.3.2 自我–品牌联系与参照群体的关系

由于自我–品牌联系从消费者心理角度解释了自我形象与品牌形象产生联系的作用机制。群体作为品牌意义的主要来源，在这一过程中，扮演着重要角色，因而参照群体有助于我们进一步理解消费者自我–品牌联系的形成过程（Fournier，1998；Richins，1994）。

成员所属的群体对某一品牌产品的使用，能够促进群体中的成员产生关于该品牌的一种联想，这种联想无论是从成员形象上还是心理利益上都跟该品牌有关，（Muniz and O'Guinn，2001），进而对成员消费者的品牌选择偏好产生影响。就像人们在日常生活中所说的品牌烙印。通俗来讲，人们对某种商品的购买意图（Terry and Hogg，1996）、对某种品牌的品牌态度（Haslam et al.，1996）都会受到自己所属群体的影响；人们在日常生活中也更愿意去选取能表达自己所属群体的形象的品牌（Bearden and Etzel，1982；Childers and Rao，1992）。不仅如此，群体还能够对其成员产生刺激，在影响他们消费偏好的同时，激发他们的购买欲望（Lockwood and Kunda，1997，2000；Batra and Homer，2004）。在日常生活中，人们往往会和群体形象与自我认知形象相去甚远的群体成员进行互动（Jackson et al.，1996）。White 和 Dahl（2006）在研究中指出，只要某种产品、品牌会让人轻易地联想到其他群体，那么人们对这种产品的评价会比较低，不倾向于购买此产品。社群群体为我们进一步探索消费者和品牌之间的关系提供了桥梁。

群体对成员的影响主要包括信息（information）、功利（utility）和价值表达（value-expressive）方面的影响（Parker，1977）。简单来讲，信息影响是指成员能从群体中得到有用信息；功利影响指成员通过保持与其他成员的期望一致性来得到相应的奖赏或逃避应受的惩罚；价值表达的影响则主要体现在成员对群体的情感方面，包括成员从心理上认为自己是该群体中的一部分，愿意接受群体的价值观。群体在价值表达层面上的影响是与成员的自我密切相关的，在本章研究中主要考察群体在价值表达上的影响。

Escalas 和 Bettman（2003）在探索参照群体对自我-品牌联系有何影响时发现：群体是品牌价值意义的重要来源，消费者会在成员群体与非成员群体分别使用的品牌之间产生关联想象，与成员群体有关的、更为接近成员群体形象的品牌被纳入自我。Escalas 和 Bettman（2005）还进一步揭示了消费者对于成员群体和非成员群体中自我-品牌联系的差异。消费者对与自己所属的成员群体相关的产品的自我-品牌联系要高于其对于非成员群体中产品的自我-品牌联系。综合来看，Escalas 和 Bettman（2003，2005）从整体上分析了群体对消费者自我-品牌联系的影响，证实了群体对消费者与品牌之间关系形成的桥梁作用，且群体的规范作用越强，自我-品牌联系程度也越强。

8.4　群体任务竞争与社群意识唤醒

在著名的"罗伯斯山洞实验"中，研究人员通过对一起参加夏令营活动的小男孩进行分组，并设置一些竞争或冲突活动，完整地展现了人们从个体形成群体的全过程，最后得出交往、共同活动和目标一致是群体形成的基本条件。在现实生活中，这种由于竞争而形成的集群已经越发常见，那么在虚拟社群中情况又如何呢？

虚拟社群是一种基于互联网的集体，人们在这个集体中，围绕共同的需要、兴趣或目标进行持续交流（Preece，2000）。从定义可以看到，网络群体与现实群体的最大区别就是群体所处的环境的不同。几乎所有的网络群体都依靠人们自愿的承诺、参与和贡献。网络社群生活在人们的网络生活中所占比重越来越重，人们总会处在某个特殊的虚拟社会中，在这种社会网络结构中人们往往会根据自己的兴趣和价值观与其他社会成员进行一些互动交流。如果这种互动交流经常发生，就会形成一定的习惯，于是就有了某种群体的特定的互动交流结构，在这种长期互动交流中大多数的人会形成某种较为统一的思维方式，本章中称之为"群体思维"，在群体思维形成的过程中，这种群体思维会不断地聚合，而在这种聚合中群体或群体成员会在此过程中逐渐意识到自己属于某个群体。

Prinzmetal 和 Millis-Wright（1984）认为，只有具备了以下三个条件时，某一社群的社群意识才会形成或者存在。第一，自觉合理地认识自己社群的群体利益；第二，对另一社群的群体利益产生抗拒或者进行否定；第三，以集体行动的方式实现所属群体的相关利益。同时，又有研究发现，在单一群体环境下，在面对群体利益问题时，群体成员经常会采取不合作的方式，也就是说单一群体环境下，群体成员合作程度低、效率低下（Ochs，1995）。但是，当一些学者在群体研究中导入"竞争"概念后，出现了截然不同的结果。这些学者发现，在群体间导入竞争不仅几乎能够完全消除群体无效率的情况，还能促使群体成员提高自身努力程度（Bornstein et al.，2002）。Brosig 等（2007）通过采用博弈理论对群体内成员的协调合作效率进行了相关研究，得出了同样结论，即当在群体间设置了竞争时，各群体内部成员之间的态度和合作效率有了明显的提高。与单一群体环境相比，多群体环境中群体间竞争不仅能够提高群体效率，而且可以促进群体内成员进行合作；即使是在竞争中落败的群体也同样符合这一结果（Bornstein et al.，2002）。

群体间的竞争还可以进一步地减少群体内"搭便车"现象的出现，从而增加群体行为活动的效率（Bornstein et al.，1990；Erev et al.，1993；Bornstein and Erev，1994）。群体间的竞争确实能够增加个体对群体的正面情感、参与意愿和停留意愿（Back 1951；Levine and Moreland，1998）。当群体变得更为紧密，使得群体行为活动更有效率后，对社群意识也有了一定的影响，因为群体的集体行动能够促进群体意识的发展（Duncan et al.，2010）。虽然虚拟社群与现实社群所处环境有所不同，但国外学者在对网络社群中的上述问题进行研究时发现，当虚拟社群群体受到利益威胁时，满足同样的结论（Jonas et al.，2010；Fiedler and Sarstedt，2014）。

国内学者魏玖长等（2011）通过研究发现了同样的结论，结果显示群体利益受到威胁是引发群体行为的直接诱因，在网络环境下，个体参与群体活动具有不正式性和临时性，群体利益更容易受到竞争威胁，也更容易产生群体性行为。

Iyengar 和 Lepper（2000）在实验中，通过备选方案的多少来操控实验难度，即备选方案越多，任务难度越高，结果显示任务难度越高，个体参与群体决策的内在动机就越强，且在个人决策过程中会参考群体的决策，使得整个群体决策过程更有效率。Timmermans 和 Vlek（1994）通过实验验证了任务难度与群体决策间的关系，在实验中主要是通过任务的复杂程度来实现对任务难度的控制，即任务越复杂，任务难度越高，发现任务难度会对个体和群体在决策过程中产生影响；简单来讲，任务难度越高，会使个体在决策过程中对群体的依赖程度越高，群体在决策过程中也更加团结。而社群意识表示成员对所属社群的归属感和依赖感，成员之间相互信任。因此，提出以下假设。

H8-1：群体间任务导向的竞争能够唤醒虚拟社群意识，社群成员对社群任务的感知难度越高，唤醒的虚拟社群意识越强。

8.5　群体间话题争论与社群意识唤醒

网络虚拟社群是一种基于互联网的集体，人们在这个集体中，围绕一个共同的目标、兴趣或需要，不断进行交流和沟通（Preece，2000）。Chen 和 Berger（2013）认为，一项具有争议的话题在某种程度上能够引起人们参与争论的意愿；同时，在匿名状态下，人们参与争论的意愿会得到增强。另外，Ren 等（2007）认为，群体间的争论是网络环境中群体形成的一个关键因素。显然，在网络环境中，话题参与者的匿名性是最为显著的特征之一，人们经常采用匿名的方式在网络环境中与他人进行对话。Ren 等（2012）通过实验发现，群体间的争论能够增加个体对群体的认同感。通过阅读以往对现实社会群体的研究，可以知道，在每个群体的形成过程中，都会利用争论来建立自身群体的边界，从而与其他群体划清界限，形成自身的特性（Mead，1998）。

例如，小米手机的粉丝"米粉"就是在与其他消费者群体围绕小米手机的争论中不断地壮大了小米社群。在小米手机的例子中，这种争论就直接促使相关消费者形成"米粉"和"批评者"两个对立的群体，激发了他们的社群意识，通过语言或者实际行动来捍卫自己所在群体的利益。社群意识能够使成员对社群群体有认同感和归属感，使成员认为自己能对其他成员和群体有所帮助，并且令成员之间相互信任（McMillan，1976）。Ren 等（2012）通过实验发现，群体间的争论能够增加个体对社群或群体的认同感。

在群体间话题争论情境中，争论的主题同样有着难易之分，通常人们认为某话题有一定难度时，会认为该话题更有吸引力，更愿意参与到集体讨论中（Chen and Berger，2013）。因此，提出以下假设。

H8-2：群体间的话题争论能够唤醒虚拟社群意识，社群成员对话题争论的感知难度越高，唤醒的虚拟社群意识越强。

Bachrach 和 Zautra（1985）在研究一个真实社群时发现，强烈的社群意识会促进社群产生聚焦于问题解决的群体行为，这些行为试图直接转移或克服困难。但这种社群意识对聚焦于情感的策略产生没有影响，如在心理上适应所面临的威胁。同时，聚焦于问题的解决能够增加个体对某一社群的卷入程度。在诸如此类的社群中，社群成员皆认为群体是有凝聚力的，自己所处的群体好过其他群体

（Back，1951；Hogg and Turner，1985；Michinov et al.，2004）。群体间的冲突确实能够增加个体对所属群体的正面情感、参与意愿和停留意愿（Back，1951；Levine and Moreland，1998）。通常情况下，个体对群体的认同感越强，那么群体对个体的影响力越大（Triplett，1898）。当个体对群体的目标具有承诺感时，他们更愿意为群体目标作出努力，对群体也更加具有认同感和依赖感，更愿意为群体作出贡献（Lakhani and von Hippel，2003）。

群体间的交流、互动能够增加各自的群体利益（Cason et al.，2012）。不仅如此，提高群体内合作的最有效的方法同样是交流、互动，即使是毫无目的的"聊天"（Charness，2000；Charness and Grosskopf，2004）。群体动力学理论中，构成群体行为的三要素为活动、相互影响和情绪。Hackman（2005）在研究群体行为理论时指出，群体的效率水平和群体行为会受到相关的外部环境、群体结构、规模大小、群体成员的水平、群体间冲突水平以及成员承受的群体规范的压力等主要因素影响。这就表明，冲突水平的不同，会影响到群体的绩效水平和群体行为（Mathiasen，1991）。一般认为，与群体间的话题争论相比，群体间有目的的竞争会使得群体间的冲突水平更高，不仅如此，群体间竞争能够提高群体内的合作程度和促进群体行动（Nalbantian and Schotter，1997）。通常情况下，个体对群体的认同感越强，那么个体受到群体的影响就越大（Triplett，1898）。当个体对组织的目标具有承诺感时，他们更愿意为群体目标作出努力，对群体也更加具有认同感和依赖感，更愿意为群体作出贡献（Lakhani and von Hippel，2003）。这些研究结论对网络环境中的虚拟社群同样适用（Jonas et al.，2010；Fiedler and Sarstedt，2014）。

H8-3：相较于群体间的话题争论，群体间任务导向的竞争唤起的虚拟社群意识更为显著。

8.6 社群意识唤醒与消费者自我–品牌联系的关系

社群意识与群体规范二者之间有着紧密联系。社群意识在增强群体规范方面扮演着重要角色（McMillan and Chavis，1986）。群体成员加入某一社群的前提应该是具有共同的目标或者兴趣，他们会在群体活动中各司其职，某个社群成员在作出某种行为时，必然会受到群体规范的影响，群体规范会对其产生或多或少的压力（Mowen and Minor，2000）。群体规范对群体成员的行为具有很大的影响力，成员对群体规范的遵守可以提升社群的凝聚力和加强成员相互之间的联系纽带。社群成员在参与互动的过程中会产生两种现象：内化现象和认同化现象（Bagozzi and Dholakia，2002）。某个虚拟社群成员和其他社群成员的价值观相符被称为内化现象，而认同化现象则是社群成员个体对社群整体产生归属感，树立了虚拟社群中社群成员这一身份意识的现象（徐小龙，2012）。

认同化是成员对群体认知的一种心理上的状态。当某一社群成员对其所属社群产生认同后，他会主动地对自己和其他成员的相似性进行区分，自觉地对自己与非社群成员的不同之处进行辨别。社群成员在其所属社群内化和认同化的过程中产生认同感。此时，虚拟社群内的相关信息就会对社群成员产生很大的影响。当虚拟社群的成员对其所属社群产生了认同感，就会自觉地去遵守该社群的群体规范，其行为方式也会符合其群体身份，与群体行为一致，自愿接受该社群的影响（魏玲，2007）。

当虚拟社群中成员产生群体意识时，会对虚拟社群产生认同感，会树立一种身份意识——"我属于这个大家庭，我是其中的一分子"，会对其所属社群作出某种情感上的承诺。如果发生某种不符合群体行为的情境，其会认为是对集体自尊的一种侵犯。社群意识能够使群体对个体的影响力增强（Bagozzi and Dholakia，2002；Dholakia et al.，2004）。虽然在虚拟社群中，社群成员主要以电子媒介的方式完成互动交流，在这种相互交流的过程中逐渐产生对群体身份的认同，对群体产生依恋和归属感（Blanchard，2007）。社群意识将淡化成员的自我意识，强化群体成员对整个社群的感知，使群体成员自觉遵守群体规范，遵从该社群的群体行为。拥有社群意识的成员会意识到自己对社群有一种责任和承诺；某一社群中成员的社群意识越强，越容易受到群体的规范性影响（高鉴国，2005）。

当群体成员的社群意识得到唤醒时，社群规范的作用开始凸显。社群规范在成员的行为过程中扮演着重要角色，对其相关行为发生形成一定的压力和影响（Mowen and Minor，2000）。此时，社群规范扮演着社群行为准则的角色，保证了成员间的行为一致。某一社群的群体规范在社群成员间的交流互动中逐渐产生，同时随着时间的推移其所扮演的角色也越来越重要（Postmes et al.，2000）。

对消费者而言，某个消费者受到其所属虚拟社群中其他成员的经验和观点的影响。在长期的交流互动中某些观点逐渐归于一致，产生了群体成员都认同的群体观点，形成了某些成文、不成文的规定，这些观点或规定将会给社群成员形成一种导向性的压力，在一定程度上影响了社群成员的消费心理、消费观念及其购买决策，而这种压力会影响社群成员消费者的消费行为，使其符合虚拟社群的群体规范。

White 和 Dahl（2006）经过研究指出，如果某种产品会让人轻易地关联到非成员群体，那么他对该产品的评价比一般中性产品更差，购买意愿也会下降。群体成了我们对消费者与品牌之间的关系进行深入探索的桥梁。与此同时，社群是品牌具有意义的一个主要原因，因而不同的社群群体对消费者的自我–品牌联系有着不同的影响。有研究表明，消费者在不同种类的社群影响下，在不同的购物情境中，他们的自我–品牌联系存在着不同。姜凌等（2009）认为，在不同成员群体对消费者产生影响的情境下，成员的自我–品牌联系会发生变化。杜伟强等（2009）也指出，社群群体的差异以及成员对群体的感情依赖，都会影响自身的自我–品牌联系。

成员所属的群体对某一品牌产品的使用，能够促进群体中的成员产生关于该品牌的一种联想，这联想无论是从成员形象上还是心理利益上都跟该品牌有关，（Muniz and O'Guinn，2001），进而对成员消费者的品牌选择偏好产生影响。就像人们在日常生活中所说的品牌烙印。通常来讲，人们对某种商品的购买意图（Terry and Hogg，1996）、对某种品牌的品牌态度（Haslam et al.，1996）都会受到自己所属群体的影响；人们在日常生活中也更愿意去选取能表达自己所属群体的形象的品牌（Bearden and Etzel，1982；Childers and Rao，1992）。不仅如此，群体还能够对其成员产生刺激，在影响他们消费偏好的同时，激发他们的购买欲望，以及他们自身和品牌的心理联系（Lockwood and Kunda，1997，2000；Batra and Homer，2004）。

因此，提出以下假设。

H8-3a：在群体间任务竞争情境中，由于虚拟社群意识的唤醒，社群成员的自我–品牌联系得到了增强，虚拟社群意识的唤醒在其中起中介作用。

H8-3b：在群体间话题争论情境中，由于虚拟社群意识的唤醒，社群成员的自我–品牌联系得到了增强，虚拟社群意识的唤醒在其中起中介作用。

H8-4：由于虚拟社群意识唤醒程度的不同，在群体间任务竞争情境下，虚拟社群成员的自我–品牌联系程度显著高于群体间话题争论情境下虚拟社群成员的自我–品牌联系程度。

8.7 主要结论

本章在已有的关于虚拟社群、社群意识、自我–品牌联系以及其他相关研究的基础上提出研究假设，主要探讨在网络虚拟社群中，群体间任务竞争、话题争论如何唤醒虚拟社群成员的社群意识，以及社群意识唤醒对自我–品牌联系的影响，理论模型如图 8-1 所示。通过情境模拟实验所收集的数据验证研究假设，研究结论如下。

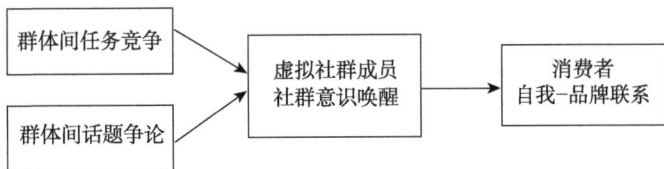

图 8-1　虚拟社群成员社群意识唤醒对其自我–品牌联系的影响

（1）在网络环境中，虚拟社群的社群意识和线下真实社群的社群意识一样，是可以被唤醒的。与线下真实社群一样，群体间冲突（任务竞争、话题争论）的方式都可以唤醒社群意识，相较于群体间的话题争论，群体间任务导向的竞争唤起的虚拟社群意识更为显著。

（2）在网络虚拟社群中，社群意识的强弱与群体间冲突水平的强弱相关，这一点与对线下的真实社群的研究结论类似（van Zomeren et al.，2010）。社群成员对社群任务的感知难度越高，唤醒的虚拟社群意识越强；群体间的话题争论能够唤醒虚拟社群意识，社群成员对话题争论的感知难度越高，唤醒的虚拟社群意识越强。

（3）在网络虚拟社群中，社群意识被唤醒后，会对群体中成员的自我–品牌联系产生影响。具体来说，社群意识被唤醒后，社群成员的自我–品牌联系，得到了增强，且增强的程度与群体意识的强弱显著正相关。群体间任务竞争情境中社群成员的自我–品牌联系增强程度高于群体间话题争论情境中社群成员的自我–品牌联系增强程度。

8.8　管理启示

（1）很多企业面临虚拟品牌社区、社群会员流失现象，或者会员忠诚度不高的问题，群体间任务竞争和群体间话题争论能促进虚拟社群意识的产生，可以为提高社群的凝聚力和成员对社群的认同感提供一个新的策略视角。

（2）企业和品牌既可以通过自己的虚拟社群与其他虚拟社群间的任务竞争来唤醒成员的社群意识，也可以通过自己的虚拟社群与其他虚拟社群的话题争论来唤醒成员的社群意识，相对来说，群体间任务竞争有更好的效果。任务竞争离不开社群的目标设计、使成员有效能感的流程和目标反馈等。例如，电动汽车用户一直面临"跑长途难以充电"的问题，特斯拉车主宗毅就发起了"建充电桩运动"社群，跟酒店合作建特斯拉充电桩，为热爱电动汽车的车主提供免费充电。

（3）虚拟社群意识的唤醒能够对社群成员的自我–品牌联系产生正向影响。在网络环境中，虚拟社群同样具有社会属性，社群中成员同样会受到来自社群整体的影响，在这一过程中，虚拟社群起到了信息来源和参照物的效应。企业或商家可利用虚拟社群，使目标受众与产品、品牌之间形成某种类似人际关系的品牌联系，增加产品、品牌对目标受众的吸引力。例如，小米公司的社群营销模式，让小米手机"MIUI"论坛的社群成员有了更强的铁粉意识，也成为小米手机的忠实用户。

本章小结

- 群体间任务导向的竞争能够唤醒虚拟社群意识，社群成员对社群任务的感知难度越高，唤醒的虚拟社群意识越强。
- 群体间的话题争论能够唤醒虚拟社群意识，社群成员对话题争论的感知难度越高，唤醒的虚拟社群意识越强。
- 相较于群体间的话题争论，群体间任务导向的竞争唤起的虚拟社群意识更为显著。
- 在群体间任务竞争情境中，由于虚拟社群意识的唤醒，社群成员的自我–品牌联系得到了增强，虚拟社群意识的唤醒在其中起中介作用。
- 在群体间话题争论情境中，由于虚拟社群意识的唤醒，社群成员的自我–品牌联系得到了增强，虚拟社群意识的唤醒在其中起中介作用。
- 由于虚拟社群意识唤醒程度的不同，在群体间任务竞争情境下，虚拟社群成员的自我–品牌联系程度显著高于群体间话题争论情境下虚拟社群成员的自我–品牌联系程度。

参考文献

杜伟强, 于春玲, 赵平. 2009. 参照群体类型与自我-品牌联系[J]. 心理学报, 41(2): 156-166.

高鉴国. 2005. 社区意识分析的理论建构[J]. 文史哲, 5: 129-136.

姜凌, 王成璋, 姜楠. 2009. 奢侈与大众: 参照群体影响下的自我-品牌联系[J]. 商业经济与管理, (9): 73-80.

魏玖长, 韦玉芳, 周磊. 2011. 群体性突发事件中群体行为的演化态势研究[J]. 电子科技大学学报(社会科学版), 13(6): 25-30.

魏玲. 2007. 虚拟社区中网络消费行为浅析[J]. 湖南财经高等专科学校学报, (3): 74-76.

徐小龙. 2012. 虚拟社区对消费者购买行为的影响: 一个参照群体视角[J].财贸经济, 2: 10.

Abfalter D, Zaglia M E, Mueller J. 2012. Sense of virtual community: a follow up on its measurement[J]. Computers in Human Behavior, 28(2): 400-404.

Bachrach K M, Zautra A J. 1985. Coping with a community stressor: the threat of a hazardous waste facility[J]. Journal of Health and Social Behavior, 26(2): 127-141.

Back K W. 1951. Influence through social communication[J]. The Journal of Abnormal and Social Psychology, 46(1): 9-23.

Bagozzi R P, Dholakia U M. 2002. Intentional social action in virtual communities[J]. Journal of Interactive Marketing, 16(2): 2-21.

Balasubramanian S, Mahajan V. 2001. The economic leverage of the virtual community[J]. International Journal of Electronic Commerce, 5(3): 103-138.

Ball D A, Tasaki L H. 1992. The role and measurement of attachment in consumer behavior[J]. Journal of Consumer Psychology, 1(2): 155-172.

Batra R, Homer P M. 2004. The situational impact of brand image beliefs[J]. Journal of Consumer Psychology, 14(3): 318-330.

Bearden W O, Etzel M J. 1982. Reference group influence on product and brand purchase decisions[J]. Journal of Consumer Research, 9(2): 183.

Bess K D, Fisher A T, Sonn C C, et al. 2002. Psychological sense of community: theory, research, and application[M]//Fisher A T, Sonn C C, Bishop B J. Psychological Sense of Community. Boston: Springer: 3-22.

Blanchard A L, Markus M L. 2004. The experienced "sense" of a virtual community[J]. ACM SIGMIS Database: the DATABASE for Advances in Information Systems, 35(1): 64-79.

Blanchard A L. 2007. Developing a sense of virtual community measure[J]. CyberPsychology & Behavior, 10(6): 827-830.

Blanchard A L. 2008. Testing a model of sense of virtual community[J]. Computers in Human Behavior, 24(5): 2107-2123.

Bornstein G, Erev I, Rosen O. 1990. Intergroup competition as a structural solution to social dilemmas[J]. Social Behaviour, 5(4):247-260.

Bornstein G, Erev I. 1994. The enhancing effect of intergroup competition on group performance[J]. International Journal of Conflict Management, 5(3): 271-283.

Bornstein G, Gneezy U, Nagel R. 2002. The effect of intergroup competition on group coordination: an experimental study[J]. Games and Economic Behavior, 41(1): 1-25.

Brosig J, Riechmann T, Weimann J. 2007. Selfish in the end? An investigation of consistency and stability of individual behavior[J]. MPRA Paper, 37(3):408-408.

Burroughs S M, Eby L T. 1998. Psychological sense of community at work: a measurement system and explanatory framework[J]. Journal of Community Psychology, 26(6): 509-532.

Cason T N, Sheremeta R M, Zhang J J. 2012. Communication and efficiency in competitive coordination games[J]. Games and Economic Behavior, 76(1): 26-43.

Charness G. 2000. Self-serving cheap talk: a test of Aumann's conjecture[J]. Games and Economic Behavior, 33(2): 177-194.

Charness G, Grosskopf B. 2004. What makes cheap talk effective? Experimental evidence[J]. Economics Letters, 83(3): 383-389.

Chavis D M, Hogge J H, McMillan D W, et al. 1986. Sense of community through Brunswik's lens: a first look[J]. Journal of Community Psychology, 14(1): 24-40.

Chavis D M, Lee K S, Acosta J. 2008. The sense of community (SCI) revised: the reliability and validity of the SCI-2[R]. Lisboa: 2nd ICCP Planning Committee.

Chavis D M, Wandersman A. 1990. Sense of community in the urban environment: a catalyst for participation and community development[J]. American Journal of Community Psychology, 18(1): 55-81.

Chen Z, Berger J. 2013. When, why, and how controversy causes conversation[J]. Journal of Consumer Research, 40(3): 580-593.

Childers T L, Rao A R. 1992. The influence of familial and peer-based reference groups on consumer decisions[J]. Journal of Consumer Research, 19(2): 198.

Delone W H, McLean E R. 2003. The DeLone and McLean model of information systems success: a ten-year update[J]. Journal of Management Information Systems, 19(4): 9-30.

Dholakia U M, Bagozzi R P, Pearo L K. 2004. A social influence model of consumer participation in network- and small-group-based virtual communities[J]. International Journal of Research in Marketing, 21(3): 241-263.

Duffy J, Feltovich N. 2006. Words, deeds, and lies: strategic behaviour in games with multiple signals[J]. The Review of Economic Studies, 73(3): 669-688.

Duncan S L, McComb B C, Johnson K N. 2010. Integrating ecological and social ranges of variability in conservation of biodiversity: past, present, and future[J]. Ecology and Society, 15(1): 5.

Erev I, Bornstein G, Galili R. 1993. Constructive intergroup competition as a solution to the free rider problem: a field experiment[J]. Journal of Experimental Social Psychology, 29(6): 463-478.

Escalas J E, Bettman J R. 2003. You are what they eat: the influence of reference groups on consumers' connections to brands[J]. Journal of Consumer Psychology, 13(3): 339-348.

Escalas J E, Bettman J R. 2005. Self-construal, reference groups, and brand meaning[J]. Journal of Consumer Research, 32(3): 378-389.

Felton B J, Shinn M. 1992. Social integration and social support: moving "social support" beyond the individual level[J]. Journal of Community Psychology, 20(2): 103-115.

Fernback J, Thompson B. 1995. Computer-mediated communication and the American collectivity: the dimensions of community within cyberspace[R]. Albuquerque: International Communication Association.

Fiedler M, Sarstedt M. 2014. Influence of community design on user behaviors in online communities[J]. Journal of Business Research, 67(11): 2258-2268.

Forster P M. 2004. Psychological sense of community in groups on the internet[J]. Behaviour Change, 21(2): 141-146.

Fournier S. 1998. Consumers and their brands: developing relationship theory in consumer research[J]. Journal of Consumer Research, 24(4): 343-353.

Hackman J R. 2005. Why teams don't work[M]//Tindale R S, Heath L, Edwards J, et al. Theory and Research on Small Groups. Boston: Kluwer Academic Publishers: 245-267.

Hagel J, Armstrong A. 1997. Net Gain: Expanding Markets Through Virtual Communities[M]. Boston: Harvard Business School Press.

Harvey O J, White B J, Hood W R, et al. 1961. Intergroup Conflict and Cooperation: the Robbers Cave Experiment[M]. Norman: University Book Exchange.

Haslam S A, McGarty C, Turner J C. 1996. Salient group memberships and persuasion: the role of social identity in the validation of beliefs[M]//Oyserman D, Packer M. What's Social about Social Cognition?Research on Socially Shared Cognition in Small Groups. California: SAGE Publications: 29-56.

Hogg M A, Turner J C. 1985. Interpersonal attraction, social identification and psychological group formation[J]. European Journal of social psychology,15: 51-66.

Hunter A, Riger S. 1986. The meaning of community in community mental health[J]. Journal of Community Psychology, 14(1): 55-71.

Iyengar S S, Lepper M R. 2000. When choice is demotivating: can one desire too much of a good thing?[J]. Journal of Personality and Social Psychology, 79(6): 995-1006.

Jackson L A, Sullivan L A, Harnish R, et al. 1996. Achieving positive social identity: social mobility, social creativity, and permeability of group boundaries[J]. Journal of Personality and Social Psychology, 70(2): 241-254.

Jonas K J, Sassenberg K, Scheepers D. 2010. Self-regulation within and between groups[J]. Group Processes & Intergroup Relations, 13(2): 131-136.

Jones Q, Rafaeli S. 2000. Time to split, virtually: 'discourse architecture' and 'community building' create vibrant virtual publics[J]. Electronic Markets, 10(4): 214-223.

Keller K L. 1993. Conceptualizing, measuring, and managing customer-based brand equity[J]. Journal of Marketing, 57(1): 1.

Klang M, Olsson S. 1999. Virtual communities[C]//Käkölä T. Proceedings of the 22nd Information Systems Research Seminar in Scandinavia. Keuruu: University of Jyväskylä: 7-10.

Koh J, Kim Y G, Kim Y G. 2003. Sense of virtual community: a conceptual framework and empirical validation[J]. International Journal of Electronic Commerce, 8(2): 75-94.

Kozinets R V. 1999. E-tribalized marketing? The strategic implications of virtual communities of consumption[J]. European Management Journal, 17(3): 252-264.

Lakhani K R, von Hippel E. 2003. How open source software works: "free" user-to-user assistance[J]. Research Policy, 32(6): 923-943.

Levine J M, Moreland R L. 1998. Small groups[J]. The handbook of social psychology, 2: 415-469.

Lin H F. 2007. The role of online and offline features in sustaining virtual communities: an empirical study[J]. Internet Res, 17: 119-138.

Lockwood P, Kunda Z. 1997. Superstars and me: predicting the impact of role models on the self[J]. Journal of Personality and Social Psychology, 73(1): 91-103.

Lockwood P, Kunda Z. 2000. Outstanding role models: do they inspire or demoralize us?[M]// Felson T R B, Suls J M. Psychological Perspectives on Self and Identity. American Psychological Association: 147-171.

Mathiasen D G. 1991. Groups that Work (and those that Don't): Creating Conditions for Effective Teamwork[M]. London: Jossey-Bass.

McMillan D W. 1976. Sense of Community: an Attempt at Definition[M]. Nashville: George Peabody College for Teachers.

McMillan D W. 1996. Sense of community[J]. Journal of Community Psychology, 24(4): 315-325.

McMillan D W, Chavis D M. 1986. Sense of community: a definition and theory[J]. Journal of Community Psychology, 14(1): 6-23.

Mead R. 1998. International Management[M]. Oxford: Blackwell.

Michinov N, Michinov E, Toczek-Capelle M C. 2004. Social identity, group processes, and performance in synchronous computer-mediated communication[J]. Group Dynamics: Theory, Research, and Practice, 8(1): 27-39.

Mowen J, Minor M. 2000. Consumer Behavior: a Framework[M]. 5th ed.Upper Saddle River: Prentice Hall.

Muniz A M, O'Guinn T C. 2001. Brand community[J]. Journal of Consumer Research, 27(4): 412-432.

Nalbantian H R, Schotter A. 1997. Productivity under group incentives: an experimental study[J]. American Economic Review, 87(3): 314-341.

Obst P, Zinkiewicz L, Smith S G. 2002. Sense of community in science fiction fandom, part 1: understanding sense of community in an international community of interest[J]. Journal of Community Psychology, 30(1): 87-103.

Ochs J. 1995. Coordination problems[M]//Kagel J H, Roth A E. The Handbook of Experimental Economics. Princeton : Princeton University Press: 195-252.

Papadakis M, Gogoshin G, Kakadiaris I A, et al. 2003. Nonseparable radial frame multiresolution analysis in multidimensions[J]. Numerical Functional Analysis and Optimization, 24(7/8): 907-928.

Parker R C. 1977. Human aspects of R&D organization[J]. R&D Management, 7(3): 167-172.

Postmes T, Spears R, Lea M. 2000. The formation of group norms in computer - mediated communication[J]. Human communication research, 26(3): 341-371.

Preece J. 2000. Online mommunities: designing usability and supporting socialbilty[J]. Industrial Management & Data Systems, 100 (9): 459-460.

Prinzmetal W, Millis-Wright M. 1984. Cognitive and linguistic factors affect visual feature integration[J]. Cognitive Psychology, 16(3): 305-340.

Ren Y, Harper F M, Drenner S, et al. 2012. Building member attachment in online communities: applying theories of group identity and interpersonal bonds[J]. Mis Quarterly, 36(3): 841-864.

Ren Y Q, Kraut R, Kiesler S. 2007. Applying common identity and bond theory to design of online communities[J]. Organization Studies, 28(3): 377-408.

Richins M L. 1994. Special possessions and the expression of material values[J]. Journal of Consumer Research, 21(3): 522-533.

Rosenbaum M S, Ostrom A L, Kuntze R. 2005. Loyalty programs and a sense of community[J]. Journal of Services Marketing, 19(4): 222-233.

Royal M A, Rossi R J. 1996. Individual-level correlates of sense of community: findings from workplace and school[J]. Journal of Community Psychology, 24(4): 395-416.

Sarason S B. 1974. The Psychological Sense of Community; Prospects for a Community Psychology[M]. San Francisco: Jossey-Bass.

Schroeder R, Axelsson A S. 2006. Avatars at Work and Play: Collaboration and Interaction in Shared Virtual Environments[M]. Dordrecht: Springer.

Sutcliffe J. 1993. 'managing brand equity: capitalizing on the value of a brand name'[J]. Journal of Brand Management, 1(1): 69-71.

Terry D J, Hogg M A. 1996. Group norms and the attitude-behavior relationship: a role for group identification[J]. Personality and Social Psychology Bulletin, 22(8): 776-793.

Timmermans D, Vlek C. 1994. An evaluation study of the effectiveness of multi-attribute decision support as a function of problem complexity[J]. Organizational Behavior and Human Decision Processes, 59(1): 75-92.

Triplett N. 1898. The dynamogenic factors in pacemaking and competition[J]. The American Journal of Psychology, 9(4): 507-533.

van Zomeren M, Leach C W, Spears R. 2010. Does group efficacy increase group identification? Resolving their paradoxical relationship[J]. Journal of Experimental Social Psychology, 46(6): 1055-1060.

Wang Y C, Fesenmaier D R. 2004. Towards understanding members' general participation in and active contribution to an online travel community[J]. Tourism Management, 25(6): 709-722.

Welbourne J L, Blanchard A L, Boughton M D. 2009. Supportive communication, sense of virtual community and health outcomes in online infertility groups[C]//Carroll J M. Proceedings of the Fourth International Conference on Communities and Technologies. New York: Association for Computing Machinery: 31-40.

White K, Dahl D W. 2006. To be or not be? The influence of dissociative reference groups on consumer preferences[J]. Journal of Consumer Psychology, 16(4): 404-414.

Yoo W S, Suh K S, Lee M B. 2002. Exploring the factors enhancing member participation in virtual communities[J]. Journal of Global Information Management, 10(3): 55-71.

第 9 章

微博集群：群体目标与个体参与动机

■ 导论

2021 年 7 月，一场突如其来的大暴雨席卷了河南。在这紧要关头，全国人民万众一心，守望相助，共同为河南灾情贡献出自己的绵薄之力。与此同时，无数企业也纷纷站出来，捐款捐物，其中就包括鸿星尔克。7 月 21 日，鸿星尔克在微博上宣布，"通过郑州慈善总会、壹基金紧急捐赠 5000 万元物资，驰援河南灾区"。然而，令鸿星尔克自身也没想到的是，这一低调的行为竟然使其成为良心企业的代表，并迅速拥有一大波的流量。在这场事件中，热心网友们不再只是单纯地做吃瓜群众，而是身体力行。他们不仅主动为鸿星尔克的官方微博充值会员，还在线上线下掀起了一场"野性消费"的浪潮，令人感到意料之外却又为之动容。

与此类似的是，2014 年夏天，"冰桶挑战"浩浩荡荡地在国外社交媒体上兴起。比尔盖茨、扎克伯格、库克等人不惜湿身入镜，献身公益。随后，这项挑战又蔓延至中国大地，雷军、刘德华等纷纷参加挑战，引爆了整个网络社交媒体。各类人群围绕着"冰桶挑战"这个话题迅速聚集在一起，由名人之间的相互挑战，迅速扩展至主流媒体（包括新华社、央视等）、政府机构、企业甚至是网友之间的爱心接力，让越来越多的旁观者变成活动参与者。以上这两种现象，我们称为集群，或者更准确地来说，是"网络集群"。

如今，我国互联网取得长足发展，网民数量急速增长，网民群体总量庞大，现已迈入全民网络时代。第 47 次《中国互联网络发展状况统计报告》显示，截至 2020 年 12 月，我国网民规模为 9.89 亿，互联网普及率达到了 70.4%。随着网络的普及与网络社群的发展，集群行为的发生场景逐渐由线下转移到线上，又逐渐从线上渗透到线下。"网络集群行为"是指网民在网络社会中的集聚行为。这种行为以互联网为基础，突破了时间和场域的束缚。网民自身不仅会在某一微博话题下积极发表个人观点，还会号召其他网络用户也加入该话题的讨论中，以至于在某一话题下迅速产生评论集聚，形成以该话题为中心的网络集群现象。若以群体目标属性对目前微博集群现象进行分类，可以将集群分为在利己主义群体目标下的微博集群和在利他主义群体目标下的微博集群。例如，#年轻人如何培养正确的投资理财观#、#胖子都是潜力股#属于利己主义的群体目标下的微博集群，而#河南挺住我们来了#、#鸿星尔克的微博评论好心酸#则属于利他主义群体目标下的微博集群。

目前，微博的社交媒体属性已广泛得到了客户市场和用户市场的认可，并逐渐成长为社交媒体领域具备良好营销传播效果的社会化媒体平台之一。因此，理解微博集群现象并掌握该现象背后的个体行为动机将为企业营销提供重要的理论和实践依据。为了深入透彻地回答上述问题，本章将会系统地阐述什么是集群行为及其发展演变过程，探讨群体目标的类型及个体行为动机，阐述利己或利他型群体目标下个体参与微博集群的动机类型并为企业现实实践提供启示。

9.1 网络集群

9.1.1 集群行为

"集群行为"（collective action）指一个群体在抵抗外界威胁或压力时所表现出来的群体性态度或行为。来自外界的威胁、压力或冲突是集群行为产生的根本原因。后来，随着越来越多的学者开始对集群行为展开研究，其定义的内容也越来越丰富。但几乎所有的关于集群行为的定义都没有否定"冲突性"这一本质。

目前，社会学家和心理学家都对集群行为进行了研究，但是各自的侧重点有所差异。社会学家较多关注集群行为发生的情境和社会因素，集群行为是指由某种因素诱发或鼓舞而自发发生的无秩序与不稳定的群体性行为。由此可以看出社会学家强调集群行为发生的背景和行为本身特点。社会学家认为集群行为值得引起政府的重点关注，并强调政府应该及时采取措施来避免组织事态的恶化。倘若集群行为不能被有效地化解，则会演变成有组织的、目标明确的、波及范围更广的社会运动或社会革命。集群行为、社会运动、社会革命的共同点在于它们都属于政治行为，不同点在于目标的明确程度、组织的规范性等。因此，了解集群行为背后的心理过程和变化对有效化解群体性事件和进一步探究群体性事件的动力学特征有着重要意义。另外，心理学家则对集群行为的过程和群体内部的心理特征更感兴趣。例如，有学者认为群体性、共同利益诉求或主张是集群行为的两个主要特征（Wright et al.，1990）。法国著名的社会心理学家 Le Bon（1895）认为集群行为是非理性的，他用"乌合之众"描述这种非理性，这为后来的集群行为研究提供了新的视角。集群行为的出现带有一定的时代特点，如社会改革转型背景下出现的游行示威、静坐、社会骚乱、工人罢工等都是广义上的集群行为。

9.1.2　网络集群行为

互联网给人们带来便利，满足了人们的需要。网络不仅是人们搜索信息，获取信息，了解国内外时事新闻的重要途径，也慢慢变成人们自由表达观点的平台。而这种新兴平台也为集群行为提供了新的契机，发展出了"网络集群行为"。根据乐国安等（2010）的观点，"网络集群行为"是指在一定条件下发生的无组织、有特定主题的规模性网民聚集。网络集群会导致网络意见的汇集和强化，甚至产生群体极化，是一种对现实有重大影响的网络行为。由于网络集群行为是互联网技术发展下的产物，具有一定程度上的匿名性，道德约束性相对较低，因此有时会发展成一种近乎狂热的行为。网络集群行为不仅包括发生在网络上的行为，如言语冲突，也包括受网络影响发生在现实生活中的群体性行为。这种影响是由于网络广泛传播、发展或恶化而蔓延到现实的集群行为。该定义既考虑了网络空间中的网民自发的、相对无组织的网民聚集行为，同时也考虑到由网络聚集行为引发的现实集群行为，即认识到某些发生在现实生活中的集群行为是以网络集群为诱因的，与现实集群行为相区别。

根据网络集群行为产生的场所（如微博、各大论坛、社交网站等）以及用户重点关注的事件或话题、互动方式两个方面，邓希泉（2010）将网络集群行为分为无聊聚集行为、人肉搜索行为以及新奇词汇制造行为。后来，乐国安等（2010）从网络用户的心理特征和行为过程角度出发，将网络集群行为分为三种：其一是具有共同关注点的网络集群行为；其二是具有共同信念的网络集群行为；其三是具有共同目标的网络集群行为。后续这种分类方式对网络集群行为做了更为准确的划分，构建起更加系统化的网络集群行为分类标准。同时，该分类方式通过与实际生活中的集群行为相结合，搭建起网络集群行为的整体框架，使其全貌更为清晰地呈现出来。

尽管网络集群行为和实际生活中的集群行为有所不同，但是两种集群行为还存在部分共同点，如无序性、自发性、瞬时性等。而相比于现实集群行为，网络集群行为是在具有一定匿名性和高度自由的网络环境中产生的，参与人员来自不同地区，分布较广。因此，网络集群行为相比于线下集群行为还具有其他不同特性，主要包括参与主体的广泛性和复杂性、网络集群行为及其扩散的不可控性以及网络集群行为具有发展成为现实集群行为的趋势，二者可能相互诱发。

一般而言，网络集群行为具有如下特征。

参与主体的广泛性和复杂性：在高度自由的网络环境下，网络集群行为的参与人员组成结构极其复杂，在性别、年龄、职业等的分布上非常广泛。在个体时间允许、乐于发表自己的看法观点的前提下，用户均能够直接参与某话题的讨论。根据权威数据统计，到 2020 年底，中国网民规模已达到 9.89 亿，而这里面有近 9.86 亿的网络用户通过手机上网，占据网络总用户九成以上的比例。此外，微博月活用户已达 5.11 亿，占网络用户总数近五成比例。由此可以看出，我国网民数量规模相当庞大，且这一数量还在快速增长中。

网络集群行为及其扩散的不可控性：在网络环境下，由于网络具有匿名性、信息量大且杂乱和覆盖范围较广等特点，用户减弱了个体控制力。用户可以尽情地排泄心中的不满，从而增加了网络治理的难度。此外，由于互联网具有传播速度快、范围广、不受时间和空间的限制等特点，当一群有共同目的的网络用户聚集起来就某一话题展开讨论时，网络集群行为参与人员就会越来越多，并迅速扩散开来，从而使得扩散范围及其产生的影响远远超出控制水平。

网络集群行为具有发展成为现实集群行为的趋势，现实集群行为也能够转化成为网络集群行为，二者可能互相诱发。例如，有些事件在现实生活中不是经常发生，但由于部分用户在社交网络平台上公开发表不当言论、表现出过激行为后，网络上针对该话题的讨论使得那些具有共同价值取向的网络用户快速聚集，此网络集群行为也可能演变成现实集群。

9.1.3 影响网络集群的因素

网络集群行为有很多形式，常见的有论坛讨论、散布虚假信息等，这些不同的发生形式加大了网络集群行为的控制难度。此外，引起网络集群行为的因素也非常多，主要有三个方面：其一是来自参与人员方面；其二是来自网络环境的影响；其三是与集群所讨论的话题或事件有关。具体而言，网络集群行为的诱发因素主要有如下五点。

匿名性：在网络环境下，一个最为明显的特点即为匿名性，网络用户可能并不知晓正在与自己进行沟通的人的真实性别、年龄、职业等，此外，同一网络用户也能在网络环境下获得多种身份，从而使自身的言行不会受到任何约束。已有研究表明，在匿名环境下的部分个体会联想到他人无法轻易得知真实的自我，从而减弱了自律意识，那么这些个体可能会肆无忌惮地发表自己的看法。正是出于这些方面的考量，人们在网络平台上可以尽情表现出自己的本性以及扮演在现实生活中不能充当的角色，导致互联网俨然变成网络用户尽情排泄心中怒火的场所，使人变得更易缺乏理性，由此引发更多的网络集群行为。

网络用户结构：近些年来，随着我国科学技术的进步，互联网发展迅猛，网络用户数量规模庞大，且仍在快速地增长。从中国互联网络信息中心 2021 年出具的一份统计报告来看，处于 20~29 岁的网络用户数量仍在攀升；文化程度较低的网络用户数量也呈增长趋势，小学学历及以下的网民群体由 2020 年 3 月的 17.2%上升至 2020 年 12 月的 19.3%。在所有网络用户中，学生群体占据约二成的比例，数量最多。网络用户的组成结构也是互联网上出现过激行为的重要影响因素之一。当用户上网时间充裕、自控力过低且个人无法很好地融入社会中时，会更有可能参与网络集群行为。

参与者的心理因素：众多学者经过研究发现网络集群行为同实际生活中的集群行为存在相似的地方，均会受到网络用户自身心理因素的影响。例如，从众意识强、情绪化特征明显的个体更容易降低对自我的控制，容易对事物缺乏正确全面的认知。因此，当这些个体处于网络环境中时，由于自身行为得不到广泛约束，进而增加了其参与网络集群行为的可能性。

现实社会环境：网络空间是真实社会生活的缩影。在网络环境下，那些能够引发众多网络用户聚集起来进行讨论的话题或事件多数都能在真实社会生活中找到例子。就目前而言，我国在社会发展过程中不可避免地会遇到或大或小的问题，如社会上比较关心的贫富差距、就业、社会保障等问题，为此部分合法权益受到损害的网络用户就会自发集中在某些网站上针对该话题或事件发表言论，以排泄心中的不满。同时，这些不满可能会得到其他网络用户的认同，进而为网络集群行为提供了机会和平台。此外，不同的传播渠道还会对这些与人们利益息息相关的社会事件进行进一步加工报道，特别是负面报道，这会进一步增加网络用户参与网络集群行为的可能性。

科学技术的进步：互联网的覆盖范围在逐步扩大，互联网信息技术也在快速更新。此外，人们对相关信息技术的了解也在日益增加，从而使得网络集群行为在高新技术的支持下扩散得更为快捷，扩散平台更为广泛。

9.2　网络集群的代表性场景：微博集群

当前，中国已处在全民网络时代，以微博话题为起始迅速产生的网络集群现象尤为突出。微博集群是指发源于微博用户的博文评论聚集，其行为表现出集体化的网络集群行为。微博的社交媒体属性已经成为社交媒体领域最有营销传播意义的社会化媒体平台，微博逐渐得到客户市场和用户市场的认可。从最近几年的微博发帖内容我们可以看出，微博已经走在报道突发事件的前头，可以囊括大部分社会热点新闻。它的信息价值传递能力越来越突出，影响力也越来越广泛，进一步促进了网络用户的微博集群行为，成为个体集群行为发生的良好孵化平台。同时，微博用户的状态、博文等会吸引大量的网民参与评论。目前，微博上的相关讨论行为已逐渐集群化，并积极影响着营销决策者对微博的关联和引导策略。

在移动互联网时代，微博呈现出传播信息多样化、语义网络复杂化、关系连接社交化等特征，这不可避免地将社会热点事件推向公众视线，加速了微博热点信息的扩散，吸引了微博用户的广泛关注和集群行为。比如，新浪微博的用户会由于某个新闻或者现象在认知、情感等方面达到一致形成群体极化现象，由此而产生的极化行为也会导致无法预计的结果。在此，我们需要注意的是，信息技术的高速发展，会促使微博社交平台在信息网络结构、信息来源、信息发布方式和信息传播通道上出现融合、多样化、快速的新特点。

微博集群行为是指涵盖评论、转发等行为在内的用户参与行为，大体上包括了活动参与的深度、频率和持续时长。由于用户在参与程度和贡献程度等方面存在差异，当研究网络用户参加虚拟社区、使用博客的行为和动机时，众多学者深入地划分了用户的参与行为。例如，Wang 和 Fesenmaier（2004）在他们的研究中将成员的参与行为划分为两个维度：一是参与水平，可以通过成员的参与时间进行考量；二是贡献程度，主要用成员的参与频次以及与别人的互动程度来衡量。因此，利用参与水平和贡献程度两个维度可以研究微博用户的参与行为。

通过总结目前关于集群行为的各方面研究，我们可以发现集群行动发起者可能是为了自身的利益诉求而发起集群行为。然而，到底是什么因素诱发了与事件本身并无利益关联的其他参与者也加入集群行为中来呢？其中的参与动机究竟是什么？这将是本章进一步阐释的重点内容。

9.3 群体目标的类型：利他还是利己

集群行为是在特定的目标情境下产生的。群体目标可以分为价值导向型群体目标和权力导向型群体目标。在价值导向型群体目标情境下，借由集群行为，参与者可以呈现其意识形态或者价值观念；在权力导向型群体目标情境下，借由特定的集群行为，参与者希望得到并展现特定的影响力。后来，有学者又将群体目标划分为工具型群体目标和敌意型群体目标两个维度。工具型和敌意型群体目标情境两者的不同在于，当参与者处于工具型群体目标情境，主要是为了某个集群目标的完成；而当参与者处于敌意型群体目标情境，则主要是为了发泄某个群体带来的负面情绪。国内学者也通过对多起拥有不同特征、目的以及行动准则的群体性事件进行研究，提出群体性事件主要由骚乱事件、社会泄愤以及集体维权事件构成，社会泄愤事件主要是指通过群体事件来表达不满情绪，而集体维权事件主要体现了对利益归属的争执。

综合中外研究者的观点，我们将微博集群群体目标分为利他型群体目标和利己型群体目标。其中，大部分的微博话题发起初衷首先考虑的是发起者本身的利益，属于利己型群体目标。例如，#胖子都是潜力股#、#巴西世界杯#等话题的发起主要是为了能够减肥，提高自己的自信以及球迷们能够讨论自己钟爱的足球比赛，得到身心的愉悦等。但是像#冰桶挑战#、#扶梯安全事项#等话题是以社会上其他人的利益为主要出发点而发起的话题，具有利他属性。

9.4　利他型群体目标下个体集群行为参与动机

我们通过采用扎根的方法对利他型群体目标下的评论文本进行分析，得出了该目标下的个体参与网络集群行为的动机。以#扶梯安全事项#话题为例，选取某博主发表的 # 救命 # 按钮的博文相关数据作为文本来源，截至统计时该博文总共转发 3667 次，评论 948 条，点赞 1210 个，参与评论人数达到 500 多人。在层层扎根之后，发现该目标下个体微博参与动机主要包括以下六种：信息共享、人际沟通、情感抒发、个人表达、发出提醒、提出要求。

9.5　利己型群体目标下个体集群行为参与动机

继续沿用扎根的方法，我们又对利己型群体目标下的评论文本进行分析，选择了#胖子都是潜力股#的微博热门话题。在该热门话题下具体选择的是某健身博主的博文及其相关数据作为文本来源，该博文总共转发 1802 次，评论 892 条，点赞 1393 个，参与评论人数达到 400 多人。通过系统性地编码和分析，发现该目标下个体微博参与动机主要包括以下 6 种：获取信息、人际沟通、情感抒发、自我表达、自我认同、娱乐大众。

9.6 研究结论

我们在对网络集群以及个体参与集群行为动机方面已有研究进行了总结和评述后，采用扎根理论的质性研究方法，持续搜集在利他或利己型群体目标下相关微博集群的文本资料，进行循环编码分析，深入探求在这两种不同群体目标下个体参与微博集群的动机。最终得出如下结论。

（1）在利己型群体目标情境下，个体参与微博集群的动机主要包括获取信息、人际沟通、情感抒发、自我表达、自我认同、娱乐大众六个动机，其中情感抒发、自我表达以及自我认同动机为主要动机；在利他型群体目标情境下，个体参与微博集群的动机主要包括信息共享、人际沟通、情感抒发、个人表达、发出提醒、提出要求六个动机，其中信息共享、个人表达、发出提醒、情感抒发为主要动机。具体见图 9-1。

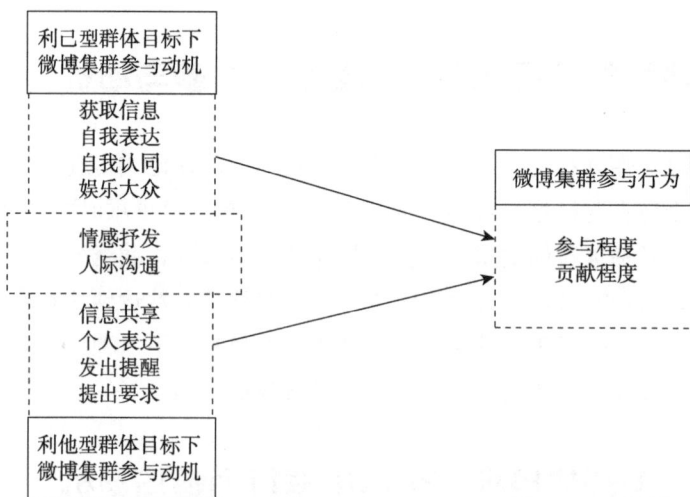

图 9-1　个体在利他或利己型群体目标下微博集群参与动机与行为

（2）经过对两种类型微博集群动机的对比分析，发现两者既存在相同动机又存在不同动机。在利己型群体目标下个体参与微博集群的动机主要在于对自我的完善和提高，具体方向为通过发表评论和博文表达自我和对自我的肯定，通过微博抒发自己的情感，以得到情感的满足。在利他型群体目标下个体参与微博集群的动机更加体现在对利他信息的传播、号召公众和对自我的表达上。

（3)利己或利他型微博集群中不同动机对个体参与微博集群行为的影响不同。

在利己型微博集群中，个体参与微博集群动机中的自我表达、自我认同和情感抒发是影响个体参与程度的主要动机，而获取信息、人际沟通以及情感抒发是影响个体贡献程度的主要动机。其中，情感抒发的参与动机对参与程度和贡献程度均有很大影响。

（4）在利他型微博集群中，个体参与微博集群动机中的信息共享、情感抒发、个人表达以及发出提醒是影响个体参与程度的主要动机，而信息共享、人际沟通与发出提醒是影响个体贡献程度的主要动机。其中，信息共享和发出提醒对贡献程度和参与程度均有较大影响，信息共享的动机对个体参与影响最大。

9.7 管理启示

1. 打造引爆话题，开展社会化营销

我们通过对利他型群体目标下个体参与微博集群动机进行研究，发现人们参与集群主要为了信息共享、个人表达、发出提醒、情感抒发。这使得我们更加清晰地看到像"冰桶挑战""野性消费"这样的全民"公益"活动在微博上的传播路径以及人们参与"狂欢"的深层次原因。依照与其他微博集群类型的不同（如利己型群体目标下的微博集群），企业可以通过打造出能够满足人们深层次需求的社交媒体"引爆点"，进而更好地开展社会化媒体营销。这种营销方式，不仅有助于宣传企业的公益形象，还有助于吸引用户进行深层次的参与，让用户在切实参与活动的同时，提高自身对参与群体的认同感和归属感，增强用户黏性。

2. 引发情怀话题，增强个体认同感

不同的动机对微博集群的具体参与行为影响是不同的。在利己型微博集群中个体参与微博集群动机中的自我表达、自我认同和情感抒发是影响微博集群参与程度的主要动机，企业可以依照这种情况在集群初期发起既能激活成员的个性化参与，又能策动成员积极抒发自我情怀的相关话题，使得个体迅速集群，从而形成良好的营销平台。同时，企业应该制定增强成员自我认同的相关策略，使得个体在增强自我认同的同时，提高群体认同，增加对企业发起的新兴群体的归属感，为后续营销策略的有序高效运行增加筹码。

3. 进行精准营销，提供个性化服务

通过对两种不同群体目标下个体参与微博集群的动机进行比较。我们发现二者之间存在自我认同与自我表达，信息共享与获取信息，娱乐大众与提出要求几

点不同。随着社交媒体的快速发展，以社交媒体为平台推行各种营销策略使社交媒体成为企业"厮杀"的战场。微博作为社交媒体的重要组成部分，拥有巨大的使用人群，潜在消费者数量庞大，营销传播范围广，各市场经营主体充分地认识到其重要性，争相追逐。对不同类型的微博集群下的个体参与动机的对比研究能够使企业深层次地了解用户需求，更好地进行微博营销，如个性化营销策略。通过依据不同需求，企业可以准确地捕捉用户的偏好达到个性化服务的目的。而且，企业还能够在用户集群之后的群体维护与保持上制定战略与具体的营销策略，进而更好地维护用户群体。

本章小结

- 集群行为包括线上和线下集群行为。随着互联网的发展，网络集群行为越来越常见。在中国，目前微博的信息价值传递能力越来越突出，成为集群行为发生的良好孵化平台。

- 网络集群行为有以下三个特征：参与主体的广泛性和复杂性、网络集群行为及其扩散的不可控性以及网络集群行为具有发展成为现实集群行为的趋势，二者可能互相诱发。

- 网络集群行为的诱发因素有如下五点：匿名性、网络用户结构、参与者的心理因素、现实社会环境以及科学技术的进步。

- 集群行为是在特定的目标情境下产生的，群体目标的类型可以分为利他型群体目标和利己型群体目标。在不同的目标之下，个体参与集群行为的动机也会存在差异。

- 在利己型群体目标情境下，个体参与微博集群的动机主要包括获取信息、人际沟通、情感抒发、自我表达、自我认同、娱乐大众六个动机，其中情感抒发、自我表达以及自我认同动机为主要动机。

- 在利他型群体目标情境下，个体参与微博集群的动机主要包括信息共享、人际沟通、情感抒发、个人表达、发出提醒、提出要求六个动机，其中信息共享、个人表达、发出提醒、情感抒发为主要动机。

- 在利己型微博集群中，个体参与微博集群动机中的自我表达、自我认同和情感抒发是影响个体参与程度的主要动机，而获取信息、人际沟通以及情感抒发是影响个体贡献程度的主要动机。

- 在利他型微博集群中，个体参与微博集群动机中的信息共享、情感抒发、个人表达以及发出提醒是影响个体参与程度的主要动机，而信息共享、人际沟通与发出提醒是影响个体贡献程度的主要动机。

参考文献

邓希泉. 2010. 网络集群行为的主要特征及其发生机制研究[J]. 社会科学研究, (1): 103-107.

杜骏飞, 魏娟. 2010. 网络集群的政治社会学: 本质、类型与效用[J]. 东南大学学报: 哲学社会科学版, 12(1): 43-50.

乐国安, 薛婷, 陈浩. 2010. 网络集群行为的定义和分类框架初探[J]. 中国人民公安大学学报(社会科学版), 26(6): 99-104.

Le Bon G. 1895. The Crowd:A Study of the Popular Mind[M]. New York: Macmillan.

Qiu L, Lin H, Chiu C Y, et al. 2015. Online collective behaviors in China: dimensions and motivations[J]. Analyses of Social Issues and Public Policy, 15(1): 44-68.

Sturmer S, Simon B. 2004. Collective action: towards a dual-pathway model[J]. European Review of Social Psychology, 15(1): 59-99.

Wang Y C, Fesenmaier D R. 2004. Towards understanding members' general participation in and active contribution to an online travel community[J]. Tourism Management, 25(6): 709-722.

Wright S C, Taylor D M, Moghaddam F M. 1990. Responding to membership in a disadvantaged group: from acceptance to collective protest[J]. Journal of Personality and Social Psychology, 58(6): 994-1003.

第 10 章
网络社群结构与消费者融入

■ 导论

随着我国互联网用户数量的快速增长，网民的人均互联网消费能力逐步提升，一些企业开始在社交媒体平台进行新的营销方式的尝试。例如，小米结合了自身的品牌特点，通过创造和参与热点话题、创建小米论坛等方式在微博、微信、QQ多渠道进行网络社群营销推广，获得了一批忠实的"发烧友"。除了小米，还有罗辑思维、大三湘茶油、醋客白酒等企业有诸多类似的互联网营销的成功实践。这背后的成功机制是什么呢？其他企业又如何复刻这种成功呢？或许这个问题可以在网络社群与消费者融入的关系中得到解答。

互联网发展给企业带来的影响是不可小觑的，一方面，获取消费者的成本越来越高，如何用更高的效率，更精准地找到用户并将其转化为品牌的消费者是当今企业面临的首要问题；另一方面，随着互联网的普及，人们的交流、连接打破了时间、地域、种族、阶级等限制，彼此之间互动交流更加便利，具有相同兴趣爱好的人更容易在网络空间聚集起来，形成网络社群。当然，这种网络社群并非完全是线上的，社群成员通常线上沟通联系，线下组织活动联络感情。无论是线上社群活动，还是线下社群活动，都已融入人们生活，成为生活中必不可少的一部分。

网络社群的兴起为企业带来新的机会和机遇，越来越多的企业投入社群经济中，想要借助网络社群这个平台加强与消费者的沟通联系，增强与消费者的情感，了解消费者的需求，以便更好地为消费者服务，为企业创造价值。同时，企业常利用社群的不同影响力来约束和影响社群成员的行为。一些企业利用网络社群的信息性影响聚集用户，如罗辑思维，在社群中，节目内容涉及政治、经济、社会文化等方面，每期一个选题，旨在让用户获取更新颖的知识，靠内容生产为社群奠定了用户基础；也有一些企业利用网络社群的规范性影响集聚用户，如戴瑞珠宝坚持用"一生·唯一·真爱"的理念吸引了一批相信"一生只有一个真爱"的用户。无独有偶，褚橙这一商品被赋予了大起大落、不屈不挠的人格特征，"励志"的标签吸引了人们，购买力在短时间内爆发，使褚橙获得了极大成功等。

　　既然企业经常利用社群影响成员行为，那么当企业利用不同的社群影响力将粉丝聚集成群时，什么样的社群结构更有利于成员融入社群呢？是将社群成员聚集在一起，形成紧密相连的群体，如三个爸爸空气净化器所做的那样；还是允许社群中成立小圈子，建立非常多的弱联系，成为信息流通的连接点，如罗辑思维的组织方式，都是需要进一步研究的问题。此外，企业要如何吸引消费者融入呢？关于网络社群的组织和利用，企业先行一步的实践提供了很好的研究依据。

10.1　网络社群

　　"网络社群"最早是由国外学者莱茵戈尔德（Rheingold）提出来的，莱茵戈尔德认为网络社群是在网络空间中一群人长时间共同参与一个讨论，在这个过程中投入了情感，最终形成了一个关系网络，网络社群本质上是网络空间人群的聚集。随着互联网的兴起而产生的网络社群与传统社群有显著的区别，在新兴的网络社群中，人人都可以成为社群的中心，每个个体都可以根据自己的兴趣和需要组建网络社群。网络社群在一定程度上可以看作现实群体的延伸和扩展，是社群的一种新的存在形式，与传统社群不同的是网络社群是以互联网为媒介进行沟通交流的，是现实群体的网络化，网络社群不仅包括网络化的传统真实社群，还包括在网络上新兴的社群，如贴吧、论坛、聊天室等。翟本瑞（1999）认为网络社群既具有"群体"的特性，同时还具有社会特性，也就是说，网络社群成员之间会建立起关系网络。与线下的实体群体相比，网络社群成员背景更加多元化，延伸了社群沟通交往的深度，扩大了社群的影响力。只要借助互联网媒介，网络社群成员就可以实现随时随地的交流。例如，分享产品或品牌信息、交流心得体会和购买销售产品等活动，这是与传统的面对面沟通最大的不同。表 10-1 简要概括了近几年比较有代表性的网络社群定义，并以时间为序进行排列，由此可以看出网络社群概念的发展过程。

表 10-1　网络社群的定义

文献	定义
Rheingold（1993）	网络社群是一种社会几何体，社群成员借助互联网在虚拟空间分享知识、讨论话题，在网络社群中融入个人情感，并形成了人际关系网络
Spar 和 Bussgang（1996）	与外部群体相比，成员所在的网络社群都有自己的内部群体规范，对社群成员的言行进行约束。目前网络社群存在形式主要以论坛和聊天室为主

文献	定义
Armstrong 和 Hagel（1999）	网络社群是一个以电脑为沟通媒介的虚拟互动空间，网络社群主要是满足人们沟通、娱乐、分享等需要
Romm 等（1997）	网络社群是一群通过电子沟通方式聚集的群体，社群成员具有相同的兴趣爱好。网络社群成员的沟通比较自由，不受时间、位置等限制
Gaines 等（1997）	网络社群是借助互联网进行信息分享互动交流的一群人
Lee（1998）	在网络空间，用户通过分享一些主题的信息找到自己比较适合的感兴趣的群体，加入群体后与其他成员针对该主题进行探讨
Igbaria 等（1999）	网络社群是在电脑媒介（如论坛、贴吧等）上形成的，社群成员之间相互分享信息，交流经验，成员之间形成关系网络
Rothaermel 和 Sugiyama（2001）	网络社群是指为了实现共同的目标在网络上聚集在一起的群体，成员之间的沟通交流打破了时间、空间的限制
Balasubramanian 和 Mahajan（2001）	网络社群具有以下特点：①由两个及以上的成员组成；②通过网络媒介沟通联系；③社群成员具有共同的群体目标；④社群成员之间价值交换，利益共享
Ba（2001）	网络社群是一群人为了获得情感支持通过网络进行沟通交流的群体，网络社群成员参与社群活动的主要目的之一是获取信息或资源
Yap（2002）	网络社群是在虚拟空间组织形成的，与实体群体相同，网络社群具有一定的信念、组织形式和群体文化
Dholakia 等（2004）	网络社群是可以视为具有不同群体规模的消费群体，社群成员为了达到个人目标或群体目标而进行在线互动
Gupta 和 Kim（2007）	网络社群是由一群兴趣爱好相似、价值观相同的个体形成的组织，他们在网络空间积极互动交流，目的是满足自己的需求

10.1.1 网络社群的特征

一个成熟的网络社群必定具备一些独有特征，但不同的学者对此有不同的看法。Muniz 和 O'Guinn（2001）认为无论是网络社群还是现实社群，群体内部都形成了一定的关系网络，且群体成员具有相同的价值观和习俗。他们认为这是社群两个必不可少的特征。Bagozzi 和 Dholakia（2002）认为网络社群具有以下五个特征：网络社群一般是根据社群成员共同的兴趣爱好组建的；网络社群一般都具有一定的群体规范和群体仪式；网络社群成员具有比较强的"同类意识"；网络社群成员经常积极参与社群活动，共享信息和资源；大多数网络社群是基于文本内容进行互动传播。基于国内互联网的特性，国内学者作出了新的定义。徐小龙（2001）认为网络社群具备四个特征：网络社群成员通过互联网媒介进行沟通交流，互联网是网络社群存在的关键；网络社群具有群体属性，由一群具有相同爱好的成员聚集组成；网络社群成员一般具有比较固定的身份特征；网络社群成员具有群体意识，并且只有当进入相应的社群后群体意识才会激活。刘新和杨伟文（2011）认为网络社群具备三个基本特征：社群场所特征、群体符号特征和虚拟特征。其中社群场所特征是指网络社群可以看作社群成员维持和发展人际关系的场所，群体符号特征是指网络社群成员具有相似的价值观和兴趣爱好，社群自身具有群体意识和群体规范，虚拟特征是指网络社群存在于虚拟网络空间，社群成员的人际关系网络和社群身份也是虚拟的。

虽然网络社群具有一些共同的特征，但是社群与社群之间还是存在一定的区别。Armstrong 和 Hagel（1999）提出根据社群成员的需求可以将网络社群分为四大类：兴趣型、关系型、幻想型、交易型。兴趣型网络社群是指社群成员因共同的兴趣爱好或共同的话题组成的社群，现实中存在很多兴趣爱好型的社群，如沪江英语，聚集的是对英语学习感兴趣的成员，米粉社群聚集的是对电子产品极度热爱的发烧友等。关系型网络社群是指以满足成员之间人际关系需求的社群，成员之间的关系是社群存在和发展的基础，也是成员积极参与社群活动的驱动力。互动交流有助于增强感情，获得情感支持。幻想型社群主要针对网络游戏用户，成员在网络游戏社群内扮演不同的角色，选择不同的人生，国外比较有名的是第二人生。交易型社群主要是针对商业性的社群，既有企业组织的，如罗辑思维、三个爸爸空气净化器等，也有第三方平台组织的社群，如大众点评等，交易型社群成员主动分享交流产品、服务或品牌的相关信息，为消费决策提供依据。

此外，网络社群的经营性质也不同，网络社群的经营主体可以是公司，也可以是非公司、第三方组织经营。社群的经营性质可以是营利性，也可以是非营利性。

社群背靠的网络平台不同，采用的信息技术也不同，有不同的划分标准，如 Jones 和 Rafaeli（2000）将网络社群划分为公告板系统（bulletin board system, BBS）、网络新闻组、3D 世界、网络聊天等。除此之外，也有一些学者将网络社群划分为聊天室、多使用者空间（multi-user dimension，MUD）、公告板类和新闻类四种。Papadakis 等（2003）根据网络社群沟通交流的同步性，将网络社群分为同步型社群，如聊天类、网络游戏类社群；还有非同步型社群，如 BBS、论坛等。既然网络社群存在的形式多种多样，企业需要什么样的社区形式是当下研究的重点。

10.1.2 网络社群的影响作用

网络社群的存在会对消费者的购买决策产生重要影响，主要有信息性影响和规范性影响两种途径。

消费者在进行购买决策时，往往会有很多不确定性，不确定因素常会给消费者带来一定的损失，所以消费者常常搜集产品信息以达到减少购买决策的风险的目的，这就是信息性影响（Childers and Rao，1992）。Bearden 和 Etzel（1982）研究认为当消费者希望获得尽可能多的关于购买决策的信息时，信息性影响就会产生，此时消费者希望尽可能地降低购买风险，减少损失。为了获得相应的信息，消费者通常会积极主动地从具备相应信息的成员那里获取信息，根据成员的一些行为表现，消费者会判断该成员是否具备相应的产品知识，当消费者判定该成员为"产品专家"时，消费者会经常从他们那里搜集信息，或者根据他们的购买行为来推断产品质量（Park and Lessig，1977；Bearden et al.，1989）。如果消费者从参照的群体成员那里获得了产品质量等方面的信息，或者是提高了处理问题的能力，那么信息性影响就发生了，会对消费者行为和态度产生影响（Park and Lessig，1977；Brinberg and Plimpton，1986）。

规范性影响产生的本质是社会成员希望被其他成员接受而表现出与他们相一致的行为、态度或认同相同的价值观。规范性影响主要表现在群体压力（Cialdini et al.，1991）。规范性影响常常导致从众行为，在某种情境下，个体以他人的行为为参照，做他人所做的，与他人保持一致，主要是为了不引起注目，不被别人嘲笑，不至于陷入困境或遭到排除。当个体为了得到他们的认同而顺从他们的喜好，规范性影响就发生了（Cialdini et al.，1991）。规范性影响主要包括两个方面：功利性影响和价值观影响。功利性影响产生的主要原因是避免惩罚或者获得肯定，在此动机驱动下，按照他人的期望行事。消费者生活在一定的社会环境中，与他人保持一定的联系，因此不可避免地会受到来自周围人的压力，迫使他们遵守相应的行为准则和拥有一致的价值观（Kelman，1961），消费者做消费决策时，通常会参考他人的意见，甚至为了得到某种奖励或避免惩罚，会迎合他人的期望和偏好，这里获得奖励是指获得群体的肯定和赞扬，避免惩罚是指避免因得不到参照群体认同而被强迫退出所属群体，不再拥有该群体成员资格（Childers and Rao，1992；Bearden and Etzel，1982；Park and Lessig，1977；Brinberg and Plimpton，1986；Burnkrant and Cousineau，1975；Bearden et al.，1989）。当消费者为了获得肯定或避免惩罚而故意迎合他人的期望、偏好、行为或态度时，参照群体的功利性影响就发生了（Bearden and Etzel，1982）。参照群体价值观影响主要是出于两方面的原因，一方面是个体有不断提升自我的需求，另一方面，个体有获得归属感的需求。对于前者而言，在一定的消费情境中，消费者经常参照群体的消费者行为购买某种产品或品牌提升自己的形象，即消费者通过模仿参照群体成员的消费行为，表达希望被他们喜欢或接受的情感，与该群体建立联系。个体之所以想与群体建立联系，主要是因为个体认同群体的价值观或行为，群体的形象是自己理想中的或想要塑造的，因此希望借助该群体的形象提升自己的形象，达到提升自己的目的（Burnkrant and Cousineau，1975；Bearden et al.，1989）；对于后者而言，个体具有归属感的需求，即心理上希望加入某群体，成为其中的一员（Childers

and Rao，1992；Bearden and Etzel，1982；Witt and Bruce，1972），因此当消费者
参照群体的消费行为而选择与其相一致的品牌或产品，希望获得该群体认同和肯
定，进而成为该群体中的一员时，价值观影响就发生了（Childers and Rao, 1992；
Park and Lessig, 1977；Brinberg and Plimpton, 1986），综上可知，规范性影响主要
通过个体提升自我和获得归属感两个方面产生的。

在前人研究的基础上，本章认为参照群体对个体的影响主要分为信息性影响
和规范性影响两个维度，其中后者又包括功利性影响和价值观影响。

10.1.3　网络社群结构

在社会网络中，个体不是孤立的，而是相互联系的，形成关系网络，个体的
行为决策和态度是嵌入在一定的社会网络关系中的，个体的行为在一定程度上是
结构现象。换言之，人是群居动物，一个人在生活和工作中总在与不同的人打交
道，并且行为和决策会不同程度地受到别人的影响。物以类聚，人以群分，我们
往往发现，每天待在一起的人的爱好、穿着打扮等会变得越来越像。作为一个社
会人，每一个个体都处于社会关系中，如朋友圈、工作关系、血缘关系等，个体
间的联系构成了复杂的交叉重叠的关系网络。Kamann 和 Strijker（1991）将具有
一定联系的主体双方都纳入一个网络中，这里的主体既可以是单独的个体，也可
以是组织团体，群体内所有成员之间的互动关系形成了网络。Miles 和 Snow（1992）
提出网络关系是群体成员为了共享资源、信息通过一定的组织方式彼此积极主动
联系形成的关系。辛枫冬（2012）认为网络关系是个体为了获得资源，通过某种
方式主动与对方建立联系。方式有很多种，如沟通交流、合同契约、组织协调等。

根据社群结构，可以将社群分为紧密型社群和跨越型社群。

紧密型社群中社群成员之间有着密切的联系（Watts and Strogatz，1998；
Wasko，2011；Panzarase et al.，2009），是一个成员联系紧密的"大圈子"。

在跨越型社群内，社群成员基于共享的经历、兴趣或地理位置形成很多小圈
子，在圈子内成员兴趣相投，有相同的价值观和观点，同时属于两个圈子的用户
架起联系两个圈子的桥梁（Panzarase et al.，2009），但是这种联系相对紧密型社
群比较疏远，是一种弱联系。随着社群用户数量的增多，用户之间依然通过圈子
之间的弱联系使社群作为一个整体存在（Watts and Strogatz，1998），社群内建立
非常多的弱联系。

以前的学者对于网络社群的研究主要集中于网络中心性、网络密度、网络关
系强度、结构洞等方面。周志民和彭妙娟（2013）探讨了程度中心性和中介中心
性的前因变量和结果变量，提出程度中心性较高表示在网络中与他人的联系较多，

拥有较高的地位和权利。中介中心性是衡量个体是否在其他两个成员间的联系中处于桥梁位置，如果某一个体的中介中心性较高，就代表着社会网络中他人之间的联系需要通过这个个体，即该个体控制了信息流动的关键节点。一般而言，处于社群网络中心的成员的品牌忠诚度较高。薛海波和王新新（2008）发现网络密度较高的社群中，成员之间的平均互动频率也较高。进而增加信息和资源的交换，互动交流的增加促进社群成员情感共鸣，形成较高水平的品牌或产品的忠诚度。从网络关系强度看，社群成员拥有的弱关系数量通过影响社群的信息价值进而影响品牌忠诚度；社群成员拥有的强关系数量通过影响社群的社交价值进而影响品牌忠诚度（周志民和吴群华，2013）。结构洞是指没有直接联系的两个个体之间的距离。结构洞主要是衡量个体在网络中的中心位置，和中介中心性的衡量具有一致性，现有的研究大多数采用网络中心性研究社会网络。

个体行为在一定程度上是结构现象，网络结构会对个体具有重要的限制作用，个体在社群网络中的位置越重要，就越容易获得相关资源，拥有的社会关系也比较丰富，信息和资源的拥有使得他们更容易成为网络社群中的意见领袖或核心人物。为了通过网络社群获得各种各样的资源，消费者会产生融入网络社群的需求。

通过对现有文献进行整理，发现现有研究并未解答两种不同类型网络社群结构（紧密型 vs.跨越型）对消费者社群融入的影响，为了弥补现有文献不足，本章在社会网络分析理论基础上，着重研究不同类型的网络社群结构对消费者社群融入的影响。

10.2 社群融入

社群融入是社群成员感知到的被社群所激发的情感依恋的状态，如明星粉丝通过微博明星话题、粉丝群与其他粉丝讨论该明星相关内容，发布相关帖子会产生一定的集体归属感。网络社群可以使消费者借助互联网平台扩大社群的知名度，提高网络社群活动的参与度。因此，网络社群在吸引新成员方面占有很大的优势。此外，网络社群成员借助互联网能更加便捷地接触到关于企业和产品的信息，并且参与到企业产品研发、销售、宣传、改进等方面，网络社群活动提高了成员的社群融入感。社群融入作为一种心理状态，与购买行为无关，在企业社群中强调消费者、企业以及利益相关者相互关联和共同价值创造（van Doorn et al., 2010）。社群融入是一种心理状态，是连续的，从加入社群到对社群形成情感依恋，这个过程是渐进的。

消费者希望融入社群既受外部因素的影响，也受一些消费者自身因素的影响。

首先是品牌因素，品牌故事、品牌文化、品牌标志等独特的品牌因素能够使消费者进行区分和比较，生动的品牌故事能够吸引消费者，独特的品牌文化能够使消费者感觉到与众不同，可识别的品牌标志能够给消费者带来符号意义，当消费者的价值观与品牌宣扬的价值观相一致时，消费者通常借助品牌来塑造形象。对品牌价值的认同有助于促进消费者社群融入。其次，产品说明信息理解的难易程度和使用的复杂程度影响消费者对信息需求的强烈程度，当产品说明越难理解，使用越复杂，消费者获取产品信息的动机就越强烈，越促使消费者参与网络社群活动，借助网络社群搜索和了解产品信息，以便更好地使用产品。同时，社群成员经常在网络社群内分享产品使用过程中的感受和特殊体验，情感体验的分享有助于增强成员之间的感情，促进消费者社群融入。最后，一些内部因素也是消费者融入网络社群的重要驱动力。Utman（1997）认为消费者价值诉求是消费者社群融入的内在驱动力。在网络社群中，消费者价值对社群融入有积极影响，这是企业努力平衡企业与消费者之间价值最大化的结果。

对于消费者在社群网络中的价值诉求，不同的学者有着不同的观点。Surachartkumtonkun 和 Patterson（2007）认为网络社群价值主要体现在三个方面：情感价值、社会价值和功能价值。Sicilia 和 Palazon（2008）以可口可乐社群为研究对象，从消费者参与动机的角度对消费者感知社群价值进行分析，提出社群价值是消费者加入和融入社群的内在驱动力，社群价值可以概括为功能价值、人际交往价值、愉悦价值三个方面。除消费者的价值诉求外，社群成员也通过与社群其他成员沟通交流，分享信息和消费体验，参与社群活动来获得不同的消费体验。任枫（2014）认为消费体验可以分为五个维度，分别是体验、娱乐、表现欲、传递愉快和心流体验，其中体验是社群成员最为一般的感受，可进一步划分为情感、享乐和逃避现实；娱乐是一种超体验的感受，同时也是消费者参与网络社群的重要原因之一；表现欲是消费者建构自我的一种方式，消费者通过参加各种社群活动展示自己，获得他人的尊重和认可，进而获得心理满足；传递愉快是指社区成员通过分享信息帮助社群成员而获得快乐；心流体验是社群成员被社群活动所吸引，全身心投入其中的一种愉悦的状态。每一方面的消费者体验都对社群融入有着积极的影响。网络社群成员间的关系也会影响消费者融入。在社群网络中的位置越重要，就越容易获得相关资源，拥有的社会关系也越丰富，信息和资源的拥有使得他们更容易成为网络社群中的意见领袖或核心人物。消费者为了获得群体认同和社会资源等，会积极融入群体并获得更加中心的位置。

社群融入是一个连续的状态。社群融入不能简单地用融入与否进行界定，只能用程度的高低来衡量，包括同类意识、社群精神和社群责任。Muniz 和 O'Guinn

（2001）认为在品牌网络社群中，成员之间的关系比成员与品牌之间的关系更为重要。社群成员之间的关系更有助于提高社群参与度，提高社群融入度。当社群成员感觉自己与社群中的其他成员相似，属于同一类人时，同类意识就产生了。同类意识不受地域等客观条件的限制，在一定程度上是一种主观的判断。网络社群的同类意识主要体现在两个方面：正当性（legitimacy）和反向品牌忠诚度（oppositional brand loyalty）。正当性是判断是否真正是社群成员的标准，了解品牌相关知识，能够积极主动参与社群活动，宣传产品和品牌，同时愿意维护网络社群的群体目标，遵守群体规范和维护网络社群形象的社群成员是"真"的社群成员，相反，那些对品牌和网络社群了解不多，对社群活动的参与意向较低，品牌忠诚度也不高的社群成员是"假"的社群成员。反向品牌忠诚度是指社群成员通过拒绝购买竞争对手品牌或产品等表现自己对品牌的忠诚度的行为。社群精神是社群的一种传统，随着社群的发展过程不断积累沉淀，并渗透到社群规范和文化中（Schau and Muñiz, 2002）。对社群成员的行为有重要的影响，具有社群精神的成员会积极参与社群活动，维护社群的发展，遵守社群规范和倡导社群文化。社群责任是指社群成员对所在社群的职责和义务，具体而言，如社群成员具有维护社群秩序，帮助其他社群成员的责任等。在网络社群中，社群责任主要体现在宣传介绍社群，吸引新成员加入，主动帮助其他社群成员解决问题或困难，主动分享产品或品牌信息等方面（Muniz and O'Guinn, 2001）。

10.3　社会距离

社会距离（social distance）最早是由塔德（Tarde）提出来的，他在著作《模仿的规律》中首次界定了社会距离的含义，即用来表示群体之间的差异，他认为不同群体之间是有差异的，这种差异可以用两者之间的亲密程度反映，并且亲密程度可以衡量，这种群体之间的差异被定义为"社会距离"。社会距离可以衡量个体与客体之间关系的亲密程度，当个体感知到与客体之间关系亲密，感知到的社会距离就较短，当个体感知到与客体的关系比较疏远，感知到的社会距离就远。Bauman（2003）将社会距离简单划分为"远距离"和"近距离"两种，认为现代社会影响社会距离远近的决定性因素是心理因素。在传统社会中，社会距离主要是受地理位置的影响，地理位置上的分离影响彼此亲近或疏远关系的建立。一般而言，地理位置上相距比较近的个体间，接触的机会更多，关系也会更亲密。随着互联网时代的来临，传统界定社会距离远近的标准被打破，地理位置已不是影响社会距离的决定性因素，地理位置与社会距离并没有必然的联系，即使地理位置距离很近的个体，感知的社会距离也可能会很远，互联网时代，空间距离的影响正在逐步消失，人们的心理距离日益凸显出来，并有可能成为人们交往的新障碍。因此，国内学者将信任作为衡量社会距离的标准，社会距离不依靠社会地位、血缘关系、空间距离进行衡量，而是通过行动取向、主导价值观、发生范围、信任类型、人与人之间的同质性五个方面比较近社会距离和远社会距离。

社会距离往往受到个人、社会和群体因素的影响。熟悉度、自我感知、与他人的关系和个体的情绪都会影响社会距离远近。一般而言，个体间越熟悉感知到的社会距离越短。Goff 等（2008）以黑种人和白种人为例，发现当白种人受到关于黑种人的刻板印象的影响时，会减少与黑种人的互动，远离黑种人，而黑种人与白种人之间的互动的增加会减少白种人的刻板印象，进而减少由此带来的消极后果。个体对自我的感知会产生距离感，增加与他人之间的距离。此外，当个体与他人之间关系陌生或联系比较少时，双方感知的社会距离较远，当双方是亲戚朋友关系时，感知的社会距离较近。对对方具有积极或消极的情绪会影响社会距离感知，消极情绪会拉大社会距离，而积极的情绪会拉近与他人之间的关系（陈咏媛等，2012）。影响社会距离的社会因素主要有社会地位、社会制度、社会文化等。一般而言，社会声望高的人社会地位就高，同时个体一般都愿意与社会地位高的人建立亲密关系，因此社会声望在一定程度上会影响社会距离（Laumann，1965）。在社会制度比较稳固的社会中或者小团体中，严格的社会制度在无形中将人们归属为不同的群体，所属群体和非所属群体之间界限鲜明，与所属群体内的成员相比，与非所属群体成员的社会距离较远（Akerlof，1997）。社会文化背景会影响人们对不同族群成员的接触意愿，与个体主义导向的个体相比，集体主义导向的个体更愿意给予合作者更多的报酬。个体间或群体间接触会影响对接触对象的评价，进而影响感知社会距离。接触不熟悉的人可以减少偏见，但同时偏见的存在也会影响接触的发生。社会距离是影响消费者融入的重要因素，当与群体内成员社会距离近时，对于这个集体的融入意愿也会更强。

10.4　社群结构与社群融入

社群网络也是一种社会网络（Mccall，1979；Lee et al.，2010）。参照社会网络，在社群网络内可以将社群分为紧密型社群和跨越型社群，前者是社群成员之间相似程度较高，彼此之间紧密相连，为网络内的成员提供情感和物质的支持，社群成员之间形成强关系；在跨越型社群内，社群成员基于共同的经历、兴趣或地理位置形成小圈子（Watts and Strogatz，1998；Panzarase et al.，2009），在圈子内，成员兴趣相投，有相同的价值观和观点，彼此之间相互联系，同时属于两个圈子的用户架起联系两个圈子的桥梁，即使社群用户数量增多，用户之间依然通过圈子之间的弱联系使社群作为一个整体存在，社群内建立了非常多的弱联系。

在紧密型社群结构中，社群成员通过互动活动相互认识、熟悉和信任（Miller et al.，2009），建立社会关系（Mckenna et al.，2002）。网络社群成员对社群的情感依恋与成员间的互动频率紧密相关，当成员之间互动频率较高时，随着相互了解的深入，彼此之间情感和信任得到强化（Ren et al.，2007）。在紧密型社群结构中，成员之间提供情感和物质帮助（Davidsson and Hong，2003），从而促进了成员之间情感纽带的建立和强化（Gargiulo and Benassi，2000）。强化社群成员之间的情感纽带能够提高个体对社群的情感依恋。

在跨越型社群结构中，用户通过圈子之间的弱联系使社群作为一个整体存在（Watts and Strogatz，1998），这是因为在跨越型社群结构中，通过激活成员的群体身份，形成了该社群的集体意识（Muniz and O'Guinn，2001）。共同的身份感强化了个体彼此互动参与的意愿，导致成员对组织形成高度认同，更愿意遵守群体规范。群体符号的意义对个体具有很强的吸引力和凝聚力（Hogg and Hardie，1992）。同时，跨越型社群中不同圈子之间的沟通交流，可以提供实用的信息或者带来新的视角，广泛的、不断更新的信息可以促进成员学习和交流（Porter and Donthu，2008），成员信息的搜集和整合（Wiertz and de Ruyter，2007），可以获得高水平的可信的信息，减少在购买过程中因不确定性带来的风险和不舒服感或焦虑感（Ouwersloot and Odekerken-Schröder，2008）。

一般来说，如果社群成员在网络社群中能找到与自己背景、爱好相同的人，参与社群活动的意愿较强，他们会对社群产生归属感，更容易融入社群。乔治（George）的经典理论认为成员间互动频率是网络社群形成和持久发展的关键因素，社群成员交往越频繁，互动频率越高，他们的感情就越强烈，此时，社群成员对社群产生归属感（Okleshen and Grossbart，1998），感知到社群更加有吸引力（Dutton et al.，1994），对社群的情感依恋更强。因此，与跨越型社群结构相比，紧密型社群结构中的成员社群融入度较高。因此，我们提出以下假设。

H10-1：社群结构对消费者社群融入度有显著的影响，与跨越型社群结构相比，紧密型社群结构中的成员社群融入度较高。

10.5 社会距离如何影响消费者融入

人们往往认为熟人在做同样的事情时会有更多的责任感，更加尽心尽力，社会距离更近。徐晓军（2004）认为近社会距离的感知建立在人际信任之上，双方之间有帮助对方的责任，在处理与对方相关的事情时，采取利他主义行为，有时甚至会牺牲自我的利益，近社会距离经常发生在联系比较紧密的小团体中，成员之间具有较高的相似性。远社会距离一般是建立在制度信任之上，在处理与对方相关的事情时，遵循普遍主义，采取利己主义行为，远社会距离的成员之间相似程度较低，成员大多数具有不同的价值观、行为准则等。

网络社群是典型的社会网络，成员常参与社群互动，分享产品或品牌体验，建立关系，在社群中形成了关系网络。与处于跨越型社群结构中的成员相比，在紧密型社群结构中，成员同质化较高，相似的价值观、背景等使他们更易交流沟通，彼此间的亲密程度增加，感知社会距离更近。网络社群中成员之间感知社会距离较近时，他们之间会共享亲密感情，更容易找到归属感，激活他们的群体身份，促使他们把自己看作社群中的一分子，进而对社群的情感依恋就越强，即成员的社群融入度就越高。所以处于紧密型社群结构中的成员与处于跨越型社群结构中的成员相比，前者社群成员感知社会距离较近，融入度较高。由此得出以下假设。

H10-2：社会距离在社群结构对消费者社群融入度的影响中起中介作用。

10.6 网络社群对个体的影响方式

Deutsch 和 Gerard（1955）提出参照群体对消费者的影响可分为两个方面：信息性影响和规范性影响。信息性影响是指消费者经常搜集群体成员的态度、行为、观念等方面的信息以作为行为决策的依据。信息性影响产生的动机是规避风险，在做消费决策时，消费者常常面临很多的不确定性，出于规避风险，减少损失的目的，消费者希望在信息充分的条件下进行决策（Bearden and Etzel，1982）。当个体为了能被群体接受，顺从群体行为，而将群体成员行为、态度等方面的信息作为判断群体成员喜好的依据时，规范性影响就发生了。规范性影响产生的动机是服从性压力（Kelman，1961）。与远社会距离相比，近社会距离的个体间通常联系紧密，更容易产生服从性压力；与近社会距离相比，远社会距离的个体异质性较高，通常能够为社群成员带来更多的信息和观点。

为了获得相应的信息，消费者通常会积极主动地从具备相应信息的成员那里获取信息，当消费者判定某成员为"产品专家"时，消费者会经常从他们那里搜集信息，或者根据他们的购买行为来推断产品质量（Park and Lessig，1977；Bearden et al.，1989）。如果消费者从参照群体的群体成员那里获得了产品质量等方面的信息，或者是提高了处理问题的能力，那么信息性影响就发生了，会对消费者行为和态度产生影响（Park and Lessig，1977；Brinberg and Plimpton，1986）。当企业利用网络社群营造信息影响的氛围时，社群成员能否获取多样化的信息是关键。

与近社会距离的成员相比，远社会距离的成员之间的异质性要高得多（徐晓军，2004），他们可以接触新的信息、经验、想法。弱关系的存在（Davidsson and Hong，2003），令成员可以相互交流（Wasko and Faraj，2005），同时也使个体暴露于冲突和多样性选择之中（Podolny and Baron，1997），从而使社群成员在交流讨论中获得更多的信息。多样化的信息降低了社群成员决策的风险（Dholakia et al.，2009）。因此，信息性影响对处于远社会距离的成员影响更大。

规范性影响产生的本质原因是社会成员希望被其他成员接受而表现出与他们相一致的行为、态度或认同相同的价值观。规范性影响主要表现在群体压力（Cialdini et al.，1991）。规范性影响常常导致从众行为，在某种情境下，个体以他人的行为为参照，做他人所做的，与他们保持一致，目的是不引起注目，不被别人嘲笑，不至于陷入困境或遭到排除。当个体为了得到他们的认同而顺从他们的喜好，规范性影响就发生了（Cialdini et al.，1991）。规范性影响产生的动机是服从性压力（Kelman，1961）。群体结合的紧密程度是产生服从性压力的重要方面（Webster and Faircloth，1994；Dotson，1984；Witt and Bruce，1972）。

与远社会距离的成员相比，近社会距离的成员之间的同质性要高得多（徐晓军，2004），甄国栋（1997）认为同质性高的群体，群体凝聚力强。因此，与处于远社会距离的社群成员相比，规范性影响对处于近社会距离中的成员影响更大。当成员感知到社群积极的规范性影响时，对社群会更加认同，进而会对社群作出更加积极的评价，认为社群更加有吸引力（Stets and Burke，2000）。对社群的情感依附会更强。

综上，提出以下假设。

H10-3：社群结构（跨越型 vs.紧密型）和网络社群影响类型（信息性影响 vs.规范性影响）的交互作用对成员社群融入有影响。与网络社群的影响是信息性影响相比，当网络社群的影响是规范性影响时，紧密型社群结构中成员社群融入度更加高于跨越型社群结构的成员社群融入度。

10.7 主要结论

在已有的关于社群融入研究的基础上，本章探讨社群结构、网络社群影响类型与社群融入的关系，社群成员融入社群的机制——社会距离的中介作用，理论模型如图 10-1 所示。在企业网站论坛（如小米社区等）、问卷星等专业问卷调查平台、某些网络社群（如罗辑思维的 QQ 群、微信群）等，收集调查问卷（问卷共发放 400 份，回收了 297 份），通过 SPSS20.0 软件对数据进行了分析处理，验证了相关假设。研究结论如下。

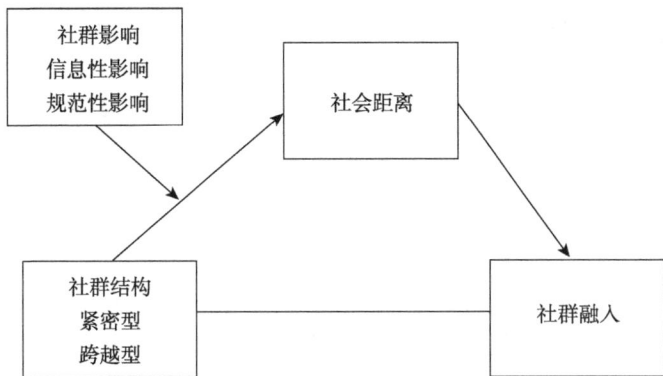

图 10-1　社群结构对社群成员融入的影响

（1）社群结构对消费者社群融入度有显著的影响，与跨越型社群结构相比，紧密型社群结构中的成员社群融入度较高。在网络社群中，每一个社群成员所处的位置是不同的，成员间沟通的方式也存在差异，进而影响社群成员的社群融入。在紧密型社群中，成员之间同质化程度较高，相似的背景和价值观有助于成员之间形成强关系，即网络社群成员之间具有强烈的感情，而在跨越型社群中，成员之间的关系是建立在信息分享的基础上。

（2）社会距离在社群结构对消费者社群融入度的影响中起中介作用。与处于跨越型社群结构中的成员相比，在紧密型社群结构中，成员同质化较高，相似的价值观、背景等使他们更易交流沟通，彼此间的亲密程度增加，感知社会距离更近。网络社群中成员之间感知社会距离较近时，他们之间共享亲密感情，更容易找到归属感，对社群的情感依恋就越强，即成员的社群融入度就越高。

（3）社群结构（跨越型 vs.紧密型）和网络社群影响类型（信息性影响 vs.规范性影响）的交互作用对成员社群融入有影响。与网络社群的影响是信息性影响相比，当网络社群的影响是规范性影响时，紧密型社群结构中成员社群融入度更加高于跨越型社群结构的成员社群融入。

因为跨越型社群结构成员之间建立了很多的"桥联系"，成员可以获得更多独特的、新颖的信息和观点，在信息和资源传递方面有一定的优势，所以对于信息性影响的网络社群来说，紧密型社群结构中成员社群融入度不会明显高于跨越型社群结构的成员社群融入度。

而当网络社群的影响是规范性影响时，紧密型社群结构成员之间的关系亲密，群体的凝聚力高，亲密程度越高就越容易产生群体压力，网络社群规范的约束就越强，因而成员融入度更加高于跨越型社群结构的成员融入度。

10.8　管理启示

（1）在"互联网+"兴起背景下，许多企业借助社群吸引消费者，宣传产品，树立企业形象，增加消费者的满意度和忠诚度，而社群成员融入是网络社群持续发展和长期存在的关键所在。社群结构决定消费者在社群中所处的位置，进而影响成员的行为，相对于跨越型社群而言，紧密型的社群更有利于成员融入社群。但无论是紧密型社群结构还是跨越型社群结构，只有当成员之间的亲密关系增强了对所属社群的归属感和依恋感时，才更有助于成员社群融入。

（2）企业要通过各种途径，缩短成员之间感知的社会距离。从网络社群成员的角度来看，能否融入社群取决于他感知到的与其他社群成员的社会距离，当社群成员感知到的社会距离近时，社群融入度就高，进而更愿意融入社群行为，对相应产品的忠诚度也较高；相反，当社群成员感知到的社会距离远时，社群融入度较低，进而参与社群活动的意愿和相应的消费意愿就较低。因此，企业应该鼓励社群成员之间的互动，通过组织社群活动，如线下聚会、定期抽奖、共同参与产品设计等，拉近成员之间的距离。

（3）企业要分析网络社群对个体影响的主要类型，即社群是以网络社群信息性影响吸引用户聚集成群，还是借助网络社群规范性影响吸引消费者，不同情境下形成的社群会对成员的融入行为产生不同影响，根据本章的研究结论，当企业依靠网络社群的信息性影响形成社群时，跨越型的社群结构成员融入与紧密型社群结构成员融入度的差距不大，仍然可以借助新颖的观点和信息优势、小圈子之间的"桥联系"吸引成员的参与。当企业借助社群的规范性影响吸引消费者加入社群时，建立紧密型的社群结构明显更有利于社群成员融入。

本章小结

- 社会网络中，个体不是孤立的，而是相互联系的，形成关系网络。个体的行为决策和态度是嵌入在一定的社会网络关系中的，个体的行为在一定程度上是结构现象。

- 社群融入是社群成员感知到的被社群所激发的情感依恋的状态，受外部因素、消费者价值诉求、消费体验和社群网络关系的影响。

- 社群结构对消费者社群融入度有显著的影响，与跨越型社群结构相比，紧密型社群结构中的成员社群融入度较高。

- 社会距离在社群结构对消费者社群融入度的影响中起中介作用。处于紧密型社群结构中的成员与处于跨越型社群结构中的成员相比，前者社群成员感知社会距离较短，融入度较高。

● 社群结构（跨越型 vs.紧密型）和网络社群影响类型（信息性影响 vs.规范性影响）的交互作用对成员社群融入有影响。与网络社群的影响是信息性影响相比，当网络社群的影响是规范性影响时，紧密型社群结构中成员社群融入度更加高于跨越型社群结构的成员社群融入度。

参考文献

陈咏媛, 许燕, 潘益中. 2012. 社会距离和情绪效价对具身模拟的影响机制研究[J]. 中国特殊教育, (5): 82-86.

刘新, 杨伟文. 2011. 消费者参与虚拟品牌社群前定因素研究[J]. 软科学, 25(3): 135-139.

任枫. 2014. 品牌社群消费体验与品牌社群融入：基于心流体验的中介效应研究[J]. 中南财经政法大学学报, (4): 151-156, 160.

塔德 G. 2007. 模仿的规律[M]//周晓虹. 现代社会心理学名著菁华. 北京：社会科学文献出版社: 1-9.

王新新, 薛海波. 2010. 品牌社群社会资本、价值感知与品牌忠诚[J]. 管理科学, 23(6): 53-63.

辛枫冬. 2012. 网络关系对知识型服务业服务创新能力的影响研究[D]. 天津：天津大学.

徐小龙. 2001. 智能移动代理技术在未来电子商务中的应用[J]. 微型机与应用, 20(7): 3.

徐小龙, 王方华. 2007. 虚拟社区研究前沿探析[J]. 外国经济与管理, 29(9): 10-16.

徐晓军. 2004. 社会距离与农民间的合作行为[J]. 浙江社会科学, (1): 15-21.

薛海波, 王新新. 2008. 创建品牌社群的四要素：以哈雷车主俱乐部为例[J]. 经济管理, 30(3): 59-63.

翟本瑞. 1999. 虚拟社区的社会学基础[R]. 嘉义：南华管理学院应用社会系.

甄国栋. 1997. 浅论运动队的凝聚力[J]. 安徽体育科技, 18(2): 15-18.

周志民, 彭妙娟. 2013. 在线品牌社群成员的社会强化动机、网络中心性与品牌行为倾向研究[R]. 北京：清华大学经济管理学院.

周志民, 吴群华. 2013. 在线品牌社群凝聚力的前因与后效研究[J]. 管理学报, 10(1): 117-124.

Akerlof G A. 1997. Social distance and social decisions.[J]. Econometrica, 65(5), 1005-1027.

Armstrong A, Hagel J. 1999. The real value of on-line communities[M]//Tapscott D. Creating Value in the Network Economy. Cambridge: Harvard Business School Press:173-185.

Ba S. 2001. Establishing online trust through a community responsibility system[J].Decision support systems, 31(3): 323-336.

Bagozzi R P, Dholakia U M. 2002. Intentional social action in virtual communities[J]. Journal of Interactive Marketing, 16(2): 2-21.

Balasubramanian S, Mahajan V. 2001. The economic leverage of the virtual community[J]. International Journal of Electronic Commerce, 5(3): 103-138.

Bauman Z. 2003. Intimations of Postmodernity[M]. London: Routledge.

Bearden W O, Etzel M J. 1982. Reference group influence on product and brand purchase decisions[J]. Journal of Consumer Research, 9(2): 183-194.

Bearden W O, Netemeyer R G, Teel J E. 1989. Measurement of consumer susceptibility to interpersonal influence[J]. Journal of Consumer Research, 15(4): 473-481.

Brinberg D, Plimpton L. 1986. Self-monitoring and product conspicuousness on reference group influence[M]//Lutz R. Advances in Consumer Research. Provo: Association for Consumer Research: 297-300.

Bughin J, Hagel J. 2000. The operational performance of virtual communities-towards a successful business model?[J]. Electronic Markets, 10(4): 237-243.

Burnkrant R E, Cousineau A. 1975. Informational and normative social influence in buyer behavior[J]. Journal of Consumer Research, 2(3): 206-215.

Carver C, Scheier M. 1998. On the self-regulation of behavior: discrepancy-reducing feedback processes in behavior[D]. Cambridge: Cambridge University Press.

Childers T L, Rao A R. 1992. The influence of familial and peer-based reference groups on consumer decisions[J]. Journal of Consumer Research, 19(2): 198-211.

Cialdini R B, Kallgren C A, Reno R R. 1991. A focus theory of normative conduct: a theoretical refinement and reevaluation of the role of norms in human behavior[J]. Advances in Experimental Social Psychology, 24: 201-234.

Davidsson P, Hong B. 2003. The role of social and human capital among nascent entrepreneurs[J]. Journal of Business Venturing, 18(3):301-331.

Deutsch M, Gerard H B. 1955. A study of normative and informational social influences upon individual judgment[J]. The Journal of Abnormal and Social Psychology, 51(3): 629-636.

Dholakia U M, Bagozzi R P, Pearo L K. 2004. A social influence model of consumer participation in network-and small-group-based virtual communities[J]. International Journal of Research in Marketing, 21(3): 241-263.

Dholakia U M, Blazevic V, Wiertz C, et al. 2009. Communal service delivery: how customers benefit from participation in firm-hosted virtual P3 communities[J]. Journal of Service Research,12(2): 208-226.

di Gangi P M, Wasko M. 2009. Open innovation through online communities[M]//King W. Knowledge Management and Organizational Learning. Massachusetts: Springer: 199-213.

Dotson M J. 1984. Formal and informal work group influences on member purchasing behavior[D]. Mississippi State: Mississippi State University.

Dutton J E, Dukerich J M, Harquail C V. 1994. Organizational images and member identification[J]. Administrative Science Quarterly, 39(2): 239-263.

Gaines S, Marelich W, Bledsoe K L, et al. 1997. Links between race/ethnicity and cultural values as mediated by racial/ethnic identity and moderated by gender[J]. Journal of Personality and Social Psychology, 72(6) : 1460-1476.

Gargiulo M, Benassi M. 2000. Trapped in your own net? Network cohesion, structural holes, and the adaptation of social capital[J]. Organization Science, 11(2): 183-196.

Goff P A, Steele C M, Davies P G. 2008. The space between us: stereotype threat and distance in interracial contexts[J]. Journal of Personality and Social Psychology, 94(1): 91-107.

Granovetter M S. 1983. The strength of weak ties: a network theory revisited[J]. Sociological Theory,1(6): 201-233.

Gupta S, Kim H W. 2007. Developing the commitment to virtual community[J]. Information Resources Management Journal, 20(1): 28-45.

Hacker S D, Gaines S D. 1997. Some implications of direct positive interactions for community species diversity[J]. Ecology, 78(7): 1990-2003.

Hagel J.1999. Net gai:expanding markets through virtual communities[J]. Journal of Interactive Marketing, 13 (1): 55-65.

Hogg M A, Hardie E A. 1992. Prototypicality, conformity and depersonalized attraction: a self-categorization analysis of group cohesiveness[J]. British Journal of Social Psychology, 31(1): 41-56.

Hogg M A, Turner J C. 1985. Interpersonal attraction, social identification and psychological group formation[J]. European Journal of Social Psychology, 15(1): 51-66.

Igbaria M, Shayo C, Olfman L. 1999. On becoming virtual: the driving forces and arrangements[C]//Prasad J. Proceedings of the 1999 ACM SIGCPR Conference on Computer Personnel Research. New York:Association for Computing Machinery: 27-41.

Jones Q, Rafaeli S. 2000. Time to split, virtually: 'discourse architecture' and 'community building' create vibrant virtual publics[J]. Electronic Markets, 10(4): 214-223.

Kamann D J, Strijker D. 1991. The network approach: concepts and applications[M]//Camagni R. Innovation Networks: Spatial Perspectives. London：Belhaven Press: 145-173.

Kelman H C. 1961. Processes of opinion change[J]. Public Opinion Quarterly, 25(1): 57-78.

Lambiotte R, Panzarasa P. 2009. Communities, knowledge creation, and information diffusion[J]. Journal of Informetrics, 3(3): 180-190.

Lander E S, Linton L M, Birren B, et al. 2001. Initial sequencing and analysis of the human genome[J]. Nature, 409(6822): 860-921.

Laumann E O. 1965. Subjective social distance and urban occupational stratification[J]. American Journal of Sociology, 71(1): 26-36.

Lee K. 1998. The net as a foraging society: flexible communities[J]. The Information Society, 14(2): 97-106.

Lee S H, Cotte J, Noseworthy T J. 2010. The role of network centrality in the flow of consumer influence[J]. Journal of Consumer Psychology, 20(1): 66-77.

Madupu V, Cooley D O. 2006. Antecedents and consequences of online brand community participation: a conceptual framework[J]. Journal of Internet Commerce, 9(2): 127-147.

Mccall M W. 1979. Power, authority and influence[M]//Kerr S. Organizational Behavior. Columbus: Grid: 185-206.

McKenna K Y A, Green A S, Gleason M E J. 2002. Relationship formation on the Internet: what's the big attraction?[J]. Journal of Social Issues, 58(1): 9-31.

Miles R E, Snow C C. 1992. Causes of failure in network organizations[J]. California Management Review, 34(4): 53-72.

Miller K D, Fabian F, Lin S J. 2009. Strategies for online communities[J]. Strategic Management Journal, 30(3): 305-322.

Muniz A M, O'Guinn T C. 2001. Brand community[J]. Journal of Consumer Research, 27(4): 412-432.

Newman M E J, Watts D J, Strogatz S H. 2002. Random graph models of social networks[J]. Proceedings of the National Academy of Sciences, 99(1): 2566-2572.

Okleshen C, Grossbart S. 1998. Usenet groups, virtual community and consumer behaviors[J]. Advances in Consumer Research, 25: 276-282.

O'Reilly C A I, Caldwell D F. 1985. The impact of normative social influence and cohesiveness on task perceptions and attitudes: a social information processing approach[J]. Journal of Occupational Psychology, 58(3): 193-206.

Ouwersloot H, Odekerken-Schröder G. 2008. Who's who in brand communities and why?[J]. European Journal of Marketing, 42(5/6): 571-585.

Panzarase P, Opsahl T, Carley K M. 2009. Patterns and dynamics of users' behavior and interaction:network analysis of an online community[J]. Journal of the American Society for Information Science and Technology, 5: 60.

Papadakis M, Gogoshin G, Kakadiaris I A, et al. 2003. Nonseparable radial frame multiresolution analysis in multidimensions[J]. Numerical Functional Analysis and Optimization, 24(7/8): 907-928.

Park C W, Lessig V P. 1977. Students and housewives: differences in susceptibility to reference group influence[J]. Journal of Consumer Research, 4(2): 102.

Podolny J M, Baron J N. 1997. Resources and relationships: social networks and mobility in the workplace[J]. American Sociological Review, 673-693.

Porter C E, Donthu N. 2008. Cultivating trust and harvesting value in virtual communities[J]. Management Science, 54(1): 113-128.

Ren Y Q, Kraut R, Kiesler S. 2007. Applying common identity and bond theory to design of online communities[J]. Organization Studies, 28(3): 377-408.

Rheingold H. 1993. The Virtual Community: Homesteading on the Electronic Frontier[M]. Massachusetts: MIT Press.

Romm C, Pliskin N, Clarke R. 1997. Virtual communities and society: toward an integrative three phase model[J]. International Journal of Information Management, 17(4): 261-270.

Rothaermel F T, Sugiyama S. 2001. Virtual Internet communities and commercial success: individual and community-level theory grounded in the atypical case of TimeZone.com[J]. Journal of Management, 27(3): 297-312.

Schau H J, Muñiz A M, Jr. 2002. Brand communities and personal identities, negotiations in cyberspace [J]. Advances in Consumer Research, 29(1): 344.

Sicilia M, Palazon M. 2008. Brand communities on the internet: a case study of Coca-Cola's Spanish virtual community[J]. Corporate Communications: An International Journal, 13(3): 255-270.

Spar D, Bussgang J. 1996. Ruling commerce in the networld[J]. Journal of Computer-Mediated Communication, 2(1): JCMC215.

Stets J E, Burke P J. 2000. Identity theory and social identity theory[J]. Social Psychology Quarterly, 63(3): 224.

Surachartkumtonkun J, Patterson P. 2007. The role of social capital and on-line communities in enhancing consumers' consumption value[C]//Australian and New Zealand Marketing Academy (ANZMAC) Conference: 2938-2945.

Utman C H. 1997. Performance effects of motivational state: a meta-analysis[J]. Personality and Social Psychology Review, 1(2): 170-182.

van Doorn J, Lemon K N, Mittal V, et al. 2010. Customer engagement behavior: theoretical foundations and research directions[J]. Journal of Service Research, 13(3): 253-266.

Wasko J. 2011. The political economy of communications: core concerns and issues[M]//Wasko J, Murdock G, Sousa H. The Handbook of Political Economy of Communications. Chicheste: John Wiley & Sons: 1-11.

Wasko M M L, Faraj S. 2005. Why should I share? Examining social capital and knowledge contribution in electronic networks of practice[J]. MIS Quarterly, 29(1):35-57.

Watts D J, Strogatz S H. 1998. Collective dynamics of small-world networks(see comments)[J]. Nature, 393(6684): 440-442.

Webster C M, Faircloth J B. 1994. The role of hispanic ethnic identification on reference group influence[J]. ACR North American Advances, 21: 458-463.

Weinfurt K P, Moghaddam F M. 2001. Culture and social distance: a case study of methodological cautions[J]. The Journal of Social Psychology, 141(1): 101-110.

Wiertz C, de Ruyter K. 2007. Beyond the call of duty: why customers contribute to firm-hosted commercial online communities[J]. Organization Studies, 28(3): 347-376.

Williams D. 2006. On and off the'Net: scales for social capital in an online era[J]. Journal of Computer-Mediated Communication, 11(2): 593-628.

Witt R E, Bruce G D. 1972. Group influence and brand choice congruence[J]. Journal of Marketing Research, 9(4): 440-443.

Yap A Y. 2002. Enabling e-commerce growth through the social construction of a virtual community's culture[J]. Journal of Electronic Commerce Research, 3(4): 279-294.

第 11 章
网络群体依存关系与消费者卷入

■ 导论

互联网刚开始被人们运用时，"网络群体"这一概念就成为其核心要素。网络群体所存在的媒介由论坛、博客等发展为现在的贴吧、QQ、微信和微博、直播间等新的媒介形式，各种新旧网络群体形式都吸引了大量用户的高度关注和依赖。戴瑞珠宝用一生只能凭身份证定制一枚的钻戒吸引了一批相信一生只有一个真爱的 DR 族，粉丝们用信仰和实际购买行动对其钻戒表示支持；柳传志将自己的经历和故事融入猕猴桃创造了联想佳沃的"柳桃"，在短时间内吸引了人们加入柳桃的群体，在短时间内使得群内大批成员购买柳桃。这些案例无一不是由网络群体带动经济的案例。

我们会发现，在这一过程中，群体中有些成员真正卷入了群体行为中去，产生了一些购买行为，但有些群体成员则只是在群体里围观，并未卷入群体行为中去。群体成员是否卷入群体行为中固然与个体化差异有关，但和群体自身的环境因素也是密不可分的，从群体结构因素来看，群体成员依存关系就是一个重要方面。之所以会产生一些群体行为，一个重要的原因就是群体成员在实现共同目标和完成群体相关的一些任务时能够互补，这种成员之间的互补特性，就是群体的依存关系（Alavi and McCormick，2008）。

依存关系可分为任务依存和结果依存，它是一种群体的结构特征（Stewart and Barrick，2000）。在现有的网络群体中有很多群体的结构都是存在依存关系的，如豆瓣社区中完成线上任务的群体、竞技类的网络游戏战队都属于任务依存的群体，而购物网站和亲子论坛的一些团购活动群体，则属于结果依存的群体。

群体结构的设计是影响群体运作的因素之一，在打破传统地域限制的网络情境中，群体依存关系可以分为任务依存和结果依存，本章探讨两种不同的网络群体依存关系对消费者卷入的影响机制。

11.1　网络群体依存关系类型

网络空间的社会聚合体，也就是我们常说的网络群体，是依靠网络技术所形成的群体，它具备线下社会群体的属性，成员之间也存在相互支持以及信息交换和交流的行为，人们在网络群体内同样可以获得归属感以及社会支持。网络群体打破了地域等因素的限制，有共同兴趣爱好、有相同需求等的一群志同道合的人可以聚集在一个网络空间。网络群体依然具备社会群体的四要素：明确的群成员关系；持续的网络互动；一致的群体意识和规范；一致的目标和行动的能力（Campion et al.，1993）。但最大的区别就是成员之间不需要面对面的互动；成员在群体内是匿名的或不匿名的；网络群体的形成是自发的、爆发式的；网络群体的组织结构更加松散，形成之后不具备稳定性。

从网络社群成员的行为可知，成员之间的依存关系是影响成员行为的一个关键因素。依存关系本质上是一个衡量团队成员在多大程度上需要互相依赖来完成他们的工作的依据（Gully et al.，2002）。通常由任务和结果两个维度来表征，Courtright 等（2015）提出了任务依存和结果依存的定义。

11.1.1　任务依存

任务依存是指任务被设计的程度能够确保成员们相互依赖去获得重要的资源，以及创造需要合作行为的流程。任务依存包括资源依存、投入依存、方法依存和过程依存，具体包括两个方面，这两方面只要一个符合，就属于任务依存：一是群体成员在相互依赖获得重要资源时相互依存；二是群体成员在创造需要合作行为的流程时相互依存。

Johnson 等（1991）认为在任务依存结构下，成员必须为了其他成员能够完成他们那部分工作而行动起来从而形成资源依存（如在篮球队中），每位成员可以完成自己那部分工作，但是诸如信息这样的资源会被分配到各个成员手中，除非每个人都完成了自己那部分工作，否则整个任务都不能被完成。王重鸣和邓靖松（2005）对任务依存性的定义如下：任务依存性，表现为团队任务的投入因素相互依存（如成员技能、资源、技术等），以及团队运作过程相互交叉（成员承担不同职能，共同完成任务等）。

当群体成员拥有不同的访问关键资源的权限，从而使彼此只有依赖于其他关键资源才能完成群体目标时，就会出现相互协作行为。此外，任务流程结构被设计得使群体成员为完成任务对他人的依赖越高，团队中明确设计的发生在群体成员间的相互作用也就越多。因此，任务依存鼓励群体成员之间更高水平的相互作用，是因为个人在高任务依存的情况下会经历更频繁和更多次的重复暴露，而在群体成员都能够独立自主地获取关键资源从而完成团队任务的情况下这种经历则没那么明显。群体成员间频繁而反复的相互作用会导致更高的熟悉度，这种熟悉度已被证明会导致更高水平的信息分享、协作和联合决策（Rockett and Okhuysen，2002）。因此，任务依存程度高的群体有更多因计划和策划任务而产生的相互作用。

任务依存与一些有效性方面的结果变量呈正相关关系，如生产率、满意度、和经理对绩效的评级（Campion et al.，1993；Kiggundu，1983；Pearce and Gregersen，1991）。任务依存可以通过员工责任感的中介作用影响工作场所中的一些合作行为（Pearce and Gregersen，1991）。王重鸣和邓靖松（2005）用模拟实验探究了任务依存性在虚拟团队绩效过程模型和不同任务类型中的作用，结果发现在目标设置模式上，任务依存程度越高，团队设置的目标越高；在方法模式上，任务依存程度低的团队倾向于选择竞争，任务依存程度高的团队则更倾向于选择合作。此外，有很多研究也探究了任务依存对个人成就的影响，主要是在各种情境下对大学生和成年人进行的研究（Alavi and McCormick，2008；Somech et al.，2009；Staples and Webster，2008），研究得出了以下结论：任务依存对促进知识分享和提高群体效能感都有正向的影响；任务依存调节了信任和帮助行为对群体有效性的影响；任务依存调节了知识分享与维护群体成员意图之间的关系；任务依存调节了群体效能感和群体表现之间的关系；任务依存相比于个人学习，更能提高个人成就且能让人获得更多的社会支持感（Bertucci et al.，2010）。

11.1.2 结果依存

结果依存是指群体的结果能在群体被回馈和沟通的程度，以确保强调整个群体的付出。结果依存包括目标依存和回馈依存，反映了群体成员认为他们的个人目标的实现要依赖于其他团队成员成功实现目标的程度。其中，目标依存也可以在完成工作的时候不存在任何依存性，目标的获得可被看作一个群体的显著结果。

值得一提的是，结果依存中人们所获得的结果未必就是物质方面的回馈，也可能是非物质方面的目标，如社会地位，获得社会地位也就是获得大家的认可，获得大家对其个人成就和其本身的尊重。结果依存也包括两个方面，只要一方面符合就属于结果依存：一是群体成员在制定保证群体目标的期望时相互依存；二是群体成员在分配群体奖励和回馈成果时相互依存。

结果依存对满意度和承诺都有影响，且这种影响在某种程度上取决于人口统计学和制度多样性。在成员较年长且多样性较低的群体中，这种影响会更大（Schippers et al.，2003）。同时，相对于个人主义情境，结果依存也对个人成就有更强烈的正向影响（Johnson et al.，1991）。Tjosvold（1998）将结果依存中的目标依存分为竞争目标依存和合作目标依存，发现与竞争目标依存情境相比，在合作目标依存情境的自我管理团队中，人们更容易对群体能力产生信心，进而能够更有效地工作。

11.2　网络群体成员的行为卷入

Sherif 和 Cantril（1947）是第一个提出"卷入度"概念的，作者最初将卷入度用于测量与态度相关的问题。Traylor（1981）提出卷入度是指消费者对事物的理解和认识水平，卷入度与认知水平呈正相关，即对特定事物理解或认知水平越高，卷入度就越高。Rothschild（1984）在 Traylor 研究的基础上，扩展了卷入度的范畴，认为卷入是一种动机、激励，卷入度会影响消费者的信息搜索、信息处理及决策行为。

Engel 等（1978）提出卷入度可以用以下几个方面来测量，包括花费在产品搜寻上的时间，消耗的精力，被检查的替代品的数量，以及决策过程中的努力程度。Stone（1984）在此建议的基础上将行为卷入定义为追求某项特定活动所花费的时间以及努力的强度。田晓明等（2010）在研究群体卷入模型时所提到的行为卷入则主要是指群体成员的合作行为，且将行为卷入分为强制性要求的行为和自主行为。

Suwannatthachote 和 Tantrarungroj（2012）以 Facebook 中的网络群体为研究对象，指出网络群体中成员的行为卷入主要包括四个方面：生成群体相关的一些信息，即生成信息；与他人分享自己的知识、观点和技术等，即分享行为；就群体方面的相关问题对他人进行提问，并达成群体一致的意见，即互动行为；加入群体相关的活动中去，也包括一些商业活动，即参与群体相关活动。

11.2.1　网络群体成员行为卷入的分类

在网络群体中，成员的参与行为卷入程度是不同的，不同的卷入程度对应不同的网络群体成员行为。通过对现有文献进行整理发现，主要有两种划分方法：二分法、四分法。

（1）二分法。二分法将群体成员的参与行为卷入程度分为低行为卷入（如浏览行为）和高行为卷入（如发帖、讨论等），Nonnecke 和 Preece（2000）认为群体成员的参与行为主要是浏览和发帖，Blanchard 和 Markus（2004）在 Nonnecke 和 Preece 研究的基础上，将网络群体参与者分为浏览者和发帖者。Burnett（2000）认为人们参与网络群体的主要行为是进行信息交换，具体包括搜索、提供、分享信息等互动行为。Nosratinia 等（2004）对上述的研究进行进一步完善，将信息互换行为分为非互动性行为和互动性行为，非互动性行为指不直接参与网络群体活动，不能直接观察到的行为，互动性行为包括信息公告、更新群体内信息、参与群体讨论、分享信息等。Ridings 等（2006）将社区成员分为潜水者和发帖者，前者是指以获取信息为主，不积极参与群体活动的参与者，后者是指积极参与群体活动的参与者。李艺和王力立（2015）在研究网络群体成员购买行为时，按照成员参与群体活动的行为卷入度的高低将成员的参与行为划分为低层次的参与和高层次的参与，低层次的参与主要是指浏览群体信息，几乎不参与群体互动，高层次的参与包括发帖、回帖、分享信息、探讨问题。

（2）四分法。四分法根据行为卷入度的高低和价值两个维度将网络群体成员行为分为四种：浏览者——指刚进入群体的成员，简单地浏览，以获取信息；潜水者——指在网络群体中停留时间较长，但不会积极主动发信息进行互动的参与者；贡献者——指积极参与群体活动，主动奉献创作内容的参与者；购买者——指不但参与群体活动，还积极购买相关产品或服务的参与者（Armstrong and Hagel，2000）。也有学者将社区成员的参与行为分为游客、社交者、贡献者、内部者（Wang and Fesenmaier，2004；Langerak et al.，2003）。O'Sullivan（2005）将社区成员分为轻度浏览者、浏览者、贡献者、热心者。轻度浏览者一般是指刚进入社区的成员，社区的卷入度较低；浏览者是指经常访问群体，但对群体活动卷入度较低；贡献者是指参与程度比较低，但能积极创造贡献的参与者；热心者是指积极主动参与群体活动，对群体高度忠诚的参与者。

11.2.2　网络群体成员行为卷入动机

Armstrong 和 Hagel（2000）提出人们参与网络群体主要是为了满足以下几种需要：信息交换、兴趣爱好、幻想和人际关系的需要。相应地将网络群体分为四种不同的类型：交换型、兴趣型、幻想型、关系型。Dholakia 等（2004）提出了网络群体成员参与的社会影响模型，该模型认为成员的价值感知通过影响群体规范和社会认同进而影响成员的决策过程和参与行为，群体规范和社会认同是模型的核心。其中，价值感知包括：目的性价值——因实现计划的目标而从中获得价值；自我发现——通过参与网络群体活动进而对自己有更深层次的理解和认识；维持人际关系——通过与其他群体成员建立关联，从中获得社会支持；社会强化——网络群体成员因对社区作出贡献而获得他人的认可；娱乐价值——通过参加社区活动获得愉悦和放松。Sherif 和 Cantril（1947）以 BBS 为研究对象，发现人们参与 BBS 的主要动机是休闲、娱乐、使用和学习。国内学者文卫华和张杰（2011）与王井云（2014）分别以微博和网络群体为研究对象，发现成员参与其中主要是为了社交、自我肯定、娱乐、增长见识、人际沟通等。Wang 和 Fesenmaier（2004）提出参与网络群体主要是为了满足不同的利益诉求，包括功能性利益、社交利益、享乐性利益等，同时希望自己得到他人的接受和认可。还有学者指出人们参与网络群体最重要的目的就是获得信息，实现社交娱乐的需要（Heiss et al.，2008；Maddison et al.，2007；范晓屏等，2005；范晓屏，2009）。通过对网络群体成员行为卷入动机相关研究文献的整理，发现人们参与群体的动机主要是满足信息需要、娱乐需要、人际交往需要、自我发现需要等，同时网络的匿名性给人们提供了展示自我的便利，网络群体成为人们满足需要的重要平台。

11.3　任务依存下的行为卷入

de Dreu（2007）的研究表明依存度越高，群体成员越愿意分享信息，依存度与成员行为卷入呈正相关关系。高任务依存会导致成员产生更多互相帮助的行为、信息分享行为，以及其他的一些协作行为。Johnson 等（1991）认为在任务依存结构下，成员必须为了其他成员能够完成他们那部分工作而行动起来，从而导致对群体行为的参与更多。高结果依存会导致成员产生更多完成群体目标的行为。在结果依存度较高时，由于个人所能收获的目标和得到的回馈直接与所在群体相关，所以人们更容易卷入与群体相关的行为中去。

依存关系能够预测成员的群体效能感，有较高群体效能感的人，会在其所在群体中更为活跃。Bertucci 等（2010）在研究知识工作团队中的行为时发现，依存关系与群体效能感呈正相关关系，依存度越高，群体效能感也越高。当人们对自己成功理解、操控和评价网络上一些内容的能力有信心时，就会更多地使用和采纳网络技术，这种信心被定义为网络自我效能感，如果人们更容易在这些在线任务上表现得比较好，那么他就越能够加入或参与到网站中去。因此，可以预测的是，在网络群体中，当人们对所在群体有信心时，也会更多地卷入群体的行为中去。栾劲松（2016）在对大学生群体效能感进行定义后，发现群体认同和群体效能感能够交互作用，影响到集体行为卷入。Traylor（1981）提出对特定事物理解或认知水平越高，卷入度就越高。

已有研究表明，从群体成员的相互依赖性角度对群体效能感进行测度，群体效能感对预测个体参与群体行为的程度具有重要价值，但是这一预测作用只有当群体中各成员间具有一定程度依赖性的时候才会见效。Gibson（2002）在研究中发现，存在依存关系的群体，成员可以通过互动和集体认知过程获得增加成功机会的因素，所以群体中成员的群体效能感较高。Erez 和 Katz（2002）也发现，任务依存对群体效能感有正向的影响。群体效能感是促使行为产生的重要原因之一。当群体内成员的群体效能感较高时，往往会做一些有利于群体的行为，如给所在群体提供一些建设性的意见或建议，产生一些合作行为，让所在群体更愿意参与网络团购。

任务依存能够增强团队成员成功地完成其任务目标的信心。这是因为依赖和访问关键资源程度的增加，增强了团队成员对团队有更大的能力来完成任务的信念。此外，随着团队成员在完成任务时相互之间的互动和彼此熟悉，他们有更多的机会去探究和了解彼此的相对能力。对团队的综合能力的理解，提高了团队能够成功地完成任务的认知。Alavi 和 McCormick（2008）以 40 个大学生学术团队为研究样本，研究发现成员在工作前期感知到的任务依存度越高，后期在实际工作过程中的群体效能感也越强。此外，任务依存相比于个人行事，更能提高个人成就感且能让人获得更多的社会支持感，而社会支持感则与群体效能感呈正相关关系。

Gibson（1999）在研究群体水平的认知和群体有效性的关系时发现，两者关系的个体水平不一致时，群体水平会受到任务特征的文化情境的调节作用。这些因素都离不开群体中交换信息的自然属性。当任务的不确定性高时，群体成员会独立完成任务，集体主义水平比较低，群体效能感和群体有效性就不相关；反之，当任务比较复杂时，群体成员知道他们要彼此依赖来完成任务，他们就会重视集体主义，群体效能感和群体有效性就呈正相关。Allen 等（2003）在研究任务依存对群体成员的帮助行为以及表现的影响时，发现在任务依存情境下的实验中任务复杂程度（task complexity）变化时，所得到的结果也有所不同。吴国斌等（2015）以 350 位矿山救援基层应急指挥人员为样本，搜集了对其进行调查的问卷数据，发现目标差异与信息分享和参与之间的因果关系受到任务复杂性的调节作用。具体来说，任务越简单，目标差异对信息分享和参与的影响越大，反之亦然。

de Dreu（2007）发现在任务比较复杂时，群体成员学习情况可能受到阻碍，此时会降低对所在群体的努力程度的信心。Byström 和 Järvelin（1995）的研究中指出，任务复杂程度能够影响信息的搜寻和使用。Bandura 等（1999）在其书中指出，群体效能感的影响因素之一正是关于群体的一些信息。在任务复杂性较高时，群体内成员由于认识到合作行为的不易，从而影响对群体努力的信心和感知，从而使任务依存对行为卷入的影响得到削减。

基于上述讨论，我们可以得出以下假设。

H11-1a：在网络群体中，任务依存度与个体的行为卷入呈正相关。

H11-2a：在网络群体中，任务依存度越高，成员的群体效能感就越高，从而导致个体的行为卷入也越高，群体效能感在任务依存和行为卷入间起中介作用。

H11-3：在网络群体中，任务复杂性调节了任务依存度对成员群体效能感的正向影响。与低任务复杂性相比，高任务复杂性时，任务依存度与群体效能感的正相关程度更低，从而任务依存度对个体行为卷入影响的程度较低。

11.4　结果依存下的行为卷入

结果依存反映了团队成员认为他们的个人目标的实现要依赖于其他团队成员成功实现目标的程度，当团队成员共享更大程度的结果依存时，团队效能感也会更强。Alper 等（1998）发现团队的结果依存可以帮助自我管理的团队在工作中获得成功的信念，因为此时团队中成员会更加认清他们为达成目标而需要形成的合作关系，此时领导和成员能够建立共同的目标和整体的身份，进而能够获得群体能力的信心，并能够有效地评估自身和其管理者。根据 MacKinnon 等（2007）提出的社会依存理论，团队结构被设计为相互协作关系并强调集体的结果时，群体内成员能够彼此促进他人的成功。这种结果依存关系使群体成员关注促进人们之间情感的行为，进而产生了亲社会行为，群体成员在体验到他人对自己有利帮助的情况下，也会产生对所在群体能获得成功的信心。此外，在结果依存性高的群体中，成员之间的人际关系是比较重要的特性，成员之间关系越亲密，群体凝聚力也越强，这时成员会感觉团队中其他成员和自己是团结在一起的整体，因此对所在团队产生信心。

人类社会交互中，人们的行为会受到信念、欲望和意图的引导。Carroll 等（2005）发现具有较高群体效能感的人，会感觉到更强烈的群体归属感，而且在其所在群体中更为活跃。Lee（2006）在研究政治事件时发现，当人们的群体效能感较高的时候，就更可能参与到群体相关的行为中去。团队群体效能感进入团队成员的信念思维后，就会对个体的行为产生作用。

从群体认同的路径来说，van Zomeren 等（2010）的研究发现群体效能感增强群体认同，而群体认同则导致更高水平的行为卷入，因为群体效能感可使个人的认同转化为行动。Ashworth（2007）在其文章中提出了一个组织激励框架，框架将组织设计环境（包含依存关系）作为输入变量，将心理特征（包括效能感）作为转化过程的要素之一，并将个人行为作为输出变量。Chen 等（2006）提出，群体效能感是团队运作中一个最主要的表现状态，它对行动过程有着显著的影响；而 Mathieu 等（2008）在研究团队表现的影响机制时提出一个模型，指出团队运作在团队依存关系和团队表现间起中介作用。

网络群体中成员对目标沟通程度的感知主要是指群体内成员的沟通效果。当群体结构设计为结果依存时，人们会关注群体的目标或者群体所能获得的回馈，此时如果群体内目标沟通程度较高则整个群体的目标或回馈更加清晰。在这种情况下的结果依存会使得成员对群体的成功充满信心，从而更愿意卷入群体行为中去。反之，人们则会对群体的目标和回馈没有那么清晰的了解，在这种情况下，结果依存不能导致更多对群体成功的信心，从而降低了对群体行为的卷入。较高的沟通程度促使群体内部各成员间互相信任，增加信息交流的机会，从而增加成员为目标努力的信心。在较低的沟通程度下，由于群体成员没有足够的信息来源，群体内部的信息不能进行合理有效的整合，从而降低了对群体能力的信心的感知。

Cohen 和 Bailey（1997）在研究团队有效性的影响因素过程中，发现在目标依存的群体中，群体内目标沟通能够使人们更了解群体规范，而群体规范则能够促进依存关系对群体效能感的影响。此外，群体内的目标沟通能够使人们更好地收集和评价群体目标方面的信息，接着促进成员对群体目标的认同，进而减少人际冲突；群体中成员之间彼此的信息分享和交流，能够帮助成员建立共同达成协作和资源协调等目标的默契，从而促进结果依存对成员群体效能感提升的影响。

基于上述讨论，我们可以得出以下假设。

H11-1b：在网络群体中，结果依存与个体的行为卷入呈正相关关系。

H11-2b：在网络群体中，结果依存度越高，成员的群体效能感就越高，从而导致个体的行为卷入也越高，群体效能感在结果依存和行为卷入间起中介作用。

H11-4：在网络群体中，目标沟通程度调节了成员结果依存度对群体效能的正向影响。与目标沟通程度低时相比，高目标沟通程度情境下，结果依存与群体效能感的正相关程度更高，从而结果依存对个体行为卷入的影响程度更高。

11.5 主要结论

本章在现有的关于网络群体、依存关系、行为卷入、群体效能感及其他相关研究的基础上，构建了研究框架，主要探讨了在网络群体中，依存关系对个人卷入群体行为产生影响的内部作用机制，理论模型如图 11-1 所示。本节发放问卷的样本取自现实中已经存在的一些网络群体，群体的结构依存关系分别符合任务依存和结果依存的定义。任务依存的研究对象选择了豆瓣社区中一些参与了线上任务的成员以及一些网络游戏战队中的成员，而结果依存的研究对象则选自新浪亲子论坛和育儿北团中参与过团购的一些用户，它的机制是当有更多的人参与到活动中时产品的折扣就会更低，最终大家都能以低廉的价格获得自己参与团购的一些产品。对于回收问卷得到的调查数据，借助 SPSS 21.0 软件并用计量的方法对其进行了量化分析，对假设进行了检验。研究结论如下。

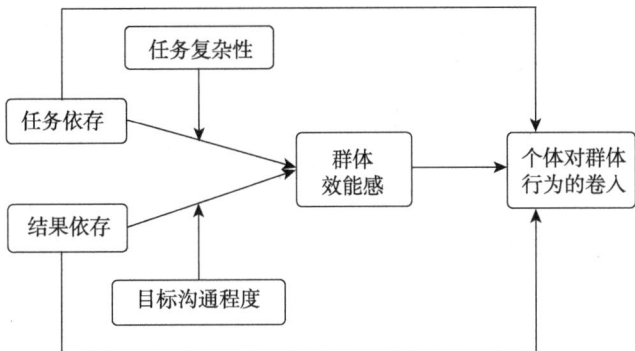

图 11-1　网络群体成员依存关系对个体行为卷入的影响

（1）在网络群体中，群体成员的两种依存关系（任务依存和结果依存）对个体行为卷入的程度具有显著的正向影响,这与在线下的很多团体组织中的情况一致。

（2）在网络群体中，群体效能感对个体对群体行为的卷入具有显著正向的预测作用，并且在任务依存、结果依存和个体行为卷入的正向关系中起部分中介作用。

（3）在网络群体中，任务复杂性调节了任务依存度对成员群体效能感的正向影响。与低任务复杂性时相比，高任务复杂性时，任务依存度与群体效能感的正相关程度更低，从而任务依存度对个体行为卷入影响的程度较低。

（4）目标沟通程度调节了成员结果依存度对群体效能的正向影响。与目标沟通程度低时相比，高目标沟通程度情境下，结果依存与群体效能感的正相关程度更高，从而结果依存对个体行为卷入的影响程度更高。

11.6　管理启示

本章为网络社群提升成员卷入度指明了一个策略方向。管理者应认识到社群营销也不是仅仅只能依靠低价来吸引参与者，在社群内容与结构设计上采取一些措施，也能起到事半功倍的效果。

（1）通过提升社群群体成员的任务依存度能加强群体成员的行为卷入。若想增强任务依存关系，可以使结构化的工作流程更具有互惠性质，或者形成一个成员各自拥有特定的资源和信息的群体。例如，群体成员要完成任务，需要相互依赖才能获得其中重要的资源；或者设立某些特定的完成任务流程，群体成员必须在这些流程中加强相互联系。

（2）在将群体成员依存关系设计为任务依存的关系时，要注意控制任务的复杂性，如一些游戏开发商觉得把游戏任务设置得复杂一些能够提高挑战性，从而提升人们的卷入度，但实际效果未必就那么好，人们可能因为任务复杂性较高而丧失信心，从而降低了对群体行为的卷入。

（3）通过提升社群群体成员的结果依存度能加强群体成员的行为卷入。若想增强群体成员的结果依存关系，应让群体成员感知到群体的目标并且目标的实现要依赖集体的付出而非个人贡献，或者群体成员在分配奖励和回馈成果时是以一个整体的形式。如某些团购网站是一个让用户在上面合购商品的平台，当参团人数在不同范围时，所能获得的折扣也有所不同，在一定范围内参与人数越多，商品价格越便宜。

（4）将群体成员依存关系设计为结果依存的关系时，应注意提高群体内目标沟通的质量。社会依存理论指出，积极的依存性导致合作的努力，消极的依存性导致竞争的努力，没有依存性导致个人的努力。在合作情境下目标是正相关的（此时只要一个成员达成目标，所有的群体成员也能达成目标），在竞争情境下目标是负相关的（此时，一个人达成目标，其他人就不能达成了）。因此在设置结果依存关系的群体时，一定要注意设置一个可以合作共赢的目标情境并加强目标沟通，提高成员参与的积极性。

（5）网络社群管理者也可以将任务依存和结果依存相结合，既可以创造一个群体水平的目标，这个目标应该能够将成员的注意力转向对集体结果的贡献，同时也可以安排群体成员需要相互依赖才能获取关键资源的任务流程。例如，在群内设计两个品牌的消费者为各自品牌集赞的活动，集赞较多的品牌，其群体内成员能获得较优惠的价格。

（6）在网络情境下一些需要高度合作的群体中，成员的群体效能感能更好地预测人们的行为趋势，社群管理者应了解网络社群成员群体效能感的影响因素，并借助群体结构和运作流程设计等方式来提升成员的群体效能感，促进个体在网络社群中的行为卷入。

本章小结

- 在网络群体中，两种群体依存关系(任务依存和结果依存)对个体行为卷入的程度具有显著正向影响。
- 在网络群体中，群体效能感对个体在网络社群中的行为卷入具有显著正向的预测作用，并且在任务依存、结果依存和个体行为卷入的正向关系中起部分中介作用。
- 在网络群体中，任务复杂性调节了任务依存度对成员群体效能感的正向影响。与低任务复杂性相比，高任务复杂性时，任务依存度与群体效能感的正相关程度更低，从而任务依存度对个体行为卷入影响的程度较低。

- 目标沟通程度调节了成员结果依存度对群体效能的正向影响。与目标沟通程度低时相比，高目标沟通程度情境下，结果依存与群体效能感的正相关程度更高，从而结果依存对个体行为卷入的影响程度更高。

参考文献

范晓屏. 2009. 非交易类虚拟社区成员参与动机：实证研究与管理启示[J]. 管理工程学报，23(1): 1-6.

范晓屏，卢艳峰，刘志锋. 2005.网络营销研究述评[J]. 技术经济与管理研究，(5): 116-118.

李艺，王力立. 2015. 网络微群体对成员消费决策行为的影响研究[J]. 中国市场，(23): 22-23.

栾劲松. 2016. 青少年生命观特点分析与生命教育对策思考[J]. 辽宁教育，12:63-65.

田晓明，段锦云，傅强. 2010. 群体卷入模型：理论背景、内容介绍与未来展望[J]. 心理科学进展，18(10): 1628-1635.

王井云. 2014. 青年参与网络群体性事件的社会心理分析[J]. 青年探索，(6): 79-83.

王重鸣，邓靖松. 2005.不同任务情境中虚拟团队绩效过程模式[J]. 心理学报，37(5): 681-686.

文卫华，张杰. 2011. "微博事件"及其传播特征研究[J]. 新闻爱好者，(20): 8-9.

吴国斌，党苗，吴建华，等. 2015. 任务复杂性下目标差异对沟通行为和应急合作关系的影响研究[J]. 中国软科学，(5): 149-159.

Alavi S B, McCormick J. 2008. The roles of perceived task interdependence and group members' interdependence in the development of collective efficacy in university student group contexts[J]. British Journal of Educational Psychology, 78(3): 375-393.

Allen B C, Sargent L D, Bradley L M. 2003. Differential effects of task and reward interdependence on perceived helping behavior, effort, and group performance[J]. Small Group Research, 34(6): 716-740.

Alper S, Tjosvold D, Law K S. 1998. Interdependence and controversy in group decision making: antecedents to effective self-managing teams[J]. Organizational Behavior and Human Decision Processes, 74(1): 33-52.

Armstrong A, Hagel J. 2000. The real value of online communities[M]//Lesser E L, Michael A, Fontaine M A, et al. Knowledge and Communities. Amsterdam: Elsevier: 85-95.

Ashworth M J. 2007. Computational and Empirical Explorations of Work Group Performance[M]. Pittsburgh: Carnegie Mellon University.

Aubé C, Rousseau V, Mama C, et al. 2009. Counterproductive behaviors and psychological well-being: the moderating effect of task interdependence[J]. Journal of Business and Psychology, 24(3): 351-361.

Bandura A, Freeman W H, Lightsey R. 1999. Self-efficacy: the exercise of control[J]. Journal of Cognitive Psychotherapy, 13(2): 158-166.

Bertucci A, Conte S, Johnson D W, et al. 2010. The impact of size of cooperative group on achievement, social support, and self-esteem[J]. The Journal of General Psychology, 137(3): 256-272.

Bertucci A, Johnson D W, Johnson R T, et al. 2012. Influence of group processing on achievement and perception of social and academic support in elementary inexperienced cooperative learning groups[J]. The Journal of Educational Research, 105(5): 329-335.

Blanchard A L, Markus M L. 2004 .The experienced "sense" of a virtual community[J]. Acm Sigmis Database, 35(1): 64-79.

Burnett G. 2000. Information exchange in virtual communities: a typology[J]. Information Research, 5(4): 82.

Byström K, Järvelin K. 1995. Task complexity affects information seeking and use[J]. Information Processing & Management, 31(2): 191-213.

Campion M A, Medsker G J, Higgs A C. 1993. Relations between work group characteristics and effectiveness: implications for designing effective work groups[J]. Personnel Psychology, 46: 823-850.

Carroll J M, Reese D D. 2003. Community collective efficacy: structure and consequences of perceived capacities in the Blacksburg electronic village[J]. Group, 2: 47-48.

Carroll J M, Rosson M B, Zhou J Y. 2005. Collective efficacy as a measure of community[C]// Kellogg W, Zhai S. Proceedings of the SIGCHI Conference on Human Factors in Computing Systems. New York: ACM: 1-10.

Chen G Q, Tjosvold D, Liu C H. 2006. Cooperative goals, leader people and productivity values: their contribution to top management teams in China[J]. Journal of Management Studies, 43(5): 1177-1200.

Cohen S G, Bailey D E. 1997. What makes teams work: group effectiveness research from the shop floor to the executive suite[J]. Journal of Management, 23(3): 239-290.

Courtright S H, Thurgood G R, Stewart G L, et al. 2015. Structural interdependence in teams: an integrative framework and meta-analysis[J]. Journal of Applied Psychology, 100(6): 1825-1846.

de Dreu C K W. 2007. Cooperative outcome interdependence, task reflexivity, and team effectiveness: a motivated information processing perspective[J]. Journal of Applied Psychology, 92(3): 628-638.

Dholakia U M, Bagozzi R P, Pearo L K. 2004. A social influence model of consumer participation in network-and small-group-based virtual communities[J]. International Journal of Research in Marketing, 21(3): 241-263.

Engel J F, Blackwell R D, David T K. 1978. Consumer behavior [J]. Journal of Advertising, 8(1): 52-53.

Erez M, Katz T. 2002. Structural and cultural effects on the emergence of collective-efficacy, and on the collective-efficacy–performance relationships[C]. Sydney: Academy of Management Meeting.

Ganley D, Lampe C. 2009. The ties that bind: social network principles in online communities[J]. Decision Support Systems, 47(3): 266-274.

Gibson C B. 1999. Do they do what they believe they can? Group efficacy and group effectiveness across tasks and cultures[J]. Academy of Management Journal, 42(2): 138-152.

Gibson C B. 2002. Work team performance guided by collective thought: the structure and function of group efficacy[C]. Sydney: Academy of Management Meeting.

Gibson C B, Randel A E, Earley P C. 2000. Understanding group efficacy[J]. Group & Organization Management, 25(1): 67-97.

Gordon F M, Welch K R, Offringa G. et al. 2000. The complexity of social outcomes from cooperative, competitive, and individualistic reward systems[J]. Social Justice Research, 13(3): 237-269.

Gully S M, Incalcaterra K A, Joshi A, et al. 2002. A meta-analysis of team-efficacy, potency, and performance: interdependence and level of analysis as moderators of observed relationships[J]. Journal of Applied Psychology, 87(5): 819-832.

Hagel J, Armstrong A. 1997. Net Gain: Expanding Markets Through Virtual Communities[M]. Boston: Harvard Business School Press.

Heiss A, Eckert T, Aretz A, et al. 2008. Hierarchical role of fetuin-A and acidic serum proteins in the formation and stabilization of calcium phosphate particles[J]. Journal of Biological Chemistry, 283(21): 14815-14825.

Johnson D W, Johnson R T. 1989. Cooperation and Competition: Theory and Research[M]. Minneapolis: Interaction Book Company.

Johnson D W, Johnson R T, Smith K A. 1991. Active Learning: Cooperation in the College Classroom[M]. Edina: Interaction Book Company.

Kiggundu M N. 1983. Task interdependence and job design: test of a theory[J]. Organizational Behavior and Human Performance, 31(2): 145-172.

Krugman H E. 1965. The impact of television advertising: learning without involvement[J]. Public Opinion Quarterly, 29(3): 349-356.

Langerak F, Verhoef P C, Verlegh P W J, et al. 2003. The effect of members' satisfaction with a virtual community on member participation[R]. ERIM Report Series Research in Management.

Lee F L F. 2006. Collective efficacy, support for democratization, and political participation in Hong Kong[J]. International Journal of Public Opinion Research, 18(3): 297-317.

MacKinnon D P, Fritz M S, Williams J, et al. 2007. Distribution of the product confidence limits for the indirect effect: program PRODCLIN[J]. Behavior Research Methods, 39(3): 384-389.

Maddison R, Mhurchu C N, Jiang Y N, et al. 2007. International Physical Activity Questionnaire (IPAQ) and New Zealand Physical Activity Questionnaire (NZPAQ): a doubly labelled water validation[J]. The International Journal of Behavioral Nutrition and Physical Activity, 4: 62.

Mathieu J, Maynard M T, Rapp T, et al. 2008. Team effectiveness 1997-2007: a review of recent advancements and a glimpse into the future[J]. Journal of Management, 34(3): 410-476.

Mitchell J P, Heatherton T F, Kelley W M, et al. 2007. Separating sustained from transient aspects of cognitive control during thought suppression[J]. Psychological Science, 18(4): 292-297.

Nonnecke B, Preece J. 2000. Lurker demographics: counting the silent[C]//Turner T, Szwillus G. Proceedings of the SIGCHI Conference on Human Factors in Computing Systems. New York: ACM: 73-80.

Nosratinia A, Hunter T E, Hedayat A. 2004. Cooperative communication in wireless networks[J]. IEEE Communications Magazine, 42(10): 74-80.

O'Sullivan C. 2005. Diaries, on-line diaries, and the future loss to archives; or, blogs and the blogging bloggers who blog them[J]. The American Archivist, 68(1): 53-73.

Pearce J L, Gregersen H B. 1991. Task interdependence and extrarole behavior: a test of the mediating effects of felt responsibility[J]. Journal of Applied Psychology, 76(6): 838-844.

Rafaeli S. 1988. Interactivity: from new media to communication[J]. Sage Annual Review of Communication Research: Advancing Communication Science,16: 110-134.

Redfield M M, Jacobsen S J, Burnett J C, Jr, et al. 2003. Burden of systolic and diastolic ventricular dysfunction in the community: appreciating the scope of the heart failure epidemic[J]. Jama, 289(2): 194-202.

Ridings C, Gefen D, Arinze B. 2006. Psychological barriers: lurker and poster motivation and behavior in online communities[J]. Communications of the Association for Information Systems, 18(1): 16.

Rockett T L, Okhuysen G A. 2002. Familiarity in groups: exploring the relationship between inter-member familiarity and group behavior[J]. Research on Managing Groups and Teams, 4: 173-201.

Rothschild M L. 1984. Perspectives on involvement: current problems and future directions[J]. Advances in Consumer Research, 11(1):216-217.

Schippers M C, den Hartog D N, Koopman P L, et al. 2003. Diversity and team outcomes: the moderating effects of outcome interdependence and group longevity and the mediating effect of reflexivity[J]. Journal of Organizational Behavior, 24(6): 779-802.

Servidio R, Francés F C, Bertucci A. 2019. Assessing the psychometric properties of the internet abusive use questionnaire in Italian university students[J]. Swiss Journal of Psychology, 78(3/4): 91-100.

Sherif M, Cantril H. 1947. The Psychology of Ego-involvements: Social Attitudes and Identifications[M]. Hoboken: John Wiley & Sons.

Somech A, Desivilya H S, Lidogoster H. 2009. Team conflict management and team effectiveness: the effects of task interdependence and team identification[J]. Journal of Organizational Behavior, 30(3): 359-378.

Staples D S, Webster J. 2008. Exploring the effects of trust, task interdependence and virtualness on knowledge sharing in teams[J]. Information Systems Journal, 18(6): 617-640.

Stewart G L, Barrick M R. 2000. Team structure and performance: assessing the mediating role of intrateam process and the moderating role of task type[J]. Academy of Management Journal, 43(2): 135-148.

Stone R N. 1984. The marketing characteristics of involvement[J]. Advances in Consumer Research, 11(4): 210-215.

Suwannatthachote P, Tantrarungroj P. 2012. How Facebook connects students' group work collaboration: a relationship between personal Facebook usage and group engagement[J]. Creative Education, 3(8): 15-19.

Tjosvold D. 1998. Cooperative and competitive goal approach to conflict: accomplishments and challenges[J]. Applied Psychology, 47(3): 285-313.

Traylor M B. 1981. Product involvement and brand commitment[J]. Journal of Advertising Research, 21(6): 51-56.

van Zomeren M, Leach C W, Spears R. 2010. Does group efficacy increase group identification? Resolving their paradoxical relationship[J]. Journal of Experimental Social Psychology, 46(6): 1055-1060.

Wang Y C, Fesenmaier D R. 2004. Towards understanding members' general participation in and active contribution to an online travel community[J]. Tourism Management, 25(6): 709-722.

第 12 章
网络团购社群中的沟通网络类型

■ 导论

在我国，经济的快速发展和互联网尤其是移动互联网的迅速普及，使得过去十几年间电子商务获得了飞速的发展。消费者通过网络购物，不仅得到了价格上的优惠，更能获得与以往截然不同的购物体验。近年来，电子商务的形式越来越多样化，网络团购尤其是发起式团购是发展最迅猛的形式之一。当下，人们频繁通过多种团购途径进行网络商品购买，网络团购已经融入千家万户的生活。相较于传统的电商平台购物而言，网络团购将众多买家聚集在了一起，提升了买家的议价能力，也提高了交易的成交率。

从美国的 Groupon 网站开始，团购网站层出不穷，国内团购网站更是发生了"千团大战"的盛况。2012 年是团购网站发展的巅峰期，中国一度有多达 6069家团购网站，团购人数达到近 2 亿。然而好景不长，在如此激烈的竞争下，到 2014年 6 月，市场上的团购网站仅存不到 200 家。通过对相关网站的研究，众多团购网站的失败原因可以总结为两点。第一，同质化严重，大打价格战，单纯依靠价格折扣吸引消费者。这种方式不仅由于成本原因难以持久，而且无法培养消费者的忠诚度。消费者或许会因为价格折扣而产生冲动购买，但一旦有其他更优惠的价格，消费者马上会转向其他网站。此外，随着消费升级，价格因素渐渐不再是消费者最看重的因素。第二，忽略与消费者的沟通。网络团购中的"团"，代表的是消费者的一种参与，然而很多商家往往只注重定价机制、营销推广等，而忽视与消费者的沟通。通过对现实中网络团购的观察，我们发现一个有趣的现象：在发起式网络团购中，存在着两种不同的沟通方式。

一种是团购发起者与消费者单独进行联系，而消费者互相之间没有联系。例如，某汽车网络团购平台，平台上仅发布团购信息和团购发起人联系方式，消费者报名后发起人与其单独联系，消费者看不到其他消费者评论，也无法与其他消费者进行联系。这个被称为轮式沟通，是指在一个沟通网络中，处于中心位置的人可以与所有网络成员进行沟通，而其他成员只能与中心位置的人沟通，相互之间不能沟通。

另一种是团购发起者组建一个群，发起者和消费者、消费者和消费者之间互相联系。例如，某发起式团购网站中，消费者在网站中可通过发帖的形式参与团购并与团购发起人以及任意其他消费者进行沟通。这个被称为全通道式沟通，是指网络中的所有成员相互之间都可以进行交流。这两种不同的网络沟通方式引起了我们的兴趣，到底哪种沟通方式更好呢？不同的网络沟通方式传递信息的倾向是不同的，所传递信息的效能与效率也会存在一定差异，这就会造成不同的沟通效果。沟通效果的好坏，必然会影响到消费者的购买意愿，可见沟通网络建设将成为影响消费者网络团购意愿的重要因素。本章研究沟通网络的不同对消费者网络团购的影响及其背后的潜在机制。

12.1 网络团购

作为近年来营销学领域研究的热点之一，众多学者从不同视角对网络团购的概念进行了定义，鉴于数量众多，本章从众多研究中选取较有代表性的定义进行梳理，详情如表 12-1 所示。

表 12-1 网络团购概念相关文献

文献	定义
Tsai 等（2011）	消费者出于对共同的某种产品或服务的需求而利用网络集合起来，在与商家的谈判中提升讨价还价的空间从而以更优惠的价格购得产品
Li 等（2004）	一定数量的消费者由于对某种商品或服务共同的需求而联合起来，共同购买以增加购买量，从而提升与商家议价的能力以争取更大的价格折扣或其他利益
Rha 和 Widdows（2002）	各个分散的消费者以合法的方式形成群体的购买力，以展现出自己在买卖双方博弈中的能力，从而使自己在与商家的谈判中处于优势地位
Kim 等（2014）	为了增加购买量，消费者以家庭、公司等场景为依托，以互联网为纽带，将购买力聚集起来，凭借较大的需求量创造更好的购买条件，增强与商家的谈判能力
Langviniene 等（2016）	通过网络平台，将对某一产品或服务有同样的需求，但因地域等原因而分散的消费者聚集起来，共同购买商品，通过增加需求量形成团体购买力以争取由数量带来的价格折扣
马续补等（2010）	网络团购是指商家为了薄利多销，消费者为了获得价格折扣而通过网络将共同的购买需求聚合起来，以购买数量的增加换取价格折扣的方式
王海平和刘树林（2013）	消费者为了能以较高的折扣购得产品，而通过网络聚集起一定数量、有共同购买需求的用户一起购买，并且一般来说，人数越多，价格越低

　　网络团购是网络购物与团购两种形式的结合，因此无论是与传统的团购形式相比，还是与普通的网络购物相比，其有着自身无可替代的优势与鲜明的特点。

　　（1）提高消费者的议价能力，获得更高的折扣。这是因为在网络团购中，通过互联网这一平台，可以聚集数量众多的消费者，买家联合起来形成了巨大的需求，掌握了与商家讨价还价的话语权。而在传统的购物方式中，消费者各自为战，购买数量分散，个人没有与商家讨价还价的资本（Kuan et al., 2014）。

　　（2）有利于充分利用信息、合理调配资源。与分散的交易相比，网络团购的形式将零散的买家与卖家集中起来，形成更大的交易规模，有利于信息的互通有无与资源的合理分配，从而利用规模经济的优势帮助交易双方更合理地进行决策（Tseng and Lee, 2016）。

　　（3）降低买卖双方的交易费用。网络团购这一形式不仅可以提高消费者的话语权、获得更高的折扣、降低其购买成本的支出，同时也可以大大降低商家的交易成本。这是因为，虽然团购的形式会降低商品的单价，但对于商家来说，网络团购可以大大促进销量的提升；此外，与分散出售相比，消费者以团购的形式统一购买可以降低商家的时间成本，同时可以节约不菲的宣传费用，更为重要的是，商家可以通过团购提前确定商品的需求量，大大降低销售的不确定性，从而降低商家的库存成本和生产风险（Cheung et al., 2016）。

　　（4）规定的时间与数量。网络团购往往会规定成团的时间限制与参与人数限制。规定时间是因为：一来进行团购的商品价格往往都比较低，商家为了控制成本不会长时间开展团购；二来明确的时间限制可以给消费者造成压力，促使其作出决策（Lee et al., 2016）。规定数量则是因为，商家开展团购往往是为了追求薄利多销，只有购买人数达到一定数量才能收回成本；有的团购规定参与人数则是基于成本的考虑，或者是一种促销策略。

　　近年来，哪些因素会影响消费者参与网络团购是国内外网络团购相关研究的重点，众多学者从团购模式、定价策略、获利机制、价格折扣等视角开展了一系列研究（Tsai et al., 2011；Kim et al., 2014；Chen et al., 2015；Langviniene et al., 2016）。例如，Kauffman 等（2010）通过对十余家美国团购网站不同的动态定价模型下消费者如何出价的研究发现，一家团购网站能否持续开展下去即消费者是否愿意参加其发起的团购，取决于消费者等待时间的长短、定价机制的简洁与否、产品种类的丰富与否、产品介绍的详尽与否等各个方面。除此之外，终止效果（ending effect）、价格层级（price-level）效果以及需求外部性（demand externalities）等方面也是消费者参与团购与否的重要影响因素。此外，众多学者的研究表明，另一个影响消费者参与团购与否的关键要素是价格折扣。McHugh（1999）研究发现，消费者愿意参与团购的最重要原因之一就是团购价格折扣比较大，消费者能以较优惠的价格购买产品。Langviniene 等（2016）也提出，消费者之所以选择参与网络团购这种形式，就是为了将各自的购买力通过团购这一形式集中起来以产生更大的议价能力，目的是追求更高的折扣即更低的价格。Kim 等（2014）则从团购网站定价策略的角度出发，通过研究消费者集体购物的价格曲线，来帮助团购网站确定为了追求更高的利润，发起团购时应该采取何种定价策略。同样是关于价格因素，McKechnie 等（2012）则认为，团购促销效果以及消费者感知价值、选择偏好不仅受到价格高低的影响，还会受到价格展示方式的影响。Kauffman 等（2010）则从消费者的参与度和感知公平角度以及价格激励机制出发研究新型团购模式，发现消费者的感知公平以及购买意愿受到其对价格认知的正向影响。除了价格折扣、定价策略等因素之外，越来越多的研究表明消费者参与网络团购的意愿还受到如在线评论、信任、网站质量等诸多因素的影响。国外研究方面，Wang 和 Chou（2014）则指出了消费者个人特质、社会影响以及网站系统因素对消费者网络团购意愿的影响。

近年来，国内学者不再局限于定价机制，而是从感知风险、网络社群、技术接受模型等角度出发，进行了一些突破性的研究。例如，宁连举和张爱欢（2014）关注哪些因素会影响消费者再次参与团购的意愿，并提出从众、感知风险以及消费者对团购发起人的信任是影响消费者再次团购意愿的重要因素，并从网络社群的视角出发认为团购发起人信息展示和成员关系会对这些因素产生影响，从而影响到消费者再次参与团购意愿。研究证明，从众以及消费者对团购发起人的信任度会负向影响消费者的感知风险、正向影响消费者再次团购的意愿；团购发起人信息展示会正向影响从众行为以及消费者对团购发起人的信任程度，而地域远近则会正向影响消费者对团购发起人的信任度、负向影响消费者的感知风险。李先国等（2012）的研究指出，团购参与人数会影响消费者网络团购意愿，参与人数越多，消费者团购意愿越强，这是因为网络外部性，已参与团购的人数越多表明该产品质量越好、价值越高，消费者的感知效用就越高，不过这一影响会受到消费者个体差异的调节。江若尘等（2013）研究了网络团购意愿受感知风险及信任的影响。宁连举和张爱欢（2014）从技术接受模型出发，研究了虚拟社群中感知有用性和感知易用性对消费者网络团购意愿的影响。张夷君（2010）则聚焦于消费者对网络社群的信任如何影响其团购意愿，并在文中提出重点影响因素。也有研究指出消费者参与网络团购会受到从众行为和社区成员互惠等因素的左右，而非仅仅考虑价格因素，此外团购网站和社区使消费者产生信任的程度也是消费者团购意愿的重要影响因素。白莹等（2012）从承诺–信任理论出发研究网络社群中消费者的网络团购行为，研究网络社群中成员之间的冲突、合作等对网络团购意愿的影响。

通过对国内外网络团购相关文献的梳理，我们发现早期国内外学者对网络团购的研究主要集中在团购模式、定价策略、获利机制、价格折扣等方面，并取得了一系列成果；随着技术的进步和时代的发展，学者研究的视角更多地转向了感知风险、网络社群、技术接受模型等方面。然而，无论是过去还是现在，有关于网络团购的研究缺乏从沟通角度尤其是沟通网络方面进行的研究，希望通过本章能为相关研究提供有益的补充。

12.2　轮式沟通与全通道式沟通

在线沟通以获取信息是互联网最主要的作用之一，是指个体借助 PC、手机、平板等工具并利用互联网进行互动的行为。由于在线互动具有距离相隔远，缺乏肢体、表情等非语言沟通，匿名等特点，因此在线沟通的效果与当面沟通相比相差甚远（Mcleod et al., 1997）。当然，正是在线沟通的匿名性等特点，使得沟通打破了身份等界限而变得更平等，从而提高了人们沟通的积极性，沟通效果比当面沟通更好（Walther, 1992a）。根据社会信息处理理论，正是因为在线沟通不用考虑肢体、表情，主要依靠语言沟通的方式，解放了面对面沟通的束缚，人们更愿意发表自己的观点（Walther, 1992b）。

关于沟通及在线沟通，无论是组织行为学领域还是营销学领域，许多学者已经进行了相关研究。其中，对于不同沟通方式的分类吸引了众多学者的关注。关于沟通方式的分类有很多种，如将沟通分为直接沟通与间接沟通、正式沟通与非正式沟通、在线沟通与当面沟通、上行沟通与下行沟通等。

罗宾斯和贾奇（2016）提出了沟通网络这一概念，能够直观地表达群体参与者之间的沟通状态：每个人作为网络中的一员，形成一个相互关联的网络保持相互之间的联络。Leavitt（1951）与 Guetzkow 和 Simon（1955）从沟通的结构出发，提出了沟通方式的五种分类，其中包括轮式沟通（wheel communication）和全通道式沟通（all-channel communication）（如图 12-1 和 12-2 所示），认为不同的沟通网络会带来不同的沟通效果。由于沟通结构的差异，不同的沟通网络传递信息时的有效性也存在着显著的差异。Leavitt（1951）与 Guetzkow 和 Simon（1955）认为，与全通道式沟通这种集中化程度低的结构相比，轮式沟通这种高集中化程度的结构传播信息的效果更好。然而也有学者提出了不同观点，Shaw（1964）认为当面对复杂程度高的任务时，与轮式沟通这种集中化程度高的结构相比，全通道式沟通这种集中化程度低的结构可以更快地完成任务。

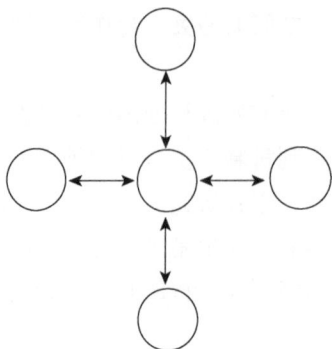

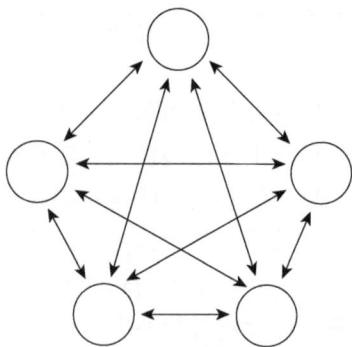

图 12-1　轮式沟通　　　　　　　　　图 12-2　全通道式沟通

　　沟通网络类型不仅能影响信息的传递，还在群体士气、效率等方面发挥着影响。Leavitt（1951）在其研究中发现，群体中成员的满意度也会根据沟通网络类型的不同而变化。这是因为，不同的沟通网络其沟通集中化程度与沟通自由度成反比，而沟通自由度与满意度成正比。轮式沟通集中程度很高，除了中心成员，其他成员只能与一个固定的对象交流，交流的自由度低，满意度也很低；而全通道式沟通集中化程度较低，群体中每一个成员都可以相互沟通，沟通自由度很高，成员满意度也高。由于群体中每一个成员的满意度决定了群体整体的士气，所以比较而言，采用全通道式沟通的群体士气高于采用轮式沟通的群体。

　　此外，群体完成任务的效率也会受到沟通网络的影响。学者研究发现，面对复杂型的任务，全通道式沟通这种集中化程度低的网络结构效果更好；而面对相对简单的任务，轮式沟通这种集中化程度高的网络结构效率更高。之所以会有这种区别，是因为不同的网络结构下成员们工作的积极性不同。这种区别也表明，面对不同类型的任务，要采用更为合适的沟通方式。

12.3　信息获取的效能和效率

　　人们进行沟通是为了获取信息。信息获取，指的是个体基于自我对信息的需求，通过某些技术或方法在特定的范围内通过信息传播源获得自己所需的信息，以完成个体获取信息目标的活动。信息获取活动不是单一的动作而是一系列动作的集合，由信息需求定位、确定信息来源、确定获取信息方法几个阶段组成。

　　随着互联网技术的发展，人们获取信息的水平不断提高。任何人都可以在任何时间、任何地点轻易地获取或发布信息（Dawson，1996）。开放式信息系统的发展，使得信息获取行为不再是情报学家们的专利，任何人都可以通过互联网轻松获取信息（Hill，1999）。但互联网的发展，也深刻地影响着人们获取信息的过程和方式。Kuhlthau（1991）研究了信息获取过程（information search process，ISP），并将其分为六个阶段，分别是启动、选择、探究、提炼、收集与呈现，其中收集信息是最重要的阶段（Kuhlthau，1991）。收集信息涉及两方面，分别是信息效能（effectiveness）和效率（efficiency），信息效能即信息的内容是否符合我们对信息的需求，而信息的效率则是获取信息的速度（Borgman et al.，1995；Wells，1996）。

关于信息效能，可以从信息内容本身和个体对信息内容的感知两个方面来理解。信息内容本身方面，就是信息本身所包含的讯息，可以根据特点的不同对其进行分类。例如，根据信息不对称理论，由于个体在市场上掌握的信息不同，掌握信息较多的一方处于信息优势，而掌握信息较少的一方则处于劣势。占据优势的一方被称为"代理人"，处于劣势的一方被称为"委托人"（Brunnermeier，2005）。对于委托人而言，由于代理人掌握信息优势，他所提供的信息对自己而言是专业客观的，而自己的则是主观经验的，信息内容也可以由此分为客观属性信息和主观经验信息。

关于个体对信息内容的感知，同样的信息对于不同的人，或者同一人在不同的情境下，都可能有不同的感知。例如，富媒介理论（media richness theory）就体现了个体对信息内容丰富程度的感知。根据富媒介理论，信息内容的种类会影响个人对信息内容丰富程度的感知。既然信息内容的丰富程度存在差异，是不是只要信息内容越完整、越丰富就一定更好呢？也不尽然。有研究表明，虽然新技术的采用为个体带来了更多的信息，但随之而来也可能产生更多的不确定性，需要个体花费更多的精力去筛选和辨别信息，进而对个体造成负面影响。本章中，个体对信息的感知主要是指对信息是否有用的感知。根据 Sussman 和 Siegal（2003）提出的信息采纳模型，个体对信息内容的感知还体现在信息是否有用方面。Kuhlthau（1991）将个体感知到的信息内容的有用程度称为信息效能。研究指出，个体是否采纳信息及其后续行为会受到信息效能的影响，而信息效能则会受到信息来源是否可信以及信息质量等方面的影响。该研究还指出，可以从能否增进知识、价值高低、是否有益等几个维度测量信息是否有用。

关于信息效率，信息觅食理论（information foraging theory）指出，随着互联网的发展，个体在网络上搜寻信息的行为类似于动物搜寻食物的行为。这意味着个体在寻找信息时也要付出时间、金钱、精力等成本，就好像动物在觅食时付出的努力。既然要付出成本，那么获取信息必须要考虑信息效率，也就是个体能够获取信息的速度。Pirolli（1999）指出，个体所处的信息环境会影响其获取信息的速度，当认为目前所处信息环境获取信息效率较低时，用户会寻找新的环境搜寻信息。

12.4 团购社群沟通网络与消费者参与意愿

在线沟通以获取信息是互联网最主要的作用之一（Dubartell，2006），是指个体通过各种上网终端利用互联网进行互动的行为。随着互联网尤其是移动互联网的发展，各社交网站和购物平台的爆发式发展，更进一步放大了在线沟通的作用。中国互联网络信息中心 2016 年发布的《2015 年中国网络购物市场研究报告》显示，影响消费者网络购物决策最重要的因素是网络口碑，比重达到了 77.5%，凸显了在线沟通对于网络购物的重要性。各大购物网站也越发注重与消费者的在线沟通，不仅通过各类社交网站进行信息展示与互动，而且不断完善自身的客服体系和评价体系，为与消费者的交流提供平台。

在线沟通的发展也为消费者提供了更多的可能，消费者可以通过在线沟通与更多的人进行交流，甚至是素不相识的人，消费者也越来越依赖于通过在线沟通作出购买决策。这是因为网络环境下，影响消费者作出购买决策的重要原因之一就是不确定性（Pavlou et al.，2007）。因而，消费者通过在线沟通获得商品信息是网络购物不可或缺的环节，可以帮助顾客得到足够多的信息从而降低不确定性，促使消费者作出购买决策。网络购物中，消费者可以通过浏览产品介绍、消费者评论等获取所需信息，也可以通过商家提供的各类沟通工具寻找特定信息，在线沟通是网络购物不可或缺的一部分。

在提供的信息效能方面，信息效能要从信息内容本身以及消费者感知到信息内容的有用程度来考虑。信息内容本身方面，在采用轮式沟通的网络团购中，消费者作为网络成员只能与处于中心的团购发起人沟通，而不与其他人沟通。根据信息不对称理论，在一场团购中团购发起者要比参与者具有信息优势，他掌握着更全面、更充分的信息，属于"代理人"；消费者则处于信息的劣势，属于"委托人"（Brunnermeier，2005）。团购发起人沟通的目的就是介绍商品属性、促成交易，由于这种身份的限制以及沟通中强烈的目的性，作为"代理人"的团购发起者能够为作为"委托人"的消费者提供的主要是产品属性信息。

此外，轮式沟通下消费者不与团购发起人之外的其他人沟通，获得信息的来源和内容相对单一（Zhang and Venkatesh，2013）。而在全通道式沟通中，消费者不仅能与团购发起人沟通，也能与其他消费者进行沟通。除了能获得发起人提供的属性信息，也能获得其他消费者提供的信息，这对于获取信息而言十分重要。因为对于消费者来说，与其他消费者的沟通可以获得口碑等信息（Brown et al.，2007），这些往往是基于个人经历的经验性信息（Zhang and Venkatesh，2013），对于消费者的决策也有重要参考价值，而这是团购发起人所不能提供的。信息内容本身的不同，会使信息接收者即消费者对于信息内容是否有用的感知也就是信息效能有所不同。

轮式沟通和全通道式沟通中，信息本身的内容有显著差异，全通道式沟通下消费者既能获得属性信息也能获得经验信息，而轮式沟通下消费者只能获得属性信息，因此这两种沟通网络中的消费者感知到的信息效能有显著差异。信息本身内容越完整，数量越多，消费者感知到的信息效能越高。

在提供信息的效率方面，由于沟通对象既包括团购发起人也包括其他消费者，信息来源众多，内容相对嘈杂，因此与轮式沟通相比，全通道式沟通中的消费者要付出更多的时间和精力（Ahuja，2000；Burt，1992；Hansen，2002）。即在全通道式沟通下，消费者需要花费更多的时间和精力维持交流以获取信息（Zhang and Venkatesh，2013），速度相对较慢；而在轮式沟通网络下，由于沟通对象单一、沟通目的直接、信息简洁，消费者获得信息的速度更快（Shiau and Luo，2012）。所以，轮式沟通和全通道式沟通中的消费者感知到的信息效率有显著差异。获取信息速度越快，消费者感知信息获取效率自然越高。

因此，本章提出以下假设。

H12-1：不同的沟通网络类型会带给消费者不同的信息效能和信息效率。

H12-1a：全通道式沟通下消费者感知到的信息效能高于轮式沟通。

H12-1b：轮式沟通下消费者感知到的信息效率高于全通道式沟通。

信息，体现了某一事物或物质的现象、状态、性能、结构、联系或规律。根据信息获取理论，人们需要获得信息以帮助自己解决面临的问题或作出决策（Kuhlthau，2004），这些问题和决策当然也包括消费者的购买决策或者团购情境下是否参与团购的决策。正如我们上文论证的，消费者搜寻信息往往包含了两个方面，分别是信息效能和信息效率，即信息对我是否有用以及获取信息的速度。Sussman 和 Siegal（2003）在信息接收模型的基础上提出了信息采纳模型，其中提出消费者感知到的信息是否有用会影响消费者接下来的行为。将这一理论拓展到营销领域，相关研究指出，信息的有用程度与管理质量、系统质量一起影响使用意向，从而影响购买意向。

同理，在网络团购的研究情境下，信息内容对消费者的有用程度即信息效能会对团购意愿产生影响。正如 Kuhlthau（2004）提到的，个体对信息的需求是与不确定性紧密联系的，当消费者觉得所获得的团购相关信息越有用即信息效能越高，就越会降低其不确定感，从而提高其团购意愿。与此同时，消费者为了消除自己的不确定感，会希望获得尽可能完善的信息内容从而提高自己的"智识"以帮助自己作出决定。因此，我们提出如下假设。

H12-2：消费者感知到的信息效能会正向影响网络团购意愿。

12.5 对不同产品类型的影响

研究消费者的购买意愿与购买行为，产品类型是无法忽视的重要影响因素。消费者面对不同类型的产品往往表现出截然不同的消费心理与消费行为。将产品分为功能型产品和享乐型产品，是目前网络营销中产品分类最主要的方式之一。功能型产品是指那种可以满足人们对完成某种特定任务的需求，使用功能较为突出的产品（Strahilevitz and Myers，1998）。享乐型产品，指的是那些能够通过让人们获得感官或感觉上的美好体验，使人们产生愉悦情绪的产品（Hirschman and Holbrook，1982）。消费者通过功能型产品获得的是某种作用或功能；而通过享乐型产品获得的更多是某种刺激、乐趣或是体验（Dhar and Wertenbroch，2000；Strahilevitz and Myers，1998）。对于消费者来说，功能型产品在日常生活是不可或缺的，而提升其生活的品质则要依赖享乐型产品（Dhar and Wertenbroch，2000）。

产品类型对消费者心理和行为的影响包括其购买过程中对信息的需求（Duncan and Olshavsky，1982），即面对功能型产品和享乐型产品，消费者需要的信息内容存在不同。科普兰（Copeland）在其1923年的研究中就指出了"感性"与"理性"这两者是消费者进行消费行为的不同动机，并提出了"功利-理性"和"享乐-感性"这两种消费者行为模式。由于消费者通过功能型产品想获得的是某种作用或功能，所以面对功能型产品，消费者会基于理性思考（Strahilevitz and Myers，1998），搜寻并整理产品信息（Micu and Coulter，2012；Bridges and Florsheim，2008），更关注产品本身与自身待实现任务之间的联系（Noble et al.，2005），会特别看重产品相关的属性信息（Park and Moon，2003），因此需要产品本身的属性信息和更专业的意见。

不同的沟通网络传递的信息内容对于消费者而言是存在差别的。轮式沟通提供的主要是客观的属性信息，全通道式沟通既能提供属性信息也能提供经验信息。消费者所获得的信息是否是其所需要的信息，会影响消费者感知到的信息有用程度即信息效能，从而影响消费者的购买意愿。此时无论是轮式沟通还是全通道式沟通，针对功能型产品都能提供消费者所需信息，消费者感知到的信息效能无显著差别。

享乐型产品，指的是那些能够通过让人们获得感官或感觉上的美好体验，使人们产生愉悦情绪的产品（Hirschman and Holbrook，1982；Chu and Roh，2015）。由于消费者希望从享乐型产品得到的是一种愉悦的使用体验，因此与功能型产品相比，享乐型产品的价值大小很难通过具体的数据量化。根据"功利-理性"和"享乐-感性"这两种消费者行为模式，消费者面对享乐型产品时，倾向于感性思考而非理性思考（To et al.，2007）。在面对享乐型产品时，对消费者来说与客观的属性信息相比，相对主观的经验信息更有意义，可以帮助其判断该享乐产品是否可以满足其对乐趣、刺激或体验的需求。此时对于消费者而言，产品自身属性信息的重要程度会下降，其对消费者作出购买决策的影响也大大减弱（Laurent and Kapferer，1985），此时为了评估产品和作出购买决策，消费者会重点关注其他消费者提供的经验信息。所以在面对享乐型产品时，消费者需要也愿意花费更多的精力来获取产品信息特别是相对主观的经验信息（Dhar and Nowlis，1999）。

相对于轮式沟通，全通道式沟通由于大量其他消费者的存在，能够为消费者提供丰富的经验信息（Zhang and Venkatesh，2013）。此时，全通道式沟通网络提供的信息更能够满足消费者对于信息的需求，感知到的信息效能更高，网络团购意愿也就更高。因此，提出如下假设。

H12-3：对于享乐型产品，不同沟通网络对消费者网络团购意愿有显著影响，全通道式沟通下消费者感知到的信息效能高于轮式沟通，网络团购意愿更强。

12.6　时间压力的调节作用

国内外学者研究发现，消费者的购买决策受时间压力的影响比较显著。Silayoi 和 Speece（2004）两位学者的研究指出，当消费者在没有受到时间限制即处于低时间压力的情况下，做选择的时间比较充分，购买行为会发生得更多。而国内学者卢长宝等（2013）认为，时间压力会正向影响消费者的冲动购买行为，当消费者处于时间限制即高时间压力下，会通过购买情绪影响其购买行为，往往会产生草率决策而导致冲动购买。张永红等（2011）则利用实验研究的方法，通过对购买时限的控制来操控被试的时间压力，发现消费者信息搜寻的数目会随着时间压力的增大而减少，仓促作出购买决策导致对产品的了解和比较会相对片面，但购买行为会增多。虽然对于时间压力究竟如何影响消费者的购买意愿，国内外学者还没有形成统一的结论，但现有研究大都同意时间压力会通过影响消费者的信息搜寻，从而影响其购买意愿。

关于时间压力对信息搜寻的影响，盖雯婷和周楚（2013）研究发现，在没有时间压力的情况下，信息是否充分对个体作出判断有显著的影响，即此时个体获得的信息是否充分对决策更为重要，正如我们在 H12-2 中提到的一样。然而，当个体处于时间压力下时，这一情况会发生改变。正如学者研究所示，由于身处时间压力下个体情绪和心理状态的变化，会对个体的认知和决策产生不良影响，往往无法作出最优决策。在时间压力下，消费者的决策过程会受到三个方面的影响：第一，在时间压力下消费者会更为关注显著的、有特征的信息，因此消费者会将关注点放在有针对性的信息上（Zur and Breznitz，1981；Svenson and Edland，1987；Friestad and Wright，1994）；第二，在时间压力下消费者会以更快的速度搜寻、识别他所面对的信息，以便更快地作出决策（Zur and Breznitz，1981）；第三，消费者的决策在面临时间压力的情况下，经常会发生变化。多项研究表明，为了应对时间压力这一状况，决策者往往将补偿性决策策略改变为非补偿性决策策略（Payne et al.，1990；Svenson et al.，1990），即消费者往往采取措施简化其购买决策。

虽然在一般情况下，消费者为了减少自我的不确定感，在搜寻信息时更注重信息内容的有用程度即信息效能而非信息效率，会尽可能搜集更完整的信息内容。不过根据"有限理性"概念（Simon，1955），个体对于较高的"决策精度"与"认知努力"的选择是变动的，会依据自己当前身处的情境而改变自己处理信息的数量（Payne et al.，1990；Parra and Ruiz，2009；Bettman et al.，1990）。当消费者在时间压力下进行决策时，他们愿意牺牲"决策精度"，减少信息的搜索和对更丰富信息的探索（张永红等，2011），并希望更快地获得和甄选信息（Zur and Breznitz，1981），即在时间压力下，为了完成降低自我的不确定影响以尽快作出决定，与信息效能相比，消费者更关注获取信息的成本和速度，即获取信息的效率。与轮式沟通相比，全通道式沟通中的成员要付出更多的时间和精力（Ahuja，2000；Burt，1992；Hansen，2002），这是因为全通道式沟通下，沟通对象较多，信息噪声较大，消费者需要花费更多的时间和精力维持交流以获取和筛选信息（Zhang and Venkatesh，2013）。而在轮式沟通下，由于沟通对象的单一与直接，消费者获得信息的速度更快（Shiau and Luo，2012），即获取信息的效率更高。因此，提出如下假设。

H12-4：在有时间压力的情况下，信息效率会正向影响消费者网络团购意愿。与全通道式沟通相比，轮式沟通下获取信息的效率更高，消费者有更强的参与网络团购意愿。

12.7　主要结论

本章在已有的关于沟通网络、信息获取效能与效率、产品类型、时间压力、网络团购意愿以及其他相关研究的基础上，构建了研究框架并提出研究假设，主要探讨在消费者参与网络团购的过程中，沟通网络类型的不同对消费者网络团购意愿的影响机制，以及不同的产品类型和时间压力对这一影响的调节作用，理论模型如图 12-3 所示。数据收集采用实验室实验方法进行，在实验操控被试模拟相关情境后，被试需要填写相关量表以采集数据，通过描述性统计分析、方差分析和回归分析等数据处理方法验证了研究假设。研究结论如下。

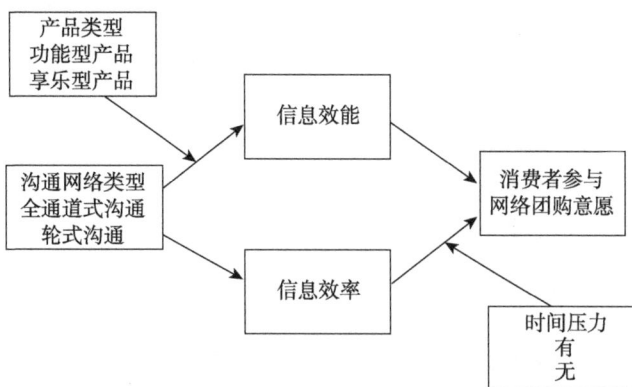

图 12-3　网络团购社群的沟通网络类型对消费者参与意愿的影响

（1）在网络团购的过程中，不同类型的沟通网络会带给消费者不同的信息效能和信息效率。现有研究表明，不同类型的沟通网络会导致不同的沟通效果（Luo and Zhong，2015；Bendtsen et al.，2016；Donati et al.，2016），突出表现在传递信息效能和效率的不同。从结果来看，轮式沟通网络中，成员只能与团购发起人沟通，因而获得的信息主要是产品属性信息，相对片面（Zhang and Venkatesh，2013），不过获取信息的速度较快，因而感知到的信息有用程度即信息效能较低而获取信息的效率较高；全通道式沟通中，成员既能与团购发起人沟通也能与其他消费者沟通，既能获得专业性的属性信息也能获得经验信息，信息丰富度高，但由于信息嘈杂，获得信息的速度相对较慢，因而感知的信息效能较高而获取信息的效率较低。

（2）消费者感知的信息效能会正向影响网络团购意愿。消费者对信息的需求与不确定感紧密联系，团购相关的信息越完整、越有用，消费者的不确定感越低，越容易作出购买的决定，即信息效能正向影响网络团购意愿。

（3）对于享乐型产品，消费者倾向于感性思考，会重点关注其他消费者提供的经验信息，相对于轮式沟通，全通道式沟通由于大量其他消费者的存在，能够为消费者提供丰富的经验信息。此时，全通道式沟通网络提供的信息更能够满足消费者对于信息的需求，消费者感知到的信息效能更高，因而参与团购意愿更强。

（4）在时间压力下，消费者会加快信息的搜寻，更注重获取信息的效率，此时信息效率会正向影响网络团购意愿。因此，与全通道式沟通相比，轮式沟通下的消费者获取信息的效率更高，有更高的网络团购意愿。

12.8　管理启示

（1）发起式网络团购中，商家要充分重视与消费者的沟通方式。目前现实中的网络团购活动中，很多团购发起人认为只要团购折扣够大、价格够优惠就能吸引消费者购买，因而更重视团购的定价策略而忽视其他方面。然而，随着互联网带给人们的信息获取上的便捷，以及 QQ、微信等即时通信软件带给人们的交流上的便利，消费者越来越关注其所获得的信息以及获得信息的渠道，与消费者的沟通越来越重要。本书的研究就发现，不仅沟通会影响消费者的团购意愿，甚至不同的沟通方式下消费者的团购意愿都会有所不同。在发起团购时要充分认识到沟通的重要性，适时采取不同的沟通方式，以提高消费者的团购意愿。

（2）团购发起者要根据商品类型的不同选择合适的沟通方式。互联网上发起团购的商品千千万，不同的产品属性不同，团购活动也应该采取不同的针对措施。当团购产品类型为功能型时，采用两种沟通方式均可；而团购产品类型为享乐型时，则应采用全通道式沟通，促进消费者与消费者之间的互动与沟通，从而为潜在的购买者提供更全面、更完善的基于体验的信息，提高其参与团购意愿。

（3）团购发起者要根据距离团购截止时间的远近选择合适的沟通方式。限时成团是网络团购的重要特征之一，当团购截止时间距离较近时，消费者会感到时间压力，此时，消费者往往不太关注信息是否完整、是否丰富，更关心是否能尽快获得信息，以帮助自己作出决定。在这种情况下，团购发起人应该采用轮式沟通的方式发起团购，直接、快速地为消费者提供信息，减少消费者处理烦琐信息的压力，从而提高其团购意愿。

本章小结

- 轮式沟通和全通道式沟通是两种在线沟通类型。轮式沟通是指沟通网络中有一人处于中心的位置，可以任意与网络中的其他人进行交流，而网络中的其他成员相互之间不能交流，只能与处于中心位置的成员交流；而全通道式沟通是指网络中任意成员之间都可以互相沟通。

- 在全通道式沟通网络中，由于可以与网络中所有成员无限制沟通，个体感知到的信息效能更高，但获取信息的效率较低。

- 在轮式沟通网络中，由于沟通对象单一、直接，接收到的信息相对片面，信息效能相对较低，但获取信息效率较高。

- 不同的沟通网络类型会带给消费者不同的信息效能和信息效率。全通道式沟通下消费者感知到的信息效能高于轮式沟通；轮式沟通下消费者感知到的信息效率高于全通道式沟通。

- 消费者感知到的信息效能会正向影响网络团购意愿。
- 对于享乐型产品，不同沟通网络对消费者网络团购意愿有显著影响，全通道式沟通下消费者感知到的信息效能高于轮式沟通，网络团购意愿更强。
- 在有时间压力的情况下，信息效率会正向影响消费者网络团购意愿。与全通道式沟通相比，轮式沟通下获取信息的效率更高，消费者有更高的网络团购意愿。

参考文献

白莹, 李明杰, 袁冲, 等. 2012. 基于双边市场的网络团购平台定价模型研究[J]. 北京邮电大学学报(社会科学版), 14(2): 52-57.

盖雯婷, 周楚. 2013. 信息的充分性和情绪性对推理的影响: 时间压力的调节作用[J]. 心理科学, (6): 1296-1300.

江若尘, 徐冬莉, 严帆. 2013. 网络团购中感知风险对信任及购买意愿的影响[J]. 现代财经(天津财经大学学报), (1): 87-96.

李先国, 杨晶, 刘雪敬. 2012. 时间压力和参照群体对消费者网络团购意愿的影响[J]. 中国软科学, (4): 117-124.

卢长宝, 秦琪霞, 林颖莹. 2013. 虚假促销中消费者购买决策的认知机制: 基于时间压力和过度自信的实证研究[J]. 南开管理评论, 16(2): 92-103.

罗宾斯 S, 贾奇 T. 2016. 组织行为学[M]. 16 版. 孙健敏, 等译. 北京: 中国人民大学出版社.

马续补, 郭菊娥, 马续涛. 2010. 基于属性测度理论的在线团购市场及其交易机制研究[J]. 图书情报工作, 54(10): 130-134.

宁连举, 张爱欢. 2014. 虚拟社区网络团购消费者使用意向影响因素研究[J]. 北京邮电大学学报(社会科学版), 16(1): 43-50.

宁连举, 张莹莹. 2011. 网络团购消费者购买选择行为偏好及其实证研究: 以餐饮类团购为例[J]. 东北大学学报(社会科学版), 13(5): 404-409, 415.

王海平, 刘树林. 2013. 网络团购研究现状述评及未来展望[J]. 外国经济与管理, 35(7): 73-80.

吴翠莲, 王谦, 田歆, 等. 2016. 基于网络团购与广告投入的商家销售策略选择问题研究[J]. 管理评论, 28(11): 235-244.

张夷君. 2010. 虚拟社群信任对消费者网络团购意愿影响之研究[D]. 上海: 复旦大学.

张永红, 陈有国, 李婷婷, 等. 2011. 时间压力与乐观–悲观倾向对购买决策的影响[J]. 西南大学学报(社会科学版), 37(6): 13-16.

Ahuja G. 2000. Collaboration networks, structural holes, and innovation: a longitudinal study[J]. Administrative Science Quarterly, 45(3): 425-455.

Bendtsen K M, Uekermann F, Haerter J O. 2016. Expert Game experiment predicts emergence of trust in professional communication networks[J]. Proceedings of the National Academy of Sciences of the United States of America, 113(43): 12099-12104.

Bettman J R, Johnson E J, Payne J W. 1990. A componential analysis of cognitive effort in choice[J]. Organizational Behavior and Human Decision Processes, 45(1): 111-139.

Borgman C L, Hirsh S G, Walter V A, et al. 1995. Children's searching behavior on browsing and keyword online catalogs: the Science Library catalog project[J]. Journal of the American Society for Information Science, 46(9): 663-684.

Bridges E, Florsheim R. 2008. Hedonic and utilitarian shopping goals: the online experience[J]. Journal of Business Research, 61(4): 309-314.

Brown J, Broderick A J, Lee N. 2007. Word of mouth communication within online communities: conceptualizing the online social network[J]. Journal of Interactive Marketing, 21(3): 2-20.

Brunnermeier M K. 2005. Information leakage and market efficiency[J]. The Review of Financial Studies, 18(2): 417-457.

Burt R S. 1992. Structural Holes: The Social Structure of Competition[M]. Cambridge: Harvard University Press.

Chen Y C, Wu J H, Peng L F, et al. 2015. Consumer benefit creation in online group buying: the social capital and platform synergy effect and the mediating role of participation[J]. Electronic Commerce Research and Applications, 14(6): 499-513.

Cheung T Y, Wong W H, Wong R S, et al. 2016. Does online group buying benefit or destroy retail businesses?[J]. International Journal of Business and Economics, 15(1): 1-16.

Chu W, Roh M, Park K. 2015. The effect of the dispersion of review ratings on evaluations of hedonic versus utilitarian products[J]. International Journal of Electronic Commerce, 19(2): 95-125.

Dawson A. 1996. The World Wide Web: spun in gold or just a cobweb: or: the trials and tribulations of considering a Web presence on the Internet[J]. Information management & technology, 29(3): 112-115.

Dhar R, Nowlis S M. 1999. The effect of time pressure on consumer choice deferral[J]. Journal of Consumer Research, 25(4): 369-384.

Dhar R, Wertenbroch K. 2000. Consumer choice between hedonic and utilitarian goods[J]. Journal of Marketing Research, 37(1): 60-71.

Donati S, Zappalà S, González-Romá V. 2016. The influence of friendship and communication network density on individual innovative behaviours: a multilevel study[J]. European Journal of Work and Organizational Psychology, 25(4): 583-596.

Dubartell D. 2006. Computer-mediated communication: human-to-human communication across the Internet[J]. Journal of Linguistic Anthropology, 16(2): 284-285.

Duncan C P, Olshavsky R W. 1982. External search: the role of consumer beliefs[J]. Journal of Marketing Research, 19(1): 32-43.

Friestad M, Wright P. 1994. The persuasion knowledge model: how people cope with persuasion attempts[J]. Journal of Consumer Research, 21(1): 1-31.

Guetzkow H, Simon H A. 1955. The impact of certain communication nets upon organization and performance in task-oriented groups[J]. Management Science, 1(3/4): 233-250.

Hansen M T. 2002. Knowledge networks: explaining effective knowledge sharing in multiunit companies[J]. Organization Science, 13(3): 232-248.

Hill J R. 1999. A conceptual framework for understanding information seeking in open-ended information systems[J]. Educational Technology Research and Development, 47(1): 5-27.

Hirschman E C, Holbrook M B. 1982. Hedonic consumption: emerging concepts, methods and propositions[J]. Journal of Marketing, 46(3): 92-101.

Houston F S, Gassenheimer J B. 1987. Marketing and exchange[J]. Journal of Marketing, 51(4):

3-18.

Kauffman R J, Lai H, Ho C T. 2010. Incentive mechanisms, fairness and participation in online group-buying auctions[J]. Electronic Commerce Research and Applications, 9(3): 249-262.

Kim M J, Lee C K, Chung N, et al. 2014. Factors affecting online tourism group buying and the moderating role of loyalty[J]. Journal of Travel Research, 53(3): 380-394.

Kuan K K Y, Zhong Y Q, Chau P Y K. 2014. Informational and normative social influence in group-buying: evidence from self-reported and EEG data[J]. Journal of Management Information Systems, 30(4): 151-178.

Kuhlthau C C. 1991. Inside the search process: information seeking from the user's perspective[J]. Journal of the American Society for Information Science, 42(5): 361-371.

Kuhlthau C C. 2004. Seeking Meaning: A Process Approach to Library and Information Services[M]. 2nd ed. Westport: Libraries Unlimited.

Langviniene N, Zemblyte J, Sliziene G. 2016. What influences buying leisure services coupons on online group buying?[J]. Engineering Economics, 27(3): 345-356.

Laurent G, Kapferer J N. 1985. Measuring consumer involvement profiles[J]. Journal of Marketing Research, 22(1): 41.

Leavitt H J. 1951. Some effects of certain communication patterns on group performance[J]. The Journal of Abnormal and Social Psychology, 46(1): 38-50.

Lee Y K, Kim S Y, Chung N, et al. 2016. When social media met commerce: a model of perceived customer value in group-buying[J]. Journal of Services Marketing, 30(4): 398-410.

Li C H, Chawla S, Rajan U, et al. 2004. Mechanism design for coalition formation and cost sharing in group-buying markets[J]. Electronic Commerce Research and Applications, 3(4): 341-354.

Luo Q J, Zhong D X. 2015. Using social network analysis to explain communication characteristics of travel-related electronic word-of-mouth on social networking sites[J]. Tourism Management, 46: 274-282.

McHugh J. 1999. Consumer collusion [J]. Forbes,164(5): 222-223.

McKechnie S, Devlin J, Ennew C, et al. 2012. Effects of discount framing in comparative price advertising[J]. European Journal of Marketing, 46(11/12): 1501-1522.

McLeod P L, Baron R S, Marti M W, et al. 1997. The eyes have it: minority influence in face-to-face and computer-mediated group discussion[J]. Journal of Applied Psychology, 82(5): 706-718.

Micu C C, Coulter R A. 2012. The impact of pretrial advertising on posttrial product evaluations: assessing the effects of attribute information for hedonic and utilitarian products[J]. Journal of Marketing Theory and Practice, 20(2): 189-202.

Noble S M, Griffith D A, Weinberger M G. 2005. Consumer derived utilitarian value and channel utilization in a multi-channel retail context[J]. Journal of Business Research, 58(12): 1643-1651.

Park C W, Moon B J. 2003. The relationship between product involvement and product knowledge: moderating roles of product type and product knowledge type[J]. Psychology & Marketing, 20(11): 977-997.

Parra J F, Ruiz S. 2009. Consideration sets in online shopping environments: the effects of search tool and information load[J]. Electronic Commerce Research and Applications, 8(5): 252-262.

Pavlou P A, Liang H, Xue Y. 2007. Understanding and mitigating uncertainty in online exchange relationships: a principal-agent perspective[J]. MIS Quarterly, 31(1): 105-136.

Payne J W, Johnson E J, Bettman J R, et al. 1990. Understanding contingent choice: a computer simulation approach[J]. IEEE Transactions on Systems, Man, and Cybernetics, 20(2): 296-309.

Pirolli P. 1999. Information foraging[J]. Psychological Review, 106(4): 643-675.

Rha J Y, Widdows R. 2002. The Internet and the consumer: countervailing power revisited[J]. Prometheus, 20(2): 107-118.

Shaw M E. 1964. Communication Networks[M]//James M O, Mark P Z. Advances in Experimental Social Psychology. New York: Academic Press: 111-147.

Shiau W L, Luo M M. 2012. Factors affecting online group buying intention and satisfaction: a social exchange theory perspective[J]. Computers in Human Behavior, 28(6): 2431-2444.

Silayoi P, Speece M. 2004. Packaging and purchase decisions[J]. British Food Journal, 106(8): 607-628.

Simon H A. 1955. A behavioral model of rational choice[J]. The Quarterly Journal of Economics, 69(1): 99-118.

Strahilevitz M, Myers J G. 1998. Donations to charity as purchase incentives: how well they work may depend on what you are trying to sell[J]. Journal of Consumer Research, 24(4): 434-446.

Sussman S, Siegal W. 2003. Informational influence in organizations: an integrated approach to knowledge adoption[J]. Information Systems Research, 14(1): 47-65.

Svenson O, Edland A. 1987. Change of preferences under time pressure: choices and judgements[J]. Scandinavian Journal of Psychology, 28(4): 322-330.

Svenson O, Edland A, Slovic P. 1990. Choices and judgments of incompletely described decision alternatives under time pressure[J]. Acta Psychologica, 75(2): 153-169.

To P L, Liao C C, Lin T H. 2007. Shopping motivations on Internet: a study based on utilitarian and hedonic value[J]. Technovation, 27(12): 774-787.

Tsai M T, Cheng N C, Chen K S. 2011. Understanding online group buying intention: the roles of sense of virtual community and technology acceptance factors[J]. Total Quality Management & Business Excellence, 22(10): 1091-1104.

Tseng S M, Lee M C. 2016. A study on information disclosure, trust, reducing search cost, and online group-buying intention[J]. Journal of Enterprise Information Management, 29(6): 903-918.

Walther J B. 1992a. Interpersonal effects in computer-mediated interaction: a relational perspective[J]. Communication Research, 19(1): 52-90.

Walther J B. 1992b. Computer-mediated communication[J]. Communication Research, 23(1): 414-415

Wang E S T, Chou N P. 2014. Consumer characteristics, social influence, and system factors on online group-buying repurchasing intention[J]. Journal of Electronic Commerce Research, 15: 119.

Wells J G. 1996. Search strategies for the world wide web. research brief[J]. The Technology Teacher, 55: 34-36.

Zhang X J, Venkatesh V. 2013. Explaining employee job performance: the role of online and offline workplace communication networks[J]. MIS Quarterly, 37(3): 695-722.

Zur H B, Breznitz S J. 1981. The effect of time pressure on risky choice behavior[J]. Acta Psychologica, 47(2): 89-104.

第 13 章
网络社群中消费者为什么相信陌生人

■ 导论

　　"不要相信陌生人"这是我们自小到大被不停教育灌输的观念，然而网络的发展却让陌生人变得不再陌生，我们开始不停地与网络中的陌生人进行互动，甚至陌生人已经影响到我们网络购物中的购买决策，我们乐于参考陌生人的产品评价，习惯相信陌生人的产品分享，为何虚拟环境中的陌生人就会对我们的消费态度产生影响呢？

　　本章基于网络社群中的身份认同与纽带依恋理论对这个现象进行研究，探讨虚拟环境中陌生人影响的来源，并对不同网络社群中陌生人的影响机制进行了分类研究，在此基础之上探讨了消费者的关系强度对陌生人信任的影响、产品的话题相关度对消费者对产品的选择偏好的影响。

13.1　网络社群中的信任

　　网络社群是基于互联网连接的围绕共同的目的、兴趣或者需要形成的集群，群内成员会持续地进行互动（Preece，2000）。然而网络社群并不是由一个特定的组织所组建，网络社群中的成员彼此之间也是典型的陌生人（Ridings et al.，2002），缺乏交往的背景、缺失充分的社交线索等让网络社群中成员之间建立信任的信息难以获取（Kanawattanachai and Yoo，2002），而信任又需要在这种情境下扮演一种管理机制的角色来排除潜在的不良的机会主义行为，并且为信息的分享创造一个开放的环境（Hsu et al.，2007）。

　　信任是一个个体的主观信念，认为其他人将会按照预期的行为行动，并且不会利用环境优势采取机会主义行为（Qureshi et al.，2009）。信任在社会交互中是至关重要的，尤其是在虚拟环境当中，社交线索几乎不存在并且也没有足够的规范来对他人是否会按照期望表现提供充分监管的情况下，信任鼓励在网络社群中开放的沟通和知识共享行为。对于信任维度的划分，许多的学者认同将信任划分为认知和情感信任（Johnson and Grayson，2005；Xu，2014）。

认知信任是一个成员对另一个成员的能力以及可靠性的信心或者依赖程度（Moorman et al.，1992；Johnson and Grayson，2005）。认知信任产生于可以对他人是否会履行义务的可能性作出带有一定信心的预测的知识的集聚。这个也被Rempel等（1985）称作可预测性（predictability），被Johnson-George和Swap（1982）称作可信赖（reliableness）。这种知识是通过对该成员的观察以及从其他关系的间接声望中得来的。当外在的声望效应足够强的时候，与该成员最初的交互将会仅仅成为一个确认或者驳斥早先感知的一个机会，认知信任可能会在一个或者几个简单的交互之后最终定性。

情感信任是一个成员依据另一个成员对自己关心和关注的水平而产生的信心（Johnson and Grayson，2005）。情感信任的特点在于对关系的安全感和对关系的感知强度。情感信任在心理学中，常被认为来自直接的人际关系。声望效应也会影响情感信任，但是情感信任相比较于认知信任而言，更限制于与对方的个人经历。情感信任本质上是依赖于与施信人的情感纽带的。情感信任确立之后，随着感性连接的增强，对他人的信任也会让人作出有一定风险的冒险行为。信任的情感驱动的因素让这种关系变得对客观风险评估不敏感。

认知信任和情感信任在部分学者的研究中亦被发现是两个显著相关联的概念（McAllister，1995）。尽管在不同的研究中测量的表项略有不同，但是研究者已经达成共识，认知信任更多的是被知识驱动，而情感信任更多的是被情感驱动。Xu（2014）认为，认知信任源于对信息提供者能力和可靠性的信心，直到对信息提供者的可靠性、可依赖性建立起来，认知信任才会增加。情感信任是对信息提供者的感觉，这种感觉基于对信息提供者热情、坦诚、友好的感知。

13.2　身份认同群体与纽带依恋群体

身份认同和纽带依恋理论源于社会心理学对现实情境中自愿式群体的研究，如联谊会和俱乐部。Prentice等（1994）从成员依恋（member attachment）的角度提出了一种群体分类，将群体分为了共同身份群体（common identity group）和共同纽带群体（common bond group）。

共同身份群体的概念是与社会认同理论（social identity theory）（Tajfel et al.，1971）和自我归类理论（self-categorization theory）（Turner，1985）相一致的，根据这些理论，对群体的依恋是独立于群体单个成员之间的人际依恋。在一个群体中，群体内的成员将被识别为一个绑定在一起的整体，也就是说这种群体的吸引力是超个体水平的（Postmes and Spears，2000）。共同纽带群体则是在人际概念上将群体凝聚力定义为群体的一种特性，可以通过有共同的积极态度的群体成员的数量和强度来推断（Lott，1961），成员对群体的依恋更多的是因为他们喜欢群体中的某些成员（Back，1951）。在 Prentice 等（1994）的研究中，将基于话题的群体，如艺术群、校报组织、足球队归为共同身份群体；将基于关系的群体，如住宅单元、联谊会和美食俱乐部归为共同纽带群体。

在共同身份群体中，对群体的依恋主要依赖于对群体整体性的认同。对群体的依恋应该或多或少独立于对群体某个成员的吸引力，然而，对群体整体性、目标、目的的认同对群体依恋应该更加重要。这个对共同身份群体的预测是与社会认同方法一致的。这种群体类型常见的一个例子就是足球队：队里成员对团队共同的目标和目的比感知的某个成员的人际吸引力更为重要。对群体整体性的依恋依赖于个体对群体身份的承诺。

在共同纽带群体中，成员之间的纽带依恋构成了对群体的依恋。这些群体能够以人际概念中的群体凝聚力为特征，群体对个体的吸引力作用甚微，发挥作用更大的是个体与个体之间的吸引力（人际吸引力）。Prentice 等（1994）依据这些研究，提出在这些群体中，群体依恋的力量主要依赖于喜欢以及对群体其他成员感觉相似的程度，以及群体同质性的程度。Sassenberg（2002）把基于私人关系和具有共同兴趣爱好的群体，如好友圈、同学会和美食协会，归为基于共同纽带的群体，研究发现，成员更加重视个体的情况和彼此的关系，个体的倡议可以通过关系的传导效应激起更多成员的响应和参与，最终形成群体行为。

伴随着互联网的发展，网络社群在人们的生活、工作、学习中的重要性日益显著，对网络社群的研究也成了人们普遍关注的话题。在对网络社群的研究过程中，学者发现，网络社群因社群成员对社群的依恋动机不同存在身份认同和纽带依恋两种分类（Sassenberg，2002；Ren et al.，2007）。身份认同社群指的是成员出于对社群共同的目标和主题的认同感和承诺感而对社群产生依恋感的网络社群，如 My Starbucks Idea 网络社群就是由星巴克品牌的忠实粉丝和客户所组成，社群内的成员会建言献策来帮助公司改善它的产品和服务，但是在它的成员当中却鲜有纽带联系的迹象。

纽带依恋社群指的是成员由于对社群中个别的成员有社交上的或者情感的联系而对社群产生依恋感的社群，如 girlfriendcircles.com 就是一个帮助女生找到本地朋友的网络社群，它的成员之间都是通过人际关系保持连接。

由以上研究可知，纽带依恋社群的个人吸引强于身份认同社群，然而身份认同社群的群体吸引强于纽带依恋社群；而且两种社群成员在对社群规范的遵守方面也不尽相同，身份认同社群成员所遵守的社群规范比纽带依恋社群一致性更高（楼天阳和陆雄文，2011），两者之间的比较如表 13-1 所示。

表 13-1　身份认同社群与纽带依恋社群的比较

项目	身份认同社群	纽带依恋社群
依恋对象	网络社群整体	网络社群中的个体
互动内容	固定主题，交流聚焦	无固定主题，交流分散
关系类型	成员与社群整体氛围之间的关系	成员之间的私人人际关系
依恋结果	不会产生线下联系	鼓励产生线下联系
现实例子	QQ 兴趣群、品牌社区、豆瓣群等	QQ 交友群、大 V 微博粉丝群、微信群等

尽管是通过成员对社群的不同依恋感来对身份认同社群和纽带依恋社群概念进行区分，但是这并不意味着身份认同和纽带依恋是彼此完全独立的。一个人也可能通过这两种机制对某个社群产生依恋感，既对整个社群有认同感，也与其中的一些成员感到心灵相通。一个社群既可以培育人际吸引的纽带依恋，也可以同时培育基于社会认同的身份认同，如 GNOME 开源项目。GNOME 将自己定义为"一个由全世界黑客、翻译、设计、测试分析的志愿者组成的在一起充满乐趣的社群"。这个表述既强调了构建面向 Linux 操作系统的用户界面的共同的目标，又强调了成员可以一起获得乐趣。它的许多成员参与了其中的 95 个群组，并且参与线下的活动来"交会老朋友，讨论最新的科技以及其他 GNOME 相关的事件"。因此，对社群的两种依恋有可能是同时存在于一个网络社群之中，彼此之间相互促进，但最终是一种社群依恋类型占据主导地位，影响社群成员的行为、活动。

Ren 等（2007）提出了身份认同与纽带依恋的理论研究框架，如图 13-1 所示。

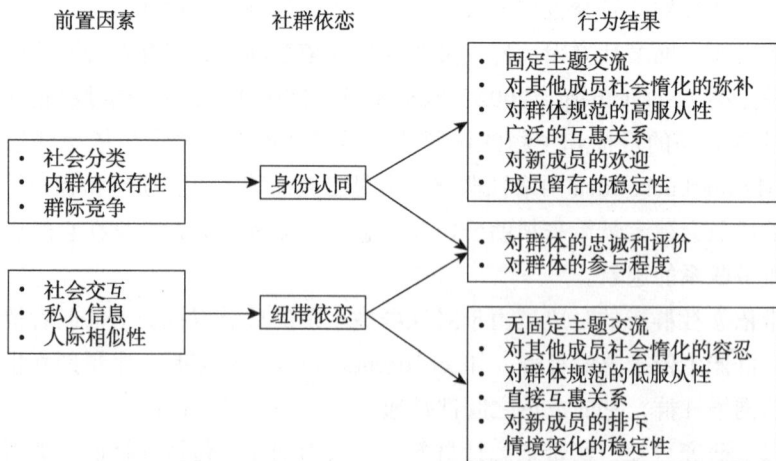

图 13-1　身份认同与纽带依恋理论框架

13.3　群内外陌生人的影响

在现实的社会生活中，大部分人的互动对象都是"熟人"，正是基于我们对互动对象的了解与认知，我们才知道应该如何去与对方沟通，同样，我们也才知道自己应该如何表现，所以如果不是在必要情况下，我们在生活中很少与陌生人交往互动，甚至在生活中一再被警告"不要跟陌生人说话"（屈勇，2011）。然而，在虚拟环境中，我们却惊奇地发现人们乐于与陌生人沟通、交流，甚至人们在作出购物决策前都需要征询陌生人的建议。之所以出现这个现象，一方面是因为当今人们对品牌、对广告的营销内容缺乏信任，像是每年"3·15"都会有一大批的国内外品牌卷入消费者的口诛笔伐之中，官方的营销广告已经使消费者产生了受众抵触心理；另一方面，从马斯洛需要层次论来解释，在人们满足了生存、安全需要之后，普遍地都会去追求更高层次的需要，也就是情感需要，在厌倦了与熟人之间的互动之后，猎奇心理与对新鲜感的渴求又驱使人们去尝试陌生人社交，伴随着一大批 location based service（基于位置服务）的主打陌生人社交的 APP 进入市场（如豆瓣、陌陌、same 等），陌生人社交逐渐进入了人们的视野。根据美国欧维希公司（Opinion Research Corporation）的调查，84%的被调查者表示网络上的顾客评价会影响他们对某一个产品或者服务的购买决策；66%的被调查者会在作出购买决策前搜寻相关信息，而这里面又有一半的被调查者表示他们会依据这些信息进行购买（盛敏等，2010）。

不过在实践中，我们同样发现，人们会与陌生人互动、会考虑他们的建议，但是并不是对网络上的每一个陌生人都会给予相同的对待。这又是因为什么呢？首先，在社交媒体与网络购物盛行的现在，面对着新的社会和经济关系，陌生人之间的互动、沟通源于他们建立的快速信任（Tyler and Huo，2002），在具备了信任之后陌生人之间才会产生实质意义上的交互。其次，当人们信任陌生人的时候，他们并不会盲目地去信任，而是使用与陌生人有关的线索来建立信任。在这些线索当中，人们经常使用的是社会群体，在网络环境中也就是我们所熟知的网络社群，网络社群是有共同或者互补的兴趣而通过互联网沟通、交流的群体集聚（Preece，2000）。相同网络社群中的陌生人呈现的个人信息以及在群内的互动经历提供了更多的线索帮助我们增强对其的了解与信任，因而我们认为陌生人的网络社群属性（即内群体或外群体）会影响我们对陌生人分享产品的选择偏好，内群体的陌生人也就是与我们同在一个网络社群中的陌生人会提高我们对产品的选择偏好。

在网络社群中，由于网络的匿名性、缺乏共同工作的经历以及社会关系，社群成员之间很难共享信息（Kanawattanachai and Yoo，2002），而且社群内也没有明确的规范可以确保其他成员按照社群所期望的去行动（Ridings et al., 2002），在这种情况下，信任在排除不良的机会主义行为以及为信息交流创造开放的环境中扮演了重要的角色（Hsu et al., 2007）。在网络社群中，信任降低了社会复杂性，并通过互动提高了对一个人积极预期的信念（Gefen et al., 2005）。根据 Foddy 等（2009）提出的两种产生群体信任的基础，我们认为在网络社群中对陌生人产生信任一个是归因于内群陌生人比外群陌生人有更好的品质，人们会倾向于认为内群陌生人比外群陌生人更靠谱，更能帮到自己，从信任的角度而言属于认知信任，即一个成员对依赖另一个成员的能力和可靠性的信心或者意愿（Moorman et al., 1992；Johnson and Grayson, 2005）；另一个是对内群陌生人利他主义和公正行为的期望，群体成员认为内群陌生人会作出有利于成员的行为，并且会用互惠的善意来对待自己，从信任的角度而言属于情感信任，即一个成员依据另一个成员对自己关心和关注的水平而产生的信心（Johnson and Grayson, 2005）。

当陌生人与我们同在一个网络社群中时，社群成员的身份以及社群内的互动都会提高我们对内群陌生人的认知信任和情感信任，因此，人们会更相信与他们有共同网络社群的陌生人（Foddy et al., 2009）。同时对信任的研究表明，网络环境的不确定性、复杂性使得网络中的人际信任成为人们对他人的积极预期，而这种人际信任会影响到个体的行为。Tang 等（2012）认为在个体进行决策时，信任有助于个体克服不安全感与惶恐。旅游学领域的学者认为个体采纳他人意见与否会受到个体与信息发出者的人际信任的影响（Casalo et al., 2011）。网络购物领域的研究者认为，消费者的购买意愿会受到消费者与卖家之间的人际信任的正向影响（Bianchi and Andrews, 2012；Hwang and Lee, 2012）。由于人际信任对个体行为决策的影响，信任对个体采纳他人意见起正向作用（赵竞等，2013）。因此，相比于外群陌生人，内群陌生人所作出的产品分享与产品推荐会对群体成员的选择偏好产生实质性的影响。我们认为在网络社群中，内群陌生人对社群成员选择偏好的影响大于外群陌生人，这种影响来源于对内群陌生人认知信任和情感信任的增加，由此提出以下假设。

H13-1：网络社群中，内群陌生人对社群成员选择偏好的影响大于外群陌生人。

H13-2：认知信任、情感信任在陌生人对选择偏好的影响中起中介作用。

13.4 关系强度的影响

我们发现在不同的网络社群中消费者对陌生人的信任以及产品推荐的偏好会有差异，这个可能与关系强度有关。

Hsu 等（2011）认为社会交互关系与成员之间的信任正向相关，同时发现在网络口碑（word-of-mouth）推荐中起到重要作用的就是关系强度。相比于弱关系的信源，强关系的信源对消费者的行为有更多的影响（de Valck et al., 2009）。Bansal和 Voyer（2000）提出由于关系强度有助于拉近心理距离，信息接收者对关系强度高的信息发送者表现出更高的可信赖性。Brown 和 Reingen（1987）关于口碑的研究表明强连接成员比弱连接成员更容易影响口碑接收者的态度与倾向。Frenzen 和 Nakamoto（1993）的研究也得出了相似的结论。对于关系强度高的对象，人们倾向于比较客观、彻底地表达自己的意见与想法，因此，关系的强度在一定意义上决定了信息传播的效果。由此可知，在网络社群中社群成员与陌生人的关系强度会影响到其对陌生人的认知信任以及情感信任。

纽带依恋社群是基于人际概念的个体凝聚力所建立的，主要是依靠成员之间的纽带组成了群体，社群的吸引力相比较于个体成员的吸引力而言影响微弱（Sassenberg，2002），成员对网络社群中的特定的成员存在社交或者情感的依恋（Ren et al.，2007）。纽带依恋社群中的社群成员间虽然也都是陌生人，但是彼此的互动频率、了解程度、社会关系却是不同的。基于社会关系中的关系强度——强关系（strong ties）与弱关系（weak ties）（Granovetter，1973），我们将纽带依恋社群中的陌生成员亦分为强纽带（strong bond）成员与弱纽带（weak bond）成员，强纽带成员是指成员形成纽带依恋的人际纽带，彼此建立发展关系的成员；弱纽带成员则是指社群中的其他的陌生成员。纽带依恋群体中人际信任的产生，首先源于成员与强纽带成员的人际相似吸引，两者之间产生了沟通与交互，形成了对强纽带成员的人际信任，在此之后因为信任的传播属性，即信任在社群链中的传播允许成员对其他没有直接联系的成员形成信任（Sherchan et al.，2013），所以成员会对社群中的弱纽带成员产生一定的人际信任。但由于纽带依恋社群没有固定的主题与讨论内容，成员并不能在能力与可靠性方面对社群内成员作出判断，因此对社群内两类成员的认知信任无显著差异。纽带依恋社群的建立基于成员之间的人际吸引和兴趣相似，强纽带成员是促成社群成员对社群纽带依恋的核心，尽管对弱纽带陌生人的情感信任源于其对强纽带成员情感信任的传播，但信任的传播并不代表信任是可等价传递的（Yu and Singh，2000），因而社群内成员对强纽带陌生人的情感信任显著高于对弱纽带陌生人的情感信任。由此提出以下假设。

H13-3：在纽带依恋社群中，情感信任会受到关系强度的影响，成员对强纽带成员情感信任较高。

13.5 产品话题相关度的影响

de Valck 等（2009）在有关网络社群的研究中对一个现实存在的网络社群进

行了调查，该社群是为用户提供烹饪技术服务的网站，它有固定的兴趣话题，包括食谱、餐厅、厨房用品、食品、酒、节食以及其他烹饪事项。该社群成员会积极参与饮食相关的活动，并且非常乐于参与相关的消费活动，信息的话题相关度（relevance of topics）也会提高成员对社群内信息的接受度。考虑到身份认同社群符合社会认同理论和自我归类理论（Sassenberg，2002），它的成员对网络社群的观念和主题有较高的承诺感，更喜欢作为整体的社群（Ren et al.，2007），因而社群有固定的主题和目标，加之社群对社会惰化行为的抵触，成员之间的互动都是围绕一个固定的主题进行积极的讨论。

当社群内陌生人的产品推荐是与社群话题相关度高的产品时，由于该产品领域是该社群所关注并且经常讨论的，并且与社群的主题相一致，消费者对内群陌生人的能力和可靠性评价更高，消费者对该话题的参与度更高，更容易受到产品推荐人的影响，与话题相关的产品推荐会提高消费者对该产品的选择偏好。对于与社群话题相关度低的产品推荐，由于产品类别与网络社群的主题关联度不高，因此会造成消费者的决策困难，降低对该产品的选择偏好。在纽带依恋社群中，由于社群的性质决定了社群内没有固定的话题与讨论内容，成员之间进行的更多的是无序、漫无目的的交流（Sassenberg，2002），因此产品的话题相关度属性对纽带依恋社群成员对产品的选择偏好的影响不显著。在此提出以下假设。

H13-4：在身份认同社群中，社群成员的选择偏好会受到产品话题相关度的影响，对话题相关度高的产品有更高的选择偏好。

13.6 主要结论

本章将群体的概念以及身份认同与纽带依恋理论引入对网络社群中陌生人信任的研究中，提出了陌生人所处的社群性质对成员信任与选择偏好的影响，并从人际关系强度和产品属性的角度进行了比较研究，理论模型如图 13-2 所示。通过实验研究方法收集了相关数据进行假设检验，研究结论如下。

（1）在网络环境中人们之所以会受到其他陌生人的影响，往往是因为与陌生人共同在一定关系的网络社群中，可能是共同的身份，也可能是纽带联结。因而在网络社群中，内群陌生人对社群成员选择偏好的影响大于外群陌生人，并且这种影响来源于其对陌生人认知信任和情感信任的增加。

（2）在身份认同社群中，成员对社群的身份认同感会显著提高成员对群内陌生人的认知信任，并进一步提高对陌生人产品推荐的选择偏好。社群成员之间的互动更多地围绕着社群固定的主题或者社群目标而进行，成员间并不会产生进一步的线下联系，成员并不在乎社群内其他成员的个人信息，因而成员之间产生的

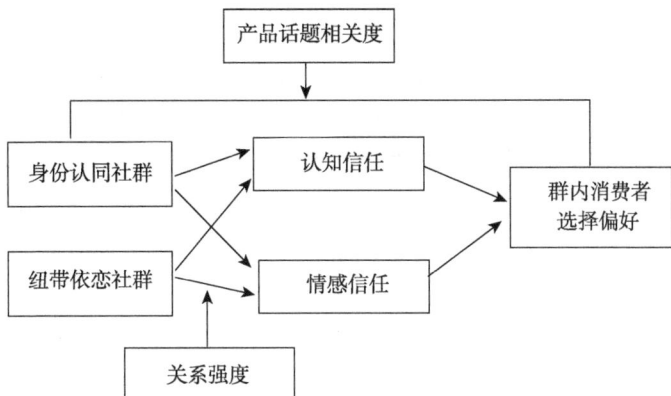

图 13-2　网络社群中的陌生人信任及其对消费者偏好的影响

信任主要是认知层面的信任。

（3）在纽带依恋社群中，这种陌生人的影响则主要通过认知信任和情感信任两条路径对选择偏好产生影响。情感信任在其中起到了完全中介的作用，认知信任起到了部分中介的作用。

（4）纽带依恋社群中，由于成员之间情感信任较强，并且不具备直接产生认知信任的基础，认知信任的产生间接来源于成员之间的情感信任，而情感信任则直接受到关系强度的影响，因而情感信任会显著地受到关系强度的影响，而认知信任则不会受到关系强度的影响。

（5）在身份认同社群中，社群内成员之间的交互都围绕着社群的主题与目标，成员之间的信任也主要是认知信任，因而对话题相关度高的产品，由于其与成员之间讨论的内容相关，更易于让成员产生一种知觉流畅性，缩短了成员处理信息的时间并且降低了成员处理信息的难度，从而显著地提高成员对话题相关度高的产品的选择偏好。

13.7　管理启示

（1）陌生人的概念看似是一个完全不起眼的概念，但互联网串起了陌生人，年轻一代已经不满足于熟人之间的联系，而迫切地需要通过不同的陌生人来加深对这个世界各个方面的认识，获取更多的资源，陌生人社交经济应运而生。本章的研究发现陌生人的影响更多地来自网络社群，人们之所以比过去任何时候都相信陌生人是因为移动互联网打破了空间和时间的限制，弱关系的人们会在一个社群中相遇相知。如果企业希望通过陌生人的关系来进行营销推广，就应该对网络社群的类型有一个初步认知，了解社群中的用户对社群的身份认同和纽带依恋感，制定有针对性的营销方案。

（2）虽然网络社群已经是一个比较老的概念，但新的社交媒体的发展却让我们发现网络社群也在不断地进化，如微博、微信群、陌陌群、QQ群、专业论坛、基于位置服务的APP、直播间粉丝群等，尽管表现形式各异，但从本质上来讲仍然是网络社群，因此我们仍然可以用网络社群的观点来看待、理解这些新兴的社群。本章的研究发现，以兴趣、主题、品牌、身份等为主打的QQ兴趣群、品牌社区、豆瓣群组等可以用身份认同理论来进行理解，社群内成员之间的信任主要是认知型信任；以交友、人际吸引、纽带等为主的微博粉丝群、微信群、陌陌群组等可以用纽带依恋理论来进行理解，社群成员之间的信任主要是情感信任，而这种情感信任甚至可以提高成员之间的认知信任。

（3）对于身份认同的网络社群，由于社群成员之间基于对社群的身份认同凝聚在一起，成员之间的信任主要基于认知信任维度，产品的话题相关度极大地影响到成员对它的选择偏好。因而对于身份认同社群提出的建议是企业应当"借势造势"，充分利用社群成员之间讨论的话题，通过发布关注度高、交互度高的话题，在社群中制造引爆点，形成企业、品牌信息的快速、普遍地传播，虽然社群内都是陌生人，但是与话题相关的产品还是会极大地引发成员的关注与兴趣。社群成员对社群的身份认同感强，会更积极地参与到社群的话题讨论中去，从而有可能会让企业的营销起到网络中的引爆点的效果，产生病毒式传播与扩散，既提高了曝光率，还通过成员之间的讨论与分析达到了提高知名度的效果。

（4）对于纽带依恋社群，由于社群成员之间基于对社群中某些成员的纽带依恋凝聚在一起，成员之间的信任主要基于情感信任以及由情感信任所延伸出的认知信任，因此成员之间的关系强度较大地影响了成员之间的人际信任。因而对于纽带依恋陌生人社群，企业的宣传推广应当"以情传情"，通过感人的故事、广告来引发成员的主动转发，进而通过成员之间的情感传递提高企业的曝光率。同时也需要在网络社群中进行社会网络分析，找出网络结构中的节点成员，通过节点成员的分享、转发，更容易得到社群内其他成员的响应与支持，更容易令其对品牌产生一种亲密感。

本章小结

- 在网络社群中，内群陌生人对社群成员选择偏好的影响大于外群陌生人，并且这种影响来源于其对内群陌生人认知信任和情感信任的增加。
- 成员对社群的身份认同感会显著提高成员对群内陌生人的认知信任，并进一步提高对陌生人产品推荐的选择偏好。社群成员之间的互动更多地围绕着社群固定的主题或者社群目标而进行，成员之间产生的信任主要是认知层面的信任。

- 在纽带依恋社群中，陌生人的影响通过认知信任和情感信任两条路径对选择偏好产生影响。情感信任在其中起到了完全中介的作用，认知信任起到了部分中介的作用。
- 成员关系强度在纽带依恋社群中有显著的影响，关系强度越高，对成员的情感信任也越高，因而在纽带依恋社群中，成员的选择偏好更容易受到关系纽带成员的影响。
- 在身份认同社群中，社群成员的选择偏好会受到产品话题相关度的影响，对话题相关度高的产品有更高的选择偏好。

参考文献

楼天阳, 陆雄文. 2011. 虚拟社区与成员心理联结机制的实证研究: 基于认同与纽带视角[J]. 南开管理评论, 14(2): 14-25.

屈勇. 2011. 电子网络空间中陌生人互动现象探析: 基于角色理论的视角[J]. 东南传播,3:4.

盛敏, 陆晓霞, 秦晓敏. 2010. 网络参照群体对消费群体购买决策的影响机制研究[J]. 上海管理科学, 32(4): 60-63.

赵竞, 孙晓军, 周宗奎, 等. 2013. 网络交往中的人际信任[J]. 心理科学进展, 21(8): 1493-1501.

Argote L, Ren Y Q. 2012. Transactive memory systems:a microfoundation of dynamic capabilities[J]. Journal of Management Studies, 49(8): 1375-1382.

Back K W. 1951. Influence through social communication[J]. The Journal of Abnormal and Social Psychology, 46(1): 9-23.

Bansal H S, Voyer P A. 2000. Word-of-mouth processes within a services purchase decision context[J]. Journal of Service Research, 3(2): 166-177.

Bianchi C, Andrews L. 2012. Risk, trust, and consumer online purchasing behaviour: a Chilean perspective[J]. International Marketing Review, 29(3): 253-275.

Brown J J, Reingen P H. 1987. Social ties and word-of-mouth referral behavior[J]. Journal of Consumer Research, 14(3): 350-362.

Casalo L V, Flavián C, Guinaliu M. 2011. Understanding the intention to follow the advice obtained in an online travel community[J]. Computers in Human Behavior, 27(2): 622-633.

de Valck K, van Bruggen G H, Wierenga B. 2009. Virtual communities: a marketing perspective[J]. Decision Support Systems, 47(3): 185-203.

Foddy M, Platow M J, Yamagishi T. 2009. Group-based trust in strangers[J]. Psychological Science, 20(4): 419-422.

Frenzen J, Nakamoto K. 1993. Structure, cooperation, and the flow of market information[J]. Journal of Consumer Research, 20: 360-375.

Gefen D, Rose G M, Warkentin M, et al. 2005. Cultural diversity and trust in IT adoption[J]. Journal of Global Information Management, 13(1): 54-78.

Granovetter M S. 1973. The strength of weak ties[J]. American Journal of Sociology, 78(6):

1360-1380.

Hsu M H, Chang C M, Yen C H. 2011. Exploring the antecedents of trust in virtual communities[J]. Behaviour & Information Technology, 30(5): 587-601.

Hsu M H, Ju T L, Yen C H, et al. 2007. Knowledge sharing behavior in virtual communities: the relationship between trust, self-efficacy, and outcome expectations[J]. International Journal of Human-Computer Studies, 65(2): 153-169.

Hwang Y, Lee K C. 2012. Investigating the moderating role of uncertainty avoidance cultural values on multidimensional online trust[J]. Information & Management, 49(3/4): 171-176.

Johnson D, Grayson K. 2005. Cognitive and affective trust in service relationships[J]. Journal of Business Research, 58(4): 500-507.

Johnson-George C, Swap W C. 1982. Measurement of specific interpersonal trust: construction and validation of a scale to assess trust in a specific other[J]. Journal of Personality and Social Psychology, 43(6): 1306-1317.

Kanawattanachai P, Yoo Y. 2002. Dynamic nature of trust in virtual teams[J]. The Journal of Strategic Information Systems, 11(3/4): 187-213.

Lott B E. 1961. Group cohesiveness: a learning phenomenon[J]. The Journal of Social Psychology, 55(2): 275-286.

McAllister D J. 1995. Affect- and cognition-based trust as foundations for interpersonal cooperation in organizations[J]. Academy of Management Journal, 38(1): 24-59.

Moorman C, Zaltman G, Deshpande R. 1992. Relationships between providers and users of market research: the dynamics of trust within and between organizations[J]. Journal of Marketing Research, 29(3): 314-328.

Postmes T, Spears R. 2000. Refining the cognitive redefinition of the group: deindividuation effects in common bond vs. common identity groups[C]//Postmes T, Lea M, Spears R, et al. SIDE Issues Centre Stage: Recent Developments in Studies of De-Individuation in Groups. Amsterdam: KNAW: 63-77.

Preece J. 2000. Building successful online communities through good usability an sociability[R].London: The international conference on virtual communities.

Prentice D A, Miller D T, Lightdale J R. 1994. Asymmetries in attachments to groups and to their members: distinguishing between common-identity and common-bond groups[J]. Personality and Social Psychology Bulletin, 20(5): 484-493.

Qureshi I, Fang Y L, Ramsey E, et al. 2009. Understanding online customer repurchasing intention and the mediating role of trust–an empirical investigation in two developed countries[J]. European Journal of Information Systems, 18(3): 205-222.

Rempel J K, Holmes J G, Zanna M P. 1985. Trust in close relationships[J]. Journal of Personality and Social Psychology, 49(1): 95-112.

Ren Y Q, Kraut R, Kiesler S. 2007. Applying common identity and bond theory to design of online communities[J] .Organization Studies, 28(3): 377-408.

Ridings C M, Gefen D, Arinze B. 2002. Some antecedents and effects of trust in virtual communities[J]. The Journal of Strategic Information Systems, 11(3/4): 271-295.

Sassenberg K. 2002. Common bond and common identity groups on the Internet: attachment and normative behavior in on-topic and off-topic chats[J]. Group Dynamics: Theory, Research, and Practice, 6(1): 27-37.

Sherchan W, Nepal S, Paris C. 2013. A survey of trust in social networks[J]. ACM Computing Surveys, 45(4): 1-33.

Tajfel H, Billig M G, Bundy R P, et al. 1971. Social categorization and intergroup behaviour[J]. European Journal of Social Psychology, 1(2): 149-178.

Tang J L, Gao H J, Liu H, et al. 2012. ETrust: understanding trust evolution in an online world[C]//Yang Q. Proceedings of the 18th ACM SIGKDD International Conference on Knowledge Discovery and Data Mining. New York: Association for Computing Machinery: 253-261.

Turner J C. 1985. Social categorization and the self-concept: a social cognitive theory of group behavior[J]. Advances in Group Processes, 2: 77-122.

Tyler T R, Huo Y J. 2002. Trust in the Law: Encouraging Public Cooperation with the Police and Courts[M]. New York: Russell Sage Foundation.

Xu Q. 2014. Should I trust him? The effects of reviewer profile characteristics on eWOM credibility[J]. Computers in Human Behavior, 33: 136-144.

Yu B, Singh M P. 2000. A social mechanism of reputation management in electronic communities[M]//Klusch M, Kerschberg L. Cooperative Information Agents Ⅳ-the Future of Information Agents in Cyberspace. Berlin: Springer: 154-165.

第 14 章

网络社群成员群体效能感
如何影响个体行为

■ 导论

近年来，随着 Web 2.0 技术的发展与应用，网络用户更希望将虚拟网络和现实社会结合在一起，于是网络社群应运而生。网络社群以 Web 2.0 为基础，重点关注用户生成内容、社群、网络及社会互动，从根本上改变了人们沟通、合作和消费的方式。人们不再是营销人员发布信息的接收者，越来越多的人开始使用 Web 2.0 来表达和传播有关产品服务的知识、经验和观点。人们运用网络与企业进行沟通和交易，营销人员与越来越多的消费者通过论坛、聊天室、电子邮件、社交网络及博客等进行互动交流。在网络社群中用户把商品和服务信息发送给朋友，可以快速地传递给其他用户，并形成购买意愿。网络社群的互动性和传播性缩短了购物流程，使得人们可以获得更好的服务体验，目前网络社群已经成为人们重要的购物渠道。

网络社群包括通信平台和社交网络，通过网络社群拥有相同兴趣的人们可以在网络空间中彼此交流，网络社群改变了人们社交互动的模式。网络社群同时具有社会功能和商业功能，从社会角度来看，网络社群为用户提供了交流平台，促进了用户间的交流互动，网络社群用户因分享共同的兴趣爱好、共享信息和发展友情聚集在一起。从商业角度来看，网络社群包括可信的营销和交易平台，使得卖方、买方和中间商进行商业互动，通过网络社群，电子供应商可以利用客户的想法设计和定制新产品，企业组织可以进行有针对性的营销，从而促进消费者完成交易，以最小的成本获得最大交易量（Schubert and Ginsburg，2000）。本章从群体效能感的视角探讨个体与网络社群的关系，研究群体效能感的测量和影响因素，以及个体对群体效能感的感知如何影响其对网络社群购物行为的参与，为企业充分利用网络社群的社会功能和商业功能提供理论依据和实践指导。

14.1　群体效能感

14.1.1　自我效能感与群体效能感

自我效能感是个体对组织实施一系列行动以达到设定目标的能力的判断，这不是对自身所拥有的技能的判断，而是对自身技能能否完成目标的信念的判断。自我效能感不仅反映了个体对于自身完成具体特定任务能力的感知判断，更反映了其对未来意愿的影响。个体根据自我效能感收集、衡量、评价有关其能力的信息，进而据此作出行为选择（Bandura et al.，1980）。

与自我效能感一样，群体效能感也并非群体所拥有的实际能力与技能，而是群体成员对群体能力或技能的一种感知判断与评价。群体效能感会影响到人们选择做哪些事情和为此付出的努力，以及当努力后未能产生预期结果时成员继续坚持下去的意愿。群体效能感有很多定义方式，具体如表 14-1 所示，采取何种定义方式取决于研究者的理论角度和研究需要（Gibson et al.，2000）。

表 14-1　群体效能感定义一览表

研究者	定义
Bandura（1982）	群体效能感是群体成员在联合各种能力、资源来组织实施一系列活动以实现特定目标的过程中所拥有的共同信念
Jex 和 Gudanowski（1992）	群体效能感为群体成员对其所在群体完成目标任务的能力的感知判断
Guzzo 等（1993）	群体效能感是指群体成员对群体是否具有可以成功地完成预定任务的能力的评价
Gibson 等（2000）	群体效能感定义为群体成员对其所在群体成功完成某项具体任务的集体信念

群体效能感的定义会随着研究者的研究角度和应用领域的不同而有所不同。从现有文献看，群体效能感的定义分为两个层次。一是从群体层面来看，群体效能感是群体对其完成任务事件能力的一种共享的信念，如 Bandura（1982）。二是从个体层面来看，群体效能感是个体对群体完成任务行为的能力的感知评价，如 Guzzo 等（1993）。

14.1.2　群体效能感的形成

自我效能感是群体效能感的根源，群体效能感是自我效能感在群体层面上的扩展。二者是相关但是却又不同的两种价值判断（Jex and Gudanowski，1992；Riggs and Knight，1994）。虽然自我效能感与群体效能感有所不同，但是二者却具有相似的来源，具有相似的功能，并且发挥作用的过程也是相似的。与自我效能感一样，群体效能感也是通过四种信息源发展的，按照重要性依次递减的顺序，这四种信息来源依次是掌握性经验（mastery experience）、替代性经验（vicarious experience）、言语劝说（verbal persuasion）和生理情绪状态（physical and emotional states）（Gist，1987）。

14.1.3 群体效能感的作用机制

效能感主要通过认知过程、动机过程、情感过程和选择过程四个过程来调节人们的行为（Wood and Bandura，1989）。

（1）认知过程（cognitive processes）。认知过程是效能感影响个体行为的重要途径，如构建预期方案时会受到效能感的影响，设置目标时会受到能力评估的影响，认知过程会对行为产生动机性的影响。个体的行为会受思维的支配，而思维的主要作用之一就是使人们预期未来的结果。人们的行为大多都会受预期目标的调节，而预期目标的设定则会受到效能感的影响。效能感越高，设定的目标就越具有挑战性，其成绩也就会越高。目标的挑战性程度不仅能够激发个体的动机水平，而且还会决定个体对活动的努力程度。效能感信息的认知过程包括两个功能。第一个功能是人们选择和使用影响效能感建构的信息来源类型。第二个功能是在效能感的判断过程中运用规则来融合不同来源的效能感信息。群体效能感通过影响其想法的类型来提高或降低绩效。这些认知效应有很多表现形式，具有较高群体效能感的个体在其生活中会更具有前瞻性。在现实生活中，人们的很多行为会受到未来可预见目标的影响，群体效能感越强，人们越会设定更高的目标并努力完成目标，具有挑战性的目标可以增强激励效果和提高绩效完成水平。群体效能感同样会影响个体对未来的憧憬和希望，群体效能感越强，越会令个体对未来更加充满希望并对其行为起到积极的引导作用，反之，个体就会降低行动积极性、效率低下。

（2）动机过程（motivational processes）。动机过程在效能感对动机的调节中发挥着重要的作用。人们的动机大多都是由认知因素引起的，效能感会影响因果归因、结果预期、目标设置和对活动的努力程度。效能感通过动机过程对个体发挥作用，除了影响人们的归因方式和控制知觉外，还会影响个体的努力程度以及面临困难挫折时的持久力和忍耐力。持久力和忍耐力是保证那些富有挑战性的任务完成的必要条件。当个体具有高效能感时，个体会更加努力并坚持不懈，直到实现其目标。当个体具有低效能感时，个体在遇到困难挫折时，会怀疑自身的能力，甚至会选择放弃，群体效能感在激励的自我调节过程中起到核心作用。认知激励包括三种形式，且围绕此三种激励形式形成了三种激励理论。一是因果归因

（causal attributions），与此相对应的是归因理论（attribution theory）。二是结果期望（outcome expectancies），与之相对应的是期望价值理论（expectancy-value theory）。三是认知目标（cognitive goal），与此相对应的是目标理论（goal theory）。在上述三种激励理论当中，效能感会影响每一种动机。效能感会影响人们的结果期望和因果归因，从而影响了人们所设置的目标及为实现目标所付出的努力程度。人们的大多数行为激励是通过对一系列行为产生的预期结果来调节的，人们是否采取某种行为在很大程度上依赖于他们的效能感。当人们具有高效能感时，越易选择具有挑战性的目标并且更加努力地去付诸实施。反之，当人们具有低效能感时，在面对困难、挫折时越易放弃努力。

（3）情感过程（affective processes）。焦虑唤起过程中应激源是非常重要的，情感过程通过控制应激源来调节人们的情绪状态。效能感会影响人们对潜在威胁和感知的认知，从而影响着焦虑和抑郁的产生。在情绪的调节过程中，效能感通过处理行为影响以减少压力和焦虑（Bandura，1988）。当个体面临着危险不幸时，效能感会决定个体的应激状态、焦虑等情绪反应。当个体认为自身可以应对环境中的威胁时，个体就不会产生焦虑和压力，反之个体则会担惊受怕、焦虑不安，进而采取退缩行为。这些行为方式大大影响了个体能动性的发挥。人们对其处理问题能力的效能感同样也会影响人们在面临困难时所承受的压力。一般地，效能感有四种调节情绪的方式。一是当个体具有高处理问题效能感时，个体会采取措施将有威胁的环境变成安全的环境。在这种情绪调节方式下，效能感会通过对处理问题的行为的影响来减少压力和焦虑的产生，当个体在面临困境和问题时，效能感越强，个体就越容易改变环境以利于自身。二是个体的焦虑来源于个体无法控制令人不安的想法，因此个体控制想法的过程是调节情绪的一种重要方式。压力焦虑不是来自令人不安的想法出现的频率，而是来自个体无法控制这些不安想法产生的不安和无助，因此控制想法的效能感是与个体的焦虑水平有关的。处理问题的自我效能感和控制想法的效能感两者协同起来减少压力和回避行为。三是效能感通过获得情感支持行为来减少焦虑，如自我放松、转移注意力、寻求他人支持以获得安慰等。四是效能感通过获得支持行为来减少焦虑，如个体通过获得他人的支持行为来处理问题从而减少焦虑。这些方式都是通过调节对威胁、麻烦的认知、控制想法、改变行动和调节情绪状态来实现的。

（4）选择过程（selection processes）。效能感通过影响人们的选择过程来影响人们的生活。人们选择的环境和活动类型不同，其生活道路也就会有所不同。这些不同的过程不是单独起作用，而是协同发挥作用。根据三元交互决定论，人既是环境的产物，也是环境的改造者。人们会通过自己的活动来改变环境，但是当面临不同的环境条件时，人们的选择则主要取决于其效能感。一般来说，人们会选择自己能够处理和应对的环境，而避免那些无法控制的环境。人们一旦选择了环境，该环境就会反过来影响人们的行为。选择过程对人们的另一个影响就是人们对活动和行为方式的选择，当人们有多种不同的方式可以完成任务时，由于不同方式所需的能力和技能是不同的，人们会根据对不同方式所产生的效能感来进行选择，一般来说，人们会选择自己可以掌握的活动方式。效能感会通过以下途径来影响人们的健康和幸福，一是当人们具有低效能感时，人们会远离有难度的任务，对其选择的目标没有积极性、主动性，面对困难挫折停滞不前，将失败归结于能力的不足，承受更多的压力和焦虑；二是当人们具有高效能感时，人们会将有难度的任务当作一种挑战，设立具有挑战性的目标并积极努力地去付诸实施，将失败归结为努力程度不够，面对困难时积极努力，在压力下表现出低脆弱性。

14.2　网络社群成员群体效能感的测量

近年来，快速发展的信息技术使得网络社群为用户聚群和交流提供了便利的条件，用户的行为越来越受到他人的影响，群体对用户个体行为的影响日益加大。群体效能感提高了群体成员的个体能动性和积极性，促进群体成员积极参与合作以实现目标，成为研究网络社群对个体行为影响的重要概念。因此，我们对网络社群成员群体效能感的测量进行了探讨。

群体效能感的测量是以社会认知理论为基础的，Bandura（1977）提出了两种测量群体效能感的方法。第一种测量方法是个体自我效能感评估均值法，将成员对群体要求其实现群体任务所需能力的评价进行加总然后再取其平均值。使用此种方法时，研究者需询问每个群体成员对其完成群体目标任务所需的个人能力的自信程度的评价，然后再将每个成员的评价加总取其平均值即可。第二种测量方法是个体群体效能感评估均值法，将成员对群体作为一个整体完成任务事件能力的评价加总取其平均值。使用此种方法时，研究者需询问每个群体成员对群体完成特定任务事件能力的自信程度的评价，然后再取其平均值即可。Gist（1987）提出了另外一种群体效能感的测量方法即群体讨论一致法（group consensus method），群体成员讨论群体的效能感直到群体成员达成一致的意见，该方法将群体视为一个整体避免了加总问题。第一种群体效能感的测量方法询问的是群体成员的自我效能感而不是群体的效能感，并且忽略了群体完成任务事件过程中动态的社会和组织过程，因而该方法在群体研究中的使用具有一定的局限性，适用于低交互性的任务事件（Hardin et al., 2006）。第二种群体效能感的测量方法的一个潜在的缺点是需要建立评分一致性信度的测试以确保所获得的数据在群体层次分析上是有意义的（Whiteoak et al., 2004）。群体讨论一致法真实地展现了群体综合的信念，避免了计算评分一致性信度。但是由于该方法会受到社会劝说的影响，因而其测量的群体效能感水平会偏低或偏高。采取何种群体效能感测量方法与群体所处的发展阶段有关，在群体形成初期，群体效能感主要是在个体层面起作用，因而在群体形成初期个体群体效能感评估均值法会具有更高的预测力；随着群体的发展，群体成员间达成了共识与默契，因而群体讨论一致法会具有更好的预测作用（Gibson et al., 2000）。

群体效能感是心理层面的概念，定量研究比较困难，因此本章采用扎根理论对网络社群成员群体效能感的测量量表进行研究。扎根理论是社会学家巴尼·格拉泽和安赛尔姆·斯特劳斯于 20 世纪 70 年代提出的。扎根理论是一种质性研究方法，通过理论取样、初始编码、聚焦编码等过程，自下而上地建构理论。

我们运用扎根理论对通过半结构访谈所获得的资料进行了开放性编码和选择性编码分析，得到了网络社群成员群体效能感量表的初始测量题项，包括群体能力和任务分析两个维度。其中，群体能力维度包括四个测量题项，任务分析维度包括五个测量题项。在此基础上，本章对网络社群成员群体效能感量表进行了预调研，并对其回收的问卷数据进行了信度检验和探索性因子分析。通过问卷预调研对网络社群成员群体效能感初始测量题项进行了净化，得到了网络社群成员群体效能感的正式量表。接着，对网络社群成员群体效能感量表进行了正式调研，并对其回收的问卷数据进行了信度检验、探索性因子分析、验证性因子分析、效度检验和二阶验证性因子分析，最后确定了网络社群成员群体效能感的正式测量量表。

网络社群成员群体效能感量表包括群体能力和任务分析两个维度。群体能力维度包括群体成员对群体的信心、有效性、能力及效力等方面的测量，包括四个测度项。任务分析维度包括群体成员对群体活动目标、信息共享交流与合作等方面的测量，包括四个测度项，具体如表 14-2 所示。

表 14-2　网络社群成员群体效能感维度及测度项

维度	测度项
群体能力	我对所在的网络群体充满信心
	我所在的网络群体是一个高效的群体
	我所在的网络群体可以解决遇到的任何问题
	我所在的网络群体是很有效的
任务分析	网络群体成员可以利用信息技术与其他成员进行信息共享
	网络群体成员有能力通过通信软件与其他成员进行协作
	网络群体成员对活动目标具有清楚的认识
	网络群体成员付出努力就一定会实现目标

14.3 网络社群成员群体效能感的影响因素

群体效能感会受到个体层面和群体层面两个层面上的因素的影响。个体层面的因素主要有自我效能感、成员乐观性、感知领导有效性；群体层面的因素主要包括群体规模、群体过往绩效、领导力（Watson et al.，2001）。此外，情感和群体过程也会对群体效能感产生影响（Jex and Bliese，1999；Sue-Chan and Sargent，1999）。Sargent 和 Christina（2001）在研究群体效能感与人员多样性间的关系时发现，人员多样性对群体效能感具有积极的影响。Tasa 等（2007）认为团队合作行为对群体效能感的形成具有促进作用。Ohmer（2007）研究自我效能感和群体效能感对公民参与社区组织的影响时发现，公民参与可以促进群体效能感的形成。Alavi 和 McCormick（2008）认为在大学生群体中，任务依存性和人际交互对群体效能感具有影响。Chou 等（2012）在研究交互记忆系统、集体心理和团队战略决策制定绩效间的关系时发现，集体心理对群体效能感具有积极的影响。

认同对群体效能感也具有影响，如 Klandermans（2002）在研究群体认同如何帮助群体克服群体问题和困境时，发现群体认同可以提高个体的群体效能感；van Zomeren 等（2008）研究了社会认同对群体活动的影响，认为群体认同与群体效能感之间具有正相关关系；Kim 等（2012）也认为虚拟社区中用户身份认同可以提高其群体效能感和人际信任。

我们围绕网络社群成员群体效能感影响因素这一主题设计了访谈提纲。主要有如下几项。①网络社群成员所在群体的基本情况，如网络群体规模、成员的年龄、性别、学历等。②网络社群成员对群体目标是否明确？群体的名字是什么？群体属于何种类型？群体成立的时间及成员加入时间。③网络社群是否组织过群体活动？群体活动结果如何？④网络社群成员是否经常参与网络群体活动？⑤网络社群成员间是否经常进行交流互动？网络社群成员间关系如何？⑥你能简要说出网络社群活动的任务和目标吗？⑦对于目前所在的网络社群，根据自身的感受来选择合适的数字表达自己对该群体的看法。⑧群体效能感：我相信我所在的群体能够很好地完成群体任务；通过努力工作，我可以完成群体中有难度的任务；我相信我所在的群体可以处理突发事件和问题；我所在的群体具备完成任务的能力。⑨请详细说明你在群体效能感影响因素问题上的感受。

根据上述访谈收集的素材，本节对所获得的初步资料进行编码，具体编码情况如表 14-3 所示。

表 14-3　初始编码

码号	条目	具体描述
N1	群体过往绩效	以往群体活动结果
N2	群体认同	自己是群体中的一员，群体对自身很重要
N3	人际交互	网络群体成员间的沟通互动
N4	自我效能感	自我能力感知
N5	感知相似性	相似的身份和经历
N6	关系强度	成员关系的亲密性
N7	归属感	成员在情感上对网络群体的依赖感
N8	群体规模	群体参与人员的数量
N9	任务难度	任务难易程度
N10	任务依存性	完成任务过程中成员协同合作的程度
N11	任务有用性	群体任务给成员带来的价值和收益
N12	群体历史	群体存在的时间
N13	发起人特征	发起人的能力、与其他成员的同质性和关系强度
N14	群体情绪氛围	群体成员感知到的情绪氛围
N15	个体情绪	正面情绪（如高兴、愉快），负面情绪（如痛苦、郁闷）

　　为了保证网络社群成员群体效能感影响因素模型的准确性，本节选择 12 名研究生对上述编码资料进行验证，本节将 12 名研究生随机分成两组进行访谈，如第一组成员就任务有用性、任务依存性和任务难度达成一致，将其归类为任务特征。根据两组成员的讨论结果并结合相关专家的指导意见，本节将网络社群成员群体效能感的影响因素归类，具体归类情况如表 14-4 所示。

表 14-4　聚焦编码

主范畴		子范畴
任务特征		任务有用性、任务依存性、任务难度
群体因素	群体特征	群体历史、群体规模、群体过往绩效
	群体过程	人际交互、关系强度、群体情绪氛围
	群体心理	归属感、群体认同、感知相似性
个体因素		发起人特征、自我效能感、个体情绪

　　通过不断地访谈以及分析类属间的关系，本节得到了网络社群成员群体效能感影响因素模型，如图 14-1 所示。由图 14-1 可知，网络社群成员群体效能感影响因素是核心范畴，该核心范畴包括任务特征、个体因素和群体因素三个主范畴，这三个主范畴对网络社群成员群体效能感存在显著影响。任务特征包括任务有用性、任务依存性和任务难度三个子范畴；个体因素包括发起人特征、自我效能感和个体情绪三个子范畴；群体因素包括群体特征、群体过程和群体心理三个维度，其中群体特征包括群体历史、群体规模和群体过往绩效三个子范畴，群体过程包

括人际交互、关系强度和群体情绪氛围三个子范畴，群体心理包括归属感、群体认同和感知相似性三个子范畴。

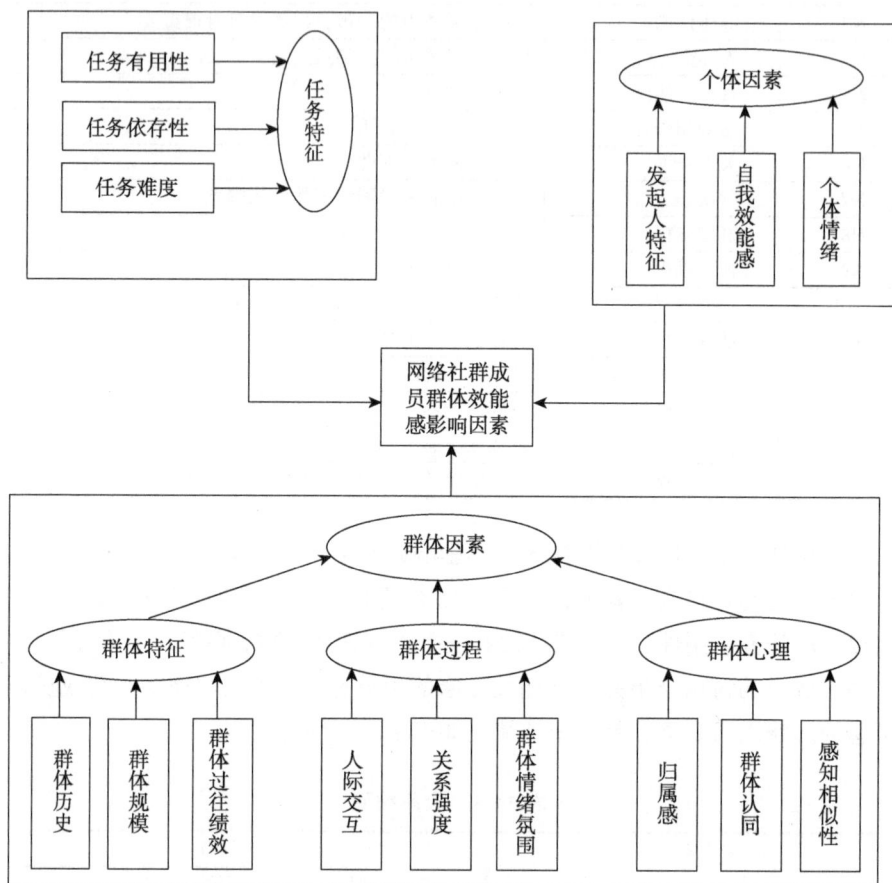

图 14-1　网络社群成员群体效能感影响因素模型

本章在网络社群成员群体效能感影响因素任务特征、个体因素和群体因素三个维度中选择了网络团购成员群体效能感的影响因素，包括群体认同、人际交互、任务依存性和发起人特征。

14.3.1　群体认同

群体认同是指个体意识到自己属于某一群体，以及该群体给予自己的价值和情感（Tajfel, 1974），当个体对群体认同时，个体会将群体的规范、价值观等作为自我知觉的重要维度（Sani, 2012）。群体认同源于个体为了自我提升和减少行为不确定性，个体通过群体间的社会比较来肯定自身所在群体的优势，从而提高自尊感，同时，个体掌握群体间的区别与群体特征可以更好地预测他人的行为。个体对群体的认同包括对群体身份的感知、对群体的归属感以及对群体共享价值观的肯定。群体认同可以促进群体内部合作，增强个体为群体作出贡献的意愿以及参加群体活动的倾向，同时也促进了个体间的交互，增进了成员间的信息共享与交流，这些都为网络社群成员群体效能感的形成奠定了良好的基础（Eckel and Grossman，2005；Ben-Ner and Halldorsson，2010）。当越来越多的成员认同群体，成员就越倾向于按照网络社群的规则和惯例来行事，随着个体与其他网络社群成员关系的增强，其他网络社群成员的观点对其影响力也会增强。

因此提出如下假设。

H14-1：群体认同对网络社群成员群体效能感具有正向影响。

14.3.2　人际交互

人际交互是指群体成员为了共同的任务目标所进行的互动与协作过程，这是群体成员为了完成共同的任务目标而进行的认知与交流。根据"输入–过程–输出（input-process-output，I-P-O）"理论，群体效能感信息来源中的掌握性经验、替代性经验、言语劝说及生理情绪状态相当于群体效能感的输入变量，经过"过程"这个黑箱，产生群体效能感（Pettigrew，1992）。在网络社群中，人际交互为社交网络群体成员提供了信息交流共享的机会。人际交互过程中的良好氛围会调动起个体的积极情绪，使得个体更倾向于采取积极的信息并对信息进行积极的处理，从而对网络社群成员群体效能感产生积极的影响。群体成员在积累信息后会进行信息共享，在信息交互的过程中群体成员会将自身的主观感知进行分享，并形成对事件或是任务的看法，在这一过程中，群体成员会对成员、任务情境等信息进行评价、协商，最终形成其群体效能感。因此，人际交互是网络社群成员群体效能感形成过程中不可或缺的因素，人际交互对群体效能感的形成具有积极的正向影响。群体效能感形成于成员的群体认知过程，群体认知过程会受到群体成员人际交互过程的影响。

因此，提出如下假设。

H14-2：人际交互对网络社群成员群体效能感具有正向影响。

14.3.3　任务依存性

任务依存性决定了群体成员间的关系，当个体行为结果会受到他人行为影响时，依存性就产生了。任务的依存性水平从低到高依次变化，当群体成员不需要与其他成员进行交互合作就可以为群体成果作出贡献时，任务的依存性水平最低，在此种情况下，群体的绩效是每个成员绩效的加总；当任务依存性水平高时，群体成员需要通过交互合作来完成群体任务，在此种情况下，群体成员具有不同的角色、技能和资源，通过灵活的合作完成群体任务。任务依存性会影响个体的群体认知过程，从而对网络社群成员群体效能感的形成产生影响。任务依存性决定了群体成员之间的关系及其协调需求，因而会影响群体过程的性质。当个体的行为结果会受到他人行为影响时，依存性就产生了。任务依存性水平可以通过结果和方式来进行衡量，结果与共同的目标和奖励水平有关，方式是指达到群体目标所需要的行动。群体行为绩效需要群体成员的交互与协调合作，最终实现群体活动目标也需要群体成员的相互协作。群体效能感产生于个体的集体认知过程，任务依存性会影响群体成员参与集体认知活动的水平。因此提出如下假设。

H14-3：任务依存性对网络社群成员群体效能感具有正向影响。

14.3.4　发起人特征

随着信息网络技术的发展，网络社群为人们的群体活动提供了新的平台。越来越多的人开始在网络上发表自己的意见、看法，其中有一部分人则成为网络社群上的活跃分子，他们提供了大量的高质量信息，成为活动的发起人。发起人特征是指发起人的能力、可信性、与其他成员之间的同质性和关系强度等。发起人的专业能力和相关经验会影响发起人发布信息的可信性，从而对网络社群成员的信息获取行为产生影响。在传统环境中，研究表明人们倾向于采纳与其相似的人的建议，同质性促进了人际交流（Dwyer et al.，1987)。因此，发起人与其他成员的同质性和关系强度会影响发起人与其他成员的交流互动，也就对网络社群成员群体效能感的形成产生积极的影响。在网络社群中，发起人具有较高的影响力和可信性，因此其发布的信息和观点会对其他个体产生很大的影响。因此提出假设。

H14-4：发起人特征对网络社群成员群体效能感具有正向影响。

14.4　网络社群成员群体效能感对其参与网络团购的影响

相关领域的研究也表明，群体效能感对个体行为具有积极的影响。在教育领域，Lent 等（2006）在研究学生参与团队学习行为对其学业成绩的影响时发现，群体效能感对学生参与团队学习具有积极的影响。Moolenaar 等（2012）应用教师协同网络和群体效能感来研究教师协同网络对学生参与团队学习及其对学生成绩的影响时，同样也发现教师协同网络对学生参与团队学习及其成绩的影响以群体效能感为中介发挥作用，也就是说，群体效能感对学生参与团队学习行为具有显著的正向影响。在商业领域的相关研究也表明，群体效能感对集体工作绩效具有激励促进作用，Schaubroeck 等（2007）分析了团队价值和领导者行为绩效如何受变革型领导行为的影响，结果表明群体效能感在变革型领导与个体参与团队行为间的关系中起着中介作用，因此，群体效能感对个体参与团队行为具有积极的影响。Lewis（2011）研究了社会认同和群体效能感对个体参与团队工作的激励，结果表明群体效能感对个体参与团队工作和团队绩效具有积极的促进作用。在社会学领域，Ohmer（2007）研究公民参与社区组织及其活动与自我效能感和群体效能感的关系时发现，群体效能感对公民参与社区组织活动具有积极的影响。因此提出假设。

H14-5：网络社群成员群体效能感对网络社群成员参与网络团购行为具有正向影响。

14.5　关系质量的调节作用

关系质量是关系强度的总体评价，是包含相关但不同维度的多维度概念（Palmatier et al.，2006）。关系质量是成员之间的心理联系（Kim et al.，2011），是消费者行为决策的关键信息组成部分（Wiesel et al.，2008），对识别和解决在成员关系中出现的问题具有重要的意义。关系质量是一个多维度概念（Smith，1998），最为主要的三个维度是信任、承诺和满意（Palmatier et al.，2006），信任是成员的心理状态，描述了成员对群体的信念（Doney and Cannon，1997），当一方认为合作的另一方可靠、正直、诚实时信任就存在了（Morgan and Hunt，1994）。承诺反映了成员维持关系的愿望（Moorman et al.，1992），避免了成员间关系的改变，对维持成员间的关系至关重要（Shankar et al.，2003）。满意是围绕着不确定期望的情绪与成员以往体验相结合时成员的心理状态（Oliver，1999），包括了成员的期望和成员的各种体验。

高关系质量表明成员对社群未来的信心（Crosby et al.，1990）提高了网络社群成员积极交流的可能性（Yoon et al.，2008），促进了成员关系的稳定性。在网络社群中，网络社群成员之间的关系是客观的。在高关系质量的网络社群中，网络社群成员对网络社群会有强烈的信任感、满意度和承诺，成员更倾向于参与社群讨论和交流，共享其信息和体验，为其他网络社群成员提供意见和建议（Hajli et al.，2017；Liang et al.，2011；Pentina et al.，2013）。

信任是成功关系的重要维度（Noor，2012），是人际关系和商业关系的基础（Guenzi and Pelloni，2004）。网络社群促进了成员间的交互，提高了成员的信任水平。在网络社群中，信任是成员关系的催化剂，是经济和社会交易的重要因素（Gefen et al.，2003）。在高信任度的网络社群中，个体间的信任水平是比较高的，而信任水平越高，个体间的信息共享与交流水平也就越高（刘春艳，2011；李莹杰等，2015）。同时，认知信任会影响到个体理解和处理所获得的信息（Parayitam and Dooley，2009）。群体效能感通过认知、情感机制对个体行为产生影响（Wood and Bandura，1989），因此，信任增强了网络社群成员群体效能感对网络社群成员参与行为的正向影响。

关系质量的承诺维度是建立成功和富有成效的长期关系的关键（Hsu et al.，2010），是建立和维持关系的重要因素（Dwyer et al.，1987）。承诺描述了网络社群成员愿意与网络社群及其成员建立积极和稳定关系的愿望，如果网络社群为其成员带来了有价值的信息，网络社群成员就会愿意与网络社群维持长久的关系。通过参与网络社群，成员对社群的承诺得到了深入发展。在消费者行为领域，当消费者对其网络社群中的长久关系许下承诺时，消费者就会努力去维持这种关系（Chen and Shen，2015）。高承诺水平的消费者更倾向于与其他消费者形成稳定的关系（Fournier，1998）。Zhang 等（2018）基于劝说理论研究消费者使用品牌微博的行为与品牌忠诚间的关系时，发现消费者对社群的承诺会对其参与行为产生积极的影响。因此，提出假设如下。

H14-6：关系质量在网络社群成员群体效能感对网络社群成员参与网络团购行为的正向影响中起到调节的作用。

14.6 主要结论

本章从群体对个体影响的角度，分析了网络社群成员群体效能感的影响因素及其对社群成员参与网络团购行为的影响，为企业充分利用网络社群的社会功能和商业功能提供理论依据和实践指导。

（1）本章在群体效能感相关研究的基础上对网络社群成员群体效能感的概念的内涵与外延进行了界定。网络社群成员群体效能感是指网络社群成员对其所在群体完成任务行为的能力的感知判断，在此基础上，运用深度访谈和扎根理论开发了网络社群成员群体效能感的量表。网络社群成员群体效能感量表包括群体能力和任务分析两个维度。

（2）网络社群成员群体效能感影响因素包括任务特征、群体因素和个体因素三个方面。任务特征包括任务有用性、任务依存性及任务难度。群体因素包括群体特征、群体过程和群体心理三个维度，其中群体特征维度包括群体历史、群体规模和群体过往绩效，群体过程维度包括人际交互、关系强度和群体情绪氛围，群体心理维度包括归属感、群体认同和感知相似性。个体因素包括发起人特征、自我效能感和个体情绪。

（3）构建了网络社群成员群体效能感对网络社群成员参与网络团购行为影响

的研究模型（图 14-2）。实证研究结果表明，网络社群成员群体效能感正向影响网络社群成员的网络团购行为，而群体认同、人际交互、任务依存性和发起人特征对网络社群成员群体效能感均具有积极的影响。网络社群成员群体效能感在群体认同、人际交互、发起人特征与网络社群成员网络团购行为间起着部分中介作用，在任务依存性与网络社群成员网络团购行为间起着完全中介作用。此外，关系质量正向调节了网络社群成员群体效能感对网络社群成员参与网络团购行为的影响。

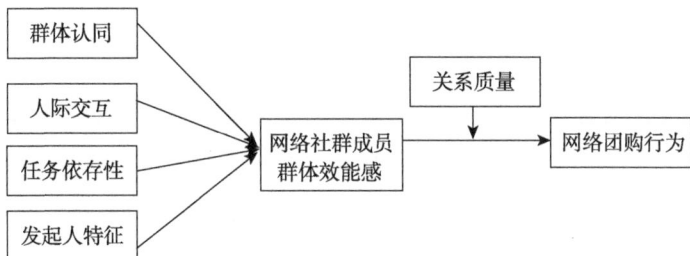

图 14-2 研究模型

14.7 管理启示

（1）网络社群成员群体效能感依赖于网络社群的群体因素、任务特征和个体因素三个方面，其中成员间的人际交互是最主要的影响因素。网络社群成员间的交互打破了成员间的独立性，使得各个成员联系在一起，通过共享信息和知识、交流经验、寻找问题解决办法，网络社群成员会对网络社群目标的达成更有信心，从而对网络群体活动付出更多的努力。此外，网络社群成员间的交互可以使得成员对目标具有更深的认识，增进成员对群体的归属感。

（2）在网络团购行为领域中，网络社群成员群体效能感对网络社群成员网络团购行为具有积极的正向影响。企业应为网络社群成员交流提供便利资源与条件，帮助网络社群成员解决其遇到的问题；企业应该积极努力发现网络群体成员的共同需求，在有相似经历、价值观和目标的群体中发起网络团购，选择那些积极活跃的、具有高影响力的网络社群成员作为发起人，增强活动的吸引力和可信性，以此引起网络社群成员参与网络团购的积极性。

（3）关系质量在增强网络社群成员群体效能感对网络社群成员参与网络团购的影响方面具有积极的意义。企业或是营销者应在网络社群中加大宣传力度，使得网络社群成员对活动目标具有清晰的认识，增加网络社群成员的感知收益，增强网络社群成员对群体或是活动的认同，采取相关激励措施营造良好的沟通氛围，提升网络社群成员间的关系质量。

本章小结

- 网络社群成员群体效能感是指网络社群成员对其所在群体完成任务行为的能力的感知判断，它是在网络社群成员间交流互动和共同努力实现目标的过程中形成的，网络社群成员群体效能感量表包括群体能力和任务分析两个维度。
- 对影响网络社群成员群体效能感的因素进行了分类，包括任务特征、群体因素和个体因素三个方面。
- 群体效能感对个体参与网络团购等群体行为有正向影响，在群体认同、人际交互、任务依存性和发起人特征对网络团购的正向影响中起中介作用。
- 关系质量在网络社群成员群体效能感对成员参与网络团购行为的正向影响中起到了调节作用。

参考文献

李莹杰, 郝生跃, 任旭. 2015. 认知与情感信任对团队知识共享的影响研究:交互记忆系统的中介作用[J]. 图书馆学研究, (9): 57-62.

刘春艳. 2011. 信任与知识共享行为关系模型的理论研究[J]. 图书馆学研究, (6): 2-6.

罗婷, 何会涛, 彭纪生. 2009. 认知、情感信任对不同知识共享行为的影响研究[J]. 科技管理研究, 29(12): 381-383.

Alavi S B, McCormick J. 2008. The roles of perceived task interdependence and group members' interdependence in the development of collective efficacy in university student group contexts[J]. British Journal of Educational Psychology, 78(3): 375-393.

Bandura A, Adams N E, Hardy A B, et al. 1980. Tests of the generality of self-efficacy theory[J]. Cognitive Therapy and Research, 4(1): 39-66.

Bandura A. 1977. Self-efficacy: toward a unifying theory of behavioral change[J]. Psychological Review, 84(2): 191-215.

Bandura A. 1982. Self-efficacy mechanism in human agency[J].American Psychologist, 37(2): 122-147.

Bandura A.1988. Self-efficacy conception of anxiety[J]. Anxiety Research,1(2):77-98.

Bandura A. 1999. Social cognitive theory: an agentic perspective[J]. Asian Journal of Social Psychology, 2(1): 21-41.

Ben-Ner A, Halldorsson F. 2010. Trusting and trustworthiness: what are they, how to measure them, and what affects them[J]. Journal of Economic Psychology, 31: 64-79.

Chen J, Shen X L. 2015. Consumers' decisions in social commerce context: an empirical investigation[J]. Decision Support Systems, 79: 55-64.

Chou H W, Lin Y H, Chou S B. 2012. Team cognition, collective efficacy, and performance in strategic decision-making teams[J]. Social Behavior and Personality, 40(3): 381-394.

Crosby L A, Evans K R, Cowles D. 1990. Relationship quality in services selling: an interpersonal influence perspective[J]. Journal of Marketing, 54(3): 68-81.

Doney P M, Cannon J P. 1997. An examination of the nature of trust in buyer-seller relationships[J]. Journal of Marketing, 61(2): 35-51.

Dwyer F, Schurr P, Sejo O. 1987. Developing buyer-seller relationships[J]. Journal of Marketing, 51(2): 11-27.

Eckel C C, Grossman P J. 2005. Managing diversity by creating team identity[J]. Journal of Economic Behavior & Organization, 58(3): 371-392.

Fournier S. 1998. Consumers and their brands: developing relationship theory in consumer research[J]. Journal of Consumer Research, 24(4): 343-353.

Gefen D, Karahanna E, Straub D W. 2003. Trust and TAM in online shopping: an integrated model[J]. MIS Quarterly, 27(1): 51-90.

Gibson C B, Randel A E, Earley P C. 2000. Understanding group efficacy[J]. Group & Organization Management, 25(1): 67-97.

Gist M E. 1987. Self-efficacy: implications for organizational behavior and human resource management[J]. Academy of Management Review, 12(3): 472-485.

Guenzi P, Pelloni O. 2004. The impact of interpersonal relationships on customer satisfaction and loyalty to the service provider[J]. International Journal of Service Industry Management, 15(4): 365-384.

Guzzo R A, Yost P R, Campbell R J, et al. 1993. Potency in groups: articulating a construct[J]. British Journal of Social Psychology, 32(1): 87-106.

Hajli N, Sims J, Zadeh A H, et al. 2017. A social commerce investigation of the role of trust in a social networking site on purchase intentions[J]. Journal of Business Research, 71: 133-141.

Hardin A M, Fuller M A, Valacich J S. 2006. Measuring group efficacy in virtual teams[J]. Small Group Research, 37(1): 65-85.

Hsu C L, Liu C C, Lee Y D. 2010. Effect of commitment and trust towards microblogs on consumer behavioral intention:a relationship marketing perspective[J]. International Journal of Electronic Business Management, 8(4): 292-303.

Jex S M, Bliese P D. 1999. Efficacy beliefs as a moderator of the impact of work-related stressors: a multilevel study[J]. Journal of Applied Psychology, 84(3): 349-361.

Jex S M, Gudanowski D M. 1992. Efficacy beliefs and work stress: an exploratory study[J]. Journal of Organizational Behavior, 13(5): 509-517.

Kim Y K, Ko Y J, James J. 2011. The impact of relationship quality on attitude toward a sponsor[J]. Journal of Business & Industrial Marketing, 26(8): 566-576.

Kim C, Lee S G, Kang M. 2012. I became an attractive person in the virtual world: users' identification with virtual communities and avatars[J]. Computers in Human Behavior, 28(5): 1663-1669.

Klandermans B. 2002. How group identification helps to overcome the dilemma of collective action[J]. American Behavioral Scientist, 45(5): 887-900.

Lent R W, Schmidt J, Schmidt L. 2006. Collective efficacy beliefs in student work teams: relation to self-efficacy, cohesion, and performance[J]. Journal of Vocational Behavior, 68(1): 73-84.

Lewis T. 2011. Assessing social identity and collective efficacy as theories of group motivation at work[J]. The International Journal of Human Resource Management, 22(4): 963-980.

Liang T P, Ho Y T, Li Y W, et al. 2011. What drives social commerce: the role of social support and relationship quality[J]. International Journal of Electronic Commerce, 16(2): 69-90.

Moolenaar N M, Sleegers P J C, Daly A J. 2012. Teaming up: linking collaboration networks, collective efficacy, and student achievement[J]. Teaching and Teacher Education, 28(2): 251-262.

Moorman C, Zaltman G, Deshpande R. 1992. Relationships between providers and users of market research: the dynamics of trust within and between organizations[J]. Journal of Marketing Research, 29(3): 314-328.

Morgan R M, Hunt S D. 1994. The commitment-trust theory of relationship marketing[J]. Journal of Marketing, 58(3): 20-38.

Noor N A M. 2012. Trust and commitment: do they influence e-customer relationship performance?[J]. International Journal of Electronic Commerce Studies, 3(2): 281-296.

Ohmer M L. 2007. Citizen participation in neighborhood organizations and its relationship to volunteers' self- and collective efficacy and sense of community[J]. Social Work Research, 31(2): 109-120.

Oliver R L. 1999. Whence consumer loyalty? [J]. Journal of Marketing, 63: 33-44.

Palmatier R W, Dant R P, Grewal D, et al. 2006. Factors influencing the effectiveness of relationship marketing: a meta-analysis[J]. Journal of Marketing, 70(4): 136-153.

Parayitam S, Dooley R S. 2009. The interplay between cognitive- and affective conflict and cognition- and affect-based trust in influencing decision outcomes[J]. Journal of Business Research, 62(8): 789-796.

Pentina I, Gammoh B S, Zhang L X, et al. 2013. Drivers and outcomes of brand relationship quality in the context of online social networks[J]. International Journal of Electronic Commerce, 17(3): 63-86.

Pettigrew A M. 1992. On studying managerial elites[J]. Strategic Management Journal, 13(S2): 163-182.

Riggs M L, Knight P A. 1994. The impact of perceived group success failure on motivational beliefs and attitudes:a causal model [J]. Journal of Applied Psychology, 79(5): 755-766.

Sani F. 2012. Group identification, social relationships, and health [M]// Jetten J, Haslam C, Haslam S A. The Social Cure: Identity, Health and Well-being. New York: Psychology Press: 21-37.

Sargent L D, Christina S C. 2001. Does diversity affect group efficacy?The intervening role of cohesion and task interdependence[J]. Small Group Research, 32(4): 426-450.

Schaubroeck J, Lam S S K, Cha S E. 2007. Embracing transformational leadership: team values and the impact of leader behavior on team performance[J]. Journal of Applied Psychology, 92(4): 1020-1030.

Schubert P, Ginsburg M. 2000. Virtual communities of transaction: the role of personalization in electronic commerce[J].Electronic Markets, 10(1): 45-55.

Shankar V, Smith A K, Rangaswamy A. 2003. Customer satisfaction and loyalty in online and offline environments[J]. International Journal of Research in Marketing, 20(2): 153-175.

Smith J B. 1998. Buyer-seller relationships: similarity, relationship management, and quality[J]. Psychology and Marketing, 15: 3-21.

Sue-Chan C, Sargent L D. 1999. The Collective Efficacy of Business Student: the Role of Individual Factors and Group Processes[M]. Chicago: National Academy of Management Meetings.

Tajfel H. 1974. Social identity and inter group behavior[J]. Social Science Information, 13(2): 65-93.

Tasa K, Taggar S, Seijts G H. 2007. The development of collective efficacy in teams: a multilevel and longitudinal perspective[J]. Journal of Applied Psychology, 92(1): 17-27.

van Zomeren M, Postmes T, Spears R. 2008. Toward an integrative social identity model of collective action: a quantitative research synthesis of three socio-psychological perspectives[J]. Psychological Bulletin, 134(4): 504-535.

Watson C B, Chemers M M, Preiser N. 2001. Collective efficacy: a multilevel analysis[J]. Personality and Social Psychology Bulletin, 27(8): 1057-1068.

Whiteoak J W, Chalip L, Hort L K. 2004. Assessing group efficacy[J]. Small Group Research, 35(2): 158-173.

Wiesel T, Skiera B, Villanueva J. 2008. Customer equity: an integral part of financial reporting[J]. Journal of Marketing, 72(2): 1-14.

Wood R, Bandura A. 1989. Social cognitive theory of organizational management[J]. Academy of Management Review, 14(3): 361-384.

Yoon D, Choi S M, Sohn D. 2008. Building customer relationships in an electronic age: the role of interactivity of E-commerce Web sites[J]. Psychology & Marketing, 25(7): 602-618.

Zhang K Z K, Barnes S J, Zhao S J, et al. 2018. Can consumers be persuaded on brand microblogs?An empirical study[J]. Information & Management, 55(1): 1-15.

Zur A, Leckie C, Webster C M. 2012. Cognitive and affective trust between Australian exporters and their overseas buyers[J]. Australasian Marketing Journal (AMJ), 20(1): 73-79.

第 15 章
企业社交媒体信息互动策略

■ 导论

随着移动互联网技术和社交网络的飞速发展，社交媒体已经融入人们的日常生活中，不断改变着消费者传播和获取信息以及社会交往的方式，成为企业与消费者之间重要的互动平台。越来越多的企业已经认同社交媒体中的官方公众号是企业与消费者之间沟通的关键，并将社交媒体作为企业产品推广的重要渠道。同时，消费者也倾向于在社交媒体上了解企业发布的最新信息，有数据表明74%的消费者会根据社交媒体中企业提供的品牌和产品信息作出购买决策。根据2018年埃森哲发布的《全球95后消费者调研中国洞察》报告，中国的95后热衷于通过社交媒体购买产品，且购买力远远超过其他年龄段人群，月均花费接近2015年全国人均水平可支配月收入。因此，在当今移动互联网快速发展的时代，社交媒体打破了地域的限制，让消费者更加便利地了解企业及所属产品，同时也成为企业影响消费者购买行为决策的重要途径。

现实情境中，企业与消费者的沟通主要有两种信息互动策略。一种是企业鼓励消费者与公众号进行双向的互动交流，另一种则是通过发布信息的方式让消费者单向浏览企业的产品信息（见图15-1，上图华为手机的策略是鼓励用户通过留言、转发等形式进行双向互动，下图的戴尔则是鼓励用户点击链接，单向了解产品信息）。例如，大众点评等社交媒体在会员积分体系中设立了相关的奖励机制，将用户行为分为社交互动、浏览内容等几个大类，并分别设置了相应使用行为的贡献值鼓励用户参与该平台。

大部分的企业都相信在社交媒体上和消费者进行双向互动可以吸引消费者，但是现实的情况并不总是如此。国内护肤品牌百雀羚的"一九三一"神广告2017年在新浪微博引发多次粉丝互动高潮，但是最后的销量效果相比于主要的竞争对手大宝、隆力奇来说却是平淡无奇。究其原因，社交媒体虽然互动属性较为突出，

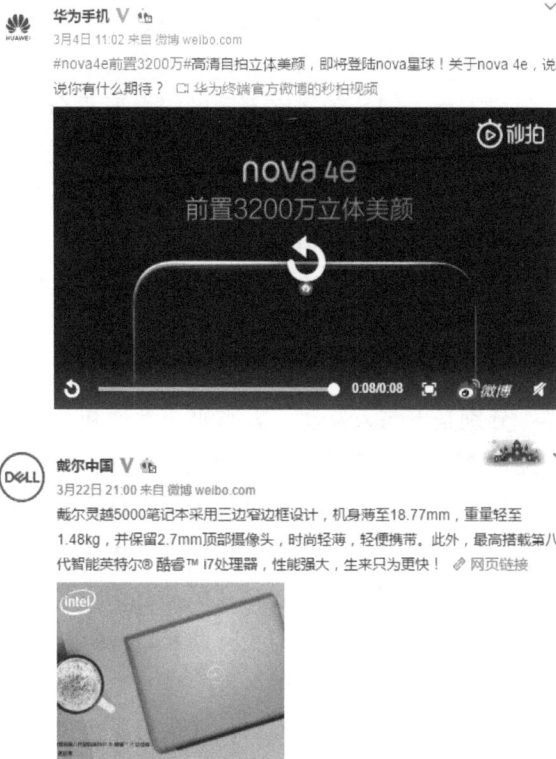

图 15-1　企业社交媒体信息互动策略实例

但是在满足用户切身需求和品牌沟通渗透方面,并不一定比线下传统的营销方式有效。一系列的案例表明,社交媒体上互动的活跃效果,其实并不一定可以影响消费者的购买决策。那么,到底是双向的人际互动沟通方式更有效,还是单向的信息内容互动方式更加有效呢?对于这个问题,各界尚未得出一致的答案。

　　从企业的营销实践来看,企业一直困惑如何通过社交媒体给消费者传播有效的产品信息。当前学术界和实践界已经从多个视角进行了研究,并发现了一些解决方案。在消费者看来,企业社交媒体很多时候推送的产品信息并不是自己所需要的,或者不是自己满意的。因此,企业通过社交媒体传递给目标消费者产品或者品牌信息的过程中,企业社交媒体信息互动策略显得尤为重要。

15.1　企业社交媒体信息互动策略类型

　　企业社交媒体信息互动策略是指企业通过运用社交媒体(如微博、微信、共享论坛等),以企业名称或者品牌名称为实名账号面向潜在消费者(社交媒体用户)

发布消息、进行交流和互动的相关策略。在互动内容方面，企业社交媒体互动信息中的特征和形式会影响消费者的传播意愿，如内容的生动性、趣味性和有用性等。在内容呈现的形式方面，图片和文字不同的组合形式会影响线上消费者的互动感知。具体而言，文字信息会让消费者的价值感知意识更强，图片信息则会激发消费者的想象，令其获得更多的愉悦感。在互动风格方面，企业的互动风格可以分为社会性和任务性两种。社会性指的是满足消费者情感需求的信息，而任务性则指的是满足消费者价值需求的信息，两种不同的互动风格需要和适当的产品类型相匹配才能提高互动效果。

基于企业–消费者互动行为的视角，目前对于企业社交媒体信息互动策略有三种主要的划分标准，分别是人与人互动、人与媒介互动和人与信息互动。

线上环境中的互动都是以计算机为媒介的互动形式，早期研究中主要关注人与媒介之间的互动，指用户在计算机使用过程中对于该环境内容和格式的更改等操作行为，或者是计算机系统对于用户的机器回应。由于网络信息技术的高速发展，计算机媒介已经将不同空间的个体联结在了一起，人与人互动和人与信息互动成为当前主要的互动形式。其中，人与人互动是以计算机网络为媒介的类似面对面交流的互动，同线下环境相比具有匿名性、感官线索缺失的特点；人与信息互动则指的是用户通过计算机媒介获取信息，并受信息影响的互动行为。

正是因为社交媒体早已融入人们的生活，在人与媒介互动过程中，用户对于所使用媒介的目标感知已经没有之前那么显著，更倾向于把媒介看作一个虚拟对象，并产生一定人际相关的感知。在社交媒体营销环境中，企业和消费者的互动也通常表现为人与信息之间的互动和人与人（或企业）之间的互动两种形式。具体来说，人与信息互动类似于传统的线下互动过程，企业单向通过社交媒体给消费者推送产品或品牌信息，这种形式中的消费者只是单方面地浏览信息，并不会有即时反馈、互动等行为；人与人互动是社交媒体平台最重要的特征，企业可以和消费者进行双向的互动，在推送产品信息的同时可以让消费者参与其中，如可以转发分享产品，或者留言给予企业一些建议等，在这个过程中企业和消费者之间有着互相交流的行为过程。

因此，企业社交媒体信息互动策略可分为单向信息互动和双向人际互动。单向信息互动是社交媒体使用过程中人与信息之间的互动行为，主要表现为企业通过社交媒体让消费者被动地接受关于产品或者品牌信息的浏览行为。例如，关注产品信息本身，没有在社交媒体上与他人互动等。双向人际互动是人与人之间的互动行为，主要表现为企业通过社交媒体鼓励消费者主动和企业公众号进行互动行为。例如，在社交媒体上给企业公众号点赞、转发或者评论公众号的状态等。通过双向人际互动，消费者能够和企业社交媒体有一定程度的交流沟通。

15.2　社交媒体信息互动策略如何影响消费者决策风格

15.2.1　社交媒体信息互动策略与消费者决策风格的关系

　　消费者如何在线上环境中作出购买决策一直以来都是学术界的热点研究话题。大多数的研究者都认为，相比于线下情境，线上情境中的消费者不仅可以获取产品的相关信息，还多了一种对于外部网络环境的感知。Häubl 和 Trifts（2000）发现网络环境线索可以帮助消费者作出购买决策，并且可能会导致消费者搜索产品信息和作出购买决策的方式发生改变。因为，网络环境中有多种线索的频繁交互，进而会影响消费者对于产品质量和沟通的感知有效性。Darley 等（2010）认为线上环境会影响消费者的购买决策过程。具体来看，网络环境的质量、交互特性、消费者对网络平台的满意度以及之前的线上环境经历等都会干扰消费者在线上的购买决策。

　　之前的文献对于线上环境的消费者行为研究已经有所深入，但相关的研究主要集中于社交网络人机交互领域。Hoffman 和 Novak（1996）的研究都发现线上环境中的人机互动和人际互动两种不同互动行为的影响机制是不同的，前者指的是信息的交互，而后者则侧重于线上环境中对他人的感知。Köhler 等（2011）依据计算机媒介理论提出，人们在与电脑交互的过程中，会感知到电脑的某种特性。当用户消极地和电脑进行交互时，仅仅将电脑看作一个行动的执行者，而当用户积极地和电脑进行交互时，则会将电脑看作自己的一个伙伴，人们会对电脑中呈现的各种线索进行反馈，进而形成一种拟人化的双向沟通，这种沟通会让用户亲近感更强，影响其之后的选择决策等行为。Levordashka 和 Utz（2016）聚焦于员工对社交媒体的环境知觉，他们的研究表明一定的社交媒体活动可以让员工不由自主地感知到身处于网络环境中，并且在使用过程中人与人之间的交互行为会增强员工的人际知觉，而单纯的信息浏览功能对于亲近感则没有那么明显的增强作用。Kusumasondjaja（2018）从吸引力的角度出发，发现社交媒体给用户自己和企业提供了一个更好的交流、分享平台。对于以信息诉求为主的用户，理性的社交媒体平台吸引力效果最好，而对于以互动诉求为主的用户，感性的社交媒体平台吸引力效果最好。

　　聚焦于消费者行为领域，也有学者研究了线上人机交互行为对于消费者决策的影响作用。Niu（2013）的研究表明同伴的在场会影响青年消费者的决策风格和在线购买行为，单独购买的青年消费者主要关注品牌信息、价值质量等，决策风格更为理性；而青年消费者在受到同伴影响的情况下，决策风格偏向于享乐主义的感性风格，因此较为关心时尚和娱乐信息。Cheung 等（2014）考虑了社交网络中信息的影响作用，发现基于观点的信息和基于行为的信息会对消费者的购买决策产生不同影响。具体来看，基于行为的信息会让消费者更容易被他人影响，进而易于产生冲动的购买决策；基于观点的信息则会让消费者更加谨慎，不容易被外人干扰，通常会作出独立自主的购买决策。

我们关注企业社交媒体的单向信息互动和双向人际互动这两种比较常见的营销策略，探讨这两种策略如何影响线上消费者的决策风格。根据自我建构理论，单向信息互动策略主要让消费者更多地体验到人机交互感知，缺乏线下交流的情境知觉，线上环境中主要是以我为主的人际感知，会让用户的社会联结感较低，个体偏向于注重独立的思维和知觉（Kim and Ko，2012）。因此，企业社交媒体的单向信息互动策略会促使消费者产生倾向于理性的决策风格，而双向人际互动策略则是一种典型的人际交互行为，这种社会交互会让消费者在与社交媒体的互动过程中感觉到仿佛是同其他人交流，此时线上的行为会出现等同于线下行为的人际感知，受到网络环境的影响较大，促使消费者产生同环境联结的知觉（Harrigan et al.，2018）。因此，企业社交媒体的双向人际互动策略会让消费者产生倾向于感性的决策风格。因此，提出如下假设。

H15-1a：企业社交媒体的单向信息互动策略，会促使消费者产生倾向于理性的决策风格。

H15-1b：企业社交媒体的双向人际互动策略，会促使消费者产生倾向于感性的决策风格。

15.2.2 自我建构倾向的中介作用

个体有建立和维持人际感知的基本需求，这种需要的满足已经被证明对个体的自我导向有着显著的影响作用。之前的研究表明了用户在社交媒体使用过程中的态度和习惯决定了个体对于自我导向的感知。根据这些研究结果，我们可以认为社交媒体信息互动策略会影响用户对于自我建构的感知，而社交媒体中企业与消费者之间不同类型的互动行为则是激活不同自我建构倾向的特定方式。

自我建构指的是"个体将自我看作区别于周围环境的独立实体，或融入环境的一部分"（Krishna and Morrin，2008）。自我建构是一个多维度动态的认知结构，随着社会环境的变化而不断发生主动地、被动地、能动的改变（Markus and Wurf，1987）。自我建构分为独立型自我建构和关联型自我建构（Markus and Kitayama，1991）。其中，独立型自我建构强调个体的独特性，潜意识认同自身的独立自主，其自我表征大多为个人特质、选择偏好和能力爱好，个体往往通过自己独特的才能或属性来与他人作区分。关联型自我建构强调自己与他人的联系，潜意识看重自己的人际关系，其自我表征大多是与他人相关的人际特征（Markus and

Kitayama，1991）。

信息技术与自我建构之间的关系吸引了越来越多信息系统领域研究者的注意。通过对文献进行梳理，不少研究者已经发现相比于线下环境的多种影响因素，将信息技术作为媒介的线上环境对于线上个体自我建构的影响作用更为明显（Kim and Ko，2012；Siles and Boczkowski，2012；Arbore et al.，2014）。首先，自我建构是个动态发展的过程，在何时何种自我建构被激活，取决于当下所处的社会环境与个体的状态（Brewer and Gardner，1996），这就意味着消费者的自我建构类型在某一具体情境中是可以被操控的。其次，已经有研究表明通过微妙的操控可以暂时"动摇"一个人的自我建构（Walther，2011），进而导致在随后的一段时间内更倾向于作出与自我建构倾向相匹配的产品选择。研究者还通过多个研究发现，"动摇的自我"对产品选择的影响在不同的自我建构中得到检验（Gao et al.，2009）。最后，不同于之前很多研究关注个体特质如何影响用户社交媒体行为这一主要问题，也有一些社交媒体方面的文献证明了个体使用社交媒体会影响其自我建构的知觉导向。Gonzales 和 Hancock（2008）较早地发现了线上环境和线下环境对个体影响的区别，通过研究证明了线上环境会改变个体的自我建构倾向。他们的结果发现，公开和匿名的线上环境会影响用户如何看待自我，公开线上环境会让个体的他人意识感更强，而线上环境匿名性高时，他人意识感就会被降低。Johnson 和 van Der Heide（2015）也发现，在网络环境中的分享互动行为将会促使用户自我建构的转变，并且自我建构导向的改变还会影响个体在分享互动之后的行为偏好。

本章关注企业社交媒体不同的信息互动策略：单向信息互动策略和双向人际互动策略。单向信息互动策略主要强调用户自我对于信息的获取，关注的是产品或者品牌内容本身，这种策略会让用户潜意识里感知到人际交流情境缺乏，此时用户的社会联结感较低（Hoffman et al.，2017）。这种自我感知特征会让用户更加注重自我导向意识，缺乏他人导向意识，可以激活自我建构中的独立型倾向（Ma-Kellams and Blascovich，2013）。双向人际互动策略主要强调与他人和环境的交流，这种策略会让用户不单单是感知到社交媒体使用过程中和他人的亲密感，更重要的是潜意识地增加了用户的环境知觉，社会亲密度更高（Harrigan et al.，2018）。这种自我感知特征注重他人导向的意识，其自我表征多包含社交媒体环境和他人联系，可以激活自我建构中的关联型倾向（Ashton-James et al.，2007）。

个体对自我建构认知的不同，会对其行为方式、信息处理模式甚至产品选择产生影响（Aaker and Lee，2001；Zhang and Shrum，2009；Johnson and van Der Heide，2015）。根据概念隐喻理论，独立型自我建构的个体的思考、交流和行为都和人体器官中"脑"的隐喻相关，如"动脑子"通常意味着独立思考、解决问题的逻辑性，而"陷入思维困惑"则意味着对周围环境的忽视，缺乏社会联结。因此，隐喻"大脑"的独立型自我建构的个体倾向于理性思维。关联型自我建构的人的思考、交流和行为和"心"的隐喻有关，如"跟着心走"一般意味着让自己的感觉决定选择，"有心人"则意味着十分注重与他人的情感交流以及关系的建立。因此，隐喻"心"的关联型自我建构的个体更偏好于感性思维。我们可以得知，当个体倾向于独立型自我建构时，这种自我建构倾向于重视个体的逻辑性和理性，同其他人相比更多体现于对解决自我问题的兴趣；而个体倾向于关联型自我建构时，这种自我建构倾向于让个体的感觉决定选择，更加关注周围和他人，同其他人相比更加地富于感情（Fetterman and Robinson，2013）。

根据前文的分析，企业社交媒体单向信息互动策略更容易让消费者启动独立型自我建构，因此，单向信息互动策略更能够激发消费者的理性决策风格；企业社交媒体双向人际互动策略更容易让消费者启动关联型自我建构，因此，双向人际互动策略更能够激发消费者的感性决策风格。由此，提出如下假设。

H15-2a：独立型自我建构在企业社交媒体单向信息互动策略与消费者理性决策风格作用关系中起中介作用。

H15-2b：关联型自我建构在企业社交媒体双向人际互动策略与消费者感性决策风格作用关系中起中介作用。

15.3 互动终端策略与消费者产品评价

应用终端可选择性的变化可能是人机交互环境中最重要的升级之一。在线消费者的应用终端类型越来越丰富，不再只是依赖于传统的台式电脑或者笔记本电脑。消费者越来越多地在平板电脑、智能手机等移动设备上使用自己的社交媒体。由于应用终端类型发生了很多的变化，在感官营销领域中，研究者开始关注在以互联网设备为主要媒介的线上环境中，不同应用终端在消费者行为中的重要影响作用（Coulter，2016；Shen et al.，2016；Zhu and Meyer，2017；Petit et al.，2019）。将应用终端选择与感性理性决策偏好进行关联的合理性在于，通过应用终端产生的感官体验以及与之相关的环境特征会对人们的心理模拟过程产生影响（Barsalou，2008）。应用终端选择的不同，正是两种触觉感知的不同，相比于PC终端设备，移动终端设备对于触屏技术的应用会让个体有着充分的触觉感知，有着如同自己亲自触摸般的模拟环境。根据具身认知理论，环境中无意识的触觉信息可以深刻地影响消费者的自我知觉（Glenberg et al.，2013）。消费者的触觉器官可以获取外部环境的信息，这种信息被消费者潜意识地知觉加工之后，随即会影响消费者对于信息处理的判断（Ackerman et al.，2010）。

之前的感官营销方面的研究主要关注于社交媒体情境中的视觉要素，如产品的呈现大小、摆放位置等会影响消费者的心理模拟，进而导致不同的心理偏好（Tucker and Ellis，2001）。本章将关注于社交媒体应用终端的选择偏好，通过社交媒体触觉线索的视角，探究对于使用社交媒体应用终端的触摸感知是否可以影响消费者在使用过程中的信息处理过程，从而可以匹配于消费者之后的选择偏好。

1. 消费者使用 PC 终端

PC 终端通常是用鼠标、键盘等远程软件操控，常见的设备包括多年来一直使用的台式电脑和笔记本电脑等，重要特点是大多不能近距离直接通过触摸屏幕等方式进行操作使用（Brasel and Gips，2014）。之前的研究证明，相比于可以触摸的移动终端设备，PC 终端由于触觉线索较少，相对来说消费者和使用设备之间的交互偏少，消费者对于使用过程的感知会集中于对产品的了解之上，即更多地激活消费者的认知处理模式。Brasel 和 Gips（2014）的研究发现，使用鼠标等设备会让个体感知到自我的独特性，在之后的行为决策过程中会倾向于在独立自主地认真思考后作出决策，不容易受到外界的影响。Zhu 和 Meyer（2017）的研究也表明，没有触摸技术的台式计算机会让用户不自觉地保持更远的他人感知。综合以上研究，当用户使用 PC 终端时，更偏好理性的选择倾向，进而会影响个体对于思维方式、决策风格以及产品选择的偏好。

通过前文的研究得知，当消费者面对企业社交媒体单向信息互动的策略时，会促发消费者的理性决策风格偏好，即消费者在社交媒体使用过程中自我认知会集中于自己本身，更加基于个体认知（Hoffman et al.，2017；Weiger et al.，2018）。此时若消费者使用的是 PC 终端，使用过程中心理模拟的理性体验激活了消费者的理性决策风格，即社交媒体应用终端选择互动策略产生的心理导向和本身设备使用类型产生的感官自我意识实现了匹配。消费者的理性决策风格被激活后，相应的感官刺激引起的自我认知相关心理活动将会与被激活后的决策风格保持一致，可以让消费者达到认知协调（Markus and Kitayama，1991）。因此，当消费者使用 PC 终端的情境和企业社交媒体单向信息互动策略激活的理性决策倾向一致时，对企业推送的产品信息处理过程更加流畅，产品评价也会更高；而在消费者使用 PC 终端的情境下，企业若采用双向信息互动的社交媒体信息互动策略，这种策略产生的决策风格感知和消费者的外部感官知觉不一致，因此对于产品信息的处理过程不流畅，会干扰消费者之后的产品评价。

由此，提出假设 H15-3a：消费者使用 PC 终端时，企业社交媒体采用单向信息互动策略会让消费者的产品评价更高。

2. 消费者使用移动终端

移动终端的平台通常可以直接用触摸的方式去操控，常见的设备包括近年来应用广泛的平板电脑和智能手机等，可以近距离直接触摸设备进行操作使用（Brasel and Gips，2014）。Hein 等（2011）证明了，当消费者使用手机这种触屏设备时，可能会在自我和产品之间建立一种更直接的关联，增强消费者对于该产品的涉入度。Shen 等（2016）的研究表明，当消费者使用触屏设备时，潜意识的触摸反应会让个体自发在脑中形成模拟动作，产生自我和产品精神上的互动，并导致更多的感性选择偏好。Zhu 和 Meyer（2017）的研究也认为，拥有触摸技术的平板电脑或智能手机会让用户不自觉地和他人保持较近的距离。综合以上的研究，当用户使用移动终端设备时，容易想象出自己触摸图片的心理互动过程，更加偏好于感性的心理表征，会影响个体的思维方式、决策风格以及对于产品选择的偏好。

通过前文的研究得知，当消费者受到企业社交媒体双向人际互动策略影响时，会促发消费者的感性决策风格，即消费者在社交媒体使用过程中的自我知觉会基于认知范畴（Hoffman et al.，2017；Weiger et al.，2018）。此时若消费者使用的是移动终端，使用过程中心理模拟的感性体验很好地满足了消费者的感性决策风格，即社交媒体信息互动策略产生的心理导向和本身设备使用类型产生的感官自我意识实现了匹配。消费者的感性决策风格被激活后，相关的感官刺激引起的自我认知相关的心理活动将会与被激活后的决策风格保持一致，可以让消费者达到认知协调（Markus and Kitayama，1991）。因此，在消费者使用移动终端的情境下，和企业社交媒体双向人际互动策略激活的感性决策偏好是一致的，从而对于企业推送的产品信息处理过程更加流畅，产品评价也会更高；而在使用移动终端的情境下，企业若采取单向信息互动的社交媒体信息互动策略，这种策略产生的决策风格感知和外部感官知觉不一致，因此对于产品信息的处理过程不流畅，会干扰消费者之后的产品评价。

由此，提出如下假设。

H15-3b：消费者使用移动终端时，企业社交媒体采用双向人际互动策略会让消费者的产品评价更高。

15.4 互动广告诉求策略与消费者产品评价

广告诉求是企业广告推广的重要环节，决定了广告对受众的劝说效果（庞隽和毕圣，2015）。学术界对广告诉求的研究成果较为丰富，研究领域大多集中于广告诉求的分类和影响机制方面。最为普遍的广告诉求分类是理性广告诉求和感性广告诉求的两元分类，二者会引起消费者不同的反应（Muehling et al.，2014）。具体来看，理性广告诉求指的是广告中突出产品的具体信息来提升消费者的认知，提升消费者的有用性感知；感性广告诉求指的是广告中的信息更多地触动了消费者对于目标产品的情感体验，进而影响消费者之后的心理和行为（Muehling et al.，2014）。之前的文献表明，理性广告诉求和感性广告诉求被应用于多个营销场景之中，不同属性的产品适用于不同的广告诉求类型。实用属性的产品更适用于理性广告诉求，可以突出功能和认知表征；享乐属性的产品则更适用于感性广告诉求，突出了情感和体验表征。从说服角度来看，Moore 和 Konrath（2015）认为理性的广告诉求对于情感强度低、认知强度高的消费者说服效果更好，而感性的广告诉求对于认知强度低、情感强度高的消费者说服效果更好。

　　之前关于广告诉求方面的研究集中于广告中的具体信息内容，如具体的广告语类型和广告内容之间的匹配效应，理性诉求的广告语匹配于信息型内容，感性诉求的广告语匹配于图片体验型内容（Aguirre-Rodriguez，2013）。本章将关注于企业社交媒体信息互动策略和广告诉求的匹配效应，企业社交媒体不同的信息互动策略会影响消费者的决策风格，适合的广告诉求和消费者决策风格相匹配，可以使得企业社交媒体营销策略更加精准、有效。这些研究将进一步丰富广告诉求的应用范围，也为广告诉求的研究提供新视角。

　　1. 理性广告诉求的情境

　　广告的有效性取决于受众信息的加工程度，根据认知匹配效应可知，当外部环境的信息和内部因素相匹配时，会提高个体的信息处理流畅性，加快个体对于信息评价的速度和质量，进一步地提升个体对于该信息的评价。关于消费者积极评价的影响因素，学术界有研究者考虑了广告诉求和信息处理方式之间的匹配效应，发现广告诉求可以和购买情境、个体参与度、思维方式等相匹配（Yang et al.，2015；盛光华等，2019）。鉴于广告诉求和信息处理方式之间的匹配对广告说服力的重要作用，本章将社交媒体中的广告诉求和消费者决策方式相匹配，讨论这两者之间的匹配效应会有着什么样的消费者回应。

　　在理性广告诉求的情境下，企业会通过产品广告中的内容传递理性的产品认知（Aguirre-Rodriguez，2013）。理性广告诉求强调产品的功能性作用，希望传递的产品信息可以满足消费者物质性的需求，并且可以激发消费者的理性思考。通过前文的研究得知，企业的社交媒体单向信息互动策略会激活消费者的理性决策风格偏好，即消费者在该类型的互动策略影响下，自我认知会集中于自己本身，更加基于个体认知（Hoffman et al.，2017；Weiger et al.，2018）。此时，当企业社交媒体传递理性广告诉求时，其以认知为导向的诉求适合消费者的理性决策风格，也就是说企业的社交媒体单向信息互动策略和广告诉求类型形成了匹配。消费者面对外部环境的诉求和自身的思维方式相契合，达到认知协调（Chang et al.，2015）。消费者的信息处理过程更加流畅，会更喜欢这种产品的广告，进而产品评价也会更高。但是，当消费者面对理性的广告诉求时，如果企业采取双向人际互动的社交媒体信息互动策略，所激活的感性决策风格和理性广告诉求形成的匹配度较低，消费者的产品信息处理过程不流畅，会干扰消费者之后的产品评价。

由此，本节提出如下假设。

H15-4a：当消费者面对理性广告诉求时，企业社交媒体采用单向信息互动策略会让消费者的产品评价更高。

2. 感性广告诉求的情境

在感性广告诉求的情境下，企业会通过产品广告中的内容传递感性的产品情感（Aguirre-Rodriguez，2013）。感性广告诉求强调产品的精神属性，希望传递的产品信息可以满足消费者心理情感的需求，更多地具有象征性和表现力。通过前文的研究可知，企业的社交媒体双向人际互动策略会激活消费者的感性决策风格偏好，即在消费者使用社交媒体过程中促进消费者对环境联结的感知，聚焦于情感，更加基于个体的感觉和感受（Hoffman et al.，2017；Weiger et al.，2018）。此时，当企业社交媒体传递感性广告诉求时，其以情感为导向的诉求适合消费者的感性决策风格，也就是说企业的社交媒体双向人际互动策略和该广告诉求类型形成了匹配。消费者面对外部环境的诉求和自身的思维方式相契合，达到认知协调（Chang et al.，2015）。消费者的信息处理过程更加流畅，会更喜欢这种产品的广告，进而产品评价也会更高。但是，当消费者面对感性的广告诉求时，如果企业采取单向信息互动策略，所激活的理性决策风格和感性广告诉求形成的匹配度较低，消费者的产品信息处理过程不流畅，会干扰消费者之后的产品评价。

由此，本节提出如下假设。

H15-4b：当消费者面对感性广告诉求时，企业社交媒体采用双向人际互动策略会让消费者的产品评价更高。

15.5 互动策略的产品类型与消费者评价

考虑到企业社交媒体信息互动策略，企业推广的产品类型匹配问题也是一个必不可少的影响因素。之前的研究指出，不同产品类型对消费者产品评价和购买意愿的影响存在着一定的差异。营销界较为常见的产品类型分类，是将产品类型分为享乐型产品和功能型产品。享乐型产品强调体验、乐趣和自我展现，可以给消费者带来感官上的愉悦。具体来看，体验型产品大多是享乐型产品，消费者看中产品的个人体验，所涉入的情感程度较高，如化妆品、时装等产品（Clement et al.，2006）。功能型产品强调功能、实用和信息价值，消费者注重其质量信息。具体来说，搜索品大多是实用品，可以被客观评价，在购买前就可以评估其质量，如微波炉、电风扇等产品（Clement et al.，2006）。在现实情境下，很多时候一个产品并不会被严格地区分为享乐型产品或功能型产品。产品的享乐属性和功能属性往往是一个连续的统一体，一个产品通常会同时具备享乐属性和功能属性两个特征，只不过在特定情境中某个属性信息会被特别地强调（冯小亮和任巍，2018）。比如说，笔记本电脑的 CPU、内存等配置就属于功能属性，而外观和触摸感则属于享乐属性。

学术界对于产品类型的差异性有着丰富的研究成果，关于产品类型的研究一直都是营销学界的一个中心话题。张艳辉和李宗伟（2016）发现，消费者在购买功能型产品时，比较关注产品的质量信息，以及评论中的客观性评价；而面对享乐型产品时，消费者则较多关注于评论中的主观性评价。企业对于产品属性类型的不同呈现方式也会影响消费者的产品选择偏好。比如说，强调产品的功能属性会让消费者更加客观地评估产品，重视信息的有用性；而对于产品享乐属性的展示，则会引发消费者感官上的享受，会更倾向于主观地评价产品（Mudambi and Schuff，2010）。

之前关于产品类型的研究主要集中于产品属性和广告内容之间的匹配性探讨，如不同类型属性的产品应该匹配什么样的广告诉求，或者需要同什么样的产品图片呈现方式相一致（朱翊敏，2014）。本章将会关注于产品类型和企业社交媒体信息互动策略之间的匹配性，探究针对不同类型的产品，哪一种社交媒体信息互动策略的有效性较高。为企业精准营销提供理论指导，并且将进一步丰富社交媒体营销的研究理论，也为产品类型的研究提供新视角。

1. 功能型产品的情境

消费者在购买功能型产品时，会更多地关注产品属性的特征，特别是产品的客观属性和相关知识（Mudambi and Schuff，2010）。从产品需求来看，消费者对于功能型产品的涉入度较高，通常会运用一定的产品知识来进行评价，购买目标一般都是为了满足一定的实用性目标（Clement et al.，2006）。也有研究发现，消费者在面对产品功能属性时，会激发自身的实用性偏好，对于信息的处理模式偏向于理性化。综合以上的研究，我们认为当消费者面对功能型产品或者产品的功能性属性展示时，更多地采用理性的信息处理模式，进而会影响消费者对于决策风格和产品选择的偏好。

通过梳理前文的研究可得，当企业采用单向信息互动的社交媒体信息互动策略时，消费者在企业社交媒体中体验更多的是人机交互行为，缺乏了线下交流的人际知觉，在自我感知过程中更多地倾向个体的独立思考（Hoffman et al.，2017；

Harrigan et al.，2018）。此时，消费者会偏向于理性的决策风格。因此，当消费者面对功能型产品的推广时，其信息处理模式和社交媒体单向信息互动策略所激活的个体决策风格相匹配，达到认知协调。从而，消费者对于企业推送的产品信息处理过程更加流畅，对于产品的评价也就更高（Markus and Kitayama，1991）。而在功能型产品推广时，企业若采用双向人际互动策略，所激活的个体决策风格偏向于感性，会使得消费者面对的外部信息和内在认知不一致，因此消费者对产品信息的处理过程不流畅，进而干扰了其之后的产品评价。

由此，提出如下假设。

H15-5a：当消费者面对功能型产品时，企业社交媒体采用单向信息互动策略会让消费者的产品评价更高。

2. 享乐型产品的情境

消费者在购买享乐型产品时，会更多地关注产品的使用效果，特别是产品使用后的用户体验内容，对于客观信息依赖度较低（Mudambi and Schuff，2010）。从消费行为来看，消费者对于享乐型产品的涉入度较低，常常会用主观标准来进行评价，购买目标一般是为了满足的个性和情感，购买偏好具有多样性（Clement et al.，2006）。马京晶等（2008）的研究表明，消费者在面对产品的享乐属性时，会引发个体感官上的偏好，对于信息的处理模式偏向于情感化，较多地满足个体愉悦感。综合以上研究，我们认为当消费者面对享乐型产品或者产品的享乐属性展示时，相对地采用感性的信息处理模式，进而会影响消费者对于决策风格和产品选择的偏好。

根据前文的研究得知，当企业采用双向人际互动的社交媒体信息互动策略时，消费者在社交媒体中体验的是一种人际交互行为，这种互动方式类似于线下的人际沟通方式，消费者受网络环境的影响较大，会促发消费者对于他人和环境的心理联结（Hoffman et al.，2017；Harrigan et al.，2018）。此时，消费者更偏向于感性思维风格，其消费决策更加基于个体的感觉。因此，当消费者面对享乐型产品的推广时，其信息处理模式和社交媒体双向人际互动策略所激活的个体决策风格相匹配，达到认知协调。从而，消费者对于企业推送的产品信息处理过程更加流畅，对于产品的评价也就更高（Markus and Kitayama，1991）。而在功能型产品推广时，企业若采用单向信息互动策略，所激活的个体决策风格偏向于理性，会使得消费者面对的外部信息和内在认知不一致。因此消费者对产品信息的处理过程不流畅，进而干扰了消费者之后的产品评价。

由此，本节提出如下假设。

H15-5b：当消费者面对享乐型产品时，企业社交媒体采用双向人际互动策略会让消费者的产品评价更高。

15.6 主要结论

本章对企业社交媒体信息互动策略、消费者决策风格等相关文献进行了系统的梳理，结合目前网络营销中的热点问题，提出了本章的重要主题——企业社交媒体信息互动策略对消费者决策风格与产品评价的影响。在自我建构理论、认知匹配理论的研究基础上构建了理论模型（图 15-2），通过实验研究对相关假设进行了检验，主要研究结论如下。

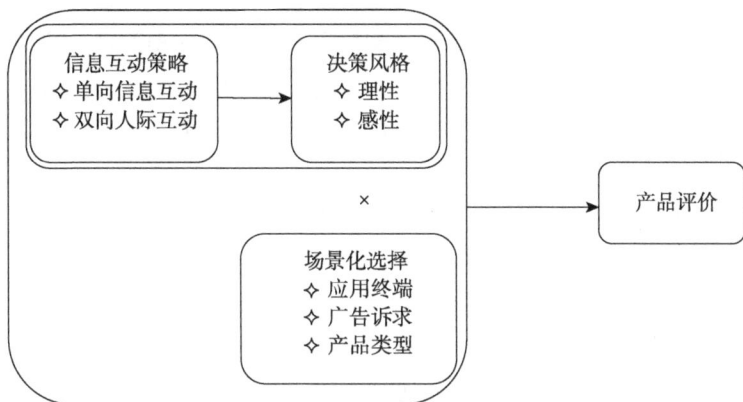

图 15-2　研究模型

（1）企业作为社交应用终端的信息发布者，其社交媒体信息互动策略对消费者决策风格有着较强的影响。在对企业社交媒体信息互动策略的相关文献进行梳理后，结合企业社交媒体的沟通情境，我们提出了企业社交媒体信息互动策略的分类——单向信息互动和双向人际互动，通过情境实验和眼动实验验证了企业社交媒体不同的互动策略能够分别对消费者决策风格产生相应的引导作用。企业社交媒体的单向信息互动策略，会促发消费者倾向于理性的决策风格；企业社交媒体的双向人际互动策略，会促发消费者倾向于感性的决策风格。

（2）发现了企业社交媒体信息互动策略影响消费者决策风格的过程机制。在实验设计中，我们用感知和行为两种方式操控了企业社交媒体信息互动策略类型。实验结果显示，企业不同的社交媒体信息互动策略激活了消费者不同的自我建构倾向。单向信息互动策略能够激活消费者独立型自我建构倾向，双向人际互动策略能够激活消费者关联型自我建构倾向，从而影响消费者之后的思维方式。正是两种不同的自我建构类型，导致之后消费者决策风格的不同偏好。

（3）对企业社交媒体信息互动策略的有效性进行了场景化扩展，通过三个情境视角探讨了企业社交媒体信息互动策略对消费者产品评价的影响。

第一，在不同应用终端选择情境下，企业社交媒体信息互动策略对消费者产品评价影响效果不同。通过实验设计，我们对消费者使用社交媒体的终端选择类型进行了操控，研究结果显示，当消费者使用 PC 终端时，相比于双向人际互动策略，企业社交媒体单向信息互动策略下的消费者产品评价更高；当消费者使用移动终端时，相比于单向信息互动策略，企业社交媒体双向人际互动策略下的消费者产品评价更高。

第二，在不同广告诉求情境下，企业社交媒体信息互动策略对消费者产品评价的影响效果不同。通过实验设计，我们对企业广告诉求类型进行操控。研究结果显示，当企业采用理性广告诉求时，相比于双向人际互动策略，企业社交媒体单向信息互动策略能够带来更高的消费者产品评价；当企业采用感性广告诉求时，相比于单向信息互动策略，企业社交媒体双向人际互动策略能够带来更高的消费者产品评价。

第三，在不同产品类型情境下，企业社交媒体信息互动策略对消费者产品评价的影响效果也有不同。通过实验设计，我们对企业的产品类型进行了操控。研究结果显示，当企业推介功能型产品时，相比于双向人际互动策略，企业社交媒体单向信息互动策略能够带来更高的消费者产品评价；当企业推介享乐型产品时，相比于单向信息互动策略，企业社交媒体双向人际互动策略能够带来更高的消费者产品评价。

15.7　管理启示

（1）有利于企业理解消费者对企业社交媒体信息互动策略产生感知差异的原因，从而有效地运用社交媒体信息互动策略。单向信息互动策略侧重于激活消费者独立型自我建构倾向，双向人际互动策略侧重于激活消费者关联型自我建构倾向，这两种自我建构会让消费者产生偏理性或偏感性的决策风格。因此，企业应该针对目标市场特点，选择合适的社交媒体信息互动策略，实现对目标消费者的精准营销，提升企业社交媒体信息互动策略的有效性。

（2）企业在社交媒体上进行产品推广时，需要注意到手机 APP 端和电脑 PC 端之间的沟通差异性。在手机 APP 端应该尽可能应用双向人际互动的信息互动策略，在电脑 PC 端则应该更多地采用单向信息互动的信息互动策略，以发挥企业社交媒体信息互动策略的有效性，吸引更多的消费者关注。

（3）当企业通过社交媒体公众号做广告时，需要结合公众号发布状态的互动策略，选择合适的广告，才能促进公众号关注者对产品的积极评价，从而达到很好的宣传效果。单向信息互动策略的社交媒体状态发布，应该匹配理性广告诉求；而双向人际互动策略的社交媒体状态发布，应该匹配感性广告诉求。

（4）当企业推广某种产品时，可以针对产品的类型特征选择合适的社交媒体信息互动策略。对于功能型的产品，宜采取单向信息互动策略；对于享乐型的产品，更宜采取双向人际互动策略。

（5）企业在进行社交媒体营销推广时，应该清楚自身产品的特点和定位。企业在社交媒体上应用互动策略时，需要匹配适合自己产品的广告诉求方式。比如说，采取单向信息互动策略时，产品广告应该选用理性诉求方式；采取双向人际互动策略时，产品广告应该选用感性诉求方式。

本章小结

- 企业社交媒体单向信息互动策略中消费者倾向于理性决策风格，而在企业社交媒体双向人际互动策略中消费者倾向于感性决策风格。
- 独立型自我建构在企业社交媒体单向信息互动策略与消费者理性决策风格作用关系中起中介作用，关联型自我建构在企业社交媒体双向人际互动策略与消费者感性决策风格作用关系中起中介作用。
- 消费者使用 PC 终端时，企业社交媒体采用单向信息互动策略会让消费者的产品评价更高；消费者使用移动终端时，企业社交媒体采用双向人际互动策略会让消费者的产品评价更高。
- 当消费者面对理性广告诉求时，企业社交媒体采用单向信息互动策略会让消费者的产品评价更高；当消费者面对感性广告诉求时，企业社交媒体采用双向人际互动策略会让消费者的产品评价更高。
- 当消费者面对功能型产品时，企业社交媒体采用单向信息互动策略会让消费者的产品评价更高；当消费者面对享乐型产品时，企业社交媒体采用双向人际互动策略会让消费者的产品评价更高。

参考文献

冯小亮, 任巍. 2018. 社会影响易感性和虚拟产品采用: 用户等级和产品类型的调节作用 [J]. 南开管理评论, 21(5): 73-82.

马京晶, 马欣昕, 张黎. 2008. 选择与放弃中对产品实用性和享乐性的不同偏好:以电脑光盘和音乐 CD 为例[J]. 营销科学学报, 4(1):107-119.

庞隽, 毕圣. 2015. 广告诉求–品牌来源国刻板印象匹配度对品牌态度的影响机制[J].心理学报, 47(3):406-416.

盛光华, 岳蓓蓓, 龚思羽. 2019. 绿色广告诉求与信息框架匹配效应对消费者响应的影响[J]. 管理学报, 16(3): 439-446.

张艳辉, 李宗伟. 2016. 在线评论有用性的影响因素研究: 基于产品类型的调节效应[J]. 管理评论, 28(10): 123-132.

朱翊敏. 2014. 享乐还是实用: 产品类型与奖励类型对消费者推荐意愿的影响[J]. 营销科学学报, (2): 15-28.

Aaker J L, Lee A Y. 2001. "I" seek pleasures and "We" avoid pains: the role of self-regulatory goals in information processing and persuasion[J].Journal of Consumer Research, 1: 33-49.

Ackerman J M, Nocera C C, Bargh J A. 2010. Incidental haptic sensations influence social judgments and decisions[J]. Science, 328(5986): 1712-1715.

Aguirre-Rodriguez A. 2013. The effect of consumer persuasion knowledge on scarcity appeal persuasiveness[J]. Journal of Advertising, 42(4): 371-379.

Arbore A, University B, Soscia I, et al. 2014. The role of signaling identity in the adoption of personal technologies[J]. Journal of the Association for Information Systems, 15(2): 86-110.

Ashton-James C, van Baaren R B, Chartrand T L, et al. 2007. Mimicry and me: the impact of mimicry on self-construal[J]. Social Cognition, 25(4): 518-535.

Barsalou L W. 2008. Grounded cognition[J]. Annual Review of Psychology, 59: 617-645.

Belk R W. 2013. Extended self in a digital world[J]. Journal of Consumer Research, 40(3): 477-500.

Brasel S A, Gips J. 2014. Tablets, touchscreens, and touchpads: how varying touch interfaces trigger psychological ownership and endowment[J]. Journal of Consumer Psychology, 24(2): 226-233.

Brewer M B, Gardner W. 1996. Who is this "We"? Levels of collective identity and self representations[J]. Journal of Personality and Social Psychology, 71(1): 83-93.

Chang H, Zhang L L, Xie G X. 2015. Message framing in green advertising: the effect of construal level and consumer environmental concern[J]. International Journal of Advertising, 34(1): 158-176.

Cheung C M K, Xiao B S, Liu I L B. 2014. Do actions speak louder than voices? The signaling role of social information cues in influencing consumer purchase decisions[J]. Decision Support Systems, 65: 50-58.

Clement M, Fabel S, Schmidt-Stolting C. 2006. Diffusion of hedonic goods: a literature review[J]. International Journal on Media Management, 8(4): 155-163.

Coulter K S. 2016. How hand proximity impacts consumer responses to a persuasive communication[J]. Psychology & Marketing, 33(2): 135-149.

Darley W K, Blankson C, Luethge D J. 2010. Toward an integrated framework for online consumer behavior and decision making process: a review[J]. Psychology & Marketing, 27(2): 94-116.

Fetterman A K, Robinson M D. 2013. Do you use your head or follow your heart? Self-location predicts personality, emotion, decision making, and performance[J]. Journal of Personality and Social Psychology, 105(2): 316-334.

Gao L L, Wheeler S C, Shiv B. 2009. The "shaken self": product choices as a means of restoring self-view confidence[J]. Journal of Consumer Research, 36(1): 29-38.

Glenberg A M, Witt J K, Metcalfe J. 2013. From the revolution to embodiment[J]. Perspectives on Psychological Science, 8(5): 573-585.

Gonzales A L, Hancock J T. 2008. Identity shift in computer-mediated environments[J]. Media Psychology, 11(2): 167-185.

Harrigan P, Evers U, Miles M P, et al. 2018. Customer engagement and the relationship between involvement, engagement, self-brand connection and brand usage intent[J]. Journal of Business Research, 88: 388-396.

Häubl G, Trifts V J. 2000. Consumer decision making in online shopping environments: the effects of interactive decision aids[J]. Marketing Science, 19: 4-21.

Hein W, O'Donohoe S, Ryan A. 2011.Mobile phones as an extension of the participant observer's self: reflections on the emergent role of an emergent technology[J]. Qualitative Market Research: An International Journal, 14(3): 258-273.

Hoffman D L, Novak T P. 1996. Marketing in hypermedia computer-mediated environments: conceptual foundations[J]. Journal of Marketing, 60(3): 50-68.

Hoffman D L, Novak T P, Kang H. 2017. Let's get closer: feelings of connectedness from using social media, with implications for brand outcomes[J]. Journal of the Association for Consumer Research, 2(2): 216-228.

Johnson B K, van Der Heide B. 2015. Can sharing affect liking?Online taste performances, feedback, and subsequent media preferences[J]. Computers in Human Behavior, 46: 181-190.

Kim A J, Ko E. 2012. Do social media marketing activities enhance customer equity? An empirical study of luxury fashion brand[J]. Journal of Business Research, 65(10): 1480-1486.

Köhler C F, Rohm A J, de Ruyter K, et al. 2011. Return on interactivity: the impact of online agents on newcomer adjustment[J]. Journal of Marketing, 75(2): 93-108.

Krishna A, Morrin M. 2008. Does touch affect taste? The perceptual transfer of product container haptic cues[J]. Journal of Consumer Research, 34(6): 807-818.

Kusumasondjaja S. 2018.The roles of message appeals and orientation on social media brand communication effectiveness: an evidence from Indonesia[J]. Asia Pacific Journal of Marketing and Logistics, 30(1): 1135-1158.

Lee D, Kim H S, Kim J K. 2012. The role of self-construal in consumers' electronic word of mouth (eWOM) in social networking sites: a social cognitive approach[J]. Computers in Human Behavior, 28(3): 1054-1062.

Levordashka A, Utz S. 2016. Ambient awareness: from random noise to digital closeness in online social networks[J]. Computers in Human Behavior, 60: 147-154.

Ma-Kellams C, Blascovich J. 2013. The ironic effect of financial incentive on empathic accuracy[J]. Journal of Experimental Social Psychology, 49(1): 65-71.

Markus H R, Kitayama S. 1991. Culture and the self: implications for cognition, emotion, and motivation[J]. Psychological Review, 98(2): 224-253.

Markus H, Wurf E. 1987. The Dynamic self-concept: a social psychological perspective[J]. Annual Review of Psychology, 38(1): 299-337.

Moore D J, Konrath S. 2015. "I can almost taste it:" why people with strong positive emotions experience higher levels of food craving, salivation and eating intentions[J]. Journal of Consumer Psychology, 25(1): 42-59.

Mudambi S M, Schuff D. 2010. What makes a helpful online review? A study of customer reviews on Amazon.com[J]. MIS Quarterly, 34(1): 185-200.

Muehling D D, Sprott D E, Sultan A J. 2014. Exploring the boundaries of nostalgic advertising effects: a consideration of childhood brand exposure and attachment on consumer's responses to nostalgia-themed advertisements[J]. Journal of Advertising, 43(1): 73-84.

Niu H J. 2013. Cyber peers' influence for adolescent consumer in decision-making styles and online purchasing behavior[J]. Journal of Applied Social Psychology, 43(6): 1228-1237.

Petit O, Velasco C, Spence C. 2019. Digital sensory marketing: integrating new technologies into multisensory online experience[J]. Journal of Interactive Marketing, 45: 42-61.

Shen H, Zhang M, Krishna A. 2016. Computer interfaces and the "direct-touch" effect: can iPads increase the choice of hedonic food?[J]. Journal of Marketing Research, 53(5): 745-758.

Siles I, Boczkowski P J. 2012. Making sense of the newspaper crisis: a critical assessment of existing research and an agenda for future work[J]. New Media & Society, 14(8): 1375-1394.

Sirgy M, Grewal D, Mangleburg T F. 1997. Assessing the predictive validity of two methods of measuring self-image congruence[J]. Journal of the Academy of Marketing Science, 25(3): 229.

Tucker M, Ellis R. 2001. The potentiation of grasp types during visual object categorization[J]. Visual Cognition, 8(6): 769-800.

Walther J B. 2011.Theories of Computer-mediated Communication and Interpersonal Relations[M]. Thousand Oaks: Sage

Weiger W H, Hammerschmidt M, Wetzel H A. 2018. Don't you dare push me: how persuasive social media tactics shape customer engagement[J]. Journal of the Association for Consumer Research, 3(3): 364-378.

Yang D F, Lu Y, Zhu W T, et al. 2015. Going green: how different advertising appeals impact green consumption behavior[J]. Journal of Business Research, 68(12): 2663-2675.

Zhang Y, Shrum L J. 2009. Influence of self-construal on impulsive cosumption[J]. Journal of Consumer Research, 35(5): 838-850.

Zhu Y, Meyer J. 2017. Getting in touch with your thinking style: how touchscreens influence purchase[J]. Journal of Retailing and Consumer Services, 38: 51-58.

第 16 章
社交网络中的品牌事件营销

■ 导论

随着社交媒体和数字化技术的普及，热点营销事件持续不断，花样繁多，风格清奇。从下沉到年轻化再到玩梗、组合流量，各界都在努力找寻突破点。王者荣耀的"王者共创荣耀盛典"，依靠明星制造流量叠加、破圈效应；哔哩哔哩的《后浪》、快手的《拥抱每一种生活》，依靠年轻化的态度来撬动年轻人的情绪；还有乐视通过自曝欠债 122 亿的自黑式反向营销，强势收获了一波关注度和流量。这些品牌都通过事件营销策略达到了品牌的传播效果，甚至为品牌带来不可预估的口碑。

有数据表明，95%以上的美国企业已经把事件营销列入企业营销沟通组合之中，国内的事件营销也不断推陈出新。珀莱雅借势妇女节，与《中国妇女报》共同联名发起"性别不是边界线，偏见才是"这一话题，在微博和朋友圈引起热议并成功出圈；"你爱我，我爱你，蜜雪冰城甜蜜蜜"，蜜雪冰城推出的歌曲刷爆抖音、哔哩哔哩、微博，使得其名气大增。

随着互联网的迅猛发展，微博等移动社交平台也加速了品牌事件营销的发酵和开展（Ellmann et al.，2001；卢芸，2014）。根据新浪微博 2021 年季度财报数据，作为全球最大的中文社交全媒体平台，新浪微博在第一季度月活跃用户已达到 5.3 亿，日活跃用户达到 2.3 亿。微博头部作者数量超过 100 万，覆盖了 55 个垂直领域。微博通过文字、图片、短视频、直播、投票等多种形式构成一个信息获取、知识传递、观点交流的多元化价值平台，是目前全网最具有出圈影响力、实现跨领域人群参与的平台。

随着社会化媒体的流行，品牌的微博信息对消费者的态度和行为产生着越来越大的影响（Cheng and Evans，2009；Hartzel et al.，2011）。品牌通过微博来展示与呈现品牌形象（Hogan，2010），以期建立与消费者之间的联结和联系，进而影响消费者对品牌形象的认知。品牌微博展示其"造势"和"借势"的事件营销策略均会得到消费者好评，但在不同的情境下，消费者对"造势"和"借势"信息的感知却不尽相同（Girginova，2013；邓香莲，2005）。例如，消费者对每个企业的知晓度不同，知名度高低不同的企业如何通过"造势"或"借势"来开展事件营销活动？为回答这一问题，本章将品牌事件营销内容分为了"造势"和"借势"这两大类别，运用精细加工可能性模型理论，解释品牌事件营销策略对消费者影响的作用机制，具体探究品牌知名度高低不同的情境下，何种类型的事件营销策略更能获得消费者的积极评价。

16.1　品牌事件营销

20世纪80年代，美国营销领域开始崛起，出现了事件管理（王永嘉，2005）。当时的各种活动、会议等事件由于与政府相关，管理特征非常明显，但是其与商业企业的综合性管理活动不同，亦与普通政府的行政管理不同。无论是个人还是到国家，事件营销都在各种场合担任着不可替代的角色，其将文化和商业魅力相结合，通过改变消费者的各种心理印象和习惯等，来实现企业想要达到的效果。

事件营销是近几年流行于国内外的一种营销与公关手段，是指营销组织者通过策划、组织或借助具有新闻价值、社会影响的人物或事件，吸引媒体、社会团体和消费者的兴趣与关注，以提高企业或产品知名度和美誉度，树立良好品牌形象（张文利，2008）。这种营销方式具有成本低、话题性强、传播快速等特点，其策略的关键在于多途径地传播事件。结合社交网络平台的特征和代表性的事件营销案例，本章认为事件营销是品牌通过"制造"热点话题或"借用"已经发生的社会热点事件等来吸引消费者的关注，从而取得理想的传播效果，进而达到品牌的营销目的。

受众普遍对热点事件更感兴趣，因此事件营销可以有效提高消费者对宣传内容的关注程度，而利用热点事件形成的口碑营销也会使品牌信息在"搭便车"后获得"一传十，十传百"的传播效果（曹忠鹏等，2012）。事件营销的特点在于其较高的参与性，消费者既是事件的参与者又是事件的创造者，事件营销可以为消费者提供一个平台，在参与事件的过程中，消费者既体验到乐趣又实现了自我价值。随着事件参与程度的不断加深，消费者自身也可吸引媒体关注和推动事件向前发展（Martensen，2007）。所以相比于其他营销手段，事件营销具有真实而又互动性强的优越性，一个事件可以成为传播的平台，也可以衍生出新的事件。事件营销投入少、传播快、参与度高等特点都使得企业在一定程度上避开传统传媒营销的高收费壁垒，降低了营销传播成本，拓宽了利润空间，成为国内外企业钟爱的营销法宝。

16.2　社交网络事件营销策略："造势" vs. "借势"

《营销管理》一书中写道，"事件营销分为两个部分，一部分是事件选择，一部分是事件创造"（Kotler, 1997）。事件营销可按照不同的角度进行分类，如表 16-1 所示。

表 16-1　事件营销的类型

分类依据	分类
企业选择 事件的方式	造势型：在现有资源的基础上，联合产品或品牌，制造能够吸引消费者关注，同时有价值的营销事件，从而达到宣传的目的 借势型：及时借助社会热点，同时与品牌相联系，从而达到营销目的
是否有其他 营销工具或活动	单一型：如只是在公众之中以冠名权出现的营销活动 复合型：不只是一种营销手段，会在单一型基础上同时进行一些辅助的活动
企业的经营或 生存状态的不同	常态型：如对于房地产企业来说，开盘活动的举办 危机型：如企业采取了一系列措施使得其形象得以改善
是否 实际公开露面	显性型：最直接的公开是对事件的冠名或者是赞助 隐性型：产品或者是企业不在宣传中直接出现

本章结合实际情况，采用第一种分类方式，即将事件营销策略分为制造事件——"造势"和借用事件——"借势"这两种类型。借势是指企业及时抓住广受关注的社会新闻、事件，结合企业或产品在传播或销售上的目的而展开的一系列相关活动。企业往往会通过精心策划将自己企业的品牌融入对社会时事的宣传标语中，并对自己产品的包装进行重新设计，从不同的方面进行借势操作，以体现社会责任，提高知名度以及美誉度（戴永，2006）。造势是指企业整合本身资源，通过策划、组织和制造具有新闻价值的事件，吸引媒体、社会团体和消费者的兴趣和关注，也就是能够在短期内迅速吸引大众的注意力，获取大量传播和讨论。造势有助于企业提高知名度、巩固市场、树立良好的形象（张年胜，2012；陆苗，2014）。当企业不为人所知，知名度较低时，造势最具有效力。

企业无论采取造势还是借势策略，都需要营销者或企业找准事件和品牌的关联性，事件都必须与品牌、产品、其他营销活动、目标消费者利益相关联。如果关联性不强，就难以将消费者对事件的关注热情转移到品牌，从而不能达到事件营销的目的（Gupta et al., 1990）。此外，不管是造势还是借势，营销活动都需要具有创新性，用新颖的事件引起广泛关注，从而打破消费者的记忆屏障。不过，造势和借势这两种策略在实施时还存在一些差异。借势首先要懂得"择势"，即选择符合时代潮流、传播范围广的热点事件，可以通过舆情监测等手段捕捉社会上具有热度的事件（Whelan and Davies，2006）。相反，造势是企业通过自身创办活动来引起消费者关注，对企业的创造力是极大的考验，并且造势往往成本较高，对于营销的执行力有较高的要求，但造势可以不用担心事件的时间问题，找到创新方案，找准切合点，即可开始事件营销的策略。

16.3　品牌知名度与事件营销策略的交互影响

　　品牌传播是指品牌所有者通过广告、营销活动、公共关系、人际沟通等多种传播策略及各种传播工具，与内外部目标受众进行的一系列关于品牌信息的交流活动。企业的品牌传播活动与营销传播策略是相辅相成的（张树庭和吕艳丹，2008）。品牌传播的目的是提高目标消费者对企业品牌的认知度，增强目标客户对品牌的记忆、认可，以及令消费者正确地理解企业品牌的内涵，并产生购买行为，最终成为品牌的忠实客户。这一系列的过程的目的达成需要一个长期的品牌传播活动的积累，只有长期的品牌传播过程才能在目标客户的脑海中留下深刻的品牌印象，最终达到品牌传播的目的。品牌传播是一个长期的、随着品牌战略不断变化的过程（张树庭和吕艳丹，2008）。企业在不断地调整品牌战略的同时，需要配合不同的品牌传播策略。在品牌处于市场中不同的地位时，采取的品牌传播策略也是不同的。

　　品牌传播效果的评估是品牌传播不可分割的部分。企业希望通过品牌传播向目标受众传递信息，促进其认知和态度的变化，最终导致行为的变化（徐智，2013）。通过对传播效果的测定和掌握，不仅有利于判断传播活动进展情况，也有利于传播者以此采取纠正措施，根据受众的反应对产品或品牌中存在的不足之处进行及时的更改和提高（张大志，2012；吕蒙，2013）。当企业将事件营销等信息传递给消费者之后，消费者能够接收到企业想要传达的信息，从而使得自己对企业的认知以及行为等方面产生不同，这个不同的程度就可以用来衡量传播活动所达到的效果（张洁欣，2016）。

　　由于微博的社交性以及媒体性，微博成为当今研究的热点，各个领域的学者从不同的角度探讨了微博的信息传播。一部分学者在微博社交工具以及媒体平台的特性的基础上，采用实证分析、理论推理或者是模拟来归纳微博信息的传播特征，量化定义其传播效果，也有学者尝试探讨提升微博传播效应的有效方式，还有部分学者通过分析名人以及企业微博营销测量的优点和不足，从案例分析以及传播理论的视角来分析其特性以及效果，并对效果的提升提供建议（胡玲和韩悦心，2018；王战平等，2014）。微博中的转发、评论以及点赞等行为是微博传播效果的直观体现。传播效果可以从传播深度和传播广度来解读，深度是指接收者对信息的反应，也就是信息能够给用户带来什么影响，广度是指信息能够被多少人接触到，也就是信息的辐射范围。众多学者在研究企业微博的内容对传播效果的影响时都将转发、点赞和评论作为在社会化媒体时代评估传播效果的量化指标（陈远和袁艳红，2012）。

微博作为网络时代人们获取和传播信息的重要渠道，具有即时性、辐射范围广、速度快的特点（Kaplan and Haenlein，2010）。企业通过微博平台发布的信息会成为公众评价的重要线索，影响企业在公众心目中的形象。然而，企业的微博事件营销信息在不同情境下可能产生不同的影响，如不同品牌知名度的品牌采取的微博事件营销策略可能会有所差异，对品牌传播效果的影响也会不同（Briley and Aaker，2006）。

品牌知名度是指公众对品牌的知晓程度。当品牌知名度高低不同时，消费者获得和占有的品牌信息量也不同，致使消费者进行判断和评价时具备的知识基础不同。一般而言，当品牌知名度较低时，消费者个人知识中获得的品牌信息较少，未建立相关的知识结构。相对于高知名度的品牌，消费者对低知名度品牌的关注意愿更低，信息处理的动机也更弱。因此，在信息处理动机不足的情况下，信息来源是否可靠将成为影响消费者判断和决策的重要方面（Briley and Aaker，2006）。那么，当消费者信息处理动机较弱时，人们如何用信息来源可靠性来对"造势"和"借势"的事件营销策略信息进行反馈呢？

我们认为，当品牌知名度较低时，消费者更容易受信息来源可靠性的影响（Briley and Aaker，2006）。消费者更可能关注品牌是如何"借势"的，而非如何"造势"的。采取"借势"的事件营销策略，其营销事件有着可靠的信息来源，更可能得到消费者较好的反馈。而当品牌知名度较高时，消费者的个人知识储备中已获得较多的品牌相关信息（Macinnis et al.，1991）。与低知名度品牌相比，高知名度品牌的事件营销策略的信息将得到消费者的更多关注并引发更多的信息处理。消费者可能关注品牌发出的信息并进行认真思考和综合分析，从而更愿意对其事件营销策略信息进行积极的响应，如转发、评论和点赞。因此，提出以下假设。

H16-1：品牌知名度与事件营销策略对传播效果具有交互影响。

H16-1a：当品牌知名度比较低时，采用"借势"的事件营销策略对消费者有更显著的传播效果。

H16-1b：当品牌知名度比较高时，采用"造势"的事件营销策略对消费者有更显著的传播效果。

16.4　消费者对品牌事件的信息加工

人类的思维和决策存在两种模式：理性和直觉，也就是被人们广泛认可的双系统模式，分为系统 1 和系统 2（Groves and Thompson，1970）。系统 1 是更具演化历史和基于联想机制的信息加工系统，它的主要特点是依赖于直觉，加工过程快速、自动、无意识，不需要认知努力，而且很难控制和调整。它基本上独立于工作记忆资源和一般智力水平，也被认为是一种人类和动物共有的信息加工的认知方式。系统 1 提供了默认状态下的反应方式，对应的行为如同内在程序化的直觉反应。系统 2 通常被认为是为人类所独有的，后天进化形成的，基于抽象假设、概括分析和逻辑推理所作出的标准化反应，它的主要特点是依赖于理性、基于规则、加工速度慢且受控、加工过程需要认知努力、依赖于工作记忆和认知能力（Wixted，2007）。在某些情况下，由系统 2 精细加工所作出的响应可能会推翻系统 1 快速加工所得的结果。

精细加工可能性模型，也被称为中枢-边缘双路径加工，是信息处理领域最权威的理论模型，由心理学家 Petty 等（1983）提出。该模型提出个体进行信息处理有两条不同的加工路径：中枢路径和边缘路径，用来解释态度的形成以及改变。态度指导决策以及行为，是它的基本假设前提。刚提出该理论模型的时候，学者并没有给予其很高的重视，但是随着营销学的发展，在处理信息的过程中，精细加工可能性模型被广泛应用。

精细加工可能性模型中的"精细"是思考程度，按照思考程度，分为中枢路径和边缘路径。精细加工可能性模型与认知研究中的双系统理论的思想相一致，其边缘路径对应依赖于直觉的系统 1，中枢路径对应依赖于理性和认知努力的系统 2。中枢路径通过对问题相关论据的高努力程度的思考改变态度，需要仔细和深思熟虑的对于信息真实特质的考虑（Petty et al.，1983；Petty and Cacioppo，1986）。在论据有力的情况下，全面系统地分析和思考更有可能改变态度。边缘路径通过与目标相关的边缘线索改变态度。来源的专业性、产品代言人的流行度，以及论据的数量、视觉效果等均能够在一定情况下作为边缘线索引起态度改变（Petty et al.，1983）。

边缘路径加工成本比较低，中枢路径比较高。如果中枢路径是信息接收者接收信息时的加工方式，则他们会非常认真地评估论据，进行深入思考，同时仔细分析并综合考虑之后作出的判断，从而形成比较持续和稳定的态度（Petty and Cacioppo，1986）。在这种情况下，通常经历更多的认知过程，对于信息接收者来说是不可避免的，同时对于信息的评估将会耗费更多的精力。相反，边缘路径的认知过程就比较少，信息来源是否可靠、信息数量的多少、评论者的情绪、修辞符号以及音乐的类型等，都是可以用来进行判断的线索（Petty et al.，1983）。此种路径态度的转变主要依赖个人的直觉，态度比较不稳定。但是，无论是哪种路径，差别并不是很大，唯一的区别在于中枢路径能够更长时间地对消费者产生作用。

通过中枢路径形成的说服方式，把态度改变看成是消费者在认真考虑和综合分析有关客体本身特征的信息后形成的结果；通过边缘路径形成的说服方式则把消费者对某个客体的态度归因于与客体相关的边缘线索，如信息源、证据的数量等。中枢路径产生的态度转变需要更多的努力和思考，而边缘路径所涉及的思维加工方式无论从定性角度还是定量角度来看，都不同于高精细化加工的中枢路径。消费者会根据需要选择不一样的加工路径，从而改变其态度。两种加工方式并不是水火不相容的，他们之间是相辅相成，可以取长补短的。

精细加工可能性模型中的"精细"指对于问题相关论据的思考程度。当人们形成对问题相关思考的动机和能力时，精细概率则较高，意味着人们给予关注，试图获取有关图像和经历的记忆，并且根据所获取的记忆仔细考虑外部所提供的论据信息，分析获得有关论据特性的推断，最后得到总体评价或态度（Petty and Cacioppo，1986）。精细可能性状态，即选择哪条加工路径由动机和能力决定（Petty et al.，1983）。动机，即处理信息的欲望是否强烈；能力，即个体作出关键评估的技能。动机和能力是两个对信息处理方式（精细加工可能性路径）产生影响的关键性因素。

个体加工信息的动机主要包括认知需求和涉入度。认知需求指的是一种相对稳定的参与和享受思考的倾向（Cacioppo et al.，1983）。认知需求较低的人根据信息来源的吸引力和论据数量等简单线索形成态度（Petty et al.，1983）。而认知需求高的人更倾向于使用系统化的规则对信息进行加工。涉入度指个人内在需求、价值倾向和兴趣与所感知到的对象的关联程度。当涉入度较低时，个体倾向于使用中枢路径加工信息；当涉入度较高时，个体倾向于使用边缘路径加工信息（Cacioppo et al.，1983）。根据客体对象的不同，涉入度又可以分为广告涉入度、产品涉入度和购买决策涉入度。产品涉入度指产品与个体的关联程度或者重要程度。广告涉入度指消费者对于广告的兴趣和关注程度。购买决策涉入度则受消费者、产品和情境的共同影响，是在特定购买情境下的一种暂时的心理状态。当消费者认为产品重要、与自我相关程度高、更符合个人价值观、广告有较大吸引力，或者产品具有较高的购买价格以及购买风险时，涉入度就较高。

影响信息加工能力的客观因素主要有干扰和重复。当个体处理信息的动机和能力较强时，干扰产生的影响较大。信息的重复首先增强认同程度（Cacioppo et al.，

1983），另外个体的先验知识也带来认知能力差异（Petty and Cacioppo，1986）。在线评论能够在不同的产品阶段，为消费者提供补充的产品信息和功能导向信息，以及产品流行度的信号（Park and Kim，2007）。低专业度的客户更关注数量等边缘线索，而高专业度的客户更关注论据质量，通过中枢路径进行高努力程度的认知活动（Cacioppo et al.，1983）。

人们在进行信息加工时通常使用两种不同的方式——中枢路径加工和边缘路径加工（Petty and Cacioppo，1986）。中枢路径负责对信息进行复杂加工、分析和思考，主要关注信息本身；而边缘路径负责对信息进行直觉式的反应和处理，主要关注信息源等边缘线索，加工过程较为简单，处理速度较快（Epstein，1994）。大量研究证实，中枢路径和边缘路径加工对消费者的态度（Burke and Edell，1989）、评价（Zauberman et al.，2006）和决策（Shiv and Nowlis，2004）有着不同影响。在接收到不同的信息时，人们将启动不同的信息处理模式。当面对较为复杂的信息时，人们倾向于分配更多的认知资源进行分析和处理（Mick，1992），信息的复杂性越高，人们会投入越多的认知努力进行思考和理解，启动的是中枢路径加工方式。而面对较为简单的信息时，人们倾向于依赖直觉作出反应，较少地投入认知资源来处理信息，启动的是边缘路径加工方式（Kim et al.，2012）。

在品牌知名度较低的情境下，消费者大脑中获得的品牌信息较少，未建立相关的知识结构（Petty et al.，2008）。相比于高知名度品牌，消费者对低知名度品牌的关注意愿更低，涉入度更低。在低涉入度的情境下，边缘路径加工比中枢路径加工对消费者态度的影响大（Kim et al.，2012）。有学者发现当涉入度较低时，与中枢路径加工相比，消费者采取边缘路径加工是决定品牌态度更为重要的影响因素。"造势"更多地展示品牌事件营销策略本身的内容，而"借势"更多地展示品牌事件营销策略的来源信息。因而，在品牌知名度低的情境下，"借势"的品牌事件信息相较于"造势"的信息更能够影响消费者的态度和评价。原因是当品牌知名度较低时，"借势"事件营销策略比"造势"策略能导致更多的边缘路径加工，进而激发更好的传播效果。

因此，提出如下假设。

H16-2：对于低知名度的品牌而言，"借势"（相对于"造势"）的事件营销策略能导致更多的边缘路径加工，进而激发更好的传播效果，即在品牌低知名度情境下，边缘路径加工在品牌事件营销策略与传播效果的关系中起中介作用。

在品牌知名度较高的情况下，消费者大脑中已经获得了该品牌的基本信息，建立了相关的知识结构（Petty et al.，2008）。相对于低知名度品牌，消费者对高知名度品牌的关注意愿更高，信息处理的动机更强，消费者涉入度更高（Macinnis et al.，1991）。当涉入度高时，人们将投入更多的认知资源进行信息的加工，中枢路径加工比边缘路径加工对消费者态度的影响大（Greenwald and Leavitt，1984）。由于"造势"通常是品牌自己创造出来的事件营销，其复杂程度更高，更可能导致中枢路径加工方式（Mick，1992；Kim et al.，2012）。因而，在品牌知名度高的情境下，"造势"的事件营销策略相对于"借势"策略更能够影响传播效果。其内部逻辑是，对于高知名度的品牌而言，"造势"的事件营销策略比"借势"策略能导致更多的中枢路径加工，进而激发更好的传播效果。

因此，提出如下假设。

H16-3：对于高知名度的品牌而言，"造势"（相对于"借势"）的事件营销策略能导致更多的中枢路径加工，进而激发更好的传播效果，即在品牌高知名度情境下，中枢路径加工在品牌事件营销策略与传播效果的关系中起中介作用。

16.5 主要结论

在已有关于品牌事件营销、品牌知名度、消费者信息加工路径、品牌传播效果及其相关研究的基础上，本章围绕"不同知名度品牌的事件营销策略如何影响传播效果"这一核心问题，基于精细加工可能性模型视角，构建了研究框架并提出研究假设，理论模型如图 16-1 所示。通过新浪微博网站的实时数据分析和实验研究方法对研究假设进行了验证，研究结论如下。

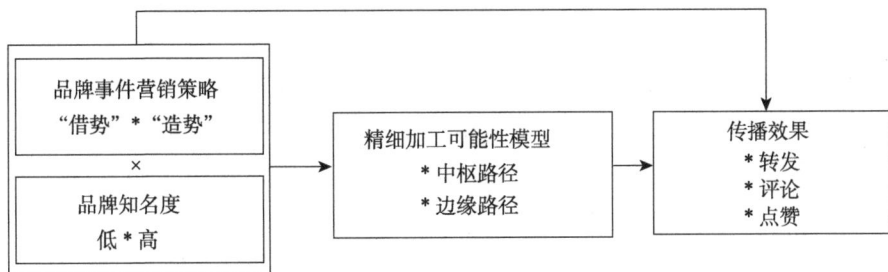

图 16-1 品牌事件营销策略及其传播效果

（1）品牌知名度与事件营销策略（"借势" vs. "造势"）对传播效果具有交互影响。对于知名度较低的品牌，采取"借势"的事件营销策略有着更显著的传播效果；对于知名度较高的品牌，采取"造势"的事件营销策略有着更显著的传播效果。

（2）消费者通过精细加工可能性模型来处理不同知名度品牌的事件营销策略从而对传播效果产生影响。对于低知名度品牌而言，"借势"的事件营销策略能够激发消费者进行更多的边缘路径加工，从而有着更显著的传播效果。对于高知名度品牌而言，"造势"的事件营销策略能够激发消费者进行更多的中枢路径加工，从而传播效果更显著。

16.6　管理启示

（1）品牌要充分利用微博对其传播效果进行提升。在互联网快速发展的情况下，微博是一个很好的平台，品牌可以通过该平台进行事件营销，来获得消费者的关注与互动，从而对消费者心中的品牌印象进行加分。本章将事件营销策略分为"造势"和"借势"两种类型。"造势"一般是未发生的事件，因此会使得用户更多地关注发布者的信息，而"借势"一般是已经存在的热点事件等，消费者对其比较了解，因而会更关注营销事件信息本身。因此，品牌应该根据自身情况，采用不同的事件营销策略，以此提升传播效果。企业需要用心策划，采取合适的事件营销策略，从而达到营销目的。

（2）品牌在进行事件营销时要注重信息类型的选择。品牌通过微博来提升传播效果是明智之举，但是需要重视在不同情境下，不同事件营销策略产生的传播效果会有所差异（Briley and Aaker，2006）。例如，对知名度大小不同的品牌，消费者对其事件营销的感知和评价是不同的。具体而言，当品牌知名度比较低时，应该更多借助社会热点事件。对于高知名度的品牌而言，需要更多地进行"造势"。

（3）知名度高低不同的品牌可以分别通过社交媒体采取"借势"或"借势"的事件营销策略来获得理想的传播效果，这跟消费者对营销事件的加工方式息息相关（Petty and Cacioppo，1986）。知名度较低的品牌可以通过"借势"的事件营销策略来启动受众的边缘路径加工，获得消费者的积极态度，从而获得更多的转发、评论和点赞（Kim et al.，2012）。相反，知名度较高的品牌可以通过"造势"的事件营销策略来激发受众的中枢路径加工来获得消费者更多的转发、评论和点赞（Petty et al.，2008）。从消费者加工信息的方式的视角理解品牌事件营销策略对传播效果的影响机制能够为品牌赢得消费者更加积极参与的态度，取得更好的传播效果。

本章小结

- 品牌事件营销策略有两种不同的类型——"借势"和"造势"。"借势"是指企业及时抓住广受关注的社会新闻、事件，结合企业或产品在营销传播或销售上的目的而展开的一系列相关活动；"造势"是指企业整合本身资源，通过策划、组织和制造具有新闻价值的事件，吸引媒体、社会团体和消费者的兴趣和关注。
- 精细加工可能性模型认为个体进行信息处理有两条不同的加工路径，即中枢路径和边缘路径。中枢路径负责对信息进行复杂加工、分析和思考，主要关注信息本身；边缘路径负责对信息进行直觉式反应和处理，关注信息源等边缘线索，加工过程简单，处理速度快。

- 对于低知名度的品牌而言，"借势"的事件营销策略相比"造势"的事件营销策略更能激发消费者进行更多的边缘路径加工，因而传播效果更好；对于高知名度的品牌而言，"造势"的事件营销策略相比"借势"策略更能激发消费者进行更多的中枢路径加工，因而传播效果更好。

参考文献

曹忠鹏，代祺，赵晓煜. 2012. 公益事件营销中企业–消费者契合度和宣传侧重点影响效果研究[J]. 南开管理评论, 15(6): 62-71.

陈远，袁艳红. 2012.微博信息传播效果实证研究[J]. 信息资源管理学报, 2(3): 28-34.

戴永. 2006. 我国企业当前市场环境下的事件营销策略研究[D]. 大连: 东北财经大学.

邓香莲. 2005. 把握事件营销，充分"借势""造势"：社科版《没有任何借口》借事件营销上青云[J]. 出版发行研究, (9): 64-67.

胡玲，韩悦心. 2018. 企业微博的信息特征对消费者口碑再传播的影响研究[J]. 管理学报, 15(11): 1713-1721.

黄敏学，彭捷，李萍. 2017. 企业微博的内容对其传播效果的影响研究[J]. 珞珈管理评论, (3): 113-129.

卢芸. 2014. 网络事件营销传播效果模型构建及实证研究[D]. 武汉: 武汉理工大学.

陆苗. 2014. 企业事件营销实施关键成功因素研究：多案例分析[D]. 重庆: 西南政法大学.

吕蒙. 2013. 网络社交媒体关系网络与品牌传播[D]. 沈阳: 辽宁大学.

王永嘉. 2005. 事件管理[M]. 北京: 清华大学出版社.

王战平，阮成奇，李鸣瑜，等. 2014.企业微博传播效果测评研究[J]. 情报科学, 32(9): 52-59.

徐智. 2013. 自媒体形势下的品牌传播与维护[J]. 中国电力企业管理, 11: 100-101.

张大志. 2012. 微博助推企业文化和雇主品牌建设[J]. 现代人才, (2): 29-30.

张洁欣. 2016. 互联网广告新规出台：付费搜索广告与自然搜索应明显区分[J]. 信息与电脑, (13): 3-5.

张年胜. 2012. 事件营销在房地产营销中的应用研究[D]. 合肥: 安徽大学.

张树庭，吕艳丹. 2008. 有效的品牌传播[M]. 北京: 中国传媒大学出版社.

张文利. 2008. 构建客满意的服务营销战略[J]. 广播电视大学学报(哲学社会科学版), 2: 5.

Batra R R, Michael L. 1986. Affective responses mediating acceptance of advertising[J]. Journal of Consumer Research, 13(2): 234-249.

Bergkvist L, Eiderbäck D, Palombo M. 2012. The brand communication effects of using a headline to prompt the key benefit in ADS with pictorial metaphors[J]. Journal of Advertising, 41(2): 67-76.

Briley D A, Aaker J L. 2006. When does culture matter? Effects of personal knowledge on the correction of culture-based judgments[J]. Journal of Marketing Research, 43(3): 395-408.

Burke M C, Edell J A. 1989. The impact of feelings on ad-based affect and cognition[J]. Journal of Marketing Research, 26(1): 69-83.

Cacioppo J T, Petty R E, Morris K J. 1983. Effects of need for cognition on message evaluation, recall, and persuasion[J]. Journal of Personality and Social Psychology, 45(4): 805-818.

Chattopadhyay A, Bindman A B. 2005. Accuracy of Medicaid payer coding in hospital patient discharge data: implications for Medicaid policy evaluation[J]. Medical Care, 43(6): 586-591.

Cheng A, Evans M. 2009. An in-depth look at the 5% of most active users[Z]. Sysomos Research Library.

Ellmann A, van Heerden P D, van Heerden B B, et al. 2001. 99mTc-MIBI stress-rest myocardial perfusion scintigraphy in patients with complete left bundle branch block[J]. Cardiovascular Journal of South Africa, 12(5): 252-256.

Epstein S. 1994. Integration of the cognitive and the psychodynamic unconscious[J]. American Psychologist, 49(8): 709-724.

Fischer E, Reuber A R. 2011. Social interaction via new social media: (how) can interactions on Twitter affect effectual thinking and behavior?[J]. Journal of Business Venturing, 26(1): 1-18.

Gaines-Ross L. 2000. CEO reputation: a key factor in shareholder value[J]. Corporate Reputation Review, 3(4): 366-370.

Girginova K. 2013. Social CEOs: Twitter as a constitutive form of communication[D]. Washington: Georgetown University.

Greenwald A G, Leavitt C. 1984. Audience involvement in advertising: four levels[J]. Journal of Consumer Research, 11(1): 581-592.

Groves P M, Thompson R F. 1970. Habituation:a dual-process theory[J]. Psychological Review,77(5): 419-450.

Gupta S, Mehrotra I, Singh O V. 1990. Simultaneous extraction scheme: a method to characterise metal forms in sewage sludge[J]. Environmental Technology, 11(3): 229-238.

Hartzel K S, Mahanes C J, Maurer G J, et al. 2011. Corporate posts and tweets: brand control in web 2.0[J]. Journal of Information & Knowledge Management, 10(1): 51-58.

Hogan B. 2010. The presentation of self in the age of social media: distinguishing performances and exhibitions online[J]. Bulletin of Science, Technology & Society, 30(6): 377-386.

Kaplan A M, Haenlein M. 2010. Users of the world, unite! The challenges and opportunities of social media[J]. Business Horizons, 53(1): 59-68.

Kim J, Baek Y, Choi Y H. 2012. The structural effects of metaphor-elicited cognitive and affective elaboration levels on attitude toward the ad[J]. Journal of Advertising, 41(2): 77-96.

Kotler P. 1997. Manajemen pemasaran: analisis, perencanaan, implementasi, dan kontrol Marketing management: analysis, planning, implementation, and control[J].Chemical Physics, 214(1): 23-32.

Macinnis D J, Moorman C, Jaworski B J. 1991. Enhancing and measuring consumers' motivation, opportunity, and ability to process brand information from ads[J]. Journal of Marketing, 55(4): 32-53.

Martensen A. 2007. Tweens' satisfaction and brand loyalty in the mobile phone market[J]. Young Consumers Insight & Ideas for Responsible Marketers, 8(2): 108-116.

Mick D G. 1992. Levels of subjective comprehension in advertising processing and their relations to ad perceptions, attitudes, and memory[J]. Journal of Consumer Research,

18(4): 411-424.

Park J, Kim J. 2007. The importance of perceived consumption delay in internet shoppingtime-related information, time risk, attitude, and purchase intention[J]. Clothing & Textiles Research Journal, 25(1): 24-41.

Petty R E, Cacioppo J T, Schumann D.1983. Central and peripheral routes to advertising effectiveness:the moderating role of involvement[J]. Journal of consumer Reseach, 10:135-146.

Petty R E, Cacioppo J T. 1986. The elaboration likelihood model of persuasion[J]. Advances in Experimental Social Psychology, 19: 123-205.

Petty R E, DeMarree K G, Briñol P, et al. 2008. Need for cognition can magnify or attenuate priming effects in social judgment[J]. Personality and Social Psychology Bulletin, 34(7): 900-912.

Shiv B, Nowlis S M. 2004. The effect of distractions while tasting a food sample: the interplay of informational and affective components in subsequent choice[J]. Journal of Consumer Research, 31(3): 599-608.

Whelan S, Davies G. 2006. Profiling consumers of own brands and national brands using human personality[J]. Journal of Retailing and Consumer Services, 13(6): 393-402.

Wilkinson D G. 1988. The Event Management and Marketing Institute[M]. Willowdale: Wilkinson Group.

Wixted J J. 2007. Dual-process theory and signal-detection theory of recognition memory[J]. Psychology Review, 114(1): 152-76.

Zauberman G, Diehl K, Ariely D. 2006. Hedonic versus informational evaluations: task dependent preferences for sequences of outcomes[J]. Journal of Behavioral Decision Making, 19(3): 191-211.

第 17 章

传承与创新：社交媒体环境中的传统国货营销

■ 导论

　　传统国货是民族传统文化的重要载体，具有其他品牌无法复制的历史文化、经济文化价值和地理特质。例如，创建于 1669 年的同仁堂见证了中国 300 多年的历史，其产品独特，疗效显著，受到了国内外消费者的广泛认可和喜爱。此外，传统国货是蕴含了几代人智慧结晶的原创产品和服务，已经历经时间和市场的反复考验，受到不同年龄跨度的消费者的喜爱。例如，具有近百年历史的传统护肤品牌百雀羚，其经典护肤霜、精华水等产品现在仍然受到消费者追捧。另外，传统国货品牌还具有难以复制的排他性品牌特质，占据消费者心智，增加了后来品牌模仿和超越的难度。例如，传统鞋业品牌回力，它与中国体育界的密切联系不仅帮助其树立了爱国运动品牌的良好形象，同时也被消费者认为是民族荣耀的象征物，收获了不同年龄层的消费者的喜爱。深厚的历史文化底蕴、数代人的美好记忆、难以磨灭的民族情感是传统国货走向辉煌的关键，但与此同时，它们在新的市场背景下也面临着变革求新的挑战。

　　互联网的飞速发展给经济和社会带来了巨大的变化。5G、大数据技术、云计算技术等新兴技术不仅为消费者提供了更广泛的消费情境和方式，而且在一定程度上改变了消费者的偏好和习惯。一些传统老品牌由于无法适应新的营销环境，出现了"传承无力""创新不足"等问题，逐渐走向衰败，甚至湮没在市场竞争中（许晖等，2018）。但与此同时，国内外仍有许多百年品牌如可口可乐、百雀羚、九芝堂、西门子等仍然基业长青并深受消费者喜爱。

　　随着时代的变化，"Y"世代和"Z"世代消费者正在逐渐替代上一代传统消费者，成为主流消费群体。作为互联网的"原住民"，年轻消费者在消费理念和消费模式上与传统消费者产生了巨大的差异。他们出生在物质富足的年代，因此更追求精神层面的满足。希望通过更具个性、更富创意的产品传达自己的价值观并获得他人的认同，而社交网络的丰富性、多样性恰巧能满足新一代消费者自我表达的需求。这就导致年轻消费者不断涌入社交网络环境，推动了新产品的快速迭代。因此，传统国货应当如何抓住社交网络环境所带来的历史机遇，打造受消费者喜爱的新一代国货品牌，值得系统性思考和研究。

新生代消费者更倾向于将某种消费体验转换成消费价值，社交网络极具时效性与开放性的特点，以及便捷的自我展示与社交互动渠道，为产品的价值创造提供了重要的平台，也决定了企业营销需要更加关注产品和品牌所传递的价值。价值营销是在传统营销的基础上，强调企业自身价值理念和产品多元化价值的营销方式。基于价值管理的视角，企业为消费者提供有价值意义的产品或服务，并创造有别于竞争对手的价值（Doyle，2000）。

对于传统国货而言，企业营销不仅要为客户创造价值，也要服务于企业的理念、利益和发展。本章讨论传统国货在社交网络环境下进行价值营销的内容和模式，首先梳理了新媒体与社交网络的应用给传统国货营销带来的机遇和挑战，其次分析了传统国货回潮现象的本质和背后的逻辑，最后提炼整合出社交网络环境下传统国货回潮的价值营销框架，并提出了传统国货进行价值营销的路径和具体策略。

17.1　社交网络新媒体带来的机遇

社交网络环境中的信息传播和人际互动很大程度受到新兴媒体形式的助力。新媒体的应用，使得社交网络环境下的信息传播在内容形式、传播方式、传播途径等方面都得到了极大的丰富和转变。随着互联网技术、移动通信技术和 AI 等技术的进步，新媒体的产品类型逐渐增多，形式也逐渐丰富，社交媒体实质上就是建立在各种新媒体上的社交网络。

新媒体与传统媒体在时间、空间和传播模式上均有很大的不同，其主要特点可以总结为四个方面。一是受众广泛。新媒体能够冲破时间和空间的界限，实现对用户的全天候多渠道触达。二是时效性强。新媒体传播由于不受时间限制，因此对信息的时效性要求较高。信息一经产生，传播的速度越快、受众接触到信息的时间越早，信息的现实意义就越大（张静和王欢，2010）。三是内容多元化。借助 5G 和大数据算法等新技术，新媒体能够实现"千人千面"的个性化信息推送（You et al.，2015），信息发布者可以为用户提供具有针对性的服务、内容、体验，满足用户多元化的需求（Pathak et al.，2010）。四是参与度高。新媒体平台的开放性比传统媒体高，用户能以更低的成本参与信息的制作和发布过程。例如，我国的小红书、抖音、快手、哔哩哔哩等都是新媒体时代典型的用户生成内容平台，这些平台创造了大量的意见领袖，提高了用户的话语权，也提高了用户对强互动性、高创新性信息的需求（Pathak et al.，2010）。

新媒体也被广泛应用于营销领域。企业依托社交媒体、短视频、H5 等新媒体传播渠道，能与消费者互动并完成品牌宣传、客户关系管理、产品促销等营销活动。新媒体营销不仅仅是传统媒体营销的数字版，还是一种全新的营销方式，具有形式多样、个性化突出、互动性强、面对范围广以及内容传播快速、直观、高效等特点（Chatterjee and Kumar，2020；宋启平，2015）。随着新媒体的发展，新媒体营销在企业的客户关系管理、产品曝光和品牌形象塑造等方面都发挥着不可替代的作用。

从产品和品牌曝光角度而言，新媒体搭建了企业和消费者之间的桥梁。通过新媒体平台，消费者能更直接、更容易地与产品、服务和品牌取得联系，进而建立对产品或品牌的信任（Arasu et al.，2020）。尤其是，在新媒体中企业能够更方便地使用可视化的动态信息，提高消费者的体验感和参与感，进而获得消费者更多的认同并促进其产生对特定产品的偏好。另外，新媒体改变了人们交流、联系和影响他人的途径（Ki et al.，2020)，更有利于品牌与消费者的沟通、互动和反馈。企业也能通过社交互动及时获得消费者对产品和品牌的反馈，对品牌和产品作出有益的改进（Chatterjee and Kumar，2020）。

显然，社交网络新媒体在给传统国货营销带来挑战的同时也带来新的机遇。企业能够借助社交媒体触达更多样的消费群体，获得更准确的用户画像和消费数据，并针对不同消费群体实施精准营销，或通过多种媒体形式组合的营销策略传递品牌理念、再创品牌价值、重构品牌形象，对产品本身作出改进。同时，还能够利用社交媒体的社交属性，以较低的成本在消费者间形成大量传播，实现有效的价值沟通。社交媒体互动性强、时效性强、受众广的特点决定了新媒体环境下的企业营销需要更多地关注产品和品牌所传递的价值。对传统国货而言，其固有的历史文化内涵具有巨大的品牌价值和塑造潜力，社交媒体环境能够为传统国货的价值创造和价值传播提供技术和平台支持。因此，价值营销有望在社交媒体环境下为传统国货的传承与发展带来新的契机。

17.2 传统国货回潮与新生代消费者

近几年"国货"风潮开始在一些年轻人中间慢慢流行起来，很多在市场大潮冲击下逐渐沉寂的经典国货又重新出现在人们的生活中。例如，回力鞋、海魂衫、百雀羚、谢馥春等突然再次成为潮货，在时尚界刮起一阵复古风，成为最新的潮流标签。传统国货品牌是指在中国本土注册成立时间较早，具有较长的生命周期，有一定的品牌文化和历史积淀，同时在产品上有差异性，并形成了一定知名度和口碑，得到了社会的广泛认同和赞誉的品牌。对于传统国货，有学者将其等价为中华老字号，指经营多年、有广泛影响力的品牌，如北京同仁堂、全聚德烤鸭等。也有学者强调其历史性，认为同时具备民族背景、文化底蕴、消费者认同和世代传承的产品、技艺或服务才可称为传统国货品牌（徐伟等，2015；许晖等，2018；朱霞，2020）。

传统国货对不少年轻消费者具有独特的吸引力，甚至已形成新的流行趋势。事实上，随着我国经济实力、科技实力的不断提高，新生代消费者有了更多的民族自信和文化自信，对中国传统文化有了新的、独特的见解，对传统国货产生了更强的文化认同，这也给传统国货回潮带来了机会。近年来，一些历史悠久的传统国货，它们在经历创新后重新焕发出市场活力，收获了大量忠实粉丝，推动着"国货崛起"的大潮日渐高涨。传统国货走红的背后是中国文化思潮和国粹的复兴，一批沉寂已久的传统国货随之开始有了大动作。但传统国货品牌往往存在内核老化、产品创新不足、品牌宣传模式僵化、营销模式落后等问题，如何适应社交网络新媒体环境并获得新生代消费者的价值认同，也是一大挑战。

相比于传统消费者，新生代消费者更关注品牌和产品的价值观是否与自己的理念相契合，对产品有更深层次的诉求，并且在消费上具有社交口碑驱动的属性。新生代消费者对精神层面的追求大于物质层面，希望借助更具个性、更富创意的产品，通过新媒体平台传达自己的价值观并获得他人的认同。在"自我–品牌联系"中，当他们感知到自我身份与品牌传达的产品理念、价值观、文化内涵等相契合时，便会产生认同感。为了吸引这些消费者，新兴的品牌层出不穷，营销方式更加丰富多样。例如，许多国产品牌充分利用社交网络新媒体的互动环境进行价值沟通，从而获得了消费者对品牌的忠诚和美誉。

随着市场环境的不断变化，许多传统国货品牌由于不能适应新市场而逐渐退出历史舞台，然而也有一些品牌抓住了新的历史机遇，至今仍然充满活力，拥有大量年轻消费者的支持。这一现象也引起了学界的广泛讨论。一部分学者基于定性分析的思路，从国货回潮的现象出发，分析传统国货发展中遇到的问题，以及成功企业的一种或几种做法（王子月，2019；朱霞，2020）。还有一部分学者基于量化研究的思路，以统计分析为基础，探讨特定变量对消费者选择和购买传统国货的影响，如国货意识、品牌特性等要素（汪蓉和李辉，2013；庄贵军等，2006）。

17.3　"回力"案例研究

本章研究的问题是新媒体环境下传统国货如何借助价值营销实现回潮，属于"如何"和"为什么"的问题，采用的主要研究方法是案例分析法。首先，案例研究适用于构建过程理论，且通常用来解决"如何"以及"为什么"的问题。本章研究的问题属于"如何"类的问题，适合通过对典型案例的分析，发掘其主要的过程和结果，探索其中的共性规律。其次，本章基于中国情境，对传统国货回潮进行分析。目前有关于传统国货回潮的研究大都是从现象角度加以阐述，没有提出对企业有指导意义的理论框架，现有理论无法解决企业"如何做"的问题，而案例研究则适用于对现有理论不能充分回答或解释的问题的研究。最后，本章研究在实践和理论的交互中确定研究主线和研究视角，不需要对研究的过程进行控制。综合以上因素，本章研究最适宜采用案例研究法。

此外，目前国内外对国货回潮的研究缺少系统性的理论研究，而单一案例研究能较好地回答"为什么"和"怎么样"的问题，能够保证对案例的研究深度。故此，本章研究选取单案例研究方法。

17.3.1　案例选择

由于案例研究主要是为了构建或发展理论，因此案例的选择应不同于定量研究中的随机抽样，应遵循理论抽样的原则，选择能够形成和发展关键构念之间关系和逻辑的代表性案例。基于研究背景和文献回顾，本章拟围绕"新媒体环境下传统国货如何借助价值营销实现回潮"这一核心问题展开研究。前期广泛收集传统国货资料，综合考虑以下三点抽样标准。①案例企业是传统国货品牌的代表，具有悠久的历史背景，且在市场上有相当的品牌影响力和大众知名度。②案例企业的发展曾经历过低迷期，而后经历了传承和创新的营销变革后重新崛起，其品牌运营模式具有较强代表性。③案例企业着重借力新媒体技术和平台与消费者进行互动，重视品牌价值的塑造和传播。最终从百雀羚、文和友、回力、郁美净、同仁堂等众多品牌中选取了上海回力鞋业有限公司（以下简称"回力"）作为研究对象。主要原因有以下三个方面。

第一，回力创办时间早，且活跃至今，符合我们对传统国货发展历史的要求。回力创设于1927年，曾获得上海市著名商标、中国驰名商标等认证，产品不仅风靡全国，而且席卷包括泰国、印度在内的全球几十个国家和地区。在创立时间、产品生产和市场表现等方面均符合本章对传统国货的内涵界定。

第二，自企业创办以来，回力比较完整地经历了从快速发展到破产沉寂，再到重新崛起的过程，充分反映了国货回潮的特点。回力自创办以来，发展迅速，并在 20 世纪七八十年代达到顶峰，风靡全国。进入 90 年代后受到冲击陷入低迷，导致破产重组。2008 年以来，借助营销发力，回力重新进入大众视野，获得消费者广泛认可。回力的发展历程符合国货"回潮"的特点。2018 年，回力被认定为"老字号中的粉丝经济代言人"，品牌认知度和消费者创新力等方面的指标均表现优秀。

第三，回力再度崛起的过程中着重借力新媒体，重视价值营销。2008 年以来，回力着眼价值营销，并着重利用新媒体手段展开营销活动，反映了新媒体环境下传统国货的价值营销方式。本章聚焦于新媒体环境下传统国货的价值营销方式，回力的营销举措为研究问题提供了广泛的数据来源，有利于构建理论和发掘研究价值。

基于以上三点考虑，我们认为，回力较好地表现了传统国货的特征及其在新媒体环境下面临的机遇和挑战，同时反映了传统国货利用价值营销的具体方式。因此，适合作为本章案例研究的研究对象。

17.3.2 案例介绍

回力是上海华谊集团投资有限公司全额投资的独立法人企业，主要业务范围包括回力品牌的各种鞋类产品研发到销售的全过程。产品遍布海内外几十个国家和地区。自 1927 年创立以来，回力于 1935 年正式注册商标，距今约百年历史。其间获得过上海市著名商标、中国驰名商标等认定。

20 世纪 40 年代，回力组建了篮球队，其鞋类产品以舒适、减震、防滑等特点获得了专业运动员的青睐。80 年代，中国女排姑娘们赢得了世界杯冠军。回力鞋也因此一时风光无限，成为当时的潮流风向标，国内年轻人大多都以拥有一双回力鞋为傲。进入 90 年代，市场经济逐渐发力，回力受到了来自耐克、阿迪达斯、李宁等国内外新老品牌的巨大冲击，发展陷入低迷。2000 年，被迫宣告破产，而后被上海华谊集团投资有限公司出资组建，成立了现在的回力鞋业。重组后回力的销售收入低迷，陷入发展瓶颈。直到 2008 年，回力迎来发展的转机，好莱坞明星奥兰多·布鲁姆拍戏时所穿的白色帆布鞋为回力鞋，并获得了国外一众明星的追捧，回力鞋因此重回大众视野。随后，借助 2008 年北京奥运会和 2010 年的上海世博会的机遇，回力主动进行品牌曝光，成功吸引了国内外明星和政要的注意。同时，回力也积极开展线上营销活动，开通官方微博、微信公众号，植入体育和文艺活动、匹配意见领袖进行直播推广、参与公益和热点活动等。自 2015 年起，回力的销售调头走上了快车道，每年增速均超过 20%，到 2018 年，综合销量达到 8000 万。

企业的详细发展阶段与关键事件如图 17-1 所示。

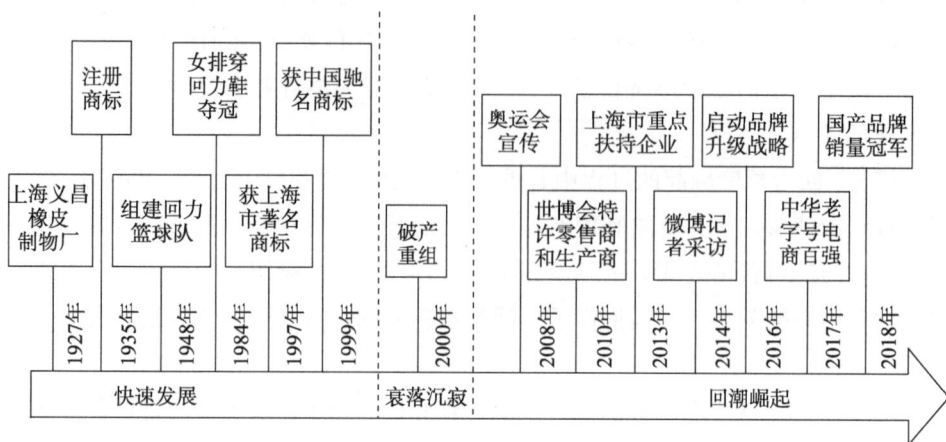

图 17-1　回力发展阶段与关键事件

从发展历程来看，回力经历了较为顺利的初期发展，随后也经受了市场经济的冲击，并最终利用新媒体和价值营销重新走进大众视野，实现回潮。符合我们对案例的要求，具有代表性。本章希望通过分析回力鞋业的发展，回答在新媒体环境下中国传统国货应该如何进行价值营销的问题。

17.3.3　数据来源和收集方法

案例研究的数据收集可以且应当通过多种渠道获得，如访谈、文献、文档、观察等，以保证案例研究的有效性。按照获取方式的不同，可以将数据分为一手资料和二手数据。研究者通过访谈和观察等亲身参与的方法，首次获取的数据称为一手资料。通过间接方式，二次利用已有的文档、文献等数据则称为二手数据。本章遵循案例研究资料收集原则展开数据收集，将一手资料和二手数据相结合。原因有以下几个方面。首先，一手资料和二手数据相结合能够满足案例研究的三角互证要求，从多个角度对研究结论进行验证。其次，一手资料对探索性案例研究有突出的作用，有利于发现案例企业的发展脉络并分析其中的核心要素，能够帮助构建理论。最后，相比于一手资料，二手数据的获取成本相对较低且客观性强，可以从第三方的角度对案例研究对象的情况进行反映，是对一手资料的有效补充，能够进一步支撑研究结论，并提高研究的效度和信度。

一手资料的来源主要为访谈数据。本章从消费者感知角度挖掘传统国货品牌利用价值营销实现回潮的具体过程，因此以回力用户或潜在消费者作为访谈对象。采用深度访谈和在线访谈相结合的方式充分收集数据。由于新媒体环境下新生代消费者成为消费市场的主力军，传统国货的营销更重视迎合年轻消费者的需求，因此在访谈对象的选取方面，主要以年龄在 20~35 岁，对于回力品牌有一定的了解，曾穿戴过回力产品或有购买经历的消费者为主。访谈采用半结构化访谈，每次访谈由 3 人以上团队配合完成。先结合相关理论，针对"新媒体环境下传统国货如何进行价值营销"这一问题制定初步的访谈提纲。之后进行访谈，在访谈过程中，使用开放式的问答方式，根据受访者提出的现象或观点进行深入追问，获得尽可能详细的信息。对访谈进行全程录音，在每次访谈结束后，及时整理音频文件并转录为文字材料，保证访谈数据的真实有效性。为保证访谈材料的匹配性和完整性，在访谈结束后对访谈资料进行集中讨论，发现当前搜集数据的不足，并及时调整和完善访谈提纲。研究团队从线上社交媒体平台和店铺评论区以及线下购物商场共随机抽取了 15 名购买或有购买回力产品意愿的消费者进行访谈，最终整理访谈录音 249 分钟，形成约 3.5 万字文档资料。

二手资料包括如下几类。

（1）文献资料。通过中国知网、万方、EBSCO、Elsevier 等国内外数据库以"回力""回力鞋业""Warrior"等为关键词搜索相关文献。从搜索结果中选取重点文章进行仔细阅读和整理，如《国民经典品牌的再生设计——以"回力"鞋业品牌为例》《数字化转型背景下中华老字号的粉丝经济模式研究——以上海回力为例》等，发现现有文献的理论缺口。

（2）企业官网资讯以及其他网站资讯。通过回力的企业官网和其他新闻资讯网站获取回力相关资料，重点关注回力公开营销活动及效果数据，如《永远的陪伴 永恒的记忆——回力品牌经销商管理会议暨秋冬季产品订货会圆满落幕》等。

（3）微信公众号、微博、哔哩哔哩、知乎等网站相关内容。通过回力官方微信公众号、官方微博等获取回力的各种营销动作，并关注官方账号与消费者的互动内容，如哔哩哔哩视频《"小柴胡喵"国货之光——回力开箱 百元内日常百搭好穿运动鞋》，知乎问答《如何评价中国老牌企业回力？》《回力、人本、飞跃哪一双最好穿又百搭？》等。通过哔哩哔哩和知乎等用户自生成内容平台获得消费者对回力营销活动的反馈，从消费者角度对回力的营销活动进行反映。本章最终获得的二手资料包括视频、文字和图片，其中视频 97 段、文字 55.3 万字、图片 2870 张。

详细的数据来源和数据的描述性统计见图 17-2 和表 17-1。

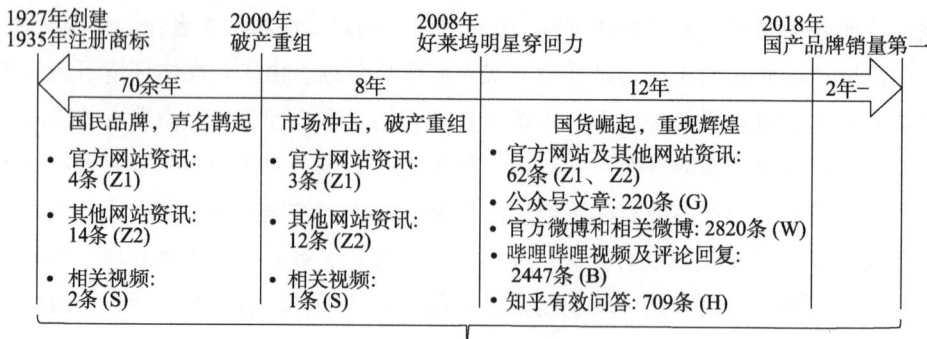

图 17-2　回力案例二手数据来源汇总

表 17-1　回力案例数据来源汇总

数据来源		数据形式	数据量
一手资料	深度访谈	文字	9 人；2.4 万字
	在线访谈	文字	6 人；1.1 万字
二手数据	回力官网资讯	文字	8.1 万字
	其他网站资讯	文字	
	官方微博	文字	7.5 万字
		图片	1128 张
	知乎问答	文字	30.3 万字
		图片	422 张
	哔哩哔哩	文字	2.9 万字
		视频	92 段
	微信公众号	文字	6.5 万字
		图片	1320 张
		视频	5 段

17.3.4　数据编码与分析

1. 开放编码

编码是分析质性资料的第一步，研究人员通过定义原始资料中的数据形成代码，并进一步概念化，方便理论研究。概念是人们认知最基础的结构，由数据形成代码的过程就是将现象理论化的过程，反映了研究者对数据所反映的现象的本质理解。

本章研究的开放编码过程由研究团队成员分组背靠背完成，确保编码反映了被研究对象的想法。被编码的数据段包括单独的语句和段落。例如，将"回力品牌成人鞋从未出现过产品质量问题"编码为"品质优良"；"质量真的和同价位其他牌子的鞋子不能比，好太多了"编码为"性价比高"等。此外，为了保证编码的系统性，本章研究对所编码的资料设计了编码标识规则（官方网站资讯，Z1；其他网站资讯，Z2；相关视频，S；公众号文章，G；微博，W；哔哩哔哩视频及评论回复，B；知乎，H；访谈，F），如 Z1-1-1-1 是指回力官方网站资讯的第一条的第一段的第一句。为了清晰地展示对原始资料进行标签化、形成代码和提炼概念的过程，本章列举了部分代码和概念的提炼过程，具体如表 17-2 所示。

表 17-2　从代码到概念的形成过程举例

部分原始资料（代码编号与段落编号）	概念化	副范畴
远远望去，首先映入眼帘的是由鞋带穿梭而成的"回力时光隧道"，隧道内布满了一双双从经典到时尚的回力鞋，代表了回力在 92 年的历史征程中，一个个经典的瞬间（G-22-2-2）	百年回力，伴随成长	A1 怀旧情怀
初中的时候我妈给我买了第一双回力鞋（F-2-2-1）	儿时的回忆	
100 元档次的硫化鞋，回力算是一等产品了（H-12-5-1）	百元价位的一等品	A5 性价比高
主要就是便宜、质量好，这是物美价廉（F-1-5-1）	价格便宜，质量好	
我知道这些年回力也做了不少联名和新款（F-5-5-2）	联名活动	A9 跨界联名
你们一直在问的回力×喜茶联名款来了（W-20-1-1）	跨界合作喜茶	
我国第一列"中华老字号"品牌地铁发车啦，老字号搭上新时代的快车，历史文化与现代科技同行（W-26-2-1）	打出国货标签，激发民族认同感	A12 创造认同感
致敬中国女排、奥运精神、新中国成立 70 周年，唤起用户爱国情怀（Z2-49-2-4）	唤起爱国情怀	A17 激发爱国热潮
后来慢慢了解是因为看有一些时尚博主会用回力做搭配（F-6-3-2）	时尚博主介绍	A21 KOL[①]和KOC[②]带货
新一期《潮流合伙人》又更新啦，节目又向我们安利了一大批中国潮牌，如华人青年、BABAMA 等，但我印象最深的还是回力（H-60-3-1）	中国潮流品牌	A24 潮流价值认同
我们将品牌精神升华，打出"爱国青年 全力以赴"的概念，全网征集并邀请 200 位"破浪"青年，统一穿着 CHIN×回力的"爱国青年"定制 T恤，线下观影新中国成立 70 周年献礼片《我和我的祖国》（Z2-49-3-2）	以爱国青年为主题的线下活动	A29 爱国青年身份认同
回力将不断深入挖掘品牌内涵，不忘初心，顺势而为，秉持以"永远的陪伴，永恒的记忆"为品牌核心价值观，推动"大众化、高品质、全系列、更时尚"的品牌战略执行，为民族品牌焕发新的活力贡献力量（G-22-5-2）	回力的品牌理念和核心价值观	A32 品牌价值观认同
合计	289 个概念	32 个副范畴

① KOL，key opinion leader，指关键意见领袖。

② KOC，key opinion consumer，指关键意见消费者。

2. 主轴编码

主轴编码是编码的第二步，需要对代码和概念进行聚类分析，形成副范畴并发现副范畴相互的关联。在主轴编码中，可以发现概念和范畴之间的初步的逻辑关系，为进一步搭建理论模型奠定基础。

在对以往研究进行归纳整理以及反复对比的基础上，本章开放编码形成的 32 个副范畴总结和聚合为 14 个主范畴，并着重主副范畴之间的层次关系（表 17-3）。确保了主轴编码能够反映案例特点，同时又具有一定的概括性和理论性。主轴编码的分析主要从两个角度展开：①回力所采用的每项营销行为及其支持的编码（副范畴）与该企业价值营销的关系；②各种不同营销行为做法之间的基础逻辑联系。

表 17-3 主轴编码形成的范畴及理论来源

主范畴	副范畴	包含的概念与说明
情感价值	怀旧情怀	情感价值指通过提供产品使消费者与品牌之间产生情感连接，从而使顾客感知到价值，包括怀旧情怀与民族精神两方面。何佳讯和李耀（2007）指出，可以利用消费者的怀旧偏好，唤起消费者的美好回忆，达到唤醒老品牌资产的效果
	民族精神	
功能价值	舒适耐用	功能价值指具有实用性，能够满足消费者生理和安全需要的价值，具体包括：舒适耐用、品质优良。老字号品牌的激活需要注重产品的功能价值，如包装、外形、质量、技术含量等
	品质优良	
经济价值	性价比高	经济价值指产品或服务为消费者带来的社会经济效益，包括性价比高、收藏纪念。金玉芳和董大海（2006）提出经济价值对产品有显著影响
	收藏纪念	
时尚价值	新旧融合	时尚价值指产品的时尚设计和创造的时尚感所带来的商业价值。具体包括新旧融合、引领潮流、跨界联名和风格创新。重视时尚因素，强调老样式与新功能的结合是老品牌激活的策略之一（卢泰宏和高辉，2007）
	引领潮流	
	跨界联名	
	风格创新	
社交价值	创造话题感	社交价值指产品作为消费者进行社会互动的载体和媒介使消费者感知到的价值，包括创造话题感、创造认同感。企业可以利用讲故事的方式，创造社交货币，获得关注度。国货产品能够增强消费者的社会自我认同，为其带来社交价值（Sweeney and Soutar, 2001）
	创造认同感	
科技价值	工艺升级	科技价值指通过引进新技术和新方法在产品工艺上进行创新从而为消费者创造的价值，具体包括工艺升级、新品研发
	新品研发	
便利价值	便捷性功能	便利价值指企业为消费者提供的便利程度所带来的价值，主要包括便捷性功能和便利性渠道。便利价值是产品和品牌满足消费者需求的重要手段（Merchant and Rose, 2013），是消费者接受品牌价值的最直接方式
	便利性渠道	

续表

主范畴	副范畴	包含的概念与说明
社群互动	爱国热潮集群 怀旧共鸣集群	社群互动指消费者在社交平台上因为趣缘、话题、价值观、情感和社会联结的需要而聚集在一起，通过在线社群进行互动，包括爱国热潮集群、怀旧共鸣集群。品牌可以通过营造怀旧和爱国情怀提高消费者对传统文化的认识并增强其对品牌的感知（Stoica et al.，2014），从而聚集特定的消费群体，并通过与消费者双向互动传递品牌价值
话题传播	制造品牌话题 借势热点时事	话题传播指企业通过社交平台借助品牌相关话题与消费者进行互动，传达企业价值的过程，包括制造品牌话题、借势热点时事。通过品牌或产品相关的话题与消费者直接沟通是品牌发展的关键（Roşca，2011）。通过社会热点话题与消费者沟通可以发挥事件的影响力，扩大品牌沟通的范围，提高品牌知名度
社交种草	KOL 和 KOC 带货 消费者分享	社交种草是企业借助新媒体渠道，利用关键意见领袖、关键意见消费者的推荐和普通消费者的积极口碑进行价值沟通的过程，是以较低成本获得较好效果的重要方式，能够提高消费者对品牌的认可和黏性（Shin et al.，2014），包括 KOL 和 KOC 带货与消费者分享
产品认同	功能价值认同 潮流价值认同 经济价值认同	产品认同是指消费者对产品的使用价值、物理属性以及相关期望内容的认同，包括功能价值认同、潮流价值认同和经济价值认同。当消费者对产品产生认同，就会通过具体行为来展示对产品的支持，如消费者对产品进行购买、使用或推荐（Andersson et al.，2020）
情感认同	怀旧经典认同 民族精神认同 企业责任认同	情感认同是指通过情感上的沟通实现心理上的归属和认可的过程，包括怀旧经典认同、民族精神认同和企业责任认同。情感认同体现为消费者会期望与产品发生情感联系。消费者对品牌的情感认同一旦形成，便会产生强烈的依恋和归属感（Karabeg，2002）
身份认同	爱国青年 身份认同 粉丝身份认同	身份认同是指消费者将自己认知为与品牌相关的特定群体，包括爱国青年身份认同和粉丝身份认同。消费者会基于自己的知识、经验来判断一个品牌是否与身份相符，继而形成对产品的认知（Debonis et al.，2003）。品牌在创建中所展示出来的个性和消费者所传递的个性相一致的话，消费者就会对品牌产生好感，进而产生忠诚（Davidow and Malone，1992）
价值观认同	产品理念认同 品牌价值观认同	价值观认同是指消费者对企业文化、产品理念和价值观的认可和接受，包括产品理念认同和品牌价值观认同。消费者会将品牌所传递的价值观及理念与自我身份及个性进行比对，当二者吻合时，消费者就会对品牌产生认同，并对企业的产品或服务产生依赖（Kotler，1997）

3. 选择编码

选择编码也称为核心编码，目的是在众多范畴中，归纳和发现核心概念类属。核心类属概括和统领了整体数据结构，勾连了实际案例情况和已有文献支撑。换言之，选择编码是对主轴编码所形成的范畴的进一步概括，能帮助研究者发现统领整个研究的顶层逻辑关系。本章将 14 个主范畴提炼为 4 个核心类属，即价值传承、价值再创、价值沟通和价值认同。4 个核心类属及其包含的范畴和关系内涵见表 17-4。

表 17-4 选择编码形成的核心类属及关系内涵

编号	核心类属	主范畴	关系内涵
1	价值传承	情感价值	回力通过回顾品牌历史、挖掘民族元素，唤醒消费者的怀旧倾向，激发消费者的民族认同感，传承品牌原有的情感价值
		功能价值	回力自创始起便抓住中国人的特点，设计出具有差异性的高品质产品，获得消费者对产品功能价值的认可
		经济价值	回力始终坚持做性价比高的产品，将更多的价值让渡给消费者，让消费者用更少的钱穿到同样舒服的鞋子
2	价值再创	时尚价值	回力不断将时尚元素注入产品外形设计，同时着力探索开发新的时尚风格，积极开展跨界合作，多方位再创品牌的时尚价值
		社交价值	回力充分利用各种渠道创造话题，并通过社交媒体开展国潮活动，让参与者获得群体认同感，带来社会自我概念的提升
		科技价值	回力在用料、工艺和设计上均有突破，并致力于研发更符合消费者需求的新产品，借助科技的迅速发展为品牌创造科技价值
		便利价值	回力大力发展电商渠道，开发各类功能性鞋款，创造便利价值
3	价值沟通	社群互动	回力抓住爱国和怀旧热潮，以爱国、回忆等话题以及国风产品、经典产品引起消费者共鸣，促进消费者之间的自发集群与网络互动
		话题传播	回力积极利用新媒体渠道进行话题营销，同时依托社会热点时事、节假日话题、文娱节目等扩大影响力，提高产品的知名度和美誉度
		社交种草	回力利用新媒体互动性、自主性强的特点，鼓励消费者分享与产品有关的体验，推动 KOL 与 KOC 多平台宣传，加强多方互动
4	价值认同	产品认同	回力产品充分融入了时尚设计、国风元素等，结合了优质的制鞋技术，在产品功能、外观、品质、价格等方面获得消费者的认同
		情感认同	作为传统国货，回力将民族精神、怀旧情怀、社会责任等融入品牌价值中，与消费者共情，赢取消费者的情感认同
		身份认同	回力作为国潮产品，拥有大量粉丝群体，也赋予了忠实消费者爱国青年、回力粉丝的群体身份标签，达到身份认同的目标
		价值观认同	百年回力，秉持着"永远的陪伴，永恒的记忆"的品牌价值观，以匠人精神指导产品开发，让消费者从产品理念、品牌价值观两个方面产生对回力的价值观认同

　　本章使用 NVivo 12 质性分析软件进行文本数据分析。具体操作过程如下。从原始材料中提炼有价值的编码，之后将编码概念化，形成可供研究的理论表述，即概念。发现概念间的逻辑关系并归类形成范畴，再通过讨论建立范畴之间的理论联系，形成研究的概念模型。编码之间的层级关系如图 17-3 所示。编码指向性和范畴之间的关系如表 17-5 所示，可以看出，本章形成的核心类属均来自原始材料，是案例研究对象实际情况的真实反映，符合案例研究对案例真实性的要求。

表 17-5 编码之间的关系指向性及其所属范畴举例

部分原始资料	编码	编码指向性	主范畴
#爱上回力#我国第一列"中华老字号"品牌地铁发车啦，老字号搭上新时代的快车，历史文化与现代科技同行（W-26-2-1）	民族文化	民族文化→中华老字号品牌地铁	价值传承（情感价值）
	中华老字号品牌地铁		价值沟通（话题传播）

续表

部分原始资料	编码	编码指向性	主范畴
上海浦东台报道了王文珠老人因为双脚畸形，买不到合适的鞋子。找到回力制作特殊脚型的鞋子。经过近一个月的时间鞋子做好了。穿上这双特别定制的鞋子，老人开心得不得了，她说 20 多年都没穿过这么合适的鞋子了（W-96-2-2）	制作特殊脚型的鞋子	制作特殊脚型的鞋子→为双脚畸形老人圆梦	价值再创（科技价值）
	为双脚畸形老人圆梦		价值沟通（话题传播）
光买鞋还不够，鞋带也要玩出花才行。今天为大家介绍的就是经典百搭，适合所有低帮鞋的格子系法（G-24-3-3）	注入年轻人喜欢的时尚元素	注入年轻人喜欢的时尚元素→花式系鞋带教程	价值再创（时尚价值）
	花式系鞋带教程		价值沟通（社群互动）
百年民族品牌回力助力清华校友三创大赛，在第五届清华校友三创大赛创意设计组特别设立"清华大学 110 周年校庆纪念款回力鞋"专题赛（G-9-3-5）	百年品牌	百年品牌→助力高校赛事活动	价值传承（情感价值）
	助力高校赛事活动		价值沟通（社群互动）
我们已经先后在《鬼吹灯之寻龙诀》《致我们终将逝去的青春》等大电影中看到回力红白鞋的身影（Z2.54-8-1）	经典记忆	经典记忆→植入电影	价值传承（情感价值）
	植入电影		价值沟通（社群互动）
这双回力鞋穿了两个多月，是经常穿而且洗了五六次。至今只有鞋折的地方有一点开胶。质量真的和同价位其他牌子的鞋子不能比，好太多了（H-8-6-3）	质量好	质量好→消费者使用心得分享	价值传承（功能价值）
	消费者使用心得分享		价值沟通（社交种草）
从去年年末开始，一些明星骤然带起一股回力街拍风，明星穿着经典回力鞋出现在机场、街头，再度让这一老品牌活跃起来（Z2-1-4-1）	结合明星热度制造话题	结合明星热度制造话题→明星代言种草	价值再创（社交价值）
	明星代言种草		价值沟通（社交种草）
谁的学生时代没有一双小白鞋？唤醒童年记忆，回力为#喜茶大儿童#送上【回天之力】一双（W-4-1-1）	青春回忆	青春回忆→怀旧经典	价值传承（情感价值）
	怀旧经典		价值认同（情感认同）
一些明星骤然带起一股回力街拍风……再度让这一老品牌活跃起来（Z2-16-3-1）	明星同款穿搭	明星同款穿搭→彰显潮人身份	价值再创（时尚价值）
	彰显潮人身份		价值认同（产品认同）
展会上首次以"永远的陪伴，永恒的记忆"为主题，这不仅是回力品牌的真谛，也是回力品牌对于消费者的承诺，更是回力品牌对回力人的一种寄语（G-64-8-1）	永恒陪伴	永恒陪伴→品牌口号传递价值观	价值再创（社交价值）
	品牌口号传递价值观		价值认同（价值观认同）
我记得那双鞋穿了很长时间的（F-3-18-2）	鞋子舒适耐穿	鞋子舒适耐穿→品质获得认可	价值传承（经济价值）
	品质获得认可		价值认同（产品认同）

开放编码　　　　　　　　　　主轴编码　　　　选择编码

百年回力,伴随成长/承载青春记忆/质朴亲切	→	怀旧情怀
传承生肖、文字等民族文化/见证中国体育运动历史	→	民族精神
不磨脚/适合国人脚型	→	舒适耐用
质量堪比国外品牌/获得各种质量奖项/防滑耐脏	→	品质优良
100元价位的一等品/价格便宜质量好	→	性价比高
绝版鞋留作纪念/新产品很时尚	→	收藏纪念
复古风格引发潮流/老元素结合新时尚	→	新旧融合
街头文化的流行符号/小白鞋成为潮流风向标	→	引领潮流
推出跨界联名产品/参加潮流设计活动	→	跨界联名
懒人+潮人结合式设计/依据电商大数据设计潮流新款	→	风格创新
结合热度制造话题/植入热门综艺,引导消费者讨论	→	创造话题感
国货标签激发民族认同和展示/回力故事征集	→	创造认同感
率先采用冷粘工艺、热压工艺等技术	→	工艺升级
智能穿戴鞋/平衡车功能/新型雨鞋	→	新品研发
功能性鞋款/优选抗菌防臭材料/鞋面易于清洗的产品	→	便捷性功能
电商平台+终端直供平台的新经营模式	→	便利性渠道
爱国青年,全力以赴/发挥国潮优势	→	爱国热潮集群
百年品牌/文化圭臬/经典记忆/唤起美好记忆	→	怀旧共鸣集群
植入热门综艺/定制明信片/花式系鞋带教程	→	制造品牌话题
参加展览会、博览会/协办国际马拉松大赛	→	借势热点时事
制造微博话题吸引讨论/分享粉丝自制宣传短片	→	消费者分享
明星代言种草/综艺节目宣传/网红、潮人街拍带货	→	KOL和KOC带货
方便清洗/防滑/科技化产品	→	功能价值认同
时尚潮人标配/独特不撞款/穿明星同款	→	潮流价值认同
标价比较适中/符合年轻人消费水平/有收藏价值	→	经济价值认同
爱国青年,全力以赴/新中国周年献礼影片/国货骄傲	→	爱国青年身份认同
自发口碑宣传/参与话题互动/粉丝与企业互动	→	粉丝身份认同
时代经典代表/国货风潮和情怀/穿回力就想到亲人	→	怀旧经典认同
传统文化发扬者/体育运动精神	→	民族精神认同
积极参与保护小动物、绿色环保等公益事业	→	企业责任认同
回天之力产品理念/红白鞋,最青春	→	产品理念认同
工匠精神/海派文化/做大民族品牌的使命	→	品牌价值观认同

选择编码：
- 情感价值
- 功能价值
- 经济价值
- 时尚价值
- 社交价值
- 科技价值
- 便利价值
- 社群互动
- 话题传播
- 社交种草
- 产品认同
- 身份认同
- 情感认同
- 价值观认同

最终类别：
- 价值传承
- 价值再创
- 价值沟通
- 价值认同

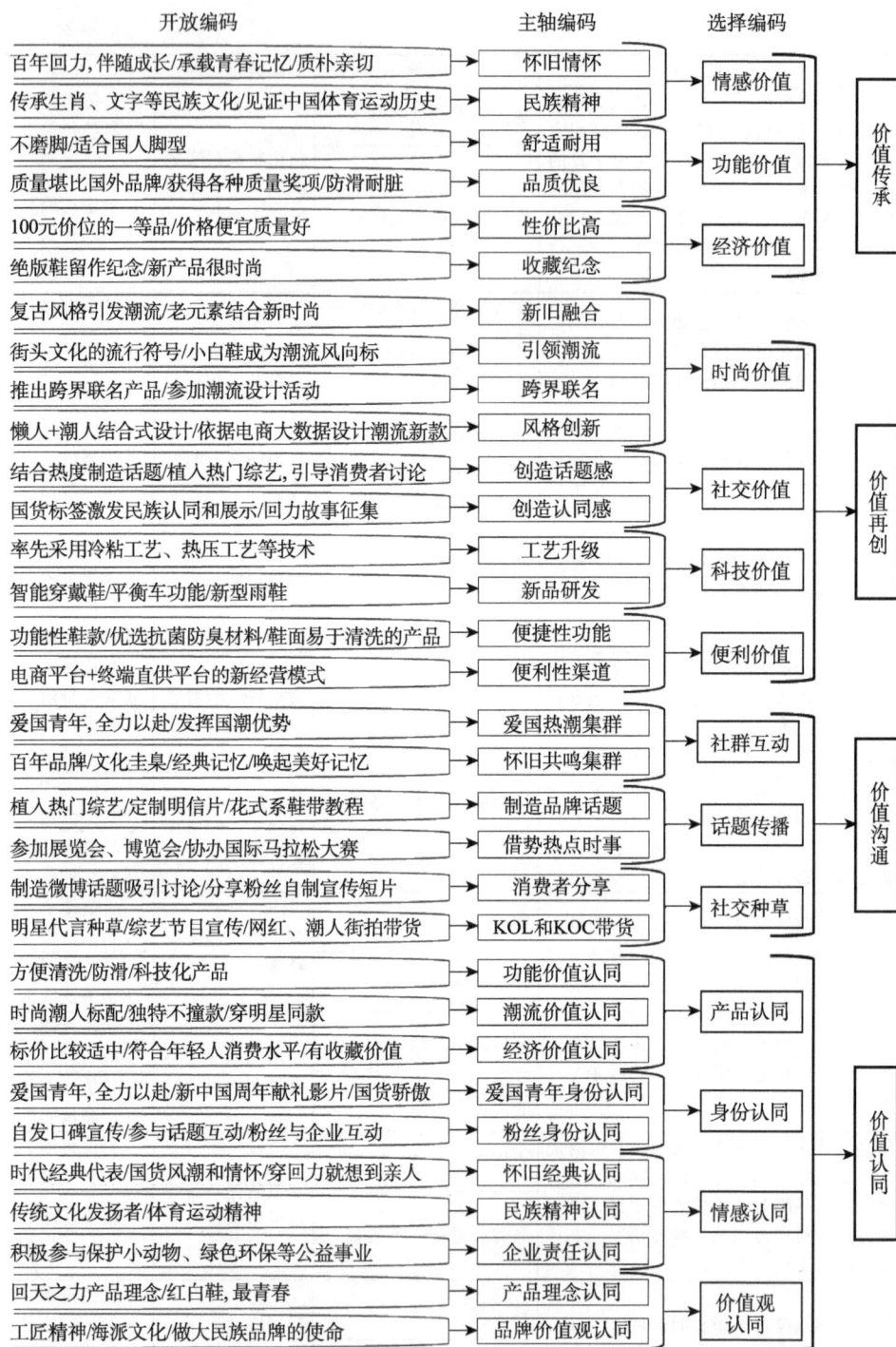

图 17-3　社交媒体环境下传统国货的价值营销编码结构

17.4 传统国货回潮的价值营销模型

我们采用基于扎根理论的案例研究法，选取回力作为典型案例，并收集了多种来源的原始数据，进行了严格的三级编码，并结合编码以及文献研究，从价值营销角度探讨社交网络环境下传统国货回潮的过程，总结出具有普适性的传统国货价值营销的理论模型，如图 17-4 所示。

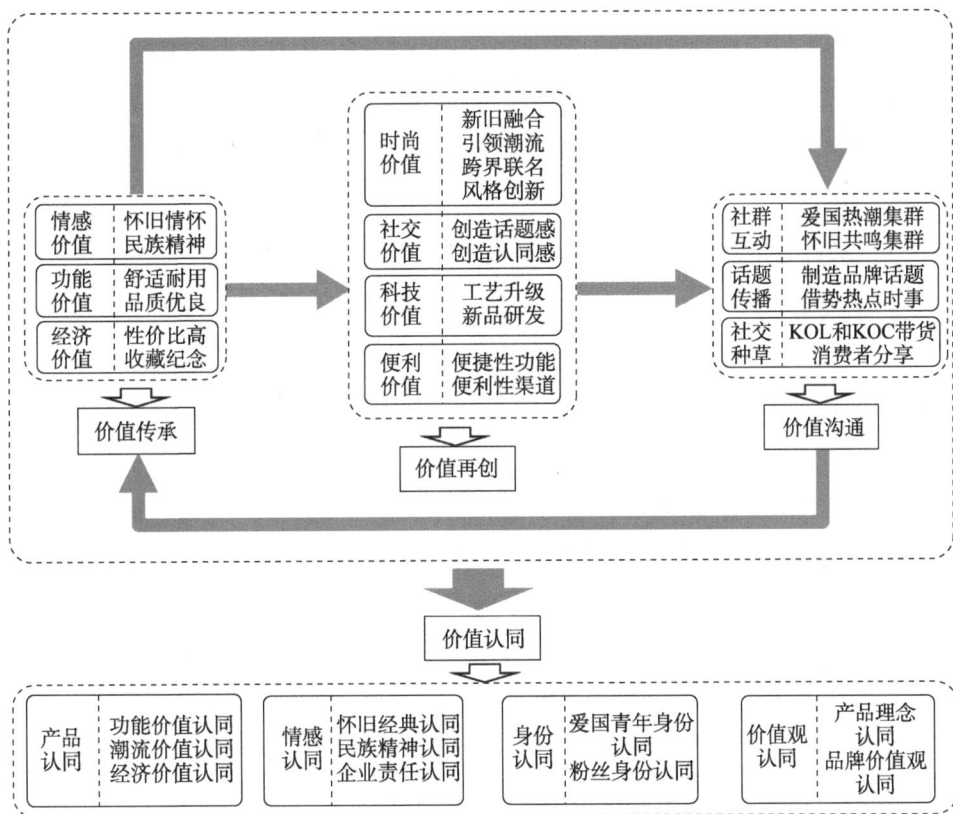

图 17-4 社交网络环境下传统国货价值营销的"4V"模型

总体而言，社交网络环境下传统国货实现回潮需要依靠价值营销。价值传承、价值再创、价值沟通和价值认同是社交网络环境下传统国货价值营销的四个关键维度，前三者层层递进又互相关联，共同作用于价值认同。传统国货的价值营销始于价值传承（value inheriting），即分析企业优势，找到品牌核心价值诉求。之后对品牌的核心价值诉求进行价值再创（value re-creating），将核心价值重新解读，形成适合当下市场体系的价值点。最后进行价值沟通（value communicating），利用社交媒体手段将价值有效地传达给消费者，实现量级传播，并收集消费者反馈，为新一轮的价值传承提供思路。价值传承、价值再创和价值沟通三个关键步骤直接影响消费者对品牌的价值认同。

17.5 价值传承

价值传承指的是企业寻找文化或价值观中已有或潜在的价值沟通点的过程，价值传承是进行价值营销的基础。回力通过传承自身存在的情感、功能价值和经济等方面的价值找到企业的核心竞争力，并在此基础上进行价值再创和价值沟通。价值传承主要包括功能价值、经济价值、情感价值三个方面，其中功能价值包括舒适耐用和品质优良，经济价值包括性价比高和收藏纪念，情感价值包括怀旧情怀、民族精神。

17.5.1 功能价值

1. 舒适耐用

回力的鞋类产品主打的功能性特征就是舒适感和耐用度，在国内外都具有很大的消费市场。20世纪90年代，很多外国品牌将消费市场扩展到中国，国内的一些运动品牌也发展迅速，给回力带来了不小的冲击。从产品功能设计来看，欧美人和亚洲人的脚型是不同的，欧美人有很多是扁平足，脚型扁平修长；而亚洲人的足弓弯度大，脚型较宽。所以，国外品牌的鞋子如不经过特殊设计，可能并不适合中国人穿着。而回力是土生土长的中国品牌，对中国的消费者有更深入且长时间的了解，因此设计的产品更适合中国人穿着。不会出现压脚背、宽窄和长短不合适等情况。说明回力更能抓住中国人的特点，设计出具有差异性的产品，为消费者提供更多能够解决痛点的价值，获得消费者对产品功能价值的认可。

2. 品质优良

优良的品质是品牌最基本和直观的体现，是品牌给消费者带来的最直接的价值。作为穿戴类产品，回力将质量看作品牌与消费者最直接的沟通方式。回力自创立以来，一直坚持老一辈手工艺人对品质的要求。虽然发展过程中经历了国内外品牌竞争、市场经济冲击等一些波折，但没有采用降低质量的方式来降低成本获取利润，而是继续坚持对品质的高要求。自成立以来，回力陆续将"国家质量银质奖""第21届西班牙国际质量奖"等质量奖项收入囊中，在消费者心中塑造了品质优良的形象。

17.5.2 经济价值

1. 性价比高

回力的产品均价在 100 元左右，处于同行业中偏低的水平，同时质量十分有保障。有消费者认为回力的质量"堪比国外大牌"且在同等价位中"算是一等品了"。随着球鞋文化的火爆，"炒鞋"成为当下年轻人热衷的又一大活动，交易金额和参与人数与日俱增，甚至形成了比较完整的商业闭环。因此，各大品牌纷纷瞄准市场，推出了款式新潮且价格较高的产品，以获得较高的经济利润。但回力始终坚持做性价比高的产品，将更多的价值让渡给消费者，让消费者用更少的钱穿到同样舒服、时尚的鞋子。加上对工艺和质量一以贯之的严格要求，回力将"性价比高"作为重要的经济价值点，获得消费者的认可。

2. 收藏纪念

由于回力成立时间较早，产品不断更新换代，因此一些产品已经停产或绝版。有的消费者出于收藏纪念的考虑，希望能够保留这类产品。有消费者表示自己购买过回力的鞋，目前已经绝版，但愿意保留，作为对过往时光的纪念。另外，回力设计研发的产品在时尚度上有了很大提升，也获得了年轻消费者的青睐。在鞋类收藏风潮的催化下，也有不少年轻消费者以收藏为目的购买回力的产品。

17.5.3 情感价值

1. 怀旧情怀

怀旧是一种消费者经常出现的情感，它多是指对过去盛行的事物的喜爱，但怀旧消费并不是老年人的专属，青年人也存在怀旧，即怀旧没有特别显著的年龄倾向。回力抓住了消费者对于过往年代和个人青春的怀旧情感，通过回顾品牌的百年历史，提出"长久陪伴""青春回忆""时代经典"等关键词，唤醒消费者的怀旧倾向，为品牌增加怀旧氛围。此外，当消费者更多地考虑过去的自我时，容易产生积极的怀旧情绪。同时也可能唤起特定群体的共同怀旧，增强群体成员间的联系。回力也积极在微博、微信公众号等平台上发布怀旧相关的话题，如"我的第一双回力鞋""回力青春记忆"等，唤起消费者对于青春年代的集体怀旧，增强消费者之间以及消费者与品牌之间的联系。

回力充分发掘和传承其与"青春""校园""经典"等关键词之间的联系，努力成为消费者心中青春记忆的代名词，唤起了一批消费者的时代记忆，同时也使得年轻消费者感受到品牌所具有的独特复古情怀。

2. 民族精神

民族精神是传统国货品牌区别于其他品牌的重要品牌基因。自 20 世纪以来，回力鞋业就与中国的体育界保持着密切的联系。这也使得回力自然地具有一定的民族性，成为独特的民族品牌。曾经穿着回力鞋在奥运会夺得冠军的中国女排，不仅代表了中国的民族荣誉，也是中国人永远的骄傲。此外，在其他比赛项目中，中国运动员也是穿着回力鞋，获得多个奖牌。因此，在许多消费者眼中，回力鞋是"运动精神的象征""中国体育运动发展的见证"。由于在中国运动员比赛和训练的过程时常有回力的陪伴，因此回力鞋成为与中国的体育精神一脉相承，唯一的国内品牌。回力鞋在体育界的优异表现也让它在 20 世纪七八十年代家喻户晓，消费者都想要拥有一双回力鞋。

此外，作为传统的中国品牌，回力还积极传承中国传统文化特色，不断尝试将生肖、汉字等中国元素融入产品设计当中，推出"回天之力"系列、生肖系列产品等。随着综合国力的增强，消费者文化自信也在逐步提高，对代表中国精神的品牌或产品认可度也在逐渐提高。回力的这些营销活动传承了品牌潜在的民族元素，消费者能够在穿着回力鞋的过程中体会到自豪感和自信心，进而增加对品牌的认同感和忠诚度。

17.6 价值再创

在价值传承的基础上，回力赋予了产品与品牌新的价值。通过归纳分析发现，传统国货价值再创的内容涉及科技价值、时尚价值、社交价值、便利价值四个维度。

17.6.1 科技价值

1. 工艺升级

为了支持产品其他价值的实现，回力从 2000 年开始不断借助自身科研能力和大数据技术对产品进行升级换代，在用料、工艺和设计上均有突破，并引入了许多工艺升级理念，提高了产品的科技附加值，为营销创造了更多的价值点，也更能够获得追求极致性价比的新生代消费者的喜爱。

比如，将帆布鞋的生产工艺由硫化法升级为冷粘法，鞋底采用专门的冷粘流水线加工，帮面用塑料楦定型后，手工将帮面与鞋底粘在一起。这种工艺做工精细效果好，生产的产品更简洁大方。又如，回力在行业内率先采用热压工艺技术加工鞋面，制成的鞋子效果鲜明、棱角突出且造型稳定。此外，由于回力的许多产品采用的是橡胶鞋底，因此回力与塑研公司成立了联合实验室，以提高橡胶材料研发能力，并将优质橡胶应用到球鞋等系列产品中。采用优质橡胶的鞋底弹性优秀，对专业运动员的弹跳很有帮助，再加上抓地性强的凹型鞋底，运动员能更容易地作出攻防动作且膝盖和脚部能得到很好的保护。工艺升级使得产品能在最大限度上满足消费者对实用性的要求，并且为时尚价值、社交价值等其他价值的创造提供了基础和技术保障。

2. 新品研发

消费者对不同价值属性的需求促使回力不断进行新产品的开发，并致力于满足消费者各个方面的价值诉求。在进行新产品研发时，回力充分利用了新媒体环境的优势，通过各个渠道充分听取消费者意见，并积极与上下游企业合作，实现价值共创。

2007 年，回力研发出"发热鞋"，目的是满足高寒地区消费者在户外的穿着需求。这款鞋内置了发热装置，充电后能连续发热 6 小时。2009 年，针对驾驶员的穿着需求，使用新材料研发出专用鞋。为了提高产品的美观度和安全性，回力于 2011 年，研制出"多彩定向反光"材料。这种材料颜色亮丽，且具有警示作用，被运用在特殊鞋款的鞋帮上。2013 年，将可更换鞋面的鞋子推向市场，并命名为"幻面鞋"，既满足了消费者对时尚的追求，又在最大程度上为消费者节省了成本。2018 年，回力着眼于智能制造，推出了"回力城市"发展计划，意在利用在线制造将制鞋向自动化、智能化、数据化的方向发展。此外，回力还在雨鞋中置入水逆系统，在童鞋中加入卫星定位和报警系统等。只有不断开发新的符合市场需求的产品，才能跟得上新媒体时代消费者对于产品的需求。

17.6.2 时尚价值

1. 新旧融合

传统国货想要获得年轻消费者的喜爱，则需要重视产品为消费者所提供的愉悦和时尚美感等体验（Gao et al.，2020），尤其是新一代消费者更加关注自身个性与创意的表达。传统国货品牌在发展过程中沉淀了丰富的历史文化底蕴和消费者偏好，也具有经久不衰的经典产品，这就为其创造新旧融合的时尚价值提供了基础。

一直以来，回力都具备独特的时尚风格。在新媒体环境下，回力瞄准新生代消费者对"国潮""经典"等价值维度的认同，倡导"老国货，新风尚"，坚持"经典与时尚结合、运动与休闲结合"的理念。在产品设计中加入时尚元素，结合时代潮流，迎合年轻消费者的喜好，将时尚元素注入产品外形设计中，既传承了经典，又富含潮流活力，打造新旧融合、相互辉映的时尚价值。20 世纪七八十年代，回力凭借经典的红白鞋成为国内的潮流标志，而红白鞋本身也成为很多消费者心中不可替代的回力符号。为此，回力保留了最初经典的红白鞋设计，并推出中国红款式，加入图腾、方块字等元素，为经典的小白鞋增加了新鲜的时尚元素，成为独具复古气质的畅销款。截至 2023 年，回力的经典小白鞋仍是回力最为畅销的产品之一。此外，回力还瞄准老一代消费者，推出了有 20 世纪特色的军绿色解放鞋，唤起消费者的时代记忆。回力充分传承品牌的"老元素"，结合当下的"新潮流"，向消费者提供更具时尚美感的产品和"复古共现代一色"的难忘体验。

2. 引领潮流

回力着力树立品牌的潮流特质，将品牌打造为时尚潮人的标配。由于新媒体环境下信息流动性强、受众广且参与度高，追逐时尚的消费者会更容易受到潮流参照群体或意见领袖的影响，并以该群体的态度、行为等来评价和规范自己，因此可能通过模仿意见领袖或重要他人产生对产品的评价或购买行为。回力抓住新媒体环境的传播特点以及年轻消费者的个性诉求，提高产品和品牌的潮流属性，并鼓励消费者分享穿搭经验，为潜在的消费者提供参照，以获得追逐时尚的年轻消费者的青睐。

回力从创始之初，便打造了独特的产品风格，其"F"标志的小白鞋曾成为潮流风向标。在知乎、微博等社群平台上，众多回力的消费者回忆了穿回力鞋的经历，并认为 20 世纪七八十年代，回力是时尚的象征。也有不少网友表示，回力是中学时期的"校鞋"，充满青春活力，引领着校园时代的潮流。这也赋予了回力其他鞋业品牌无法比拟的国风潮流价值，基于这一点，回力在产品的设计上采用了复古款式和国风元素，打造兼具怀旧气息和时尚属性的新时代潮流产品，引领国货潮流。此外，回力还具备街头文化元素，拥有反复回潮的基础。回力的产品大多是帆布鞋、胶鞋等适合日常穿着的款式，注入了潮流元素后，回力鞋引领着"经典+新潮"的时尚风向，获得了国内外年轻消费者的青睐。如今，回力鞋不仅受到国内粉丝的热捧，而且火爆世界其他地区。比如，东南亚很多国家的年轻人，都视回力为潮流符号，并通过各种渠道争相购买。此外，回力致力于打造"年轻人的潮流标配"品牌形象，通过社交媒体平台、咨询采访、门店销售、活动宣传等方式传播"人手一双回力鞋"的理念，提高年轻消费者的认同感。

3. 跨界联名

新媒体时代产品品类的边界逐渐模糊，品牌之间或品牌与第三方的互动也大大增加，创造了更丰富的营销模式。回力积极开展与其他品牌和个人的跨界合作，充分利用多方的粉丝基础、流量优势和独特卖点，拓宽消费者触点，为消费者创造更大、更丰富多样的价值，实现多品牌共赢（简兆权等，2016；Muehling et al.，2004）。

2018 年，回力聘请潮流设计师，打造了"回天之力"联名球鞋，成为回力当年 8000 万总销量中的爆款。2019 年，推出"回雁"系列设计师联名产品，一经上市就达到 20 余万双销量。2020 年，回力结合传统生肖文化，推出鼠年限定的子鼠联名款。春运售票开启之际，抓住"回家"这一痛点，与去哪儿网合作打造限量款"回去"鞋。此外，推出了葫芦娃联名鞋，成为 2020 年极具热度的潮流鞋款，在淘宝、京东等购物平台都能看到消费者对该系列产品的好评。网友表示，回力有几个系列，如喜茶合作款、潮流合伙人联名款、回天之力，造型好看，别致新颖（B-77-1-1）。回力的联名合作品牌还包括百事可乐、大嘴猴等，在合作双方的共同宣传推广下，回力获得了大量曝光并大大提升了知名度。新媒体环境下能够实现高效的信息传播和多样的互动参与，跨界联名的优势也就更为明显。通过联名合作，回力将其垂直的品牌用户群体延伸至更广泛的消费群体，也将品牌从产品圈层延伸至时尚圈层，跨界新产品也赋予了回力全新的设计元素和时尚价值，大大提高了回力在消费者中的认同度。

4. 风格创新

回力在传承经典、融入新时代潮流元素的同时，还着力探索其他产品的新的时尚风格，拓宽产品线，为消费者提供更全面的时尚体验。近几年回力在风格上的大胆创新设计，得到了市场的认可。

2011 年，推出了"多彩定向反光"材料，受到消费者的广泛好评（Z1-29-6-1）。2013 年，推出了"幻面鞋"以及"亲肤鞋"等新概念产品，改变了传统制鞋概念。2016 年，开始瞄准智能制造，设计了四款兼具时尚与实用特征的概念鞋（Z2-56-2-1），包括能变成救生圈的雨鞋、防走丢的定位鞋、能变身平衡车的休闲鞋以及可以减震的"回力撑"鞋。此外，回力还推出了"懒人+潮人"风格结合式设计，迎合年轻人的需求。在新媒体环境下，回力充分利用电商大数据设计潮流新款（Z2-27-33-1）。仅 2018 年一年，回力公司下单开发的新品就有 280 款之多。可见回力在风格和造型上进行了大胆的创新设计，给消费者带来了颠覆想象的惊喜，不断丰富和提升品牌的时尚价值，吸引了大量乐于创新和挑战新产品的消费者。

17.6.3 社交价值

社交价值指消费者将产品作为与他人进行社会互动的载体和媒介，进而感知到的价值。社交价值是社交网络环境下独具特色的价值点，对于新生代消费者来说，社交价值的比重被明显放大了。从潮鞋到盲盒，他们购买商品不仅仅为了自用，还为了分享，以此丰富社交生活，扩大社交影响力。他们是在通过产品表达自我，突出个性，同时不断强化所在的社群归属和标签。

1. 创造话题感

在媒体多元化的大环境下，消费者有更强烈的社交需求。话题和内容意味着信息流量的增长，也意味着消费转化的可能性和价值沉淀的契机。回力充分利用讲故事的方式，为消费者创造了社交货币，进而激发了消费者的自我表达，增加消费者对产品和品牌的关注。消费者会将自己的价值观具体化，并通过动作、语言或决策表达出来，增加对产品或品牌的偏好。相比于传统媒体环境，在新媒体环境下，消费者自我表达的方式和途径更多，信息发布的门槛也更低。此外，由于新媒体具备互动属性，消费者发布的内容更容易获得他人的反馈，帮助消费者创造和获得社交货币。回力充分利用了新媒体环境的这一特点，在各种渠道上为消费者创造话题和社交价值。

首先，回力结合影视剧片段和明星热度制造话题。比如，出现在电影《同桌的你》中的回力红白鞋，引发了观众对怀旧话题的讨论。2020年国庆大热影片《夺冠》中也出现了回力红白鞋的身影，使得回力在某种程度上代表着女排精神，创造了回力特有的话题感。其次，回力植入《潮流合伙人》《花儿与少年》等热门综艺，引导观众讨论。2015年，《花儿与少年》海报中明星穿回力鞋，也引发了网友的关注和讨论。此外，回力还在各大社交平台上制造并发布原创互动话题，如在微博发布互动话题——"我的第一双回力鞋""我的回力故事"等。这些举措为消费者带来了可与他人沟通的话题，促使消费者在多种渠道下进行自我表达，并获得社交货币，提升了回力产品和品牌的社交价值。

2. 创造认同感

新生代消费者最重要的特点之一是追求自我展示并希望通过展示获得群体认同，他们通过社会分类对自己和他人进行划分，之后认同自己所属的群体（Easterbrook and Vignoles，2012），同时行为受到群体的影响（Swann and Brooks，2012）。换言之，新生代消费者更关注自己与他人的关系，通过购买和使用特定品牌的产品进行自我展示并获取群体的认同。回力认识到消费者的这一特点，充分利用消费者的自我展示动机增加品牌忠诚度。

随着民族自信和文化自信的逐渐提高，消费者自我意识的崛起带来了对传统国货的认同以及更高的国货意识。在此基础上，国货产品能够增强消费者的社会自我概念，进而为消费者带来社交价值。随着国货品牌的重新兴起，消费者具有一种"支持国货"的使命感。回力在产品宣传时借助了消费者对国货的认可，突出品牌的国家和民族属性，打出传统国货的口号，让"穿回力鞋成为爱国象征"，唤起消费者的自我展示动机。

另外，回力代表了一群消费者青春的回忆，是 20 世纪七八十年代消费者的共同记忆。回力通过唤醒这部分消费者的青春回忆引发集体怀旧，并向年轻消费者传递回力的青春形象，提高消费者对回力的感知，进而引发分享和自我展示。为此，回力通过微博、微信等平台发布回力故事征集活动，引导消费者回忆和思考与回力有关的故事，唤醒大家的回力情结。

17.6.4　便利价值

1. 便捷性功能

品牌最重要的是要为消费者提供其需要的产品、满足消费者的需求。回力针对特定消费群体，提供以功能为导向的便捷性产品。针对消费者的需求打造消费者需要的功能性鞋款，如具有排水系统的水逆雨鞋、有防走失设计的童鞋、有平衡车功能的鞋款等。注重卫生干净的消费者很看重鞋子的抗菌除臭功能，因此回力优选新型抗菌防臭材料，并针对年轻人的需求痛点设计了鞋面易于清洗的产品。此外，还开发了"幻面鞋"，除了干净卫生外，还节省空间，适宜出差旅行。做到了经济、时尚、个性兼具。

2. 便利性渠道

优质的分销渠道是消费者获得优质产品的最直接方式，是企业与消费者沟通的最后一步。新媒体环境下社交与电商的深度融合，丰富了消费者的购买情境，为了使消费者获得更加全面和及时的服务，回力采用了"终端直供平台+电商平台"的营销新模式。

一方面，设置规范化的线下直供零售店，提供标准化的优质线下服务。由于回力的一部分消费者更习惯于线下购物，因此回力设置大量线下直供零售店，为消费者提供直观的消费服务。门店颜色统一使用红白配色，传递出品牌经典又时尚的形象，形成品牌曝光，获得更多消费者关注。其中，全球旗舰店坐落在上海，开业当天就吸引了许多消费者驻足。另一方面，回力积极完善各个电商平台，提供全天候的线上购货渠道，将电商渠道与传统线下渠道相结合，以一小时起的配送速度满足消费者的消费需求。此外，回力还通过新媒体将线上线下渠道相结合。例如，举办现场售卖活动，消费者可在线下试穿、线上购买，具有更多选择。总之，回力从线上线下两端发力，全方位满足不同消费者的需求，提升消费者的购买便利性。

17.7　价值沟通

随着网络技术的迅速发展，社交媒体逐渐成为新的价值沟通平台。借助新媒体的传播力量，回力重新回到国人视野，并赢得年轻人的喜爱。通过对回力数据的分析，发现传统国货价值沟通的途径涉及社群互动、话题传播、社交种草三个维度。

17.7.1 社群互动

基于网络集群的社群互动主要目的是通过新媒体互动手段激发消费者的特定情绪，获得一类消费者的集体关注，进而使消费者产生对品牌的认可(Stoica et al., 2014)。

1. 爱国热潮集群

中国近几年在经济、文化、社会等方面的迅猛发展和强劲势头有目共睹，国际地位和国际话语权也随之提升。然而，这也引起了国外多方势力的不满和打压，诸如"抵制中国企业"等类型的事件层出不穷。在这样的大背景下，国内的消费者出于对国家的保护，会产生积极的爱国情绪并以实际行动支持国产品牌的产品和服务。作为传统国货优秀代表的回力抓住这一趋势，不断设计出具有家国情怀的产品，如"回天之力"系列、升级版红白鞋等，并以"全力以赴""拼搏""爱国"等关键词作为产品的关键价值点，在新媒体的各个平台上与消费者进行沟通和互动。激发了消费者的深层次需求，凝聚了一大批爱国消费者，尤其是爱国青年消费者。在爱国浪潮的推动下，回力乘势而上，充分利用新媒体即时性、互动性的特点，牢牢抓住并聚集了一大批爱国青年，与其他品牌一道，助推了国货浪潮的兴起。

2. 怀旧共鸣集群

怀旧和民族情怀有利于增强消费者对传统国货历史性和传承性的感知。在"新国货"不断涌现的新时期，回力提出"永远的陪伴，永恒的记忆"的品牌口号，唤醒消费者的情感诉求。消费者表示"回力在我们心目中已经不是一个简单的制鞋行业，而是一个具有历史代表意义的文化圭臬"。在近几年的宣传中，回力越来越注重国货风潮、怀旧情怀和民族精神等方面的打造。怀旧、青春题材的影视作品是荧幕的常客，回力抓住了自身与"青春""校园"等元素的密切关联，提出"唤回青春，致敬经典"的口号，并借机推广经典款球鞋，激发了消费者的怀旧共鸣。成立90周年纪念之际，回力推出90周年纪念限量款，吸引品牌粉丝购买。此外，回力将经典款球鞋重新打版制作，推出了经典纪念款，凸显了品牌的民族性。怀旧和民族情怀的营造既留住了对品牌有浓厚情感的老客户，也增加了新客户对回力产品的关注和好感，激发了消费者的怀旧共鸣，并集聚起不同年龄段的消费者群体。

17.7.2 话题传播

1. 制造品牌话题

企业和消费者互动交流，是企业成长的关键环节。回力积极利用微博、抖音、公众号等新媒体渠道进行话题营销。在发布"回天之力"潮鞋之前，回力在各大自媒体平台进行宣传，营造热度，一度冲上热搜榜第一。此外，回力在开学季和毕业季制造校园青春话题来吸引消费者，制造节日、节气、季节话题进行产品宣传。在微信公众号平台上，回力发起了花式鞋带小课堂、定制明信片、花式系鞋带教程等模块与消费者展开话题互动。此外，回力还在社交媒体平台上与粉丝进行交流互动，如转发粉丝的晒图、点赞和评论消费者的微博、不定期进行抽奖活动等，增加品牌与消费者的联系和黏性，传递品牌魅力。

2. 借势热点时事

社会热点时事自带话题属性和流量属性，品牌可以充分利用热点时事的话题效应，选择合适的话题进行产品宣传，以提高产品的知名度和美誉度。2000 年以来，回力抓住了数次机遇，进行大量曝光和宣传，重获消费者的关注。品牌关注度增加后，回力继续利用新媒体的优势扩大影响范围。2019 年，回力冠名高铁列车，为消费者提供沉浸式的品牌体验。回力积极推进与大型赛事的合作，协办国际交互绳大赛和马拉松等体育赛事，借助这些大型赛事来提升品牌的知名度和话题度，传播品牌价值理念。

17.7.3 社交种草

1. 消费者分享

新媒体为口碑传播提供了更多途径，企业可以通过新媒体平台与目标消费者建立更强的情感联系，赋予消费者更大的自主权和参与度，从而促进消费者的正面口碑传播。回力通过设置小奖励的方式吸引消费者参与品牌活动，能够以较低的成本获得较好的传播效果。例如，通过各大媒体平台公开征集回力故事，消费者投稿就有可能获得回力的经典产品。例如，在"火一回炫出青春魅力"的票选活动中，学生穿着回力鞋拍出创意照片并分享至朋友圈，即可获赠一双回力鞋，有效触达大量目标消费者。此外，回力还充分利用消费者的分享内容，形成二次传播。例如，根据粉丝自制的视频优化品牌广告，投放到媒体平台，宣传品牌文化的同时也凸显了回力对粉丝的关注，有利于积累私域流量。

除了对回力公开的认可外，很多消费者也会在自己的朋友圈中宣传回力。访谈中我们发现，很多消费者都表示回力的口碑很好，身边很多人都穿回力，因此信任这个品牌，会愿意推荐给身边的朋友。消费者在不同新媒体平台上的自发宣传为回力带来了大量的正面口碑传播，在新媒体和互联网的助推下，品牌的积极形象和最新动态能够通过指数级的传播速度及时而准确地抵达目标消费者，吸引消费者的注意力。

2. KOL 和 KOC 带货

KOL 是指关键意见领袖，KOL 带货是指明星代言、明星带货、专业性强的网红推荐等。近年来，众多明星纷纷穿起回力，奉献了很多有价值的街拍，也频频登上微博热搜榜，极大地提高了回力在消费者中的热度。与传统的品牌代言相比，街拍的形式更能表现品牌的亲和力和产品的舒适体验，达到潜移默化的品牌宣传效果。回力参与国际时装周走秀，还吸引了众多欧美潮人的自发宣传，发挥了国际明星的带动效应，迈出了走出国门的第一步，在海外引发了国货风潮。

同时，新媒体环境催生了一大批 KOC，虽然相比于明星，他们的覆盖面可能相对较小，粉丝量也相对较少。但 KOC 数量多，能够覆盖到更精准的垂直领域，与消费者的距离感更弱。因此，利用他们在垂直领域的影响力，可以起到稳定并强化消费者黏性的作用。访谈中的发现也证实了这一点：有很多消费者表示，自己是看到了关注的穿搭博主分享回力的搭配才购买产品的。

17.8 价值认同

价值认同是企业进行价值传承、价值再创和价值沟通后所形成的结果，也是新媒体环境下营销的重要特点。有别于传统环境下的品牌忠诚或购买行为，新媒体环境下的消费者对传统国货品牌的认可表现为价值认同，具体表现形式有产品认同、身份认同、情感认同和价值观认同四个维度。

17.8.1 产品认同

1. 功能价值认同

功能价值认同主要包含消费者对产品的物理属性以及经济价值等的认同，具体表现在对功能价值、品质价值、式样价值以及经济价值的认同，其中，前三者反映的是对产品物理属性的认可。通过不断研发、打造和改良各种鞋款，回力获得了消费者对功能、品质和式样的三重认可。消费者表示"祥云版跟最基础经典款在鞋底和鞋侧都有不一样的地方，加强了穿着的舒适感"（也认为回力鞋基本上达到了自己的预期），"脚感较其他同类品牌的鞋子也是有优势的"。产品的基本功能、品质等价值点是满足消费者需求的基础，也是赢得消费者认同的第一步。

2. 潮流价值认同

在传统的消费环境中，消费者购买商品大多是出于对产品本身的认可，而对于地位肯定和展示需要的购买，则往往出现在奢侈品等身份象征型产品当中。然而，新媒体环境催生了一批追逐个性与时尚的新生代消费者，这类消费者的崛起意味着消费逻辑发生了变化，消费者会选择与自己更加契合的品牌，并购买或支持特定的品牌以获得身份的认同，即将奢侈品的消费逻辑扩展到普通产品中。潮流和时尚是新生代消费者关注的热点，他们希望通过购买或使用具备时尚属性的产品和品牌来彰显自己的身份，这也就解释了耐克、Supreme、川久保玲等潮牌近几年的火爆。

回力抓住了新生代消费者的心理，回避国外潮牌的优势，从传统国货自身的特点出发，不断挖掘和创造自身的潮流、时尚价值，设计并制造具有传统国货特征的新国潮产品。同时，借助 KOL 穿搭宣传、明星街拍宣传、综艺节目植入和话题制造等方式，在消费者心中树立起回力作为国内潮流引领者的形象，获得了众多喜爱潮流的年轻人的认可。消费者表示回力的设计"很独特，不会撞鞋"，选择购买回力也是因为"有一些时尚博主会用回力做搭配……回力也变得越来越时尚了。"

3. 经济价值认同

经济价值认同反映了消费者对回力产品经济方面的评价，主要反映在对性价比的认可和对收藏意义的认可。绝大多数消费者都对回力的高性价比交口称赞，认为回力鞋"标价中肯"且符合自己的消费水平，如果要买小白鞋可能还会选择回力。另外，回力不断推出的潮流新款也得到了有收藏爱好的消费者的认可，迈出了走向潮流品牌的关键一步。消费者对回力经济价值的认同是促使消费者购买其产品的重要推手之一，也是有力的竞争优势之一。

17.8.2 身份认同

1. 爱国青年身份认同

今天的年轻人对国家传统文化的自豪感和热衷度与日俱增，而附着于传统国货之中的情感诉求、价值归属和身份认同感与新生代消费者的消费偏好不谋而合。消费者会选择与自身更加契合的品牌，并通过购买或支持特定的品牌获得身份认同。因此，新生代消费者会通过购买或使用有价值的传统国货来彰显自己的爱国身份。回力作为传统国货的优秀代表，通过打造民族精神和爱国情怀点燃消费者心中爱国的火焰，激发其对自身爱国青年身份的认同，进而产生对回力品牌的认同。许多消费者表示"回力的品质不输国外鞋类品牌，我们愿意支持国货。"

2. 粉丝身份认同

针对不同消费者的价值诉求，回力吸引了众多消费者的关注和购买。为了增加消费者对品牌的认可度，回力还努力将消费者发展为品牌粉丝。通过微博、微信公众号话题互动，吸引消费者参与和分享与回力相关的内容，增加回力在消费者日常生活中的曝光度，占据消费者的心智。使回力的消费者或潜在消费者认可回力品牌和产品，成为粉丝，并对自身的粉丝身份具有认同感。同时，在粉丝经济的催化下，回力积极和明星与 KOL 合作，利用名人效应和意见领袖的自带流量，收割流量红利，或将明星或 KOL 的粉丝转化为回力自身的粉丝。让潜在消费者将对明星或 KOL 的认同转移到对回力的认同上来。之后，利用粉丝的自发口碑宣传，扩大营销广度和深度，深入不同圈层。

17.8.3　情感认同

1. 怀旧经典认同

如前所述，消费者对传统国货的认同可能来自两个方面，其中一个就是对品牌本身的认同。怀旧元素和经典重现是传统品牌相对于新品牌的竞争优势，体现了传统品牌的历史感和故事文化。回力通过传承和再创经典元素并辅以恰当的价值沟通手段，成功地在消费者心中树立了积极的怀旧形象，成为许多消费者心目中"青春""校园"等的代名词。其经典款式的红白鞋更是成为消费者怀旧情绪的重要诱发因素。有消费者表示，自己的回力鞋多是父母代为购买，因此看到回力鞋就会想起父母，获得亲人般的温暖感受。回力与积极的怀旧情绪和时代经典捆绑，以复古情怀打动消费者，从情感上获得消费者对回力品牌的认同，进而带动经典款产品的销售。

2. 民族精神认同

除对品牌自身的认同外，还可将消费者对中华文化的认同转移到特定的品牌上来。近几年来，国力的强盛增加了消费者的民族自尊心和自信心，对体现民族文化的产品需求日益旺盛。回力设计发售了含有民族特色的产品，如龙图腾红白鞋等，将"爱国""民族"等要素注入品牌基因，成为中国品牌的代表。同时，充分挖掘品牌与中国体育精神的密切联系，如赞助奥运会等体育类赛事等，赋予品牌"挑战""拼搏"等鲜明的中国底色。通过将消费者的民族情怀实物化，回力为消费者提供了身体力行地表达自己爱国精神的方式，并引导消费者将对国家和民族的认同具化到对回力这一品牌的认同上，达到更深层次的情感认同。

3. 企业责任认同

除了从产品角度获取消费者认同外，回力还注重品牌公共关系的维护，打造负责任的民族企业的形象，使自己在消费者认知中的形象更饱满。传统国货企业应当在实现营利目的的同时，关心特殊群体、关注社会问题，进行力所能及的帮扶。例如，为特殊脚型的消费者定制鞋款，解决穿鞋难的问题（G-210-4-1）。又如，捐赠雨靴、童鞋、运动鞋等物资给抗洪一线和贫困地区儿童（W-370-1-1；W-165-1-1），体现了企业的社会责任感，也弘扬了社会正能量。这些活动将回力的影响范围扩大到更广泛的潜在目标消费群体，引发其情感共鸣和认同。

17.8.4　价值观认同

1. 产品理念认同

从产品理念来看，回力树立"以人为本、崇尚运动、促进健康"的产品开发理念。强调了针对消费者个性设计产品的原则，以及倡导运动的品牌内涵和鼓励消费者培养健康生活方式的意愿。契合了当下消费者追求轻食、运动等健康生活方式的潮流，与消费者的价值观达成一致。以此为理念开发的产品容易受到消费者的喜爱和认同。

2. 品牌价值观认同

价值观是个体对人、事、物在思维上的认知、理解或判断，是较高层面的认同。回力以"永远的陪伴，永恒的记忆"，以及致敬匠人精神的价值理念，使消费者产生价值观层面的认同。周玮曾提出，要坚定信心、坚持传承并用"专业的能力和专注的精神做优做强做大民族品牌"。这一愿景从民族高度出发，落实到品牌使命，既凸显了回力企业的民族精神，赋予回力品牌"做强做大民族品牌"的希冀，又强调了回力专注勤奋的品牌精神。不仅能够获得国内消费者作为中华儿女的价值观共鸣，产生对品牌的偏好；也能依靠卓越的品质获得海外消费者的认可。

17.9　主要结论

本章围绕"社交网络环境下传统国货如何利用价值营销实现回潮"这一核心问题展开，通过对典型案例回力的分析，深入探究了传统国货价值营销的模式和路径，得出以下研究结论。

（1）建立了社交网络环境下传统国货价值营销的"4V"策略框架。其中价值传承是价值营销的起点和基础，能够帮助企业找到自身的核心竞争力以及关键价值点。在此基础上，可以根据消费者的价值需求，整合内外部资源并利用新媒体营销手段进行价值再创。随后通过价值沟通与消费者对话，向目标消费者传达品牌价值。从价值沟通中获取的消费者信息和偏好又为价值传承提供了思路和方向。三者的循环往复最终使得企业获得消费者的价值认同。

（2）价值传承的方向包括情感价值、功能价值和经济价值。正如价值选择在传统价值创造过程中的奠基作用一样，价值传承也是社交网络环境下传统国货价值营销的起点和基础。传统国货承载了中华传统元素、是中国消费者的情感寄托，因此可以通过营造怀旧情怀或传承民族精神的方式传承情感价值。此外，国货产品素来有着物美价廉的美誉，因此可以从"物美"和"价廉"的角度分别传承传统国货的功能价值和经济价值。

（3）价值再创的内容包含时尚价值、社交价值、科技价值和便利价值。企业可以根据发展阶段和市场需求选取最重要的价值进行再创，重构品牌形象。充分利用社交网络环境参与性强、受众广的特点，吸取消费者建议，再创出更符合需求的价值点。另外，还应重视新生代消费者对时尚、潮流、话题和圈子等的需求，从时尚、社交、科技和便利等方面出发，打造具有国货特色且符合年轻人消费偏好的价值点。

（4）价值沟通的途径涉及社群互动、话题传播和社交种草。社交网络环境下，新品牌、新信息和新趋势层出不穷，品牌竞争更为激烈，"酒香也怕巷子深"已成常态。因此，传统国货必须利用新媒体进行价值沟通，充分发挥新生代消费者乐于互动和分享的特点，实现更广泛和有效的沟通。例如，通过营造爱国热潮和引发情感共鸣的方式形成消费者集群，并促进社群互动。又如，通过文娱活动植入广告、在电商平台投放推广、在社交媒体上分享话题或者借势社会热点等方式与消费者进行高频次、多场景的互动，提高话题度和曝光量。此外，可以通过消费者口碑引导以及 KOL 和 KOC 带货进行社交种草。

（5）价值认同的维度包括产品认同、身份认同、情感认同和价值观认同等方面。消费者对品牌的认同程度关系到品牌态度、品牌认可和购买意愿，价值认同应当是社交网络环境下传统国货价值营销希望达到的最终结果。产品认同体现了消费者对产品的功能、式样和经济价值的认可，是其他更高层次的认同的基础。身份认同表征了消费者愿意将回力与自身身份挂钩的程度，情感认同则说明了消费者对回力价值营销情感方面的偏好性。价值观认同体现了品牌价值观和消费者自身价值观的一致程度，是较高层次的认同。

17.10　管理启示

本章研究内容对中国传统企业品牌转型升级具有借鉴意义，中国传统企业应从价值营销入手，全面利用新媒体手段，实现传统国货的价值传承与创新。

（1）传统国货产品作为中国生产发展和文化转变的一种重要载体，具有自身的特质和价值，这种独特价值是传统国货品牌久经风霜而屹立不倒的基础，也是传统国货的精髓所在。企业应该以价值营销为指导，通过价值传承、价值再创和价值沟通实现价值营销闭环，并最终形成消费者对传统国货品牌产品、情感、身份以及价值观四方面的价值认同，完成以价值营销为核心的良性循环。

（2）传统国货的价值传承包括功能价值、情感价值与经济价值的传承。随着国力的不断增强、国民文化自信的提高以及对传统文化认知的不断加深，越来越多的中国元素开始在国内和国际市场上获得广泛关注，传统国货也逐渐摆脱了老旧过时、技艺落后的固有标签。在社交网络环境下，品牌能够充分了解消费者的需求，并利用丰富的媒体渠道塑造和传播品牌形象，与消费者建立情感联结，最终实现传统国货的价值传承。

（3）功能价值是品牌最基本和直观的物化价值，直接关系到传统国货产品或服务的使用，是消费者购买传统国货产品的基础。许多传统国货品牌在其发展历程中都总结了自己独有的技术工艺，有些甚至已经成为民间特色技艺或非物质文化遗产。传统国货历经时代考验的优良品质，是得到消费者信赖的主要原因，也是价值传承中非常重要的组成部分。以回力鞋为例，其功能价值包含了品质优良和舒适耐用两个方面。品质优良是消费者对传统国货的固有认识，也是传统国货能够传承至今的重要原因。因此，优良的品质应当作为核心价值之一被保留下来，并成为工艺改良或技术升级的基础和标杆。舒适耐用则是传统国货区别于其他国外产品的特点。对国外产品而言，中国市场相对陌生，其需要一定的时间尝试与中国消费者进行适应和磨合，且有可能在途中失败。而传统国货诞生于中国本土市场，对中国的消费者非常了解，更能设计和生产出满足中国消费者需求和特点的产品。

（4）情感价值体现了传统国货独特的历史文化底蕴和民族背景，也是其他品牌难以模仿和超越的独特部分。随着消费者的价值主张逐渐从功能型转向情感型，即从关注产品本身逐渐转变为关注产品带来的体验、情怀，传统国货品牌也更着重传承品牌内在的情感价值。新生代消费者越来越追求与品牌精神层面的一致，在选择品牌的时候越来越重视与品牌文化的共鸣。通过营造怀旧情怀，可以唤醒消费者的集体怀旧情感，激发其对产品和品牌的正面评价，进而产生对品牌和自我的认同感。挖掘民族精神又可以将产品和品牌与国家和民族等意象连接起来，唤醒消费者的国货意识，激发民族自尊心和自豪感，提高消费者的归属感，进而对产品和品牌产生认同。

（5）在技术更新、消费者换代的背景下，传统国货进行价值再创的内容应包含时尚价值、社交价值、科技价值和便利价值。在科技价值基础上，考虑到现在消费者对自我风格的强烈需求，传统国货也应注重开发品牌的时尚价值，将品牌本身的情感价值融入时尚基因中，为消费者提供愉悦和时尚美感。此外，新生代消费群体更加注重品牌和产品的个性化、时尚感和互动性，希望通过购买与自身形象匹配的产品和品牌向他人展示自己的独特品位（Escalas and Bettman，2003，2005），获得他人的认可。为了获得年轻人的青睐，传统品牌应努力适应时代的潮流属性，如通过跨界联名、风格创新等方式获得消费者对产品和品牌时尚价值的认可和互动传播。

（6）社交网络环境为传统国货品牌的价值再创提供了便利的渠道和丰富的资源。传统的营销过程包括企业研发、设计、样品生产，经由中间商到达消费者，消费者使用产品并向企业提供反馈。而在社交网络环境下，供应商、商业伙伴、合作者，甚至消费者等不同主体也都共同参与到价值创造过程当中。社交网络环境赋予了消费者更多与企业沟通的途径，也增加了消费者在产品的开发和生产过程中的主动权。消费者与企业互动共同创造的价值，能够提高消费者的体验，凸显消费者的主体地位。传统国货品牌可以针对市场需求并结合品牌固有价值进行价值再创，通过植入新的元素提升品牌资产，改善品牌形象，并为消费者提供新的价值。由于消费群体的变化，传统国货进行价值再创时不仅要注重产品本身的功能价值，更需要考虑到消费者的情感诉求和自我概念等内在的价值。

（7）社交价值是社交网络环境下独具特色的价值点，对于新生代消费者来说，他们希望将产品作为与他人进行社会互动的载体和媒介，以此丰富社交生活，扩大社交影响力。传统国货品牌本身具有不可替代的、丰富的怀旧和历史价值，能够激发消费者的怀旧情感，怀旧是消费者对过去和年轻时盛行的事物的喜爱情绪，比较容易产生共鸣。为了满足消费者对社交的需求，传统国货应当创造品牌的话题感并努力获取消费者认同。例如，利用品牌本身的大事件营造话题，吸引消费者参与并形成社交传播。随着消费者国货意识的觉醒，传统国货的认同感与话题性日益提高。例如，利用消费者对传统文化象征和符号的独特情感，引发其对传统国货品牌的认同感。一方面进行新旧融合，赋予传统元素复古风格，打造独具特色的国潮文化，另一方面尝试引领潮流，发掘品牌的潮流属性，不断尝试新的风格和产品。

（8）便利价值是品牌与消费者沟通的重要途径，这也是新生代消费者一个重要的价值诉求点，包括便捷性功能和便利性渠道两个方面。便捷性功能是在产品功能价值的基础上提供以功能为导向的便捷性产品。例如，回力针对儿童设计了具有防走失功能的童鞋，针对下雨天气设计了有水逆系统的雨鞋等，满足了消费者对产品功能的诉求。便利性渠道指的是社交网络环境下企业与消费者沟通的渠道。传统国货应当积极建设"线上+线下"的供货和服务渠道，随时满足消费者的购买需求。

（9）传统国货品牌可以借助新媒体技术实施全方位包裹式的传播方式，充分利用不同媒体的不同特征，针对用户的共性和差异，发挥多种媒体的组合效应，实现与消费者的全天候、无缝化和针对性强的价值沟通。当消费者与企业进行互动时，能够体验到企业创造的价值，这些价值甚至可能打破消费者的预期。尤其当企业采用更为亲近的沟通方式时，消费者更容易与企业和品牌产生情感共鸣，进而自发地为品牌进行正面的口碑传播。在社交媒体的催化下，消费者的正面口碑传播能够影响到更广泛的他人，从而为企业和品牌带来成倍的传播效果。例如，一些传统国货采取线上线下场景互动、跨界联名、体验服务等与消费者建立了良好的关系，拉近了传统国货与年轻消费者之间的距离。

（10）传统国货作为中国传统文化的优秀代表，更应关注消费者价值认同在国货崛起的过程中不可或缺的作用。在传统的消费环境中，消费者主要关注产品的物质价值，对精神价值的追求主要体现为购买行为，如购买受广泛认可的奢侈品或进行地位消费等，希望通过购买特定的产品突出自己独特的身份。而新生代消费者对价值的追求呈多元化发展，对于产品的情感和象征价值的重视也超越了物质和使用价值，并且更注重产品和品牌所体现的独特身份和个人价值。他们对品牌的态度不仅取决于社会大众的评价，也依赖于品牌价值观与自身消费理念的契合程度。希望通过购买、口碑传播、社交互动等多种方式与品牌建立情感上的联结，获得群体归属感和认同感，同时可能将品牌特征内化为自己的一部分，获得与品牌或产品的精神契合与价值认同。因此，在新生代消费者主导的环境下，企业与品牌更应着重关注构建消费者对品牌的价值认同，包括产品认同、身份认同、情感认同和价值观认同。

本章小结

- 社交网络环境下传统国货价值营销的理论模型包含价值传承、价值再创、价值沟通和价值认同四个关键维度。
- 价值传承是指企业寻找文化或价值观中已有或潜在的价值沟通点的过程。价值传承是传统国货进行价值营销的基础，包括功能价值、经济价值、情感价值三个方面。
- 价值再创是企业在价值传承的基础上，根据消费者的价值需求，借助新媒体营销手段为消费者提供新的价值，重构品牌形象。价值再创的内容包含时尚价值、社交价值、科技价值、便利价值。

● 价值沟通是传统国货品牌向消费者输送和传达品牌价值重要方式，也是消费者对传统国货表达情感、诉诸消费需求等的关键步骤。价值沟通的途径涉及社群互动、话题传播和社交种草。

● 价值认同是社交网络环境下传统国货价值营销希望达到的最终结果。消费者对品牌的认同程度关系到品牌态度、品牌认可和购买意愿。价值认同的维度包括产品认同、身份认同、情感认同和价值观认同。

● 传统国货品牌可以从品牌价值出发，以价值营销为指导，通过价值传承、价值再创、价值沟通三大步骤实现价值营销闭环，并最终形成消费者对传统国货的价值认同，完成以价值营销为核心的良性循环。

参考文献

何佳讯, 李耀. 2007. 品牌活化原理与决策方法探窥: 兼谈我国老字号品牌的振兴[J]. 中国品牌, (2): 90-93.

简兆权, 令狐克睿, 李雷. 2016. 价值共创研究的演进与展望: 从"顾客体验"到"服务生态系统"视角[J]. 外国经济与管理, 38(9): 3-20.

金玉芳, 董大海. 2006. 基于计算机制建立品牌信任的实证研究[J]. 大连理工大学学报(社会科学版), 27(2): 6-13.

卢泰宏, 高辉. 2007. 品牌老化与品牌激活研究述评[J]. 外国经济与管理, 29(2): 17-23.

宋启平. 2015. 中小企业新媒体营销策略探析[J]. 现代营销(学苑版), (1): 35-36.

汪蓉, 李辉. 2013. 消费者国货意识对国外品牌产品购买意向的影响机制: 兼论消费者–品牌情感的调节效应[J]. 经济与管理研究, 34(3): 102-110.

王子月. 2019. DEEJ 老字号品牌老化及其激活策略研究[D]. 合肥: 安徽财经大学.

徐伟, 王平, 王新新, 等. 2015. 老字号真实性的测量与影响研究[J]. 管理学报, 12(9): 1286-1293.

许晖, 张海军, 冯永春. 2018. 传承还是重塑?本土老字号品牌活化模式与机制研究: 基于品牌真实性与价值迁移视角[J]. 管理世界, 34(4): 146-161, 188.

张静, 王欢. 2010. 政府信息发布的时效性研究-以手机媒体为载体[J]. 重庆邮电大学学报(社会科学版), 1(22): 65-69.

朱霞. 2020. 山西省"中华老字号"品牌激活路径研究[D]. 太原: 山西大学.

庄贵军, 周南, 周连喜. 2006. 国货意识、品牌特性与消费者本土品牌偏好: 一个跨行业产品的实证检验[J]. 管理世界, (07): 85-94.

Andersson S, Awuah G B, Aagerup U, et al. 2020. How do mature born globals create customer value to achieve international growth?[J]. International Marketing Review, 37(2): 185-211.

Arasu B S, Seelan B J B, Thamaraiselvan N. 2020. A machine learning-based approach to enhancing social media marketing[J]. Computers & Electrical Engineering, 86: 106723.

Chatterjee S, Kumar K A. 2020. Why do small and medium enterprises use social media marketing and what is the impact: empirical insights from India[J]. International Journal of Information Management, 53: 102103.

Davidow W H, Malone M S. 1992. The Virtual Corporation: Structuring and Revitalizing the Corporation for the 21st Century[M]. New York: Harper Collins Publishers.

Debonis D N, Balinski E W, Allen P. 2003. Value Based Marketing for Bottom-Line Success 5 Steps to Creating Customer Value[M]. New York: McGraw-Hill.

Doyle P. 2000. Value-based marketing[J]. Journal of Strategic Marketing, 8(4): 299-311.

Easterbrook M, Vignoles V L. 2012. Different groups, different motives[J]. Personality and Social Psychology Bulletin, 38(8): 1066-1080.

Escalas J E, Bettman J R. 2003. You are what they eat: the influence of reference groups on consumers' connections to brands[J]. Journal of Consumer Psychology, 13(3): 339-348.

Escalas J E, Bettman J R. 2005. Self-construal, reference groups, and brand meaning[J]. Journal of Consumer Research, 32(3): 378-389.

Gao J, Lin S T, Zhang C Z. 2020. Authenticity, involvement, and nostalgia: understanding visitor satisfaction with an adaptive reuse heritage site in urban China[J]. Journal of Destination Marketing & Management, 15: 100404.

Karabeg D.2002. Information for conscious choice[J]. Information Design Journal, 11: 191-200.

Ki C W, Cuevas L M, Chong S M, et al. 2020. Influencer marketing: social media influencers as human brands attaching to followers and yielding positive marketing results by fulfilling needs[J]. Journal of Retailing and Consumer Services, 55: 102133.

Kotler P. 1997. Manajemen pemasaran: analisis, perencanaan, implementasi, dan kontrol Marketing management: analysis, planning, implementation, and control[J].Chemical Physics, 214(1): 23-32.

Kotler P, Armstrong G. 2012. Principles of Marketing[M]. Upper Saddle River: Prentice Hall.

Merchant A, Rose G M. 2013. Effects of advertising-evoked vicarious nostalgia on brand heritage[J]. Journal of Business Research, 66(12): 2619-2625.

Muehling D D, Sprott D E, Sprott D E. 2004. The power of reflection: an empirical examination of nostalgia advertising effects[J]. Journal of Advertising, 33(3): 25-35.

Pathak B, Garfinkel R, Gopal R D, et al. 2010. Empirical analysis of the impact of recommender systems on sales[J]. Journal of Management Information Systems, 27(2): 159-188.

Porter M. 1998. The Competitive Advantage of Nations[M]. New York: Free Press.

Roşca V. 2011. Improving sport brands' reputation through marketing events[J]. Management & Marketing, 6(4): 605-626.

Sasine R. 2012. The competitive advantage of nations (review)[J]. SAIS Review, 11: 221-222.

Shin D, Song J H, Biswas A. 2014. Electronic word-of-mouth (eWOM) generation in new media platforms: the role of regulatory focus and collective dissonance[J]. Marketing Letters, 25(2): 153-165.

Stoica E A, Pitic A G, Bucur C. 2014. New media E-marketing campaign. case study for a Romanian press trust[J]. Procedia Economics and Finance, 16: 635-640.

Swann W B, Jr, Brooks M. 2012. Why threats trigger compensatory reactions: the need for coherence and quest for self-verification[J]. Social Cognition, 30(6): 758-777.

Sweeney J C, Soutar G N. 2001. Consumer perceived value: the development of a multiple item scale[J]. Journal of Retailing, 77(2): 203-220.

You Z, Si Y W, Zhang D F, et al. 2015. A decision-making framework for precision marketing[J]. Expert Systems With Applications, 42(7): 3357-3367.